Klaus Gallas
Ulf-Dieter Klemm

Griechenland

Begegnung mit Landschaft, Kultur und Menschen

Klaus Gallas
Ulf-Dieter Klemm

Griechenland

Begegnung mit Landschaft, Kultur und Menschen

Mit einem Beitrag von Manfred Lämmer

Fotos von Klaus Gallas

THEISS

Grußwort

Griechenland wird im Ausland noch immer vor allem als antikes Griechenland wahrgenommen. Das Bild, das sich West- und Mitteleuropäer von dem Land machen, ist meist das der Schulbücher und endet daher dort, wo diese Schulbücher sich am Ende des Altertums anderen Themen zuwenden.

In der gängigen Griechenlandliteratur gerät die Migration arbeitssuchender Griechen unweigerlich zur „Odyssee“, eine hübsche Kellnerin zur „schönen Helena“ und ein gestikulierender Kaffeehauspolitikaster zum „Demosthenes“. Diese Antikenobsession, von der auch manche Griechen nicht frei sind, verstellt den Blick auf die Wirklichkeit. Über das heutige Leben dieses alten Landes erfahren wir wenig. Dabei liegt Griechenland gerade mal zweieinhalb Flugstunden von uns entfernt, ist eine EU-Provinz, ein Teil der Euro-Zone, ein Schengen-Land, das wir Europäer ohne Passkontrolle, ohne unser Geld umzutauschen, betreten können.

Gelegentliche Ereignisse werfen ein Schlaglicht auf ein unbekanntes Land: der Nobelpreis für einen griechischen Lyriker, dessen Name man nie gehört hatte, griechische Literatur im Zentrum der Frankfurter Buchmesse 2001 mit Dutzenden von Schriftstellern und Dichtern, deren Bücher man nicht kennt. Lässt man sich auf sie ein, entdeckt man eine lebendige Kultur eines jungen alten Landes, eine Sprache, die seit 3000 Jahre Literatur produziert, Künstler, die in dieser 3000-jährigen Tradition stehen, aber sich nicht als Epigonen fühlen. Man entdeckt die tausendjährige Tradition der orthodoxen Kirche, für die das Schisma vorgestern und der Raubzug des Vierten Kreuzzuges erst gestern passiert ist.

Spätestens nach dem Untergang des Byzantinischen Reiches durch die osmanische Eroberung (1453) verschwindet diese Weltgegend gänzlich aus dem Gesichtskreis. Jahrhundertelang wusste man bei uns nicht, ob es die Akropolis noch gab, wo Olympia lag, welche Sprache die Menschen dort sprechen.

Im Zuge der Renaissance erwacht das Interesse an der Antike, der Humanismus prägt die Schulen und Generationen von Pennälern. In Deutschland, England, Frankreich und anderswo büffeln sie Altgriechisch und die antiken Autoren, ohne etwas über das Schicksal des Volkes zur erfahren, aus dem das alles stammt. Johann Joachim Winckelmann, der Wiederentdecker der griechischen Kunst, hat Griechenland nie besucht. Sein Hellas und das der deutschen Klassik war kein geographischer Ort, sondern in des Wortes wahrer Bedeutung eine Utopie. Der Wiederentdecker des olympischen Sports und des „Olympischen Geistes“ war Pierre de Coubertin, auch wenn es keine überzeitliche „Olympische Idee“, wie es Carl Diems Vorstellung war, gibt. Heute fiebern alle Freunde des Sports dem Ereignis Olympische Spiele 2004 in Athen entgegen. Die kommenden Spiele finden in einem Land statt, in dem Kultur und Sport wie in keinem anderen Land eine enge Symbiose bilden. In Griechenland finden wir neben den Ursprüngen Europas auch die grundlegenden Prinzipien des Sports, die der heutigen Olympischen Idee entscheidende Impulse gegeben haben.

Es ist unmöglich, die komplexe griechische Realität zwischen zwei Buchdeckeln zu beschreiben. Mit den nachfolgenden Seiten haben die Autoren einen kleinen Einblick in die ungeheuer vielfältige, vielschichtige griechische Kultur und der antiken Olympien gegeben. Die heutige Kultur Griechenlands, die ihre Wurzeln in den Mythen hat, im minoischen Kreta und in Olympia genauso wie auf dem Berg Athos oder im Ökumenischen Patriarchat in Istanbul, ist weder in Vitrinen verstaubt noch von Weihrauch benebelt, sondern sie ist eine quicklebendige und faszinierende Kultur eines Mitgliedlandes der Europäischen Union. Dieses Buch ist den Zuschauern und Aktiven anlässlich der Spiele der XXVIII. Olympiade in Athen, aber ganz allgemein auch allen Griechenlandfreunden, ein verlässlicher Reisebegleiter für die Vorbereitung gleichermaßen wie für die Nachbereitung des Abenteuers Griechenland. Ich wünsche allen Lesern ein spannendes und neugierig machendes Lesevergnügen.

Dr. Klaus Steinbach
Präsident des Nationalen Olympischen Komitees für Deutschland

Inhalt

Mythische Erinnerungen

Die griechischen Gottheiten und ihre „Geschichten“

Im altgriechischen Sprachgebrauch sind „Mythen“ Erzählungen und Schöpfungen der menschlichen Phantasie, die sehr verschiedenartige Inhalte behandeln können. Während Geschichte versucht, das Vergangene nachprüfbar und exakt in Zeit und Raum zu beschreiben, will Mythos die Gegenwart aus der Vergangenheit erklären und bisweilen auch rechtfertigen. Dabei findet eine Konzentration aufs Wesentliche des Vergangenen statt, eine Typisierung, vielleicht sogar, wie Carl Gustav Jung und Károly Kerényi annehmen, eine Idealisierung in dem Sinne, dass menschliches und göttliches Handeln auf tiefenpsychologische Urbilder zurückgeführt wird. Mythos bezieht sich also auf Vergangenes, aber nicht um zu beschreiben, was wirklich war, sondern um der Gegenwart Sinn zu geben, ewige Wahrheiten zu vermitteln und menschliches Schicksal an sich darzustellen.

Die ältesten schriftlichen Überlieferungen der Antike stammen von Homer und Hesiod aus dem 8. Jahrhundert v. Chr. Selbstverständlich dürfen solche „Quellen“ keinesfalls unkritisch als Geschichtsschreibung gelesen werden.

Bedeutungsvoll für unser Bemühen, die antike Welt und besonders ihre frühen Anfänge, die minoische und mykenische Kultur, zu erhellen, ist die Tatsache, dass Homer und Hesiod sich in ihren Schilderungen des Lebens in den jeweiligen Gesellschaftssystemen vortrefflich ergänzen: Beschreibt Homer in der *Ilias* eine im Krieg befindliche Gesellschaft mit ihrer (Militär-)Aristokratie, so geht er in der *Odyssee* verstärkt auf Individuen in einer Gesellschaft im Frieden und deren vielschichtige Wirtschaftsverflechtungen ein. Hesiod behandelt hingegen genau den Teil, dem Homer kaum Beachtung geschenkt hat: Er erzählt von einer griechischen Gesellschaft, die vorwiegend vom Bauerntum getragen wird und lässt den einfachen Menschen viel Raum. Überdies durchzieht eine tiefe Abneigung gegen Krieg und jedwede Gewalt seine Schriften. Der Versuch, Homers epische

Zeus entführt Ganymed, Terrakotta, um 480/470 v. Chr., Museum in Olympia

Olivenernte auf Kreta

Schilderungen historisch einzuordnen, stößt auf Schwierigkeiten. Gewiss zeichnet er kein realistisches „homerisches Zeitbild". Zu deutlich lässt der Text erkennen, dass der Dichter längst Vergangenes für „seine Welt" festhalten und auferstehen lassen will, während er bestimmte Geschehnisse seiner Gegenwart verschweigt: So z.B. das Eindringen der Dorer und die frühen griechischen Kolonisationen in Kleinasien, besonders jene am Schwarzen Meer.

Homer behandelt wahrscheinlich die schriftlose Zeit der Ägäiskulturen zwischen der minoisch/mykenischen Zeit und dem Beginn der Antike. Allgemein nimmt man an, dass die *Ilias* ältere Erzählungen zum Inhalt hat als die *Odyssee*. Insgesamt spielen die homerischen Epen in drei unterschiedlichen Epochen, die im Text bisweilen unentwirrbar miteinander verwoben sind. Dabei handelt es sich um Geschehnisse, die einerseits die mykenische Epoche der ausgehenden Bronzezeit beschreiben, andererseits jene „dunkle Zeit" des 10. und 9. Jahrhunderts v. Chr. bruchstückhaft widerspiegeln, und schließlich Homers Welt der archaischen Epoche, in der die Entwicklung der Polis wurzelt.

Doch zurück zu den mythischen Erinnerungen der Griechen, zu den Mythen, die sich um Athen ranken und die Verbindung des frühen Griechenlands mit den Ursprüngen Europas, der minoischen Kultur, erhellen. Versuchen wir herauszufinden, was sie uns über das Erzählte hinaus zu sagen haben. Der sagenhafte Wettstreit zwischen Athena und Poseidon ist im Grunde sehr einfach erzählt: Beide, Athena, die Tochter des Zeus, wie auch Poseidon, der Bruder des Göttervaters, begehrten, Stadtgottheit Athens zu werden. Die Götter, vielleicht sogar Zeus selbst, regten einen Wettstreit an, der zur Zeit des Kekrops, des ersten Königs der Stadt, zwischen Nichte und Onkel ausgetragen wurde. Die Aufgabe bestand darin, der Stadt ein lebenswichtiges Geschenk zu machen, das Grundlage für Ansehen, Reichtum und Wachstum sein sollte. Während Poseidon auf der Akropolis beim Erechtheion-Gebäude mit seinem Dreizack eine Quelle aus dem Grund des Felsens sprudeln ließ, wuchs dort, wo Athena den Fels mit ihrer Lanze berührte, ein Olivenbaum. Außerdem weihte die Göttin die Menschen Attikas in die Geheimnisse der Ölbaumkultur ein. Die Entscheidung fiel bekanntlich zugunsten Athenas aus, die diesem Siedlungsplatz für immer ihren Namen gab.

Soweit der Mythos. Auffällig ist die Tatsache, dass die Entscheidung nicht dem Meere, sondern der Erde galt. Tatsächlich entdeckten die Athener erst sehr viel später ihre Chancen auf den Wasserstraßen der antiken Welt. Erst Themistokles gelang es Anfang des 5. Jahrhunderts v. Chr., gegen hartnäckige politische Widerstände ein Flottenprogramm durchzusetzen und Athen in jene Seemacht zu verwandeln, die 480 v. Chr. in der Seeschlacht von Salamis die Perser besiegte.

Goldmünze mit Kopf der Athena, um 480/460 v. Chr., Staatliche Münzsammlung München

Somit äußert sich in der Wahl Athenas zur Stadtgöttin sehr wohl eine gewisse historische Realität. Die Menschen waren damals vorwiegend Bauern, Handwerker und Händler, sie mieden die „unsicheren" Schiffe des Meeres, vertrauten sich lieber der fruchtbaren Erde an. Öl, Oliven und Holz der von Athena übermittelten Ölbaumkultur wurden zu einem wichtigen Erwerbszweig der frühgeschichtlichen Gesellschaft Athens. Andererseits gilt Athena auch als die „Erbauerin" der ersten Schiffe. Damit wird angedeutet, dass das künftige Schicksal und Wachstum der Stadt nicht allein auf Handwerk und Landwirtschaft beruhen würde. Zwar lehrte nicht die Göttin den Athenern die Kunstfertigkeit des Schiffsbaues, aber es ist merkwürdig, dass auch Poseidon nicht der „Erfinder der Navigation" ist. Dem mythischen König Danaos von Argos war es vorbehalten, mit Athenas

Hilfe das erste Schiff zu bauen, um vor seinem Bruder Aigyptos aus Ägypten zu fliehen und in Argos ein Königreich aufzubauen. Schließlich verlieh Athena Argos die Fähigkeit, für Iason die seetüchtige Argo zu bauen, um das Goldene Vlies aus Kolchis an der südlichen Ostküste des Schwarzen Meeres nach Thessalien zu holen. Zudem schützte die Göttin die Argonauten während ihrer gefahrvollen Mission.

Athena wurde mutterlos aus dem Haupte ihres Vaters Zeus geboren, wobei „Haupt" im Altgriechischen „koryphé" heißt, was gleichzeitig aber auch „Gipfel" bedeutet. Diese Doppeldeutigkeit erinnert an die auf Berggipfeln geborenen Gottheiten im minoischen Kreta. Womöglich spiegelt sich in dem Wettstreit zwischen Athena und Poseidon das Eindringen eines fremden, aber griechischen Stammes wider, vielleicht der Ioner, der die vom minoischen Mutterkult beeinflusste Urbevölkerung Attikas zu erobern versuchte. Auch finden sich bei Athena viele matriarchalische Elemente, die eine Brücke zum minoischen Kreta schlagen: Die Göttin ist in erster Linie Beschützerin weiblicher Kunstfertigkeiten, wie des Spinnens und Webens, zugleich ist sie aber auch Schutzpatronin der Handwerker. In ihrem Ursprung aber war sie vor allem die Palastgöttin mykenischer Burgen.

Eine andere Variante des Athena-Poseidon-Mythos' wirft ebenfalls Licht auf matriarchalische Aspekte. Danach soll sich die Bevölkerung Athens eigenmächtig für Athena entschieden haben, und zwar stimmten die Frauen mit einer Stimme Mehrheit für Athena, alle Männer für Poseidon. Erzürnt über seine Niederlage ließ Poseidon weite Landstriche Attikas mit Fluten des salzigen Meeres überschwemmen. Um Poseidon wieder zu besänftigen, nahmen die Athener Männer den Frauen das Stimmrecht und befahlen, dass die Kinder in Zukunft nur noch den Namen der Väter tragen durften. Hier wird von einer massiven Einschränkung der Frauenrechte berichtet, was belegt, dass es auch im frühen Athen ausgeprägte matriarchalische Formen gegeben haben mag, die wiederum im Zusammenhang mit der minoischen Kultur auf Kreta zu sehen sind.

Schließlich noch eine eigentümliche Notiz zum mythischen Urkönig Athens, zu Kekrops: Er war ein erdgeborenes Wesen mit einem Schlangenleib und einem menschlichen Oberkörper. Kekrops gilt als Erfinder der Landwirtschaft, außerdem soll er das Blutopfer von Menschen abgeschafft haben. Sein Ansehen reichte weit über die Grenzen Attikas hinaus. In Erinnerung all seiner Verdienste für die Menschen der Stadt errichteten ihm die Athener ein Grabmal genau an jener Stelle der Akropolis nahe dem

Erechtheion, wo Athena ihren Olivenbaum wachsen und Poseidon seine Quelle aus dem felsigen Grund sprudeln ließen. Wie tief beide Mythen das Bewusstsein der Athener durchdrungen hatten, beleuchtet besonders die „Zeit des Perikles". Damals, beim glanzvollen Ausbau der Akropolis, beauftragte Perikles den bedeutendsten Bildhauer der Antike, Phidias, Schöpfer der griechischen Klassik, die Bildwerke des Parthenon (448/7–432 v. Chr.) zu gestalten. In den beiden großen Giebelkompositionen erweckte der berühmte antike Bildhauer Phidias (um 500–432 v. Chr.) die Mythen „Geburt der Athena" im Osten und „Wettstreit zwischen Athena und Poseidon" im Westen zu Leben. Selbst die wenigen Fragmente dieses „Wunderwerkes der griechischen Hochklassik" vermitteln eindrucksvoll den hohen Entwicklungsstand der Kunst dieser Epoche. Kopien dieser fragmentarischen Giebelskulpturen schmücken heute den Eingangsbereich der im Jahre 2000 eröffneten Metrostation „Akropolis".

Ostfries des Parthenon von Phidias, 442/438 v. Chr., Akropolis Museum Athen

Von besonderer Bedeutung ist die Überlieferung, dass Kekrops als erster Mann und Herrscher erkannt haben soll, dass die Menschheit auch von Vätern abstamme. Ist damit das Wissen um die biologische Vaterschaft gemeint?

Das Wissen um die Zeugungsfähigkeit und -kraft des Mannes muss in der Tat ähnlich tief greifende Veränderungen im gesellschaftlichen Zusammenleben der Menschen bewirkt haben wie die umwälzenden Folgen der neolithischen Revolution. Die Erkenntnis des Mannes, an dem Leben eines neugeborenen Kindes Anteil zu haben, muss die Menschen zu dieser Zeit tief ergriffen haben. Dieses Phänomen markiert den Übergang vom Matriarchat zum Patriarchat. Erst aufgrund dieser Bewusstwerdung ist in Verbindung mit bestimmten ökonomischen Strukturen die Durchsetzung der patrilinearen Erbfolge vorstellbar, scheint sich der Begriff Vater mit all seinen patriarchalischen Inhalten im gesellschaftlichen, politischen und religiösen Leben durchgesetzt zu haben. Der Mythos von Kekrops deutet also auch darauf hin, dass die autochthone Bevölkerung Athens mit der matriarchalischen minoischen Kultur in enger Berührung stand.

Vielfältige Verflechtungen zwischen dem vor- und frühgeschichtlichen Athen und dem minoischen Kreta spiegeln sich auch im Theseus- und Ariadne-Mythos wider. Er schildert die Auseinandersetzungen zwischen

Theseus und Ariadne (Detail vom Vasenhals), Kretische Kanne aus Arkádhes, 725 bis 650 v. Chr., Archäologisches Museum Iráklion

Athen und Kreta, beginnend mit Androgeos, Sohn des Minos und der Pasiphae. Als Königssohn des meerbeherrschenden Minos nimmt Androgeos an den ersten Kultfeiern zu Ehren Athenas, den „Panathenäen", in Athen teil und wird Sieger dieser Spiele. Doch er kehrt nie nach Kreta zurück; er stirbt in Attika. Die Mythographen erzählen seinen Tod in mehreren Versionen. Da heißt es u.a., der Königssohn soll beim Einfangen des kretischen Stiers, den Herakles von der Insel entführt hatte, getötet worden sein. Andere berichten, er habe im Kampf den Tod gefunden, und wieder andere erwähnen, der sagenhafte König Aigeus aus Athen habe ihn ermordet. Aigeus wird ferner in einigen Mythen als Vater des Theseus benannt. Vorwiegend wird jedoch überliefert, Theseus sei der Sohn Poseidons, da der Gott des Meeres in derselben Nacht wie Aigeus der Aithra beigewohnt habe, der Mutter des jungen Helden, der Athen später vom minoischen Joch befreien sollte.

Doch wie auch immer Androgeos in Attika zu Tode kam, Minos forderte Sühne für seinen verstorbenen Sohn und strafte die Athener, indem er von ihnen alle neun Jahre je sieben Jungfrauen und sieben junge Männer forderte, um sie dem Minotauros zu opfern. Minotauros, ein Wesen in Menschengestalt mit einem Stierkopf, war die Ausgeburt der Pasiphaë, der Gemahlin König Minos', gezeugt im heißen Verlangen mit dem göttlichen Stier des Zeus.

Alle neun Jahre! Das erinnert an die Beratungen zwischen Minos und Zeus, die im gleichen Zeitrhythmus auf dem Ida abgehalten wurden. Vielleicht klingt in dieser Sage von der Rache des Minos sogar die Erinnerung durch, dass tributpflichtige Abgeordnete Athens an den Feiern anlässlich dieser Beratungen teilgenommen haben.

Als Athen zum dritten Male die Schiffe rüstete, um die Opfer nach Kreta zu bringen, entschloss sich Theseus (während die anderen durch das Los ausgewählt wurden), freiwillig mitzufahren, um Athen endlich von der grausigen Tributpflicht zu befreien. Diese Schilderung spricht eindeutig für die jahrhundertlange Seeherrschaft der Minoer, der sich die Festländer irgendwann widersetzten. Archäologische Bodenfunde bestätigen dies. Da fanden sich einerseits Stütz- und Handelspunkte der Minoer an den Festlandküsten und auf den Inseln der Ägäis, andererseits Spuren der mykenischen Eroberungen auf Kreta. Als Steuermann nahm Theseus den erfahrenen Phaiax mit, einen Nachkommen der sagenhaften Phäaken von Kérkyra/Korfu, die mit ihren Geisterschiffen Odysseus nach Ithaka zurückgebracht hatten. Auch hier klingt eine Besonderheit an, die schon im Mythos des Wettstreits zwischen Athena und Poseidon zu erkennen war (s. S. 12): Die Athener waren tatsächlich in jener mythischen Zeit kein Seefahrervolk. Sie besaßen keine Kenntnisse der Navigation und waren gezwungen, für so schwierige Expeditionen über das wilde Meer fremde Hilfe zu suchen und erfahrene Schiffsmannschaften in ihre Dienste zu stellen.

Odysseus am Hofe der Phäaken mit König Alkinoos und seiner Tochter Nausikaa, Gemälde von Magda Dimoudhi (1986), Kerkyra

Die Götter lenkten es aber so, dass sich Minos' Tochter Ariadne in Theseus verliebte. Sie wusste, dass der junge Held, auch wenn er ihren Halbbruder Minotauros tötete, verloren war, wenn sie ihm nicht den Weg aus der Höhle wies. Denn das mordende Ungeheuer war in dem von Dädalos erbauten Labyrinth eingesperrt, aus dem es kein Entrinnen gab. Ariadne fragte Dädalos um Rat, der ihr das Geheimnis des Wollknäuels preisgab. Sie verlangte daraufhin von Theseus das Versprechen, sie als seine Gemahlin mit nach Athen zu nehmen; nur dann würde sie ihm helfen, den Weg aus dem Labyrinth zu finden. Theseus willigte ein. Die Königstochter übergab ihm den „Faden der Ariadne", den Schlüssel zur Freiheit. So gelang es ihm, Minotauros zu töten, mit seinen Gefährten aus dem Labyrinth zu entkommen und von Kreta zu fliehen. Auf Dhia oder Náxos machten sie erste Rast. In der Nacht ließ Theseus Ariadne schlafend zurück und segelte mit seiner Mannschaft weiter nach Athen. So die verbreitete Schilderung. Warum Theseus Ariadne verließ – darüber erfahren wir wenig.

Zwei sich widersprechende Berichte äußern sich zur Bedeutung Ariadnes. Einerseits heißt es, Dionysos habe Artemis den Auftrag gegeben, Ariadne zu töten, andererseits soll Dionysos die Tochter des Minos geheiratet haben. Von Homer und anderen antiken Quellen wissen wir, dass Ariadne eine minoische Vegetationsgöttin war. In den minoisch/mykenischen Linear-B-Texten wird sie „labyrinthoio potnia" genannt. Vermählung und Tod des Gemahls der Göttin drücken in den minoischen Gottes-

Goldring mit minoischer Götter-Darstellung, um 1400/1300 v.Chr., Archäologisches Museum Iráklion

vorstellungen den Wandel der Vegetation aus, den Kreislauf der Natur, die vier Jahreszeiten. Gleichermaßen deutet der gewaltsame Tod der Ariadne auch auf das Eindringen des fremden Gottes Dionysos in den ägäischen Raum hin, dem es nicht gelang, die autochthone Göttin zu vertreiben, sodass er sich erst mit ihr vereinen musste, um sie töten zu können.

Ariadnes „Entführung" durch Theseus lässt sich aber auch als Hinweis darauf verstehen, dass die Mykener minoische Kulturgüter auf das griechische Festland importierten, möglicherweise technische Errungenschaften, die sie raubten oder kopierten, um sie mit eigenen Gedanken und Erfahrungen zu verschmelzen. Dies ist besonders gut nachweisbar am Beispiel der minoischen Linear-A-Schrift, die in der mykenischen Epoche zur Linear-B-Schrift fortentwickelt wurde. Als Linear-Schrift bezeichnet man eine aus „Linien" (und Strichen) bestehende Schrift, die Hieroglyphen ohne deren Bildcharakter ersetzen.

Betrachten wir Minotauros einfach als Inkarnation der Ängste Athens vor dem überlegenen Kreta, als Sinnbild vielleicht für die tatsächliche Abhängigkeit des Festlandes von der minoischen Welt, dann wäre der Theseus-Mythos der Nachklang der Befreiung vom „grausamen" Joch des Minos: Die Funde zeigen uns, dass diese Abhängigkeit zumindest in kultureller Hinsicht jahrhundertelang bestanden hat, bis die griechischen Mykener schließlich die Vorherrschaft über Kreta erlangten.

Noch etwas zum jugendlichen Helden Theseus: Andere mythische Erzählungen erinnern an seine gewaltigen Anstrengungen, um den „Segen der Vegetation", also die matriarchalischen Elemente der minoischen Religion, für sich und sein attisches Volk zu erringen. Sie zeigen wiederum, dass sich das heranwachsende Athen in vorgeschichtlicher Zeit gegen die Seeherrschaft des Minos und die Machtentfaltung Spartas zu behaupten versuchte. Mit seinem Begleiter Peirithoos stieg Theseus in den Hades hinab, um Persephone, die Tochter der Getreidegöttin Demeter zu rauben, was ihnen jedoch versagt blieb.

Theseus soll auch gegen Sparta in den Krieg gezogen sein und von dort die junge Helena, eine im Ursprung bedeutsame vorgriechische Vegetationsgöttin, entführt haben. Einige antike Autoren berichten sogar, Theseus habe mit Helena Iphigenie gezeugt, die danach nicht die Tochter von Agamemnon, dem König von Mykene, und Klytämnestra ist. Erst nachdem das göttliche Zwillingspaar Kastor und Pollux Athen erobert und Helena wieder nach Sparta zurückgeführt hatte, kam es zu der berühmten und verhängnisvollen Brautwerbung um Helena: Die Ehe mit Menelaos, Bruder von Agamemnon und König von Sparta, wurde geschlossen. Danach entführte der troianische Königssohn Paris Helena. Das war der Auftakt für den zehnjährigen Kampf um Troia. So der Mythos. Historisch gesehen gab es jedoch um keine noch so schöne Frau (Helena) einen Krieg (um Troia), es ging sicher um etwas anderes. Das, was uns die Griechen der Antike mit ihren Mythen über ihre mykenischen Vorfahren berichten, sind samt und sonders Erzählungen von Beutezügen und Kriegen: Der Kampf um Troia war ein Handelskrieg, um es modern auszudrücken, ein Kampf um die Kontrolle der Zufahrt zum Schwarzen Meer, die Fahrt der Argonauten unter Jason eine Kolonialexpedition, der Zug gegen Theben ein Feldzug um die Vorherrschaft auf dem griechischen Festland. Die in den Mythen formulierten Begründungen für solche kriegerischen Aktionen sind meist recht dürftig: persönliche Kränkungen, Erbstreitigkeiten oder eben der Streit um die schöne Helena.

„Kampf um Troia" von Sofia Kalogerópoulou, Vorrés Museum, Päanía/Athen

Betrachten wir noch den Ausklang des Theseus-Mythos, weil er eine Verbindung zu unserer Zeit herstellt. Vor seiner Abfahrt hatte Theseus mit seinem Vater Aigeus vereinbart, bei seiner Heimkehr nach erfolgreicher Mission das weiße Segel zu hissen, damit Aigeus und die Athener schon aus weiter Ferne die frohe Botschaft erhielten. Doch vor lauter Freude über die geglückte Rettung vergaßen Theseus und seine Mannschaft dies, und so fuhren sie mit dem schwarzen Segel der Trauer, das bei allen Blutopfer-Fahrten nach Kreta und zurück gebräuchlich war, nach Athen. Als Aigeus das Todeszeichen sah, stürzte er sich voller Schmerz über den totgeglaubten Sohn ins Meer, das nach ihm bis heute das „Ägäische" Meer genannt wird.

Es gibt aber noch einen anderen wichtigen Aspekt, den die Mythen mit Theseus und Athen verbinden: die immer noch im Dunkel liegende

Gründung der griechischen Polis. Irgendwann in homerischer Zeit des 8. Jahrhunderts v. Chr. mag sich die Polis langsam mit ihren für uns zunächst unscharfen politischen Konturen herausgebildet haben. Der Mythos spricht davon, dass Theseus all dies bewirkt haben soll. Nach seiner erfolgreichen Rückkehr von Kreta und Athens Befreiung von dem grausamen Bluttribut, erreichten sein Ansehen und seine Macht ihren Höhepunkt.

Schon seit Generationen war Attika in einzelne Gemeinwesen unterteilt, die, obgleich Athen unterstellt, autonom waren und sich selbst verwalteten – ein Zustand, der zu vielen Disharmonien zwischen Stadt und Land führte. Aufgrund einer fehlenden Zentralverwaltung gab es unter den verschiedenen attischen Dorfgemeinden, die die kleinsten Verwaltungseinheiten einer Polis waren, häufig Rivalitäten und sogar kriegerische Auseinandersetzungen. Theseus, so die Sage, brach mit dieser veralteten Verwaltungstradition, vereinte die Stadt Athen mit dem Land Attika und gründete den zentralistisch organisierten „Athenischen Staat“ mit ersten demokratischen Strukturen: So übertrug der junge König einzelne Rechte den neu gebildeten Verwaltungsorganen.

Die Erinnerung an diese mythische Staatsgründung ist noch heute durch ein antikes Gebäude im modernen Athen lebendig. Es bezeugt, welch hohe Bedeutung die antiken Griechen den Mythen ihrer Vorfahren zumaßen und wie sehr sie an deren „historische“ Inhalte glaubten. Da heißt es nämlich in der Inschrift auf der Westseite (der Innenseite) des Hadriansbogens von 131/32 n. Chr.: „(Dies ist) die alte Stadt des Theseus“ und auf der Ostseite „Dies ist die Stadt des Hadrian, nicht die des Theseus“.

Fischernetze im Hafen von Lesbos

Werfen wir noch einen Blick auf die Göttin Artemis. Der Mythos erzählt von der Verbindung des frühen, mykenischen Griechenlands mit dem bronzezeitlichen Kreta. Artemis ist die beliebteste griechische Göttin, die wegen ihres vielschichtigen Wesens von verschiedenen antiken Autoren mal mit der mykenischen Aphaia (von Ägina), mal mit der vorgriechischen Britomartis und mal mit der kretisch/minoischen Diktynna gleichgesetzt wurde. Schließlich verknüpft der Mythos selbst all diese wesensverwandten Göttinnen miteinander und deutet auf ihre gemeinsame minoische Herkunft. Etymologisch ist der Name Artemis ein großes Rätsel, es gibt bislang keine allgemein anerkannte Erklärung für ihn. Häufig wird ein lydischer Ursprung angenommen. Hauptsächlich gilt Artemis als Göttin der Jagd. Als Fruchtbarkeitsgöttin steht sie in enger Verbindung mit dem Baumkult und trägt häufig Beinamen von Bäumen. Gerade in dieser Eigenschaft erinnert sie an die Baumverehrung in der minoischen Kultur, wie sie auf vielen Darstellungen erhalten ist (s. Abb. S. 26).

Diktynna, die wahrscheinlich älteste Göttin dieser Gruppe, wird „Herrin der Berge" und „Herrin der Fischernetze" genannt. Ihr Name lässt sich einerseits mit dem Berg Dikte in Ostkreta verbinden, andererseits hört man in ihm das griechische „díktyon" (dt. Netz). Dem Mythos nach ging die junge Diktynna gemeinsam mit Artemis in den kretischen Bergen der Jagd nach. Der in heißer Liebe zu ihr entbrannte Minos stellte ihr jedoch unermüdlich nach, sodass sich die Göttin in ihrer Verzweiflung ins Meer stürzte, wo sie von Fischern mit ihren Netzen gerettet wurde. Der Ort dieses Geschehens liegt in Westkreta auf der Halbinsel Rodhopú. Hier erinnern die antiken Reste des Diktynnaion-Heiligtums an dieses mythische Geschehen.

Inhaltlich verwandt ist der Diktynna-Mythos mit jenem von Britomartis, der „süßen Jungfrau". Auch sie war auf Kreta Jagdgefährtin der Artemis. Scheu und zurückgezogen mied sie den Kontakt mit Menschen. Wie Diktynna musste aber auch sie sich der wilden Liebeswerbung des Minos erwehren. Sie floh zum Diktynna-Felsen, rettete sich mit einem Sprung ins Meer vor Minos' Nachstellungen, wo abermals Fischer mit ihren Netzen als Retter erschienen und sie unversehrt nach Ägina brachten. Auf der Insel angelangt, noch scheuer, noch zurückhaltender geworden, verschwand (griech. „aphanís") die Göttin in den dunklen Wäldern und wird dort seit mykenischer Zeit als Aphaia verehrt. Ihr bauten die Griechen auf einer Bergkuppe, nahe dem heutigen Ajía Marína, um 500 v.Chr. einen der künstlerisch ausgereiftesten Tempel der spätarchaischen Epoche. Seine Giebelskulpturen, die heute in der Münchner Glyptothek ausgestellt sind, zeigen uns einen Höhepunkt der Formensprache der Spätarchaik. In jeder einzelnen Skulptur wird der Wandel von der Archaik zur Klassik in der griechischen Kunst lebendig und spürbar: „... ihre in einer äußeren Unbeweglichkeit keimhaft enthaltene *innere Bewegtheit* wird gelöst und befreit" (D. Ohly).

Die Inhalte der Giebelkompositionen sind Rückgriffe auf längst Vergangenes, auf uralte mythische Erinnerungen. Sie stellen einen besonderen

Giebelskulpturen vom Westgiebel des Aphaia-Tempels von Ägina, um 490 v. Chr., Glyptothek München

Aspekt des Troianischen Krieges und seine Verknüpfung mit der Insel Ägina dar. Die Hauptfront des Tempels im Osten krönten ehemals im Giebel Skulpturen des „ersten Feldzugs gegen Troia" mit dem Aigineten Telamon und Herakles. Der Westgiebel zeigt hingegen die „zweite Belagerung Troias", an der auch die Ägineten, die Nachfahren des mythischen Königs Aiakos von Ägina, teilnahmen.

Dem Mythos zufolge soll Aiakos gemeinsam mit Apollon und Poseidon das Troianische Festungswerk erbaut haben. Nach Vollendung der Arbeiten versuchten drei Schlangen, die Wände der verschiedenen Bauabschnitte zu überwinden. Nur eine Schlange gelangte über die Festungsmauer in die Stadt, jene, die Aiakos' Werk „erstürmte". Die beiden anderen Schlangen fielen tot zur Erde. Für Apollon und Poseidon eine geheimnisvolle Andeutung dessen, was das Schicksal vorherbestimmt hatte: Nur mit Hilfe der Nachkommen des Aiakos, und zwar aus der dritten Generation, könne es je gelingen, Troia zu erobern! Schließlich waren es Sohn und Enkel des Aiakos, die sich beide dem Feldzug und der Belagerung Troias erfolgreich anschlossen. Telamon, Sohn des Aiakos und der Endeis, war einer der unermüdlichsten Krieger vor Troia. Gewandter und schneller selbst als Herakles überwand er die vom Vater gebaute Mauer und stürmte in die Stadt. Als erster Grieche betrat er im Kampf troianischen Boden. Sein Sohn Aias stellte sich dem Zweikampf mit Hektor, rettete die griechischen Schiffe beim Angriff der Troianer und verteidigte den Leichnam des Patroklos. Auch im heftigen Kampf um den Leichnam des Achilles siegte Aias und trug ihn vom Schlachtfeld. All dies geschah zum Ruhme des Aias und der Ägineten. Doch dann überfiel den jungen Helden der Wahn, er mordete die Herden der Griechen und nahm sich, als er seine Tat erkannte, schuldbewusst das Leben.

Griechenland ist unendlich reich an uralten Namen. Viele von ihnen wurzeln in mythischen Erinnerungen, können lebendige Geschichten (Mythen) erzählen. Nicht allein die große Kunst spiegelt die Mythenwelt der antiken Griechen wider. Auch die klangvollen Namen vieler Berge, Buchten, Flüsse oder Ebenen beinhalten Mythisches, haben ihre Wurzeln in der Frühzeit der Ägäiskulturen. Dort wo die griechische Landschaft von der modernen Zeit noch unverletzt blieb, ahnt man etwas von ihrer Vergangenheit, spürt ihre geheimnisvolle Anziehung, die Heiligkeit eines Ortes, der über Jahrtausende von Generation zu Generation verehrt und mit Leben erfüllt wurde.

Ägäisches Meer, benannt nach König Aigeus von Athen

Kreta

Ursprung Europas

Wenn die Morgensonne mit ihren ersten warmen Strahlen die sanfte Nídha-Hochebene auf Kreta belebt, erwacht eine Welt, die an biblische Erzählungen erinnert. Man ahnt etwas von dem mythischen Zauber dieser Landschaft, spürt die Lebenskraft, die Berg und Ebene seit Jahrtausenden ausstrahlen.

Die Anfänge Europas liegen auf Kreta. Darin stimmen Mythos und Archäologie überein. Im Osten des Mittelmeeres, auf dem südlichen Vorgebirge unseres Kontinents, entstand die europäische Kultur. Hier wurde der Sage nach Zeus selbst, der oberste der griechischen Götter, geboren.

Kreta ist ein Gebirge im Meer. Mächtig ragt das Inselmassiv aus den Fluten empor. Insel und Kontinent zugleich, trennt es Europa von Afrika, scheidet ägäische von libyschen Gewässern. Weit über das Meer hin sichtbar, thront mitten auf der Insel das Ida-Gebirge. Hoch oben lagert der Psilorítis mit seinem höchsten Gipfel, dem Tímios Stawrós (2456 m). Das Massiv überragt die flachen Küsten im Norden, die Steilfelsen im Süden und die östlich wie westlich sich anschließenden Bergketten. Schneebedeckt vom Herbst bis in den Frühling, beeindrucken die kretischen Berge Inselbewohner wie Reisende. Wer hier verweilt, versteht die Religiosität der Menschen, die vom Neolithikum bis zur frühchristlichen Zeit in der kretischen Bergwelt, auf Gipfeln und in Höhlen, ihre Gottheiten verehrten. Besonders heilig waren der Ida und seine Grotte. Dieses Massiv ist Zentrum eines bedeutungsvollen mythischen Landschaftsraumes.

An der Nordflanke des Psilorítis befindet sich jene Idäische Grotte (Idäon Ántron), die als mythische Geburtsstätte des griechischen Göttervaters Zeus überliefert ist. Der höchste Gott der Griechen aber war den Kretern in der vorgriechischen, der minoischen Epoche als patriarchalisch herrschender Vater der Götter und Menschen unbekannt. Der „kretische Zeus“ der Minoer war vielmehr ein sterblicher Vegetationsgott in einer

Ida-Gebirge im Frühling mit Schnee, Südküste bei Ajía Ghalíni

matriarchalischen Religion: Göttinnen der „Mutter Erde", Spenderinnen des Lebens und der Fruchtbarkeit, umwarben die Götter im Frühjahr zur feierlichen Begattung, um sie im Herbst nach einem ähnlichen religiösen Ritual sterben zu lassen. Der kretische Zeus verkörpert den Wandlungsprozess der vier Jahreszeiten.

Über den genauen Geburtsort des Zeus sind sich antike Autoren wie moderne Mythographen uneins. So wird neben dem Idäon Ántron auch die Diktäische Grotte im Osten der Insel, oberhalb der Messará-Hochebene, als Geburtsgrotte erwähnt. Jüngere Quellen berichten, Zeus sei in der Diktäischen Grotte geboren und in der Idäischen Grotte aufgewachsen, aufgezogen von Melisseus, genährt mit dem Honig der Bienen (Melissai) und der Milch der Ziege Amaltheia.

Doch wo auch immer man die Geburt des Göttervaters annimmt, in der archaischen Landschaft der Nídha-Hochebene um das Idäon Ántron liegen die Ursprünge der minoischen und griechischen Religion, hier nahm die europäische Kultur ihren Ausgang. Die Zeus-Grotte im Ida-Massiv ist von großer religiöser und kultischer Bedeutung. Hier stiftete Zeus seinen Söhnen Minos und Rhadamanthys, den späteren Totenrichtern im Hades, die „Erste Gesetzgebung an die Menschheit". Hier findet sich Minos alle neun Jahre zum Zwiegespräch mit Zeus ein, um Erkenntnisse und Gesetze für sein Volk zu empfangen. Die Zahl Neun mag dabei an das Reifen der menschlichen Leibesfrucht in neun Schwangerschaftsmonaten erinnern. Viele berühmte Griechen suchten diese heilige Stätte auf, so Lykurgos, der sagenhafte Begründer der Verfassung Spartas (11.–8. Jh. v. Chr.), Solon (um 640–nach 561 v. Chr.), Epimenides (6./5. Jh. v. Chr.), Pythagoras (2. Hälfte 5. Jh.–etwa 497/96 v. Chr.) und Platon (428/27–349/48 v. Chr.)

Ähnlich wie Lykurg die spartanische Gesetzgebung aus dem „altkretischen Recht" bildet, entwirft auch Platon nach dem Vorbilde der Rechtsprechung des Minos die Prinzipien seines „künftigen Idealstaates" „... so werdet ihr, denke ich, nicht ungern über Staatsverfassung und Gesetze jetzt eine Untersuchung führen, redend und auch hörend, während der Wanderung" (zur Idäon Ántron-Grotte). „Jedenfalls ist, wie wir hören, der Weg von Knossós nach der Grotte und dem Tempel des Zeus dazu ausreichend, und es gibt, wie sich erwarten lässt, unterwegs für die gegenwärtige Hitze unter den hohen Bäumen schattige Ruheplätze ..." (Gespräch zwischen Kleinias und dem Athener aus Platons *Nomoi* 625, a/b, dt. von H. Müller).

Die Lebensweise hat sich in dieser kargen, ehemals bewaldeten Gebirgsregion um den Ida („Waldgebirge") seit minoischer Zeit kaum verändert.

Kretische Bergbauern leben noch heute in steinernen Hütten, den Mitáta. Deren Bauweise erinnert an die frühminoischen Rundgräber des 3./2. Jahrtausends v. Chr. in der Messará, mögliche Vorläufer des mykenischen Kuppelgrabes des Agamemnon, des so genannten Schatzhauses des Atreus (um 1350–1325 v. Chr.). Damals wie heute bilden Schaf- und Ziegenherden sowie Bienenzucht die Existenzgrundlage der Bergbauern.

Die Erforschung der Idäon Ántron-Grotte begann bereits 1884/85 (Ernst Fabricius), wurde aber bis 1955 (Paul Faure) nie ernsthaft vorangetrieben. Seit 1982 arbeiteten die griechischen Archäologen Evi und Ioánnis Sakellarákis mit Leidenschaft und Akribie an diesem heiligen Ort. Das Ehepaar geht den mühsamen Weg, den Mythos mit den Mitteln der Archäologie – im ursprünglichen Sinne des Wortes die Lehre von den Anfängen – zu erforschen. Auf Großraumförderbändern ließen sie die Erdmassen aus der Höhle abtragen, um historische Schichten freizulegen. Die dabei zu Tage geförderten Bodenfunde erhellen nach und nach das Dunkel der Sagen und Mythen griechischer Vorzeit. Was E. und I. Sakellarákis entdeckten, ist sensationell. Mit Gewissheit kann nun zum einen gesagt werden, dass in der Idäischen Grotte seit dem Neolithikum Menschen gelebt und Götter verehrt haben. Zum anderen steht fest, dass sich seit Ende der Bronze-

Mitata-Hütten auf der Nídha-Hochebene

zeit auf der 1370 m hohen Nídha-Hochebene auch Pilgereinrichtungen, also Herbergen und Gasthäuser, befunden haben. Wie wir von spätantiken Autoren wissen, war die Grotte bis weit in die frühchristliche Zeit Kultstätte. Archäologische Ergebnisse bestätigen dies.

Ein zweiter Berg Kretas ist von ähnlicher Bedeutung für die Erforschung der mythischen Anfänge Europas: der südlich von Knossós gelegene Júchtas (811 m). Mit ihm verknüpft sich das oft zitierte Wort des Apostel Paulus: „Die Kreter sind allezeit Lügner ..." (Titusbrief 1.12, Zürcher Bibel 1942). War die Idäische Grotte der Geburtsort des Göttervaters, so bezeichneten die Kreter seit jeher den Júchtas als das „Grab des Zeus"!

Wie fremd muss bereits den Griechen der Antike die Welt ihrer kretischen Vorfahren erschienen sein: Eingebunden in eine patriarchalische Kultur, stoßen sie auf ein Volk, in dessen Tradition das Bild einer mythischen Herrscherin, die staatliche und religiöse Macht in sich vereint, seit Jahrhunderten fortwirkt. Ein lebendiger Mythos noch zu Zeiten Homers (um 800 v. Chr., also mehr als 500 Jahre nach dem Untergang der Minoer), als die Griechen begannen, mündlich überlieferte Geschichten niederzuschreiben.

In den Begriffen einer männlich bestimmten Welt denkend, können sich die Griechen eine Priesterkönigin (Minoa), von der altkretische Legenden erzählen, nicht vorstellen. Was sie nicht verstehen, halten sie für unwahr. Vielleicht rührt daher das Wort des Apostel Paulus. Die bekannte Sage von Minos als dem starken männlichen Herrscher und seinem Königreich ist wohl eine Korrektur der Griechen im Sinne ihres patriarchalischen Weltbildes.

Es war ein Kreter selbst, Epimenides, ein Theologe und Wundertäter im biblischen Alter, der um 500 v. Chr. in Athen als Sühnepriester tätig war und als Erster von den lügenhaften Kretern erzählte. Auf sein Zeugnis beziehen sich verschiedene spätantike Autoren, darunter auch der Apostel Paulus. Er warnt Titus, den er auf Kreta als Bischof einsetzt, vor „jüdischen Fabeln und Geboten von Menschen, die sich von der Wahrheit abwenden" (Titusbrief 1.14). Der Himmelsgott Zeus, der König des griechischen Pantheons, wurde vermutlich um die Wende des 3. Jahrtausends v. Chr. (2300–1900 v. Chr.) von den Achäern und Ionern aus dem Norden nach Griechenland und damit in den Bereich der minoischen Hochkultur eingeführt.

Goldring mit minoischen Göttinnen, um 1400/1300 v.Chr., Archäologisches Museum Iráklion

Die religiösen Vorstellungen der Einwanderer verschmolzen mit denen der Urbevölkerung, wie so oft in der

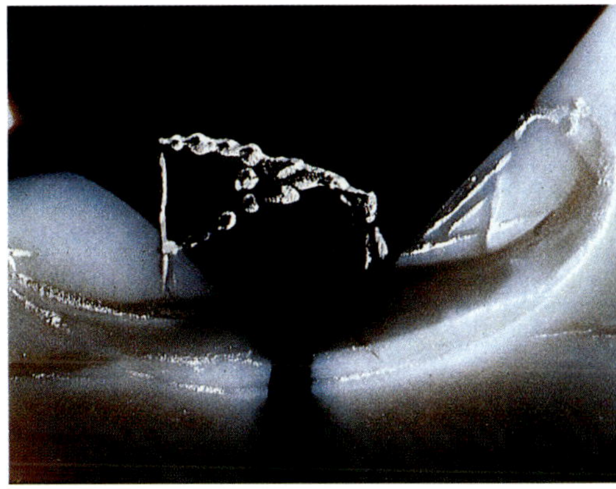

Halbedelsteinsiegel eines Eisenrings mit Darstellung eines Mannes, der eine Totenbarke vorwärts stakt, aus Anemóspilia bei Archánes, um 1700 v. Chr., Archäologisches Museum Iráklion

Geschichte der Religionen. Die griechische Phantasie nahm die Mythen und Legenden eines unbekannten Volkes, einer fremden – ob unterlegenen oder überlegenen – Kultur auf und verwandelte sie. Aus dem minoischen Kult eines Vegetationsgottes, der jedes Jahr aufs Neue geboren wird, wächst und stirbt, bildet sie den Mythos von der Geburt und Jugend des Zeus auf Kreta.

Aber der kretische Zeus führt offenbar ein sehr dauerhaftes Leben. Das Mysterium des Gottes – das die antiken Griechen wie die frühen Christen so sehr befremdete – findet gleichsam seinen Höhepunkt auf dem mythischen Berg Júchtas. An dessen Fuße liegt das Weindorf Archánes, wo atemberaubende Funde der minoischen Kultur gemacht werden: Bis auf den heutigen Tag hat sich in Archánes die Legende erhalten, der Júchtas sei das Grab des Zeus. Nach dem spätantiken Autor Porphyrios (233/2–304 v. Chr., Pythagoras §17) soll sogar Pythagoras eine dem Zeus gewidmete Inschrift an der Grabstätte angebracht haben. Selbst in frühchristlicher Zeit verehrten die Kreter noch jahrhundertelang diesen heiligen Ort.

Die Silhouette des Berges gen Norden, weit über das Meer hin sichtbar, erinnert tatsächlich an das Profil eines liegenden bärtigen Mannes – das Haupt des „schlafenden Zeus“, sagen die Kreter. Der höchste aller Götter – hier auf Kreta sterblich und immer von neuem lebendig, jedes Jahr zu Grabe getragen und unter blitzendem Feuer wieder geboren? Wenn Zeus im Frühjahr neugeboren wird, so ein anderer Mythos (Antonius Liberalis), lodert ein gewaltiges Feuer aus der Geburtsgrotte, genährt vom Geburtsblut des göttlichen Knaben. Dann erblüht die Natur, wächst und gedeiht. So wie sie stirbt, stirbt auch Zeus. Er ist hier nicht der zeitlose, unsterbliche Herrscher über Himmel und Erde, sondern geradezu Bestandteil des Kreislaufs der Natur und ihres unaufhörlichen Wandels. Für die Griechen eine unannehmbare Vorstellung, ja eine Lüge.

Der Kult eines heiligen Ortes wird oft von einer Religion auf die nächste übertragen. So errichteten die orthodoxen Christen auf Berghöhen, wo ihre griechischen Vorfahren Zeus als Wettergott verehrten, Kapellen des Propheten Elias, der ebenso wie der heidnische Gott für Sonne und Regen zuständig ist. Auf dem Júchtas hingegen ist die Gipfelkapelle nicht dem

Elias geweiht, sondern, was ungewöhnlich ist, der Metamórphosis Christú – der Verwandlung und Verklärung Christi.

Zum Metamórphosis-Fest am 6. August pilgern die Menschen jedes Jahr zu Hunderten von nah und fern auf den Júchtas. Sie bringen Brote mit, um sie segnen zu lassen – sie feiern eine Art Erntedank. Darin schwingt gewiss die Erinnerung mit an jenen Vegetationsgott der Urahnen, der – immer neugeboren, sterbend und wieder auflebend – den jahreszeitlichen Zyklus allen Lebens verkörperte. Mit der Verehrung jenes „kretischen Zeus", der ehemals wohl anders geheißen haben mag, war sicher auch ein Erntedankfest verbunden. Es zeugt von einem geheimen Zusammenhang, dass gerade an dem mythischen Ort des Zeus-Grabes ein christliches Wandlungsfest gefeiert wird. Der Mythos prägt Phantasie und Sitten des Volkes bis in die Gegenwart. Heidnische Vorstellungen gehen in christlichen Brauch über.

Die antiken Griechen haben, wie es scheint, den minoischen Zeus-Mythos insoweit übernommen, als sie die Jugendzeit ihres Gottes auf Kreta ansiedelten, während sie die Vorstellung der Kreter vom Tod des Zeus als geradezu blasphemisch zurückwiesen.

Metamórphosis-Fest in Archánes

Die Erde um den Júchtas hütet vor Jahrtausenden gelebtes Leben. Es bedarf der besonderen Einfühlung und Vorstellungskraft, um dann mit archäologischer Methode – „mit sicherem Spatenstich“ – Vergangenes zu bergen und gleichsam neu zu belegen. Nicht selten ist es Altbekanntes, das einen aufmerksamen Menschen rätselhaft anzieht. Er folgt seiner Ahnung und entdeckt eine archäologische Sensation.

Seit Jahrhunderten diente auf einem Hügel nordwestlich des Júchtas ein einfacher runder Steinbau nach Art der Mitáta-Rundhütten (s. Abb. S. 25) auf der Nídha-Hochebene den Hirten als Unterschlupf. Der runden Form eines Ofens ähnlich, heißen Hütte und Hügel Fúrni (Ofen). Ein geheimnisvoller Ort. Das spürten Evi und Ioánnis Sakellarákis. Die beiden Wissenschaftler, die sich bei ihren Forschungen immer wieder von ihrer Intuition leiten lassen, entschlossen sich 1964, jenes merkwürdige Gebäude zu untersuchen. Sie machten einen ihrer größten Funde: ein vollständig erhaltenes Tholosgrab (ein im Grundriss kreisrunder, gewölbter Grabbau). Die Archäologen bezeichneten es mit A (alpha), da es das erste Grab dieser Art war, das hier gefunden wurde. Das Grab war nicht geplündert, eine Schatzkammer tat sich auf, aus der insgesamt 402 Objekte geborgen werden konnten. Ohne das völlig zerfallene Skelett anthropologisch untersuchen zu können, ergibt sich allein aus den Grabbeigaben – kostbarer Schmuck, aber keine Waffen –, dass hier eine Frau bestattet wurde. Die Art der Funde und der Charakter der Fundzusammenhänge sprechen dafür, das es sich um das Grab einer Priester-Königin handelt. Überdies werfen die Funde ein helles Licht auf die Verbindungen des minoischen Kreta mit Zypern und dem mykenischen Festland während der späten Bronzezeit. Von der besonderen Totenfeier zeugt der Stierschädel, eingemauert in die Bruchsteinwand, die den Zugang zur Grabkammer absicherte – ein seltenes Zeichen. Nur etwa zwei Dutzend Stieropfer konnten bisher im kretisch-mykenischen Raum gefunden werden (davon allein fünf auf Kreta). Noch bedeutsamer aber ist das Opfer eines Pferdes, eines „equus caballus“, das die Forscher hier entdeckten. Der Fund von Fúrni ist einzigartig auf Kreta und in der ganzen Ägäis äußerst selten. In situ Pferdebestattungen nach Art der von Homer beschriebenen Totenfeiern, wie sie in der *Ilias* (23. Gesang 163–176) überliefert sind, kennen wir aus dem griechischen Raum besonders anschaulich von Salamis auf Zypern.

Das Ritual in Fúrni fand vor dem Grab im Freien statt: Der Kopf wurde vom Rumpf getrennt, der Tierleib zerlegt. Die zerlegten Glieder wurden dann im Kuppelraum rechts neben dem vermauerten Eingang zur Grabkammer aufgeschichtet. Dass zwei so außergewöhnliche Tieropfer beim Begräbnis zelebriert wurden, bekundet den hohen Rang der Verstorbenen zu ihren Lebzeiten. Jener merkwürdige Ort am Fuße des Júchtas erweist sich somit als ein hochverehrtes Heiligtum der Minoer. Der obere Teil dieses Grabes ragte seit Jahrhunderten, wenn nicht Jahrtausenden, aus der Erde heraus. Weder die Hirten, die den Kuppelraum als Schutzhütte benutzten, noch die Menschen in byzantinischer Zeit, die ihre Namen in die Wände des Baus ritzten – ein anscheinend uraltes Bedürfnis der Menschen zum Schaden der Bauwerke –, ahnten, dass sich unter ihren Füßen das Grab einer Königin und/oder Priesterin aus der Zeit um 1400–1300 v. Chr. befand.

„Momentaufnahme eines Menschenopfers"

Im Herbst 1979 gab der sagenumwobene Júchtas erneut ein Jahrtausende altes Geheimnis preis. Beim routinemäßigen Sammeln von Oberflächenfunden entschieden sich Evi und Ioánnis Sakellarákis, innerhalb eines bestimmten, eng abgesteckten Bezirks am nordwestlichen Ausläufer des Júchtas zu graben. Was sie dort entdeckten, ging als Sensationsmeldung „Menschenfresser auf Kreta" durch die internationale Presse. Wie in einer Momentaufnahme zeigt sich hier anschaulich das Geschehen von vor rund 3700 Jahren: das erste große Erdbeben auf Kreta um 1700 v. Chr., das die alten Paläste der minoischen Hochkultur zerstörte.

Terrakotta mit einer Göttin, die auf einem Pferd reitet, um 1400/1100 v. Chr., Archäologisches Museum Iráklion

Was war geschehen? Entlang einer alten minoischen Bergstraße waren die Forscher zu einem Ort namens Anemóspilia (Höhlen des Windes) gelangt. Hier, in einer Landschaft von wilder Schönheit, eröffnet sich ein weiter Blick bis zur Nordküste der Insel und hinaus auf die blaue Ägäis. Beim routinemäßigen Absuchen der Bodenoberfläche stießen die Archäologen auf ein fragmentarisch „gebautes" Stierhorn, wie wir es ähnlich von der minoischen Palastarchitektur her kennen. Dieser Fund veranlasste die Forscher, das Gelände an dieser Stelle genauer zu untersuchen. Als sie begannen, die Erde abzutragen, ereignete sich etwas Seltsames: Ein alter kretischer Bauer kam seitwärts auf seinem Esel sitzend des Weges. Ob er wohl wusste, dass seine Reithaltung so alt ist wie die kretisch-minoische Kultur der ersten Europäer? Erinnerte er sich, dass er auf einer Jahrtausende alten minoischen Straße zu seinem Acker ritt? Er war tief beeindruckt. Mit der ganzen Würde eines stolzen Bauern beglückwünschte er die Archäologen. Staunend sagte er: „Dass Sie gerade hier und nicht einige Meter weiter abseits die Erde aufbrechen! Wie wundersam." „Warum?", entgegnet ihm Ioánnis Sakellarákis. „Warum? Weil hier die Vögel anders und schöner singen als irgendwie sonst auf Kreta ..."

Langsam enthüllte die Erde ein Gebäude. Die frei gelegten Grundmauern zeigten drei parallel angeordnete rechteckige Räume und eine gemeinsame Vorhalle. Ein sehr kleines Haus. Nicht das geringste Anzeichen einer Palastanlage. Nach Ansicht des Archäologenehepaares handelt es sich dabei um den einzigen „minoischen Tempel", den man bislang auf Kreta entdecken konnte: Ein Sakralgebäude, in dem eilig durchgeführte Zeremonien abgehalten wurden, um die Naturgewalten zu besänftigen, als das große Erdbeben um 1700 v. Chr. ganz Kreta erschütterte, die Kultfeier im Tempel unterbrach und gleichsam konservierte. Anfangs schien alles auf ein übliches Kultgebäude hinzuweisen. Im mittleren Raum, den man zuerst freilegte, fanden sich die Asche und die verkohlten Reste einer Xoanon-Göttinnenstatue, eine menschengestaltige, einfache Skulptur aus Holz sowie deren tönerne Füße und mehrere zerbrochene Keramikgefäße. Der östliche Nebenraum mit einem treppenförmigen Altar wies Spuren eines Erntedankopfers auf. Ebenso boten die Funde in der Vorhalle auf den ersten Blick das bekannte Bild minoischer Opferhandlungen: im Westen lagen Tierknochen übereinander gehäuft, was darauf schließen ließ, dass der westliche Raum den blutigen, der östliche hingegen den unblutigen Opfern vorbehalten war. Nach Art der Keramik, ihrer Dekoration und den auf zwei Gefäßen angebrachten minoischen Schriftzeichen (Linear-A) können diese Kulthandlung und das Erdbeben, das den Tempel zerstörte, in die Zeit um 1700 v. Chr. datiert werden.

Der westliche Nebenraum schien zunächst leer. Knapp über dem gewachsenen Boden kam nach und nach ein Skelett zu Tage. Und dann entdeckte man in demselben Raum ein zweites und drittes Menschenskelett, im Vorraum ein viertes. Noch war dies nichts Außergewöhnliches: Priesterinnen und Priester wurden bei ihrer Opferhandlung von dem Erdbeben, das sie abwenden wollten, überrascht und getötet. Doch was opferten sie in dem für Blutopfer bestimmten Raum? Die Fundumstände entsprechen den

bildlichen Darstellungen minoischer Kultopfer wie etwa auf dem Sarkophag von Ajía Triádha. Dann aber die grausige Erkenntnis: Hier war nicht wie auf dem Fresko des Sarkophages ein Stier geopfert worden, sondern ein Mensch! Man hatte ihn auf dem Altar an Händen und Füßen, Ober- und Unterschenkeln gefesselt, sodass das Opfer in der Hocke lag wie ein Kind im Mutterleib. Ganz ähnlich wie den Stier auf dem Fresko hat man dann das Opfer geschächtet. Sein kostbares Menschenblut wurde in einem Krug aufgefangen. Die Zeit eilte, man wartete nicht, bis der ganze Körper ausgeblutet war, sondern schickte eiligst einen jungen Helfer mit dem wenigen Opferblut zur Göttin im mittleren Raum. Doch der kurze Weg war zu lang. Die Göttin war nicht mehr erreichbar. Als der Helfer im Vorraum angelangt war, donnerte und bebte die Erde, dröhnend stürzte der Tempel zusammen und erschlug Opfer, Priesterin und Priester. So entstand die Momentaufnahme eines außerordentlichen Ereignisses der minoischen Religion, die uns über 3700 Jahre bis in unsere Zeit erhalten blieb.

Opferszene vom Sarkophag aus dem Kammergrab von Ajía Triádha, um 1400 v.Chr., Archäologisches Museum Iráklion

Nach heutiger Auffassung gab es in den alten Kulturen des Mittelmeerraumes und Ägyptens durchaus Menschenopfer, doch scheinen sie stets eine Ausnahme gewesen zu sein. So berichtet der griechische Mythos, dass Agamemnon, der Führer der Griechen vor Troia, gezwungen war, seine Tochter Iphigenie zu opfern, um die Göttin Artemis zu versöhnen. Doch ähnlich wie der Gott des Alten Testaments Abraham im letzten Moment zurückhielt, seinen Sohn Isaak wie verlangt zu opfern, und ihm statt des Knaben einen Widder zuführte, so schonte auch Artemis Iphigenie und entführte sie ins Land der Taurer. Ein Menschenopfer muss zur damaligen Zeit als das höchste, alles übertreffende Opfer gegolten haben. Und in diesem Sinne ist es denkbar, dass sich die Minoer angesichts höchster Gefahr in den Schutz ihres heiligen Júchtas begaben und zum letzten Mittel griffen, indem sie einen Menschen opferten. Vielleicht war das Opfer ein Priester oder ein junger Prinz, der die Insignien des sterblichen Vegetationsgottes – des kretischen Zeus – trug. Solche Bräuche sind auch von anderen Völkern, die eine Vegetationsreligion ausüben, überliefert.

Erst die kombinierten Daten aller Untersuchungen machten das Menschenopfer von Anemóspilia anschaulich. Im westlichen Raum, der einzig für Blutopfer bestimmt war, lag das Skelett einer etwa 18-jährigen Priesterin (deren Schädel die Archäologen anfangs für ein Straußenei gehalten

Anemóspilia-Tempel aus der Zeit um 1700 v.Chr. (Rekonstruktion)

hatten) und das eines etwa 30-jährigen, 1,80 m großen Priesters, der höchstwahrscheinlich die Opferhandlung mit einer 40,6 cm langen Bronzewaffe durchführte. Die hohe Stellung des Priesters ergibt sich aus den Insignien, die sich bei seinem Skelett fanden, dem Eisenring – Eisen war in der späten Bronzezeit wertvoller als Gold – und einem Siegel aus Halbedelstein mit der Darstellung eines Mannes, der ein Boot – wohl auf der Fahrt ins Jenseits – vorwärts stakt (s. S. 27): beides kostbarste Kultgegenstände. Das Opfer war ein ungefähr 18-jähriger, 1,65 m großer junger Mann. Er lag mit seiner rechten Körperhälfte auf dem gemauerten Altar, den Kopf nach Süden, den Blick nach Osten (!) gewandt. Das Skelett war überraschenderweise – und zunächst für die Archäologen völlig unerklärlich – etwa bis zur Wirbelsäule auf der rechten Seite schwärzlich verfärbt, auf der linken Körperhälfte hingegen – also auf der nach oben liegenden Herzseite – normal knochenfarben, weiß. Aufgrund dieser Indizien kamen Gerichtsmediziner zu dem Schluss, dass der Tod sowohl durch hohen Blutverlust als auch durch Verbrennung erfolgte. Der Befund ist eindeutig: Verbrennt ein Mensch (der wahrscheinlich fensterlose, mit Fackeln erhellte Tempel von Anemóspilia war in Brand geraten), so bleiben seine Knochen nur dann weiß, wenn seine Adern blutleer sind, sie verfärben sich jedoch schwarz, wenn die Adern noch Blut enthalten. Ursache ist eine chemische Reaktion, das Eisen im Blut bewirkt bei Verbrennung Oxydation. Damit ist die teilweise Verfärbung des Skeletts des Opfers geklärt. Der junge Mann war mit der gefundenen Bronzewaffe geschächtet worden, d.h. der Priester hatte die Waffe in die Halsschlagader der linken Körperhälfte gestoßen, worauf der Mann verblutete und sein Herzschlag zum Stillstand kam. Inmitten der Opferhandlung muss aber das Feuer im Tempel ausgebrochen sein. Das Opfer verbrannte, noch ehe es ausgeblutet war, sodass sich die Knochen der unteren, rechten Körperhälfte, deren Adern noch mit Blut gefüllt waren, schwarz färbten.

Die Kreter sind stolz auf ihre 5000-jährige Vergangenheit. Sie betrachten sich zunächst als Kreter, erst dann als Griechen. Der archäologische Nachweis, dass die kretisch-minoische Kultur keine griechische war und zudem noch älter ist als jene, hat das Bewusstsein ihrer Eigenständigkeit und ihren Stolz nur noch gestärkt. Immer wieder kann man auf der Insel Kretern begegnen, die so würdevoll und traditionsbewusst auftreten, als ahnten sie, dass sie das geheimnisvolle Erbe der Ursprünge Europas in sich tragen – ja, dass in ihnen, den Nachfahren, diese mythische Geschichte fortlebt.

Die Erzeugnisse der ersten Europäer, die heute in den Vitrinen der kretischen Museen zu sehen sind (und das sind ca. 70 % aller auf Kreta entdeckten Funde), erscheinen dem Betrachter unserer Tage als Kunstwerke. Doch wir müssen uns bewusst machen, dass unser Verständnis von Kunstwerken – nach dem Gegenstände allein oder insbesondere nur dazu geschaffen werden, um ästhetisch anzusprechen und zu erfreuen – erst rund 400 Jahre alt ist und in weiter zurückliegenden Epochen keine Gültigkeit besaß. „Schöne Kunst“ entstand früher immer in einem legitimierenden Zusammenhang, nie als Selbstzweck. Vor allem in so frühen Zeiten wie der minoischen Epoche war es hauptsächlich die kultisch-religiöse Funktion, die Form und Inhalt eines „Kunsterzeugnisses“ festlegte. Wir dürfen deshalb mit Recht annehmen, dass viele der ausgestellten Funde Kultobjekte waren. Es erscheint auch wenig glaubhaft, dass Gegenstände, die als technische Höchstleistungen des damaligen minoischen „Kunst“-Handwerks gelten müssen, einem alltäglichen Gebrauch gedient haben.

Minoische Schale mit Schilfdekor (Florastil), um 1550/1520 v. Chr., Archäologisches Museum Iráklion

Der Versuch, die Anfänge der europäischen Kultur aus dem mythischen Dunkel ans Licht zu bringen, stößt indes auf Schwierigkeiten.

Knossós, großes Treppenhaus

Denn die Spuren der ersten Europäer, die Arthur Evans im Jahre 1900 in Knossós, unweit von Archánes, entdeckte, sind Zeugnisse einer uns sehr fremden, aber gleichzeitig doch seltsam nahen, uns ansprechenden Kultur. Fremd muss bereits den Griechen der Antike die Welt ihrer Vorfahren erschienen sein. Unglaublich und phantastisch kamen ihnen deren Geschichten vor, die mündlich überliefert wurden – die Mythen, denen wir tatsächlich die ersten Hinweise auf die Ursprünge der europäischen Kultur entnehmen.

Der menschliche Geist reagiert auf das Fremde, indem er es entweder einzuordnen sucht in Bekanntes, Vertrautes, oder indem er Geschichten erfindet, die das Fremde erklären. Gerade das Bauwerk von Knossós, wie die minoische Palastarchitektur überhaupt, gibt uns ein gutes Beispiel für diesen Vorgang. Die Minoer nannten Knossós „Labyrinth", und sie verstanden darunter wohl nichts anderes als das „Haus der Doppelaxt", denn „labrys" (die Doppelaxt) war wohl das heilige Zeichen der Minoer, so wie das Kreuz Symbol der Christen ist. Spätestens in der Antike fand eine Bedeutungsverschiebung statt. Das Wort meinte nunmehr, was wir noch heute unter einem Labyrinth verstehen. Offenbar war die Erinnerung an das Architekturkonzept und die Baulogik des Labyrinths verloren gegangen, und den Griechen erschien Knossós nur noch als verwirrender Grundriss, in dem man sich verlaufen konnte und nur schwer – mit Hilfe des Fadens der Ariadne! – herausfand. Ihnen galt das Labyrinth als Gefängnis des mythischen Minotaurus, eines Menschen fressenden Ungeheuers mit dem Kopf eines Stieres. Die verwirrend angelegten Gänge hatten eben den Sinn, ein Entkommen des Untiers zu verhindern. Möglicherweise deuteten sie das Labyrinth auch symbolisch als Lebenslabyrinth, aus dem sich der Mensch nur mühsam den Weg ans Licht bahnt. Noch heute tanzt man in Griechenland den Labyrinthtanz; er mag in Ausdruck und Musik an kretisch-minoische Tänze erinnern.

Fresko mit Darstellung der „Kleinen Pariserin" aus Knossós, um 1500/1450 v. Chr., Archäologisches Museum Iráklion

Mythisches Tier und kultisches Symbol im minoischen Kreta war, wie bereits erwähnt, der Stier. Die mykenischen Griechen des Festlandes, die tatsächlich am Ausgang der Bronzezeit Kreta eroberten, wussten offenbar noch von seiner großen Bedeutung in der minoischen Kultur. Sie drücken das Unheimliche in ihren Mythen aus, nur so ist das blutrünstige Bild des Minotaurus verständlich. Die Archäologie findet überall Zeugnisse eines Stierbildes, die diese Legenden bestätigen: Opfergefäße in Gestalt eines Stieres oder Stierkopfes wie der Blutopferkrug von Anemóspilia, Darstellungen von Menschen, die das „unmögliche" Kunststück des Sprungs über den Stierrücken vollführen, oder schließlich das Stieropfer selbst wie im Tholosgrab A von Fúrni. Leider wissen wir heute nur wenig über den Stierkult der Minoer und den Sinn des Sprunges über den Rücken des Tieres.

Lanzenträger aus dem Palast von Knossós (Rekonstruktion)

Man kann sich die Faszination vorstellen, die Evans und die ersten Ausgräber empfanden, als die Hinterlassenschaften der Minoer ans Tageslicht kamen und das „Labyrinth" von Knossós mit seinen prächtigen Räumen und Treppenhäusern während der Ausgrabung langsam architektonische Gestalt annahm. Wie verblüfft mussten die Archäologen aber sein, als sie das Fresko einer jungen, geschminkten Frau entdeckten, die eine so merkwürdige Ähnlichkeit mit den eleganten Pariser Frauen ihrer Zeit aufweist, als sei sie einem von Toulouse-Lautrec gemalten Bild entsprungen. Spontan gab Evans der minoischen Dame den Namen „kleine Pariserin". Gerade weil wir so wenig Sicheres über die Welt der Minoer wissen, ist die Versuchung groß, unseren Assoziationen zu erliegen und in die „stummen" und doch beredten Zeugnisse der Vergangenheit hineinzudeuten, was Produkt unserer Vorstellung, unserer Zeit ist. So entstanden zu Anfang unseres Jahrhunderts für Knossós Bezeichnungen wie „Palast", „piano nobile" oder „Halle des Königs". Und so baute man die wissenschaftlich anfechtbaren Rekonstruktionen der „Gemächer der Königin" mit ihrem Badezimmer. In solch einem prächtigen Bauwerk, so dachte man, konnte nur ein König mit aufwändiger Hofhaltung gelebt haben, obwohl es keinerlei Indizien dafür gab.

Ohne die Pionierleistungen von A. Evans zu schmälern, wird in Zukunft vieles behutsam und gewissenhaft überdacht werden müssen, um ein authentischeres Bild der minoischen Welt zu zeichnen. So wurde Jahrzehnte lang jenes Fresko, das Evans 1901 aus verschiedenen Fragmenten zusammengesetzt hatte und „Priester mit der Federkrone" oder auch „Lilienprinz" nannte, nahezu kritiklos in viele Publikationen über die minoische Kultur übernommen. Erst die Untersuchungen des französischen Arztes J. Coulomb im Jahre 1979 ergaben, dass die Evans'sche Rekonstruktion anatomisch falsch ist. Wolf-Dietrich Niemeier, Direktor des Deutschen Archäologischen Instituts Athen, rekonstruierte daraufhin aus den Originalfragmenten des „Lilienprinzen" einen „Lanzenträger".

Wir können das Fremde zunächst nur beschreiben und müssen anerkennen, dass vieles unklar bleibt. Nur das Feststellen der Unterschiede kann die Grundlage für das Verstehen bilden. Das, was wir als fremd wahrnehmen, wie etwa die auffallende Kleidung minoischer Frauen mit ihren entblößten Brüsten, kann dann Ausgangspunkt vorsichtiger Interpretationen werden. Die Kleidung lässt sich zusammen mit dem Vorherrschen weiblicher Personen in den dargestellten Kultszenen als Indiz für einen minoischen Mutterkult werten. Die Paläste – behalten wir die Bezeichnung der Einfachheit halber bei – scheinen weniger der Sitz eines Herrschers oder einer Herrscherin gewesen zu sein, als vielmehr Zeremonial- und Kultzentren mit Verwaltungsfunktionen. Aus der Vielfalt dieser Aufgaben mag sich die labyrinthische, uns verwirrende Anlage der Bauten für die minoischen Architekten fast zwangsläufig ergeben haben.

Schon die Griechen der Antike befremdete, wie wir gesehen haben, dass die Minoer eine matriarchalische Organisation der sakralen und weltlichen Macht verwirklicht und in einer weiblich bestimmten Welt gelebt hatten. Doch unser Beweismaterial ist viel zu dürftig, um eindeutig zu sagen, dass es im minoischen Kreta je eine Herrschaft der Frauen gegeben hat. Vor allem fehlen schriftliche Quellen. Es gibt jedoch einige wichtige Anhaltspunkte, die ein minoisches Matriarchat, zumindest im Sinne einer hervorragenden Stellung der Frau im öffentlichen und religiösen Leben, wahrscheinlich machen.

Fresko-Szenen und vor allem Darstellungen auf Siegeln sprechen für eine exponierte, führende Rolle der Frau zumindest im kultischen Bereich (s. Abb. S. 16 und 26). Stets werden Frauen als Hauptakteure der Kulthandlungen gezeigt. Männer erscheinen in untergeordneten Rollen, etwa als Gabenträger oder Musikanten, wobei sie sogar Frauenkleider tragen.

Der archäologische Befund von Anemóspilia indes – jene Momentaufnahme einer Kulthandlung – zeigt erstaunlicherweise etwas anderes: An diesem blutigen Ritual zur Abwehr der drohenden Katastrophe nahmen drei Männer, aber nur eine Frau teil. Zudem scheint die Opferhandlung selbst von einem Mann ausgeführt worden zu sein – anders als wir es auf dem Sarkophag von Ajía Triádha sehen.

Dennoch: Die These von einem matriarchalischen Charakter der minoischen Kultur wird durch das gesamte Erscheinungsbild ihrer Kunstwerke unterstützt. Die Anmut, die Vorliebe für bewegte ornamentale Dekorationen, die pflanzlichen sowie figuralen Motive der verschiedenen Keramikstile drücken – nach unserem heutigen Verständnis – eine hochsensible, feminin anmutende Wohnqualität und Lebensart aus. Kleinste Siegelringe zeigen zierliche bewegte Kompositionen. Kampf- und Kriegsdarstellungen hingegen finden wir unter der Fülle von minoischen Exponaten nur auf knapp einem Dutzend Siegeln und auf dem relativ späten (um 1500 v. Chr.) „Miniatur-Fresko“ von Santorin, das, wie einige Forscher

Sonnenuntergang auf Santorin

Zerstörungen der minoischen Stadt Akrotíri auf Santorin durch Aschenregen, um 1500 v. Chr.

Minoisches Fresko mit Blättermotiven aus Akrotíri auf Santorin, um 1500 v. Chr., Nationalmuseum Athen

meinen, eine Expedition in ein fremdes Land – vielleicht nach Libyen – zum Thema haben soll. Gerade das Fehlen martialischer Inhalte entspricht unserer heutigen Vorstellung von Weiblichkeit. Aber diese Projektion auf eine völlig andere Epoche bleibt fragwürdig, kann zu gravierenden Fehlinterpretationen führen.

Wir dürfen uns die minoische Kultur nicht ohne Männer in den wichtigen Funktionen der Gesellschaft vorstellen. Mit Sicherheit hat es die im Mythos überlieferte „Seeherrschaft des Minos" wirklich gegeben. Sie war Grundlage für den lebensnotwendigen Exporthandel der Insel. Die minoischen Schiffe beherrschten in der Bronzezeit, während des 2. Jahrtausends v. Chr., die wichtigsten Handelsstraßen des Mittelmeeres von Ägypten bis nach Sizilien. Das erforderte technisch ausgereifte Schiffe und kundige, kampferprobte Seeleute, die den Gefahren des Meeres und der Fremde standhalten konnten. Auch musste man sich vor der ständig drohenden Piraterie schützen. Doch wir finden weder szenische Darstellungen solcher Themen noch irgendwelche Heldendenkmäler. Möglicherweise verehrten die Menschen jener Zeit ihre Heroen in Liedern, Hymnen und Tänzen.

Kreta und Santorin/Thera müssen bei all diesen Betrachtungen zusammen genannt werden. Beide Inseln wurden von zwei schweren Katastrophen heimgesucht: am Ende der Alten Palastzeit, um 1700 v. Chr. – man denke an den Tempel von Anemóspilia – und am Ende der Neuen Palastzeit, um 1450 v. Chr. Konnte sich die minoische Kultur nach der ersten Zerstörung wieder erholen und weiterentwickeln, so wurde sie im 15. Jahrhundert v. Chr. so sehr in ihren Grundstrukturen erschüttert, dass ihr endgültiger Untergang nur noch eine Frage der Zeit war.

Rund 200 Jahre später, gegen 1200 v. Chr., endete dann auch die mykenische Kultur auf dem griechischen Festland. Die Welt der Ägäis fiel in einen Zustand der Primitivität zurück. Viele moderne Errungenschaften der Minoer und Mykener gerieten in Vergessenheit, wenige nur wurden von Generation zu Generation weitergereicht. „Dunkle Jahrhunderte" trennen die bronzezeitlichen Ägäiskulturen von den Anfängen der Antike. Auch die zweite Katastrophe hatte geologische Ursachen. Um 1500 v. Chr. erfolgte eine Eruption des Inselvulkans Santorin, der rund 100 km nördlich Kretas in der Ägäis liegt. Die beim Ausbruch herausgeschleuderte Magma hinterließ Hohlräume. Diese brachen ein und brachten den ganzen Vulkanberg zum Einsturz. Noch heute zeigt die Form der Insel Santorin dieses Geschehen. Sie besteht nur aus dem äußeren Kraterrand.

Die zunächst von Spirídon Marinátos aufgestellte These, der Ausbruch des Vulkans von Santorin sei direkt für das Ende des minoischen Kreta verantwortlich gewesen, lässt sich heute nicht mehr aufrechterhalten. Dies ist das Ergebnis archäologischer sowie geologischer Forschungen auf Santorin und Kreta. Dabei hatte man schon vermutet, die Katastrophe von Santorin und das Ende der minoischen Kultur Kretas seien jene historischen Ereignisse gewesen, die dem Mythos von Atlantis und dessen Untergang, wie ihn Platon überliefert, zugrunde lägen. Nach heutiger Kenntnis ereigneten sich die Zerstörungen auf Kreta jedoch ca. 50 Jahre nach dem Vulkanausbruch von Santorin, also erst um 1450 v. Chr. Die neueren Forschungen auf Santorin widerlegten zwar eine interessante Theorie, führten aber zu einer einmaligen Entdeckung: Der Aschenregen beim Vulkanausbruch hatte eine minoisch-kykladische Stadt am Rande der Insel konserviert – ähnlich wie über 1500 Jahre später die Flugasche des Vesuvs das römische Pompeji. Ein Teil dieser Stadt bei dem heutigen Ort Akrotíri ist mittlerweile freigelegt. Jahrzehnte wird es noch dauern, bis man den gesamten bronzezeitlichen Stadtraum ausgegraben haben wird. Die gut erhaltenen Häuser geben uns ein lebendiges Bild einer Stadt von vor 3500 Jahren: Vor allem die herrlichen Wandmalereien minoischer Tradition, die die Obergeschosse der Häuser schmücken, gehören zu den eindrucksvollsten Funden, die wir aus dieser Zeit besitzen.

Auf *indirekte* Weise wird der Vulkanausbruch von Santorin aber doch das Ende der minoischen Kultur bewirkt haben. Es wäre denkbar, dass Kreta einen Großteil seiner Flotte durch Flutwellen und Seebeben einbüßte

Priesterin mit Opferschale aus Akrotíri auf Santorin, um 1500 v.Chr., Nationalmuseum Athen

– und damit wären sowohl Verteidigungsfähigkeit wie auch Seehandel des Inselreichs empfindlich geschwächt worden. Aschenregen mag überdies einige Ernten vernichtet haben.

So hätten dann die Mykener 50 Jahre später dem angeschlagenen minoischen Reich den Todesstoß versetzen und sich der Insel bemächtigen können. Zu fern ist uns aber diese Zeit und zu dürftig unsere Quellenlage, als dass wir sicher wissen könnten, was sich genau in der Ägäis ereignete, als die mykenischen Helden von den minoischen Müttern die Macht übernahmen. Dass die Mykener die neuen Herren auf Kreta wurden, ist zweifelsfrei, neu diskutiert wird bei jüngeren Forschern der Zeitpunkt dieses Machtwechsels in der Ägäis. Da werden Stimmen laut, die dieses Ereignis von 1450 v. Chr. bis auf 1375/1300 v. Chr. verlegen.

Eine andere Theorie soll in diesem Zusammenhang nicht unerwähnt bleiben. Die Geschichte lehrt uns, dass der Versuch des Menschen, eine stabile Ordnung – Kultur – zu schaffen, ein mühseliges Unterfangen ist, das nicht nur den Gefährdungen durch eine unberechenbare Natur ausgesetzt ist. Zahlreich sind die Beispiele für Rückschläge, die die Menschen zu allen Zeiten bei diesem Bemühen haben hinnehmen müssen. Vielleicht hatte sich die minoische Kultur überlebt, vielleicht war ihre innere Organisation nicht stabil oder nicht flexibel genug, in der Geschichte zu bestehen. Schließlich mag man erwägen, ob das auf Kreta regierende Prinzip des Weiblichen dem des Männlichen weichen musste, weil sich der Mann besser aufs Kämpfen versteht.

Doch auch die mykenisch-patriarchalische Ordnung hatte nicht lange Bestand. Liest man die griechischen Mythen, die uns ja Hinweise auf die mykenische Welt geben, dann gewinnt man den Eindruck, die Helden hätten sich gegenseitig zerfleischt. Von nichts als Kriegen und Raubzügen ist da die Rede, gleich, ob man gegen Troia oder gegen Theben zog. Zu diesem martialischen Geist passen die immer stärkeren Mauern, mit denen die Mykener kurz vor ihrem Ende ihre Burgen befestigten – die minoischen Paläste und Städte hingegen kannten keine Befestigungen. Die zunehmenden und selbstzerstörerischen Auseinandersetzungen zwischen den einzelnen mykenischen Zentren hatten möglicherweise ihre Ursache auch darin, dass für die existentiell vom Handel abhängigen Ägäiskulturen die „Grenzen ihres Wachstums“ erreicht waren. Dann konnten die Konkurrenten nur noch mit Waffengewalt um diese Märkte kämpfen, bis um 1200 v. Chr. ihre Wirtschaft und Kultur endgültig zusammenbrachen.

Noch eine Anmerkung zur Insel Santorin, die für uns als Sinnbild der Beharrlichkeit des Menschen stehen mag. Seit jeher droht der schönen Insel Vernichtung. Immer noch ist der Vulkan tätig – er hat überlebt. Gestalt und Aussehen Santorins sind deutlich geprägt von den Naturgewalten. Obwohl also stets schwerste Katastrophen zu befürchten sind, immer wieder Erdbeben die Insel erschüttern und ihre Gestalt verändern, hat der Mensch nicht aufgehört, hier zu siedeln, hier in Hoffnung zu leben. Die Insel übt eine magische Anziehungskraft aus – sie lockt mit ihrem fruchtbaren vulkanischen Boden, ihrer wilden Schönheit – und flößt doch zugleich eine gewisse Furcht ein. Dies spürt auch der Inselbesucher. Und da, wo der Bauer heute mühsam die Asche und das Geröll durchpflügt, mögen in der Tiefe der Erde noch weitere Geheimnisse verborgen sein ...

Abenteuer Archäologie

Der Mensch ist das größte Geheimnis des Menschen. Seit Urzeiten strebt der Mensch danach, das Geheimnis seiner Herkunft zu erhellen – seine Existenz in der Welt, im Kosmos zu ergründen und zu begreifen. Er will sich seiner Herkunft, seiner Anfänge versichern, und dies nicht nur, um zu erfahren, woher er kommt. Er will seinem Dasein einen Sinn geben. Mehr noch scheint das Streben des Menschen nach Erkenntnis, Ausdruck des Selbstbewusstseins und der Würde, der Suche nach Sinngebung überhaupt zu sein. Der Wille, dem Dasein Sinn zu geben, bewegte auch die Griechen der Antike. Das Medium ihrer Selbstvergewisserung war der Mythos.

Die mythischen Gestalten der Griechen stellen Wirklichkeit dar. In den Mythen begegnen wir dem Wesen und dem Geist der Antike, ihrer Weltanschauung und Religion. Überdies gilt: Wer die Kultur des Abendlandes studieren will, muss bei den antiken Kulturen, den Ursprüngen Europas beginnen. Das Christentum, seine Idee und Lehre, ist nur aus dem Selbstverständnis der Spätantike, aus den antiken Religionen und den mythischen Erinnerungen unserer mediterranen Vorfahren zu erklären.

Eine Möglichkeit, dem Geheimnis des Menschen näher zu kommen, bietet die Archäologie. Sie stellt eine Art Brücke vom Mythos zum Wissen dar. Die Idee, im Erdreich systematisch nach Zeugnissen ältester Zeiten zu forschen, gab es schon im 5. Jahrhundert v. Chr. Thukydides (um 460 – um 400 v. Chr.), einer der bedeutendsten antiken Geschichtsschreiber, berichtet von dem Bemühen, Bodenfunde mit historischen Tatsachen des karischen Volkes im Südwesten Kleinasiens in Zusammenhang zu bringen: „Unter den eifrigsten Seeräubern waren die Inselbewohner karischer und phönikischer Herkunft. Diese Stämme bewohnten nämlich die meisten Inseln, wie sich neuerdings in dem jetzigen Kriege gezeigt hat: als die Athener die Reinigung der Insel Delos vornahmen und alle Sarkophage

„Goldmaske Agamemnons“ aus dem Grab V in Mykene, um 1570/1550 v. Chr., Nationalmuseum Athen

wegschafften, stellte sich heraus, dass über die Hälfte der Verstorbenen Karer waren, was man an der Waffenrüstung sah, die ins Grab beigegeben war, und an der Bestattungsweise, die heute noch bei den Karern üblich ist." (Thukydides, *Der Peloponnesische Krieg*) Der römische Politiker und Schriftsteller Cicero (106–43 v. Chr.) weiß sogar zu berichten, dass man in Syrakus auf Sizilien „antiken" Quellen folgend das Grab des griechischen Mathematikers und Physikers Archimedes (um 287–212 v. Chr.) gefunden habe.

Bei der Spurensuche nach der Vergangenheit auch die Mythen als Orientierung zu nehmen, hat erstmals der deutsche Altertumsforscher Heinrich Schliemann konsequent verfolgt. Es ist sein Verdienst, unser Wissen von der griechischen und damit auch europäischen Frühgeschichte wesentlich bereichert zu haben. Er nahm als Erster den griechischen Mythos beim Wort – der Mythos war sein Ausgangspunkt für seine archäologischen „Abenteuer". Vor allem der *Ilias*, Homers Epos vom Troianischen Krieg, schenkte er Glauben. Die *Ilias* war zwar bis dahin als frühestes Zeugnis abendländischer Dichtung bewundert, bis zu Schliemann jedoch niemals auf eine verborgene historische Wahrheit hin befragt worden.

Warum sollten Mykene und Troia nicht doch existiert haben? Unge-

Grabungsfoto aus dem Jahre 1916 vom Artemistempel mit der Gorgo, um 590 v. Chr. Heute befindet sich der rekonstruierte Giebel im Archäologischen Museum von Korfu

achtet der Skepsis und des Gespötts der Fachwelt ging Schliemann dieser Frage nach und begann zu graben. Er behielt Recht. Ende des 19. Jahrhunderts präsentierte Schliemann einer staunenden Öffentlichkeit die Überreste der Burgen von Troia, Mykene und Tiryns sowie Aufsehen erregende Schätze: Schmuck, Waffen, allerlei Artefakte von großer Schönheit, Kostbarkeiten, die von einem außerordentlichen technischen und künstlerischen Niveau zeugen. Damit war erwiesen, dass der Mythos der Griechen nicht einer blühenden Phantasie und Fabulierlust entsprang, sondern dass sich die mythischen Erinnerungen durchaus auf Vergangenes beziehen – an menschliches Schicksal erinnern. Befangen, geradezu boshaft reagierte anfangs die internationale Presse auf Schliemanns Erfolge. Die *Times* machte die Ausgrabungsergebnisse von Troia und Mykene lächerlich: Schliemann habe, so spottete man, nicht mehr als eine byzantinische Burg des 10. Jahrhunderts gefunden. Und die kostbaren Schätze erklärte der Deutsche Adolf Boetticher schlechthin als Betrug.

Die Archäologie hinterfragt also die Aussagen des Mythos – dies ist ein Teil ihrer Forschungsarbeit. Doch der Weg vom Mythos zum Wissen ist beschwerlich. Die Fundstücke, in mühevoller Arbeit aus dem Boden gegraben, müssen gesäubert und sortiert werden. Man versucht, Fragmente zusammenzufügen, den Zusammenhang der Fundstücke zu rekonstruieren. Schließlich müssen die Funde kunstgeschichtlich und historisch eingeordnet werden. Sie zum Sprechen zu bringen, das ist die schwierigste Aufgabe der Archäologen. Stets bleibt viel Unklares, Schillerndes, Phantasien entfalten sich, Spekulationen gewinnen Raum. Nicht zuletzt deshalb ziehen jene rätselhaften Dinge aus ferner Zeit die Menschen immer aufs Neue in ihren Bann.

Als sich am Ende des 19. Jahrhunderts die Anfänge Europas aus den vagen Umrissen des Mythischen herauskristallisierten und als Gegenstand der Wissenschaft Gestalt annahmen, verschlug dies selbst nüchternsten Forschern den Atem. Seit Schliemanns Zeiten haben sich Konzeption und Methoden der Archäologie radikal verändert. Heute ist sie ohne die Hilfe naturwissenschaftlicher Disziplinen undenkbar.

Ausgangspunkt jeder archäologischen Grabung ist stets die Bestimmung der historischen Fundschichten (Stratigrafie), die sich in der Folge von Zerstörung und Wiederaufbau in Jahrtausenden abgelagert haben: Geologischer Beobachtung zufolge nimmt man an, dass jüngere Schichten ältere überlagern. Die exakte Auswertung und Beschreibung der übereinander liegenden Schichten und ihres jeweiligen Fundmaterials wird in der

Schnabelkrug mit Spiralmotiven (Kamaresstil) aus Festós, um 1850/1700 v. Chr., Archäologisches Museum Iráklion

so genannten „relativen Chronologie“ zusammengefasst. „Relativ“, weil sie die einzelnen Bodenschichten weder nach den Jahreszahlen einer allgemeinen Zeitrechnung bemisst, noch mit historischen Daten beschreibt. Die Unterscheidung der einzelnen Schichten basiert allein auf der Beobachtung der im Boden gefundenen Keramik: Ihr ständiger Wechsel in Form und Dekoration im Laufe von Generationen ermöglicht es, verschiedene „Kulturepochen“ entsprechend dem jeweiligen Keramikstil zu unterscheiden.

Doch erst die Auflösung der relativen in eine „absolute Chronologie“ mit bestimmten Jahreszahlen lässt die Vergangenheit historisch greifbar werden. Hilfreich sind Vergleiche mit bereits bekannten Kulturen, deren Chronologie durch schriftliche Quellen abgesichert ist.

Eine andere Möglichkeit, Funde zu datieren – jedoch nur solche, die aus organischen Materialien bestehen – bietet die C 14-Methode, auch „Radiokarbon-Methode“ genannt: Sie erlaubt heute Altersbestimmungen fast aller organischen Substanzen bis zu 70 000 Jahren mit einer Genauigkeit von ± 40 Jahren. Danach kann man aus dem Rückstand an C 14 in einem Baumstumpf oder in dem Fragment einer Holzstatue errechnen, wann der Baum gefällt, nicht jedoch, wann aus dem Holz die Figur geschnitzt wurde. Hierzu ein praktisches Beispiel: Amerikanische Archäologen der Universität Pennsylvania haben 1968/69 vor der Nordküste Zyperns bei Kyrénia in 33 m Wassertiefe ein griechisches Transportschiff aus dem 4. Jahrhundert v. Chr. geborgen. Das Wrack konnte mitsamt seiner Ladung gehoben werden. Die Ladung bestand unter anderem aus 404 mit Wein, Mandeln und Olivenöl gefüllten Amphoren. Die genaue Datierung des Schiffsunglücks ergab sich aus einer C 14-Analyse: Danach wurden die Bäume, von denen das Bauholz stammt, Anfang des 4. Jahrhunderts v. Chr. gefällt und die Mandeln zwischen 288 und 262 v. Chr. geerntet. Daraus ergibt sich als sicherer terminus ante quem für den Untergang des Schiffes das Jahr 262 v. Chr.

Die ganze Lebenswelt des Menschen, also auch die natürliche Umwelt, in der der Mensch der Vor- und Frühgeschichte und der Antike lebte, wird von den Archäologen immer intensiver erforscht. Die in den Bodenschichten abgelagerten Blütenstaubkörner werden aus der Erde herausgelöst, vom Fundmaterial getrennt und dann auf ihren pflanzlichen Ursprung untersucht. Durch diese „Pollenanalyse" erhält der Archäologe bzw. der Paläobotaniker Daten über die Arten der Bäume und Pflanzen und ihre Verbreitung in einem begrenzten Raum zu einem bestimmten historischen Zeitpunkt.

Obwohl es bereits im 18. Jahrhundert in ganz Europa lebhaftes Interesse an der Antike gab und man begeistert „klassische" Kunst sammelte, wurden erst in der 2. Hälfte des 19. Jahrhunderts konsequent Ausgrabungen durchgeführt. Nachdem 1723 der Franzose Bernard de Montfaucon die Aufmerksamkeit der Altertumsforscher auf Olympia gelenkt hatte, griff der deutsche Archäologe Johann Joachim Winckelmann die Idee auf, in Olympia archäologisch zu forschen: „Ich bin versichert, dass hier die Ausbeute über alle Vorstellungen ergiebig sei und dass durch genaue Untersuchungen dieses Bodens der Kunst ein großes Licht aufgehen würde." Doch Olympia musste noch mehr als ein Jahrhundert auf seine Erforschung warten. Winckelmann selbst, der große Wiederentdecker der griechischen Kunst, war nie in Griechenland, das damals eine ferne osmanische Provinz war. Zu Beginn des 19. Jahrhunderts steigerten die Aufsehen erregenden Funde der Ägineten (1811 durch Otto Magnus von Stackelberg und Martin von Wagner) und des Frieses vom Apollon-Tempel zu Bassä (1812 durch Stackelberg und Georg Gropius) bei Fachleuten wie interessierten Laien die Begeisterung für die Antike. Während der Fries vom Bassä in den Besitz des British Museum, London, ging, erwarb Ludwig I. (König von 1825–1848) die Ägineten für Bayern.

Olympia, Eingang zum antiken Stadion

Archäologie als exakte Wissenschaft existierte zu dieser Zeit aber noch nicht. Die archäologische Forschung im heutigen Sinne begann in Griechenland erst mit dem deutschen Altertumswissenschaftler Ludwig Roß. Er wurde 1834 im Athen des jungen Königreiches Griechenland Oberkonservator und leitete erste Grabungen auf der Akropolis. Unter seiner

Heinrich Schliemann, der Ausgräber Troias, im Alter von 58 Jahren

Leitung wurde der Nike-Tempel aus der türkischen Festungsmauer befreit und restauriert. Auch beobachtete er erstmals beim Abtragen der Kulturschichten stratigrafische Besonderheiten und bezeichnete die durch die Perser in Athen verursachten Zerstörungen als „Perserschutt" (mit rotfigurigen Vasenscherben).

Schliemann kam erst 1871 nach Troia. Im Jahre 1874 begann er seine Grabungen in Mykene, um die Schätze Agamemnons ans Licht zu bringen. Im gleichen Jahr wurde in Athen das „Deutsche (Archäologische) Institut" (DAI) gegründet. Ein Jahr später, am 14. Oktober 1875, begannen die Arbeiten in Olympia. In einem Staatsvertrag zwischen Griechenland und Deutschland wurde vereinbart: „Deutschland übernimmt alle Kosten des Unternehmens ... Griechenland erwirbt das Eigentumsrecht an allen Erzeugnissen der alten Kunst und allen anderen Gegenständen, welche die Ausgrabungen zutage fördern."

Damit war der Schatzsuche vieler Ausländer in Griechenland ein Ende gesetzt. Von nun an war nicht mehr das Entdecken einzelner sensationeller Kostbarkeiten das Ziel der Arbeiten, sondern die wissenschaftliche Erforschung des Altertums als Ganzes. Das Zusammentragen von Details sollte den Blick für kulturgeschichtliche Zusammenhänge der antiken Welt schärfen. In diesem Sinne reagierte auch Schliemann, als er 1882 den deutschen Archäologen Wilhelm Dörpfeld, zu der Zeit Grabungsleiter in Olympia, zu seinem wissenschaftlichen Mitarbeiter machte.

„Wenn ich dieses Werk (*Ilios*) mit einer Geschichte des eigenen Lebens beginne, so ist es nicht die Eitelkeit, die mich dazu veranlasst, wohl aber der Wunsch, klar darzulegen, dass die ganze Arbeit meines späteren Lebens durch die Eindrücke meiner frühesten Kindheit bestimmt worden, ja, dass sie die notwendige Folge derselben gewesen ist; wurden doch sozusagen Hacke und Schaufel für die Ausgrabung Troias und der Königsgräber von Mykene schon in dem kleinen deutschen Dorfe (Ankershagen in Mecklenburg-Schwerin) geschmiedet und geschärft, in dem ich acht Jahre meiner ersten Jugend verbrachte ... Es stand (1830) zwischen uns schon fest, dass wir (H. Schliemann und Minna Meincke), sobald wir erwachsen wären, uns heiraten würden und ... zuletzt aber die Stadt Troia ausgraben wollten." Dieser Traum des damals achtjährigen Heinrich Schliemann ging nur teilweise in Erfüllung: Er heiratete nicht seine Jugendliebe Minna Meincke, sondern die Russin Katharina Petrowna Lyschina und später in zweiter Ehe die Griechin Sophia Kastrióti. Zwar entdeckte er Troia, doch nicht die von ihm erträumte homerische Stadt, nicht den Palast des Priamos. Schliemann legte das vorgeschichtliche Troia I–VII frei. Nach seinem Tode gelang es Wilhelm Dörpfeld (1893/94), Troia VIII und IX zu erforschen. In seinem Grabungsbericht bemerkte dieser: „Die Burg der II. Schicht, die wir bis dahin mit Schliemann für das homerische (Troia) gehalten hatten, muss jetzt einer älteren prähistorischen Schicht zugeschrieben werden ... Es war ein eigentümliches Verhängnis, dass Schliemann bei seinen früheren Grabungen die stattlichen Bauwerke der VI. Schicht nicht gefunden hat."

Ein Mythos ist um den Troia-Entdecker entstanden. Die Lektüre seiner Tagebücher und Briefe zeigt, dass Schliemann durchaus nicht unbeteiligt an seiner eigenen Legende war, die wesentliche Züge seines Charakters verschleierte. Die Selbstüberschätzung begann schon damit, dass Schliemann seinen eigenen Worten nach bereits als Achtjähriger den Entschluss gefasst habe, Troia zu entdecken. Als junger Mann verdiente er durch Handel in Deutschland, Russland und Amerika ein beträchtliches Vermögen, das ihm die Voraussetzung bot, seine enthusiastische Vision von der Entdeckung des homerischen Troia zu verwirklichen. Seine sensationellen Erfolge, die nur mit Mühe, Geduld und unglaublicher Kraft errungen werden konnten, brachten ihm jedoch nicht die erhoffte Anerkennung bei den Altertumswissenschaftlern. Der Versuch, in Deutschland zu promovieren, scheiterte zunächst. Von 1866 bis 1870 studierte er indes an der Sorbonne „Antike". 1869 verlieh ihm die Universität Rostock die Doktorwürde für sein Werk *Ilios*. Akademische Ehren (Dr. h.c.) wurden ihm schließlich (1883) auch von der Universität Oxford zuteil. Zwei Jahre zuvor hatte Schliemann nach dem preußischen General-Feldmarschall Helmuth Graf von Moltke (1800–1891) und dem preußischen Staatsmann Otto Fürst von Bismarck (1815–1998) als Dritter die Ehrenbürgerrechte der Stadt Berlin erhalten. Doch die oft unqualifizierten, bisweilen hämischen und bösartigen Angriffe gegen den „Dilettanten der Archäologie" verletzten den auf jede Kritik überaus empfindlich reagierenden Schliemann sehr. Der Spott und Hohn in all diesen Jahren mögen ihn dazu veranlasst haben, seine autobiographischen Aufzeichnungen zu färben und sein Lebenswerk mit dem Mythos des genialen Kindes zu verbinden.

Doch zurück zur Entdeckung der homerischen Welt. Im April 1868 brach Schliemann auf in die mythische Vergangenheit der *Ilias* und *Odyssee*. Er reiste über Rom und Neapel ins Land der Phäaken, suchte auf

Kérkyra/Korfu die Wiesenfelder, wo einst die Prinzessin Nausikaa Odysseus schlafend fand, schiffte über nach Kefallinía und weiter nach Itháki, um dort, auf dem Áetos-Berg, vergeblich nach dem Palast des Odysseus zu suchen – an dem Ort, den Strabon mit der Stadt Alalkomenai identifiziert und der im Volksmund „Burg des Odysseus" heißt. Weder in der „Grotte der Nymphen", von der Homer in der Odyssee erzählt, noch in der „Schweinehöhle des Sauhirten Eumaios" konnte Schliemann die sagenhaften Schätze, die er suchte, finden. Auch die Argolis, Mykene und Tiryns besuchte Schliemann, bevor er die Westküste Kleinasiens betrat. Am 8. August 1868, morgens um 10.00 Uhr, kam er mit dem Schiff in Konstantinopel/Istanbul an. Er war unruhig, erregt und voller Spannung, nichts hielt ihn in der christlich-islamischen Stadt. Er nahm das nächste Schiff und erreichte noch am selben Tag die Dardanellen, diese strategisch so wichtige Einfahrt zum Schwarzen Meer, einst von Troia bewacht und von den Griechen zehn Jahre lang heftig umkämpft – sicher nicht um einer schönen Frau willen.

Endlich war Schliemann in der homerischen Landschaft von Troia. Später erinnert er sich daran: „Ich gestehe, dass ich meine Rührung kaum bewältigen konnte, als ich die ungeheuere Ebene von Troia vor mir sah, deren Bild mir schon in den Träumen meiner ersten Kindheit vorgeschwebt hatte. Nur schien sie mir beim ersten Blick zu lang zu sein und Troia viel zu entfernt vom Meer zu liegen, wenn Bunarbaschi wirklich innerhalb des Bezirks der alten Stadt erbaut ist, wie fast alle Archäologen, die den Ort besucht haben, behaupten."

Noch ganz unsicher, wo er zu suchen habe, orientierte sich Schliemann anfänglich an der bekannten Überlieferung des Franzosen Lechevalier, der Ende des 18. Jahrhunderts das homerische Troia gefunden zu haben glaub-

Schnitt durch den Siedlungshügel von Troia

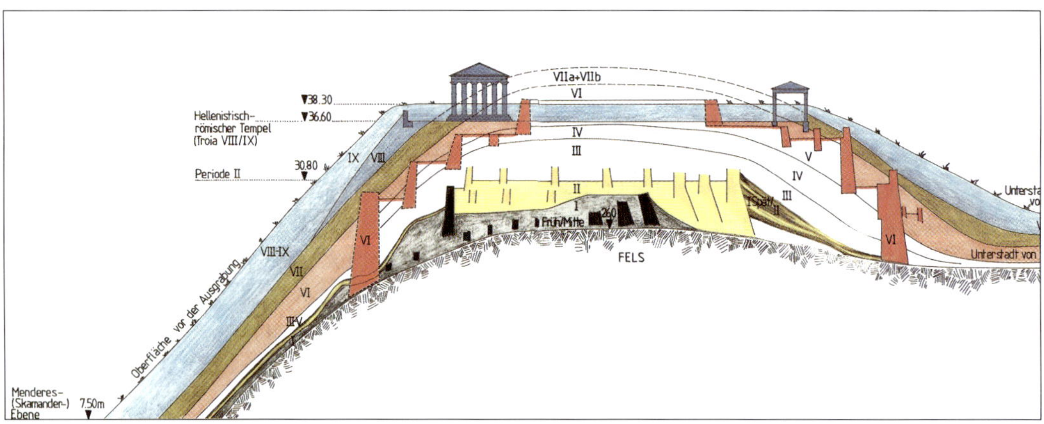

te und es oberhalb des Dorfes Bunarbaschi auf dem Felsplateau Skamander lokalisierte. Als 1864 der Österreicher J. G. von Hahn hier erste Ausgrabungen durchführte und ebenfalls zu dem Urteil kam, dass Troia auf dem Skamander liege, besuchten viele Reisende, darunter auch der Historiker und Archäologe Ernst Curtius und H. Kiepert, diesen Ort in der Meinung, hier auf Troianischem Boden zu wandeln.

Schliemann kam zur Überzeugung, dass die antiken Reste auf dem Felsenberg von Skamander nicht die Troias sein können. Der Amerikaner Frank Calvert zeigte ihm daraufhin die viel näher am Meer gelegene Hügellandschaft von Hissarlik. Schliemann war sich sofort sicher, dass nur hier das homerische Troia zu finden sei. Zudem kam ihm der Umstand zu Hilfe, dass Calvert, ebenfalls ein aufmerksamer Leser Homers, bereits einige Grundstücke in Hissarlik besaß, die er Schliemann überließ. Zunächst bemühte sich Schliemann um den Nachweis, dass die Siedlung bei Bunarbaschi nicht Troia sei. 1869 musste er sich aus geschäftlichen Gründen das ganze Jahr in New York aufhalten. Im gleichen Jahr vermählte er sich mit seiner zweiten Frau. Dann erst, 1870, konnte die Entdeckung Troias beginnen. Schliemann drängte, versuchte ungeduldig, so schnell wie möglich von der türkischen Regierung die Grabungsgenehmigung zu erhalten. Unerträglich langsam schien ihm die orientalische Bürokratie. Da entschloss er sich zu einer geheimen, illegalen Probegrabung – in Hissarlik. Die Ergebnisse dieser Aktion vom 9. bis 18. April 1870 bestärkten ihn in seiner Überzeugung, hier Troia zu finden. Erst am 11. Oktober 1871 konnte Schliemann endlich offiziell mit der Ausgrabung in Hissarlik beginnen. Seine letzte Grabungskampagne leitete Schliemann in seinem Todesjahr 1890. Er wagte jeden materiellen Einsatz. Neben Wissenschaftlern beschäftigte er bis zu 150 Arbeiter. Immer wieder hatte er aber auch gegen Intrigen zu kämpfen. Nicht nur die Presse in aller Welt feindete ihn an, auch manche seiner Arbeiter waren unredlich und hintergingen ihn. So erstatteten einige Türken aus seiner Grabungskolonne in Istanbul Anzeige. Sie behaupteten, dass die Grabung in Troia nur zum Schein durchgeführt werde, in Wirklichkeit wolle man das nahe gelegene Festungswerk von Kum Kaleh für die Feinde der Türkei ausspähen. Für Monate wurde Schlie-

Auf der Drehscheibe hergestellte sog. „Luxuskeramik" des 3. Jahrtausends v. Chr. aus Troia

mann verboten, Grabungszeichnungen und Tagebuchberichte vor Ort anzufertigen. Die türkischen Arbeiter achteten streng darauf, dass das Verbot aus Istanbul nicht unterlaufen wurde. Erst eine diplomatische Intervention bewog die türkische Regierung zum Einlenken und brachte wieder bessere Arbeitsbedingungen.

Im April 1873 beschloss Schliemann müde und enttäuscht, die Grabung Ende Mai für immer einzustellen. Es schien, als habe er seinen Glauben an das Troia Homers verloren. Zu mühsam war der Kampf gegen die etablierte Altertumswissenschaft und gegen die internationale Presse. Kraftlos und entmutigt wollte er seinen Kindheitstraum aufgeben. Da geschah am letzten Arbeitstag eine Art Wunder: Schliemann entdeckte im Ziegelschutt einer Mauer den „Schatz des Priamos"! Wieder wurde er zum Tagesgespräch in der Weltpresse. Sein sensationeller Schatzfund ließ selbst die größten Gegner fürs Erste verstummen. Heimlich entführte Schliemann den Schatz nach Athen und versteckte ihn bei Freunden seiner griechischen Frau, sodass er selbst bei einer Hausdurchsuchung nicht gefunden wurde. Zwei Jahre zog sich der Streit mit der türkischen Regierung um den Schatz hin. Es gab viele Komplikationen, die Arbeiten in Troia stockten. Vertraglich war Schliemann verpflichtet, von allen Funden 50 % der türkischen Regierung zu überlassen. Er wollte jedoch nach eigener Aussage den Schatz in seinem Zusammenhang für die Wissenschaft erhalten. Schließlich kam es zu einem Vergleich: Schliemann sollte 10 000 Francs zahlen, und er zahlte sogar freiwillig 50 000 Francs, um die Hohe Pforte in Istanbul wieder freundlich zu stimmen. Der Handelswert des Schatzes ist bis heute unbekannt, da Schliemann nie ans Verkaufen dachte: „Sie kennen mich nicht", schreibt er an Johanna Diestel, „wenn Sie glauben, ich grabe in Troia, um die gefundenen historischen Gegenstände zu hohen Preisen zu verkaufen. Ich grabe nur, um die allerinteressantesten Seiten der Weltgeschichte für die Wissenschaft zu Tage zu bringen ... Ich bin stets Käufer, nie ein Verkäufer von Altertümern."

Der „Schatz des Priamos" war die archäologische Sensation. Wegen des Schatzfundes schlug Schliemann aber auch Neid entgegen. Über Jahrzehnte warf man ihm Unredlichkeit und Phantasterei vor. Er habe unter dem hohen Erfolgsdruck seine eigenen Grabungsbefunde gefälscht. Die meisten Forscher waren der Ansicht, dass der Fund kein einheitlicher Schatz war, dass Schliemann mehrere Einzelfunde zum „Schatz des Priamos" zusammengefügt, an einer bestimmten Stelle, angeblich „unter Zeugen", ausgegraben und so die Weltöffentlichkeit getäuscht habe.

Teile vom „Schatz des Priamos“, Staatliches Museum für Schöne Künste, Moskau

Die Wahrheit ließ mehr als 120 Jahre auf sich warten. In seinem Testament vermachte Schliemann den „Schatz des Priamos“ und die „troianischen Sammlungen“ dem „deutschen Volk“. Knapp ein Jahr nach seinem Tode, im Herbst 1891, gelangte Schliemanns „troianisches Erbe“ nach Berlin. Ein halbes Jahrhundert später, im Mai 1945, wollten die alliierten Truppen den „Schatz des Priamos“ in Verwahrung nehmen. Doch der Schatz ist weder in Berlin noch andernorts auffindbar. „Beim Bombenangriff im Flammenmeer versunken ...“ lautete die offizielle Erklärung der russischen Eroberer Berlins. Der „Schatz des Priamos“ bleibt für fast ein weiteres halbes Jahrhundert verschwunden, bis er 1991 im Zuge der Perestroika-Politik in Moskau wieder auftaucht. Nur eine Handvoll zum Schweigen verpflichteter Personen wusste, dass er die letzten 50 Jahre im Keller des Puschkin-Museums verborgen gelegen hatte. Im Oktober 1994 wurde einer deutschen Expertengruppe, zu der Manfred Korfmann von der Universität Tübingen und Klaus Goldmann vom Museum für Vor- und Frühgeschichte in Berlin gehörten, der „wiederentdeckte“ „Schatz des Priamos“ gezeigt. Es konnte festgestellt werden, dass der Schatz bereits 1939 in Berlin auf 1538 Karteikarten katalogisiert und verpackt wurde und 1945 ins Puschkin-Museum gelangt war. 1996 war es dann endlich so weit: Der „Schatz des Priamos“ wurde in Moskau der Öffentlichkeit vorgestellt.

Manfred Korfmann, der seit 1988 mit einem internationalen Archäologenteam die Grabungen in Troia wieder aufgenommen hat, ist nicht auf Abenteuer oder Schatzsuche aus. Sein Forschungsziel ist die Menschheits- und die Kulturgeschichte des bedeutenden Landschaftsraumes von Troia an der Grenze von Europa und Asien einerseits, sowie zwischen Mittelmeer und Schwarzem Meer andererseits. Mit der Ausstellung *Traum und Wirklichkeit Troia* präsentierte er 2001 der Öffentlichkeit in Stuttgart, Braunschweig und Bonn seine solide abgesicherten, spektakulären Forschungsergebnisse, die u.a. Schliemann rehabilitieren. Seine Grabungsberichte erwiesen sich als nicht gefälscht. Der „Schatz des Priamos“ konnte als einheitlicher Fund identifiziert werden. Schliemann irrte lediglich bei der Datierung des Schatzes um mehr als 1000 Jahre: alle Fundstücke gehören der Zeit um 2500 v. Chr. an!

Noch ein Wort zu Schliemann und seinen wissenschaftlichen Leistungen in der Pionierzeit der Archäologie. Roland Hampe, einer der bedeutendsten deutschen Archäologen nach dem Zweiten Weltkrieg, sagte zu diesem Thema: „Die Methoden systematischen Ausgrabens haben sich erst seit Schliemann richtig entwickelt. Durch seine Erfolge und Fehler hat er diese Entwicklung wesentlich vorangetrieben. Er musste alles aus sich selber lernen. Schliemanns Forderung nach Tiefgrabungen bis zum gewachsenen Boden – dem Urboden – eine Forderung, die heute allgemein anerkannt ist, war damals ganz neu. Grabungen wie die von Olympia oder auch Pompeji waren in Schliemanns Augen Oberflächengrabungen. Er regte schon 1876 an, auf dem Gelände von Olympia in die Tiefe zu graben, um die Vorgeschichte dieser Stätte zu klären. Dörpfeld folgte später dieser Anregung und stellt dort prähistorische Anlagen fest. Aber seine Arbeit blieb unvollendet. Bis heute ist das Problem des vorgeschichtlichen Olympia ungelöst, bleibt Schliemanns Forderung bestehen. Den Wert der Stratigrafie hat Schliemann im Prinzip erkannt. Dass er in der Praxis daran anfangs beinahe irre wurde, lag an dem besonders verwickelten Befund von Troia."

Die goldene „Sauciere" aus Troia, Teile vom „Schatz des Priamos", Staatliches Museum für Schöne Künste, Moskau

Führten zu Schliemanns Zeiten vor allem Abenteuerlust und Schatzsuche auf die Spuren der Ägäiskulturen, so kündigte sich mit der Entdeckung von Knossós im Jahre 1900 durch den englischen Archäologen Sir Arthur Evans eine neue Art der archäologischen Forschung an: Evans begann seine Grabungen auf Kreta nicht wie Schliemann, um „Homer zu beweisen", sondern mit der präzisen wissenschaftlichen Frage: Was war vor den Mykenern?

Evans, Sohn einer wohlhabenden englischen Mittelstandsfamilie, war Ethnologe; seine Studienzeit hatte er in Oxford und Göttingen verbracht. Während sein besonderes wissenschaftliches Interesse prähistorischen Schriftzeichen der Ägäis galt, engagierte er sich als 30-Jähriger politisch mit spitzer Feder für eine Lösung auf dem Balkan. 1883 kam der erste Kontakt mit dem fast doppelt so alten Schliemann zu Stande, den Evans in Athen besuchte, um Informationen und Material für seine prähistorische Schriftforschung zu erhalten. In Trödelläden der Athener Pláka konnte Evans weitere „Milchsteine“ erwerben, die er schon oft griechischen Frauen abgekauft hatte – kleine Steinchen aus gebranntem Ton mit merkwürdigen „Kratzspuren“, die die Griechinnen als Amulett um den Hals trugen. Und immer wieder erhielt er auf seine Frage, woher diese Steinchen stammten, die gleiche Antwort: von Kreta!

Evans hielt diese seltsamen „Kratzspuren“ für Schriftzeichen einer frühen Ägäiskultur. Im Herbst 1893 war er sich gewiss, dass es auf Kreta eine noch viel ältere Kultur als die mykenische zu entdecken gab. Vor der „Griechischen Gesellschaft“ in Athen erläuterte er seinen Vergleich der verschiedenen Schriftsiegel aus seiner eigenen Sammlung und jener in Berlin mit den Stücken, die er jüngst in Griechenland gefunden hatte: unzweifelhaft war damit bewiesen, dass einst auf Kreta ein „prähistorisches Bilder-Schriftsystem“ existierte.

Im Frühjahr 1894, acht Jahre nach der ersten Kreta-Reise Schliemanns, bereiste Evans erstmals die Insel, begleitet von dem Italiener Frederico Halbherr, der dort seit Jahren archäologische Feldforschung betrieb. Schon die ersten Untersuchungen bestätigten Evans These: Im vorgeschichtlichen Kreta der frühen Bronzezeit wurden Informationen in Hieroglyphenschrift und Linearschrift verschlüsselt. So nannte Evans bereits 1896 in einem Aufsatz der Zeitschrift *Academy* die Urbevölkerung Kretas nach dem Mythos des Minos „Minoer“ – vier Jahre bevor er seine langjährigen archäologischen Forschungen in Knossós aufnahm. Lange hütete der Landschaftsraum zwischen Iráklion und Archánes das Geheimnis einer bronzezeitlichen Kultur des 2. Jahrtausends v. Chr. Der Hügel von Makrytíchos/Kefála – die „lange Mauer“ oder der „Kopf“, das heutige Knossós – galt bei den Kretern seit Generationen als ein bedeutungsvoller Ort. Robert Pashley und T.A.B. Spratt, zwei Reisende aus der Mitte des 19. Jahrhunderts, äußerten als Erste die Vermutung, dieser Ort könne das sagenhafte Knossós des Königs Minos sein.

Doch erst beim dritten Versuch glückte es Sir Arthur Evans, „Minos und sein Reich“ samt seiner Schätze wieder ans Licht zu holen. Als wahrer Entdecker der minoischen Welt muss freilich ein Kreter genannt werden. Mínos Kalokairinós war ein reicher und gebildeter Mann. Nach dem Jurastudium in Athen arbeitete er lange Zeit als Dolmetscher des britischen Konsulats auf Kreta. Seine besondere Intuition für archäologische Phänomene stellte er bereits als 14-Jähriger unter Beweis: Im Sommer 1857 ent-

Knossós mit Blick zum Júchtas

deckte er den ersten Inschriftenblock des „Stadtrechts von Górtys", des einzigen größeren zusammenhängenden griechischen Gesetzestextes (um 500 v. Chr.) mit 12 Gesetzestafeln auf 42 Steinblöcken in einem kretisch-dorischen Dialekt des Griechischen. Dieser Gesetzestext ist damit das älteste schriftlich fixierte Stadtrecht Europas. Im Winter 1878/79 – acht Jahre nach Schliemanns Entdeckung von Troia – wagte sich auch Kalokairinós auf den Weg in die mythische Vorzeit. Dabei mag ihn besonders der Wunsch bewegt haben, die Kultur seiner kretischen Vorfahren in vorgeschichtlicher Zeit aufzuspüren und zu erhellen. Nachdem auf dem Kefála-Hügel schon mehrere erfolglose Raubgrabungen unternommen worden waren, konnte Kalokairinós in nur 3 Monaten fast 55 m der westlichen Palastfassade und 6 der insgesamt 21 Westmagazine mit 12 Vorratsgefäßen (Pithoi/aus Magazin 3) freilegen!

Den zweiten Versuch, die kretische Erde zum Sprechen zu bringen, unternahm 1886 Heinrich Schliemann. Er scheiterte jedoch bereits bei den Kaufverhandlungen für das Grabungsgelände, ohne je den Spaten in Knossós angesetzt zu haben. Zwar erhielt Schliemann von der damaligen türkischen Regierung der Insel die Grabungsgenehmigung, konnte aber mit dem Grundstückseigentümer nicht handelseinig werden.

Hier sei auch der Amerikaner W.J. Stillmann erwähnt, der 1880 in einem Fachartikel erstmals den Zusammenhang zwischen dem Siedlungsplatz des Kefála-Hügels und dem Labyrinth von Knossós hergestellt hatte. Danach erst zeigte Evans Interesse an dem Grabungsplatz. Auch er hatte zuerst administrative Probleme zu überwinden. Während seiner zweiten Kretareise 1898 kaufte er so viel Grund, dass er für die Vergabe einer möglichen Grabungsgenehmigung an andere Interessenten eine Sperrminorität besaß.

Am 23. März 1900 begann Evans mit der Grabung. Langsam entstand aus den Funden ein Bild der versunkenen minoischen Welt, für die Menschen zu Beginn unseres Jahrhunderts und auch für uns noch ein Faszinosum: das sagenhafte Reich des Königs Minos, der Jahrhunderte vor den Mykenern die uneingeschränkte Seeherrschaft über die Ägäis ausgeübt hatte. In den Hinterlassenschaften jenes Reiches, in den Ruinen und Fragmenten erkennen wir heute die Zeugnisse der ersten europäischen Hochkultur. Auch Evans war wie Schliemann ein Pionier der Archäologie, doch seine Arbeitsweise folgte den damals modernsten wissenschaftlichen Methoden. Seine 1905 für die minoische Kultur festgelegte „relative Chronologie", basierend auf exakten Stratigrafie-Befunden, hat noch heute Gültigkeit. Mit anfangs nur 30, später mit fast 200 Arbeitern und erfahrenen Archäologen (Duncan Mackenzie, Theodore Fyfe, John D.S. Pendlebury u.a.) legte er in knapp drei Jahren fast 20 000 qm des so genannten Palastbereiches frei. Die den Palast umgebende minoische Wohnstadt liegt noch heute größtenteils unter Weinbergen begraben. Ein halbes Jahrhundert hat sich Evans der minoischen Kultur gewidmet und die bedeutendsten Zeugnisse der ägäischen Bronzezeit des 2. Jahrtausends v. Chr. entdeckt. Er verhalf ihr zur „Wiedergeburt". Manche der Fragen, die Evans aufwarf, konnte selbst die moderne Forschung bis heute nicht klären. Es bleiben viele Rätsel.

Evans Leistungen sind in der Fachwelt – anders als Schliemanns Arbeiten – allgemein anerkannt, wenn auch aufgrund erneuter archäologischer Untersuchungen in Knossós wesentliche Erkenntnisse hinzugewonnen werden konnten, die Evans' Interpretationen und Darstellungen in einigen Punkten korrigierten. Bedenklich – und besonders für den Laien verwirrend – sind die Bezeichnungen, die Evans den einzelnen Räumen des Palastes gab. Die Namen suggerieren Raumfunktionen, die in keiner Weise durch archäologische Funde beweisbar sind. Schärfste Kritik richtet sich immer wieder gegen die in Knossós ausgeführten Rekonstruktionen aus Beton. Doch auch diese von Evans bestimmte Maßnahme sollte differenziert betrachtet werden. „Zwei Generationen nach Schinkels Entwurf für ein Königsschloss auf der Akropolis von Athen, wenige Jahrzehnte nach der Wiederherstellung der Kaiserpfalz Goslar und etwa gleichzeitig mit der Neuerrichtung des römischen Kastells Saalburg wird das Vorhaben des Engländers jedoch historisch verständlich, ja es erscheint sogar durchaus fortschrittlich in der Gewissenhaftigkeit, mit der Altes und Neues unterschieden wurden", so der deutsche Archäologe Wolfgang Schiering.

Nordeingang des Palastes von Knossós

Noch etwas zum ursprünglichen Motiv, das Evans nach Kreta führte, seinem Interesse an der frühen Schrift im ägäischen Raum: Ehrgeizig und hartnäckig wie er war, wollte Evans die minoische Schrift selbst entziffern! Das gesamte Fundmaterial der schriftlichen Denkmäler von Linear-A und Linear-B betrachtete er als seinen persönlichen Besitz. Bis zu seinem Tode hat er es den Wissenschaftlern der ganzen Welt vorenthalten und so die Entzifferung der minoischen Schrift und die Forschung auf dem Gebiet der prähistorischen Schriften fast ein halbes Jahrhundert lang blockiert. Erst elf Jahre nach seinem Tode – er starb 1941 – wurde die Linear-B-Sammlung aus seinem Nachlass der Wissenschaft zugänglich gemacht.

Ein weiterer Pionier der Archäologie erlag, obgleich einem streng wissenschaftlichen Arbeitsstil verpflichtet, der Faszination Homers und verrannte sich zuletzt „blind“ in seinen archäologischen Arbeiten: Wilhelm Dörpfeld (1853–1940), der auf Léfkas Ithaka suchte. Dörpfeld widmete sein ganzes Leben als Bauforscher der Archäologie. Von 1887 bis 1912 war er der erste Direktor des Deutschen Archäologischen Instituts in Athen und leitete in dieser Eigenschaft einige Jahre die bedeutende deutsche Grabung in Olympia. Er hatte dem „Schliemann-Abenteuer“ in Troia die entscheidende Wende zu einer wissenschaftlichen Kampagne gegeben. 1911 wurde Dörpfeld von Kaiser Wilhelm II. (1888–1918) von Olympia nach Korfu gebeten, um die Ausgrabungen des Artemistempels zu leiten, der im Dezember 1910 zufällig von einem Bauern beim Pflügen seines Ackers entdeckt worden war. Die spärlichen Architekturfragmente gehörten zu einem der ersten und gewaltigsten Tempel der früharchaischen Zeit. Mit diesem Sakralbau begann die große Entwicklung der Steinarchitektur jener Epoche. Der Gorgo-Westgiebel (um 590 v. Chr.) des Tempels ist ein Meisterwerk und von unschätzbarem Wert für die Erforschung der archaischen Plastik (s. Abb. S. 46). Nach Schliemanns Tod führte Dörpfeld die Arbeiten in Troia und Tiryns weiter. Indessen verfolgte er weiterhin seine eigene Suche nach der „Homerischen Welt“. Für ihn stand fest, dass nicht Itháki das homerische Ithaka sei, sondern dass Homers topographische Beschreibung auf die Nachbarinsel Léfkas zutreffe. Dort und nicht auf Itháki glaubte Dörpfeld also den Palast des Odysseus, in dem Penelope auf ihren Gatten wartete, zu finden. Die archäologischen Ergebnisse sprechen hingegen eine andere Sprache: Die von Dörpfeld in der Nydhrí-Ebene ausgegrabenen Rundbauten sind nicht mykenisch, sondern Hinterlassenschaften einer Kultur der frühen Bronzezeit etwa um 2000 v. Chr. Weder hier noch auf Itháki konnte bis heute die Existenz eines mykenischen Palastes des Odysseus nachgewiesen werden. Mehr als 100 Jahre nach Schliemanns Entdeckung von Troia, mit der dieser den Beweis lieferte, dass die Schilderungen Homers keine Märchen sind, liegt die Heimat des Odysseus weiterhin im Verborgenen – hütet die griechische Erde das Geheimnis des Helden Odysseus.

Dörpfeld war überzeugt, dass die Wlychú-Bucht Ithakas Hafen gewesen sei und sich die Stadt einst am Westufer der Bucht ausgebreitet habe. Die Schweinehöhle des Eumaios, dem sich Odysseus bei seiner Heimkehr zu erkennen gab und der dem Helden beim „Freiermord“ half, vermutete er im Süden der Insel bei dem Dorf Efjiros. Bis zu seinem Tode glaubte Dörpfeld, Léfkas sei Ithaka und blieb der Insel über seinen Tod hinaus treu. Auf seinen Wunsch erhielt er seine letzte Ruhestätte an der Ostküste der Wlychú-Bucht – am „Hafen von Ithaka“ – auf der Prínos-Halbinsel, an einer Stelle, wo weder er noch andere Archäologen je den Palast des Odysseus gesucht haben. Ob Dörpfeld ihn hier vermutete?

Heute ist die archäologische Forschung für Ausländer von der griechischen Regierung streng reglementiert. Jeder Nation werden maximal drei Forschungsprojekte im Jahr bewilligt, die vom jeweiligen nationalen Archäologischen Institut mit Sitz in Athen durchgeführt werden müssen. Das Deutsche Archäologische Institut betreibt seit Jahrzehnten vier Grabungen in Griechenland, und zwar: Olympia, Tiryns, das Heraion auf Samos und den Keramaikos-Friedhof in Athen. Doch es kann gleichzeitig immer nur an drei Ausgrabungsplätzen gearbeitet werden.

Die Geschichte der deutschen Archäologie sei an der Traditionsgrabung in Olympia dokumentiert. In Deutschland verstärkte sich seit der Mitte des 19. Jahrhunderts das Interesse, Olympia archäologisch zu erforschen. Am 10. Januar 1852 hielt Ernst Curtius, einer der großen Wegbereiter der deutschen Archäologie in Griechenland, in Berlin einen leidenschaftlichen Vortrag über Olympia und entfachte die Begeisterung des

Westgiebel des Zeus-Tempels mit Apollon, um 460 v. Chr., Olympia Museum

preußischen Königs Friedrich Wilhelm IV. (1840–1861). Dieser beauftragte seinen Kultusminister, sich für die Olympia-Grabung einzusetzen. Ein Jahr später rief der Altertumswissenschaftler Ludwig Roß öffentlich zu einer Spendenaktion bei den Freunden der Antike in Deutschland auf. Am 4. Mai 1853 warb er mit dem Slogan „Ausgrabung von Olympia. Ein Vorschlag" für die archäologische Erforschung des antiken Heiligtums. Das Ergebnis war erbärmlich: insgesamt kamen nur 262 Taler Spendengelder zusammen!

Das Bemühen der Deutschen um eine Grabungsgenehmigung nahm mehr Zeit in Anspruch als erwartet. Am 25. April 1874 schließlich unterzeichnete Curtius in Athen den Vertrag über die Olympiagrabung. Die Forderung Deutschlands, einen Teil der Fundobjekte zu erhalten, wurde bereits in den Vorverhandlungen aufgrund des griechischen Antikengesetzes vom 20. Mai 1834 abgelehnt. Am 4. Oktober 1875 konnte endlich die deutsche Grabung in Olympia beginnen. Dem heutigen Besucher bietet sich, gerade weil alle Funde in Olympia bleiben mussten, ein umfassendes Bild der antiken Kultstätte, ihrer Kunstschätze und Grabungsgeschichte. Die Ausgrabungen sind bis heute, nach mehr als 125 Jahren, noch nicht abgeschlossen, sie werden noch viel Einsatz von Wissenschaftlern und viel Zeit erfordern. Seit 1875 werden die Grabungen vom Deutschen Archäologischen Institut Athen geleitet und durchgeführt. Derzeitiger Grabungsleiter ist Professor Helmut Kyrieleis, Präsident des Deutschen Archäologischen Institutes in Berlin.

Kyrieleis gelangen im Heraion von Samos zwei spektakuläre Funde: 1980 konnte er einen monumentalen archaischen Kuros ohne Kopf freilegen und 1984 den dazugehörigen Kopf. Das Bildwerk, um 580 v. Chr. entstanden, ist mit seiner Größe von 4,81 m der besterhaltene Kuros der gesamten griechischen Welt. 1987 wurde er im Rahmen der Eröffnung des Museums von Samos im Beisein des damaligen Bundespräsidenten Richard von Weizsäcker und der Kulturministerin Melína Merkoúri erstmals ausgestellt.

Die griechische Erde birgt noch viele Zeugnisse der antiken Welt. Man schätzt, dass weniger als ein Drittel ihrer historischen Plätze bisher ausgegraben und erforscht wurden. An ihrer wissenschaftlichen Entdeckung sind immer mehr hoch qualifizierte griechische Archäologen beteiligt. Spirídon Marinátos, der Akrotíri auf Santorin ans Licht brachte, und Nikólaos Pláton, der mit der Erforschung von Káto Zákros auf Kreta unser Wissen um die Welt der Minoer bereicherte, gehören zu den bekanntesten

Kuros vom Heraion von Samos, um 580 v. Chr., Grabungsfoto

Kuros vom Heraion von Samos, um 580 v. Chr., Museum Samos

und erfolgreichsten. Gleichermaßen haben Manólis Andrónikos mit seinem sensationellen Schatzfund im Grabgebäude Philipps II. in Makedonien und Ioánnis Sakellarákis mit seinen Forschungen im minoischen Kreta großartige Ergebnisse vorzuweisen. Doch bevor sich griechische Archäologen der praktischen Forschungsarbeit widmen können, müssen sie andere Schwierigkeiten überwinden: Die Vorarbeiten ihrer ausländischen Kollegen – gesammelt in unzähligen Büchern, geschrieben in allen westlichen Sprachen – müssen studiert werden.

Wie tief greifend die Verflechtungen zwischen Politik und Archäologie sein können, erlebte Europa aufgrund der Funde von Andrónikos in Vergína. 1977 entdeckte Andrónikos das Grab Philipp II. (um 359–336 v. Chr.), Vater von Alexander d. Großen. Bei der Öffnung des Grabes kam der größte griechische Goldschatz seit Schliemanns Goldfund in Mykene zu Tage. Der Fund gehört zu den Sternstunden der Archäologie. Plötzlich war die Geschichte der Makedonen aufgrund der Funde fassbar. Nach Hesiod und Herodot waren die Makedonen ein griechischer Stamm der

Dorer und sprachen einen eigenen griechischen Dialekt. Auf dem höchsten Berge des Landes, auf dem makedonischen Olymp, hatten der Mythologie zufolge die zwölf unsterblichen Götter des Pantheon ihre Residenz – so glaubten die Menschen der Antike. Das Herrschaftssymbol der makedonischen Dynastie war der Sonnenstern mit bis zu 16 Strahlen, ein Motiv mit dem viele der prachtvollen Goldfunde im Grab Philipps II. geschmückt waren. Heute ist der Stern das Wappen des modernen Makedonien Griechenlands.

Und genau an diesem Punkt beginnt das Thema Politik. Zu Zeiten Alexander d. Großen, erstreckte sich das Reich der Makedonen bis weit nach Norden, weit über das heutige Skopje hinaus. Das Reich Alexanders zerfiel, der geographische Raum behielt hingegen bis heute den Namen Makedonien. Bereits die südliche Teilrepublik Jugoslawiens nannte sich Mazedonien. Nach dem Balkankrieg von 1990 und der Neugliederung Jugoslawiens wurde auch diese Teilrepublik unabhängig und beanspruchte nicht nur den Namen Mazedonien als Staatsnamen, sondern auch den Sonnenstern mit 16 Strahlen als Staatssymbol. Für die Regierung und die Bevölkerung Griechenlands war dies ein Angriff auf die erst kurz zuvor vom Archäologenspaten bestätigte Identität. Der historische Übergriff wurde zudem als latente territoriale Expansion interpretiert. Es gab schärfsten Protest. Griechenland will der Republik „Mazedonien" nicht ihr Existenzrecht absprechen, ist aber nicht bereit, Slawen und Albanern die Bezeichnung Mazedonier zuzugestehen. Am 2. Mai 1991 beschlossen die Außenminister der Europäischen Gemeinschaft in Guimaraes/Portugal, dass Skopje „innerhalb der bestehenden Grenzen (und mit) einem für alle interessierten Seiten annehmbaren Namen als Republik anerkannt werden könne. Seitdem besteht die griechische Regierung auf der kuriosen Abkurzung FYROM (Former Yougoslav Republic of Macedonia), wenn sie den Staat nicht kurz nach der Hauptstadt „Skopje" nennt. Der Namensstreit ist bis heute nicht beigelegt.

Goldene Urne aus dem Grab Philipps II. in Vergína, um 350/340 v. Chr., Archäologisches Museum Thessaloniki

Die Hauptaufgabe der heutigen Archäologie ist nicht mehr das Ausgraben ganzer Städte, Tempel und Palastanlagen. Zum einen gibt es mittlerweile viel publiziertes und noch mehr unpubliziertes Material, das der wissenschaftlichen Aufarbeitung und Systematisierung bedarf, sodass manche Erkenntnisse auch am Schreibtisch, im Labor oder am Computer zu gewinnen sind. Zum anderen setzt sich immer mehr die Meinung durch, dass die antiken Hinterlassenschaften am besten unter der Erde aufgehoben sind. Sie bietet Schutz vor Verwitterung! Viele antike Ruinen, insbesondere im Großraum Athen, leiden unter zersetzenden Umwelteinflüssen, sodass etliche Grabungen nur noch zum Zwecke der wissenschaftlichen Erfassung durchgeführt und anschließend wieder zugeschüttet werden (z.B. neuere Grabungen am großen Tempel von Samos). Der Metrobau in Athen bietet hingegen ein prägnantes Beispiel für eine der größten „Notgrabungen" in der Geschichte der Archäologie.

Für Griechenland sind heute viele Grabungen auch eine Last. Sie müssen nicht nur von den Eforen, den staatlich angestellten Archäologen, überwacht werden, sie verursachen auch enorme Folgekosten (Gehälter für Wächter, Umzäunungen, Museumsbauten etc.), die nur selten von ausländischen Institutionen, die hier arbeiten, übernommen werden. Rühmliche Ausnahmen sind u.a. die vom Ausland finanzierten Museumsbauten von Neméa (USA) und Samos (Deutschland).

Archäologische Sensationen gibt es auch heute noch. Nur sind sie – wenn es sich nicht gerade um einen Goldschatz wie in Troia und bei Philipp II. handelt – meistens für die Medien nicht spektakulär genug. In der archäologischen Forschung sind Sensationen jedoch längst nicht mehr gleichbedeutend mit „Schatzfunden". Hierzu ein Beispiel: Es geschah an einem Karfreitag. Am 29. März 2002 führte das Deutsche Archäologische Institut Athen (DAI Athen) auf dem Kerameikos Friedhof in Athen ganz unspektakuläre Grabungssondagen am „Heiligen Tor" durch, die der Datierung verschiedener Bauphasen dienen sollten. Plötzlich entdeckte der Grabungsarbeiter Tássos Búdrakas unter einem tiefen und sehr schmalen Kanal die Lockenpracht eines archaischen Kopfes. Das Grabungsteam unter Leitung von Wolf-Dietrich Niemeier, Direktor DAI Athen, erkannte sofort, dass es sich hier um einen ganz außergewöhnlichen Fund handeln müsse. Ohne den Kopf frontal zu sehen, der noch im Erdreich lag, ohne gar die Statue geborgen zu haben, realisierte Niemeier allein aufgrund der Durchgestaltung der Frisur und des Ohres, dass es sich um einen archaischen Kuros handeln müsse, der mit dem 1916 ebenfalls im Kerameikós-Friedhof gefundenem Kopf vom „Dipylon" nah verwandt ist. Als Dipylon (Doppeltor) bezeichnet man das zweite Stadttor im Gebiet des Kerameikós, das in einem Abstand von 40 m nordöstlich vom „Heiligen Tor" durch die antike Stadtmauer Athens führte. Der dort gefundene Kopf trägt nach seinem Fundort den Namen „Dipylon Kopf", den unbekannten Schöpfer dieses herausragenden archaischen Werkes nennt man entsprechend Dipylon-Meister. Dieser archaische Kopf besticht durch sein ausgewogenes Ebenmaß; Kraft und Ruhe vereinen sich in diesem Bildwerk zu vollendeter Harmonie. Kaum war der Kuros (mit einer Größe von ursprünglich etwa 2,10 m) freigelegt und auf seinen Rücken umgedreht, war Niemeier klar, dass der Kuros ein Sensationsfund ist. Das Bildwerk überzeugt durch seine ausgereifte Schönheit gleichermaßen wie durch seine „verborgene" innere Bewegung und ist damit sowohl dem „Dipylon Kopf" als auch dem „New Yorker Kuros" (1,927 m) im Metropolitan Museum ganz ähnlich. Beides sind zwei singuläre Werke, zu denen sich nun auch der „Kuros vom Heiligen Tor" gesellt. In diesem Zusammenhang sind aber auch die monumentalen Kuroi von Kap Súnion und Samos zu nennen. Niemeier glaubt schließlich mit Sicherheit nachweisen zu können, dass der Neufund ebenfalls vom Dipylon-Meister stammt und datiert beide in die Zeit um 620 bis 600/590 v. Chr. Und das ist in der Tat eine archäologische Sensation! Somit ist der „Kuros vom Heiligen Tor" einerseits ein wichtiges Bindeglied für die Erforschung der attisch-archaischen Marmorplastik, andererseits wirft er ein völlig neues Licht auf die Zielvorstellungen der zukünftigen archäologischen Erforschung des Kerameikós.

Kuros vom Kerameikos Friedhof in Athen, um 620–600/590 v. Chr., Grabungsfoto

Athen

Antike Metropole der Hellenen – mittelalterliches Dorf – eine der jüngsten Hauptstädte Europas

Athen ist keine verführerische Schönheit, der man beim ersten Anblick verfällt. Die Stadt der Göttin Athena ist zwar uralt, ihr fehlt jedoch die politische, künstlerische und städtebauliche Kontinuität von Rom, Paris oder Florenz. Und dennoch, seit Athen sich auf die Olympischen Sommerspiele 2004 vorbereitet, seit dem Ausbau der Metro, seit der Einrichtung von Fußgängerzonen und der Schaffung eines zusammenhängenden Areals für die antiken Kulturstätten sowie seit der Renovierung des neoklassizistischen Stadtbilds entwickelt sich die Stadt zu einer der reizvollsten Metropolen Europas.

Athen, das geistige Zentrum der antiken Welt, versank bald nach Gründung des Oströmischen/Byzantinischen Reiches (324 n. Chr.) in einen Dornröschenschlaf. Ein sichtbares Zeichen dafür war die Schließung der Athener Akademie (529). Aus diesem Dornröschenschlaf erwachte die Stadt erst durch den Kuss eines bayerischen Prinzen (1835). Anders als im Märchen war die Braut aber nicht mehr dieselbe. Aus der strahlenden Göttin war eine balkanische Dorfschönheit geworden.

Zwar gibt es auch eine Geschichte der Stadt Athen im Mittelalter – der deutsche Kulturhistoriker Ferdinand Gregorovius hat zwei Bände (1889) darüber verfasst –, doch dieses Mittelalter ist im Stadtbild nicht präsent. Man muss es mit der Lupe suchen. Dies liegt auch daran, dass diese Zeit von den Franken, von Westeuropäern geprägt wurde. Deren Herrschaft war verhasst, und deren architektonische Hinterlassenschaften wurden nicht inkorporiert, sondern dem Verfall überlassen oder bewusst zerstört. Ob aus Resistenz gegenüber fremder Kultur oder aus Fixierung auf die eigene, jedenfalls sind alle nachklassischen Bauten auf der Akropolis gewissenhaft entfernt worden. Sie sieht heute ganz anders aus als vor 150 Jahren.

Auf dem Weg vom Sýntagma-Platz zur Pláka, der Altstadt, begegnet einem in der Mitropóleos-Straße ein seltsames Bild. Ein winziges byzanti-

Blick von der Akropolis über Athen: in der Mitte oben das Olympiastadion von 1896; rechts in der Mitte der Zeus-Tempel, unten die Pláka

nisches Kirchlein aus dem 16. Jahrhundert, Ájios Dhynamís (der „Heiligen Kraft") geweiht, duckt sich unter die Stützpfeiler eines modernen gesichtslosen Bürohauses, in dem ausgerechnet das Ministerium für Nationale Erziehung und Kultus untergebracht ist. Darüber schwebt, von der Straße aus unsichtbar, die Akropolis. Diese Szene scheint die Situation Athens auf einen Nenner zu bringen: Zu Füßen der unvergleichlichen Reste der Antike überwuchert die Betonstadt die bescheidenen Zeugnisse der byzantinischen Vergangenheit. Doch viel hat sich in den letzten Jahren getan.

Unter der Betonstadt des 20. Jahrhunderts ruhen die Geheimnisse der „Stadt unter der Stadt". Ihre Entdeckung ließ lange auf sich warten. Sie ist vor allem dem Ausbau der U-Bahn (Attikó Metró) zu verdanken. Am 21. Januar 2000 wurde eine Sensation der Öffentlichkeit übergeben: Die Bahnhöfe der neuen Linien 2 und 3 sind zu einem Museum mit faszinierenden in situ Funden geworden und wurden von der Bevölkerung mit Begeisterung angenommen. Nicht nur Touristen, sondern auch Athener Bürger wandeln in den Bahnhöfen von Vitrine zu Vitrine und entdecken die Wurzeln ihrer Stadtgeschichte. Knapp acht Jahre lang bestimmten Archäologen das Tempo der Bauarbeiten des griechisch-französisch-deutschen Konsortiums, nicht die Ingenieure. Dieselben 250 m langen Tunnelbohrmaschinen, die beim Bau des Ärmelkanals eingesetzt wurden, bohrten sich auch durch den Athener Untergrund. Unter der Nordsee arbeiteten sie sich 4 m pro Stunde durch das Erdreich voran, durch den Schutt der „Stadt unter der Stadt" hingegen schafften sie nur 44 cm pro Stunde! Da Zeit ein Kostenfaktor ist, verteuerte sich allein durch die vielen Baustopps der archäologischen Untersuchungen der Metrobau um 70 Millionen Euro. Die Hälfte der Gesamtkosten für den Metrobau finanzierte die EU.

Aus dem Schutt der Antike förderten die Archäologen Hinterlassenschaften Athens vom 17. Jahrhundert v. Chr. bis zum 10. Jahrhundert n. Chr. zu Tage, die didaktisch und museumspädagogisch mustergültig präsentiert werden. Jede Metro-Station ist ein eigenes kleines Museum, das den jeweiligen antiken Stadtraum widerspiegelt. Die Hinterlassenschaften beleuchten alle Aspekte des Lebens der damaligen Bevölkerung. Mit Absicht wurden nicht nur Meisterwerke der Kunst, sondern vor allem Gebrauchsgeräte des täglichen Lebens ausgestellt. Am Bahnhof Sýntagma zum Beispiel überwältigt in der Haupthalle ein 6 m hoher und 50 m langer konservierter Erdschnitt mit der Stratigrafie der Athener Stadtgeschichte. Besonders beeindruckend dabei ist ein seitlich geöffneter Marmorsarkophag mit Skelett und Grabbeigaben. Die Metro-Station Akropolis empfängt den Fahrgast

Metro-Station Akropolis in Athen mit Kopien der Parthenon Giebelskulpturen

bereits vor der Sperre mit Kopien der Parthenon Giebelskulpturen, ohne den polychromen Schmuck der Antike. Auf der gleichen Ebene zeigen Wandvitrinen zahlreiche Einzelfunde, z.B. einen klassischen Bronzekopf, einen marmornen Römerkopf, Gewichtsteine für Webarbeiten, tönernes Kinderspielzeug aus dem 11. Jahrhundert v. Chr. so wie einen trunkenen Silen in obszöner Pose. In der zweiten Ebene der Metro-Station dokumentieren große Wandfotos das Abenteuer Archäologie anlässlich der Bauarbeiten, z.B. mehr als 130 Amphoren, die bei einer Probebohrung aus einem Brunnen in den Teststollen fielen. Ein Erdschnitt zeigt die Konstruktion einer antiken Straße mit darunter liegendem Abwasserrohr nebst seitlichem Zulauf von den Wohnhäusern. Auf der Gleisebene sind an den oberen Wandzonen Kopien der Parthenonfriese (nach Entwürfen von Phidias) angebracht; auch hier ohne den polychromen Schmuck der Antike.

Das Bild Athens wird durch die Metro-Ausstellungen der „Stadt unter der Stadt“ vielseitiger und lebendiger, die architekturgeschichtliche Aufwertung des neoklassizistischen Athens rundet es ab. Den Charme dieses Teils Athens erkennen immer mehr Bürger, sie unterstützen sogar aktiv den Erhalt dieser historischen Bausubstanz. Dieser Aspekt wird von den Touristen allerdings nur wenig beachtet. Die junge, alte griechische Hauptstadt des 19. Jahrhunderts hat einen eigenen, an klassischen Vorbildern orientierten Baustil entwickelt, der durch Augenmaß und gute Proportionen besticht. Bis in die Nachkriegszeit bildete die Athener Innenstadt ein einzigartiges neo-klassizistisches Ensemble. Doch die Flüchtlingsströme aus Kleinasien und die durch Krieg und Bürgerkrieg ausgelöste Landflucht haben zum Abriss vieler „Neoklassika“ mit ihren Zierziegeln, den schmiedeeisernen Gittern und den eleganten Marmorbalkonen geführt. An ihre Stelle sind sechs- bis siebenstöckige Betonbauten getreten, denen man deutlich ansieht, dass sie die Produkte der Wohnungsnot und der Bodenspekulation sind. Sie haben das attische Becken mit der Betonkruste überzogen, die einem beim Anflug auf den Athener Flughafen ins Auge springt. Den Charme des neoklassizistischen Athen kann man nur noch erahnen, vor allem beim Durchstreifen der Altstadt.

Akropolis

Wer sich an einem der Smogtage dem Stadtzentrum nähert, sieht sie kaum, die Athener Oberstadt, den elfenbeinfarbenen Juwel inmitten des amorphen Häusergewirrs. Und dann gibt plötzlich eine Häuserschlucht, etwa die Odhós Athinás, den Blick frei auf die steilen Mauern, die das Plateau bilden für Parthenon, Erechtheion, Propyläen und Nike Tempel, die in gelassener Schönheit über den Anspruchslosigkeiten moderner Zweckbauten schweben, und es bleibt einem, auch nach ungezählten Besuchen, der Atem stehen vor diesem plötzlichen Ausbruch an Stilgefühl, Ebenmaß und Zeitlosigkeit. Wie ein Traumgebilde, wie das Urbild eines Tempels leuchtet der Parthenon über die Mauerkrone.

Der Akropolis-Hügel (156 m) ist nicht die höchste Erhebung im attischen Becken. Markanter erhebt sich der Lykabettós (277 m) mit seinem grünen Saum aus Zypressen und Agaven aus dem Häusermeer. Doch die steil aufragende Felsspitze hat neben einer – je nach Smoglage – atemberaubenden oder dunstigen Aussicht nur ein bescheidenes Kapellchen zu bieten, wie es Hunderte von griechischen Bergspitzen ziert. Der größte Reiz des Lykabettós ist der Blick auf die Akropolis und der weite Blick über den Saronischen Golf bis hin zur Ostküste der Peloponnes. Dazwischen schmiegen sich die Inseln Sálamis und Áigina in das blaue Meer.

Der Akropolis-Hügel wurde durch das Zusammenspiel von Natur und Menschenhand zum Zentrum Athens. Die steil aufragenden Felswände am Süd-, Ost- und Nordhang boten schon in grauer Vorzeit Schutz vor Angreifern, aber erst die gewaltigen Mauern schufen die erhöhte Fläche, auf der Religiosität, griechischer Kunstsinn und Athener Staatsverständnis zu Architektur wurden. Und auch heute, obwohl längst zum Museum geworden, ist für viele die Akropolis noch immer das Zentrum der Stadt. Obgleich nur mehr Zentrum des Tourismus, lenkt der Felsen doch von allen Seiten die Blicke auf sich, sichtbarstes Zeichen der 3000-jährigen Stadtgeschichte, Ausdruck des menschlichen Willens, die eigene begrenzte Zeit zu überwinden.

Bei aller Zeitlosigkeit darf nicht übersehen werden, dass die Akropolis so, wie wir sie heute sehen, erst seit circa 100 Jahren aussieht. Vorher war sie türkische Garnison mit Festungsmauern und Wehrtürmen, Burg fränkischer Herzöge, byzantinisches Kastell. Und auch in der Antike bot sie sich anders dar. Die von Generationen von Altphilologen gepriesene schlichte Einfalt und stille Größe war bunt, überaus bunt. Die elfenbeinfarbene Patina des Marmors entspringt nicht dem Respekt der alten Griechen vor der Eleganz des Werkstoffs Marmor, sondern ist ein Resultat von Zeit und Verwitterung.

Die türkische Besiedlung auf der Akropolis um 1805, aus: Edward Dodwell, „Views in Greece in Drawings", London 1830

Farbspuren hatte man zwar schon im vorletzten Jahrhundert an verschiedenen Statuen und Gebäuden gefunden, doch vermochte dies die liebgewonnene Vorstellung von der weißen Marmorpracht des antiken Stadtheiligtums nicht zu erschüttern. Erst neuere Forschungen haben ergeben, dass sowohl die Tempel samt ihres Skulpturenschmucks als auch die zahlreichen Votivgaben, die wie ein Statuen-Wald aus dem felsigen Akropolis-Plateau sprossen, über und über bunt bemalt waren und sich dadurch vom blauen Himmel und den Felsen abhoben – ein Bild, das den meisten Besuchern heute kitschig vorkäme.

Ein gänzlich anderes Bild bot die Akropolis, als sie im 18. Jahrhundert durch erste Reisende wieder ins europäische Bewusstsein rückte. Und als die griechische Regierung König Otto I. (1832–1862) aus dem bayerischen Haus der Wittelsbacher im Jahr 1833, kurz nach der Unabhängigkeit vom Osmanischen Reich, beschloss, die Hauptstadt des jungen Staates von Nauplia auf der Peloponnes nach Athen zu verlegen, müssen viele der durch klassische Bildung geprägten bayerischen Beamten und Offiziere herb enttäuscht gewesen sein: Anstelle der marmornen Tempelstätte erblickten sie eine mittelalterliche Festung, Sitz eines türkischen Garnisonskommandanten, ein orientalisches Häusergewirr auf dem Felsplateau, die Säulen der Propyläen mit Mauerwerk zu Befestigungen verschandelt, im Innern

Parthenon mit der Moschee von Christian Hansen 1836, Kopenhagen, Kunstakademiets Bibliotek, Samlingen af Arkitekturtegninger

des Parthenon eine Moschee, die ihr Minarett schüchtern über die Säulen in den Himmel reckte. Glücklicherweise verlor die Akropolis schon bald ihre strategische Bedeutung und gelangte bis auf weiteres in die Hände der Archäologen. Erster Kurator der Akropolis war ein Deutscher, der holsteinische Altphilologe Ludwig Ross. Er setzte sich zum Ziel, die Akropolis, soweit möglich, wieder in den klassischen Zustand zurückzuversetzen. Dass dabei alle Zeugnisse aus den mittelalterlichen Epochen zerstört und abgetragen wurden, bedauerte damals niemand. Dabei entdeckte Ross, dass der aus der Literatur bekannte Nike Tempel, von dem jede Spur fehlte, im 17. Jahrhundert als Baumaterial für türkische Befestigungen gedient hatte. Es war ein gigantisches Puzzlespiel für den Hobby-Archäologen Ross und den sächsischen Architekten Eduard Schaubert, den kleinen Tempel auf dem wie ein Schiffsbug aufragenden Vorsprung südwestlich der Propyläen wieder zusammenzusetzen. Dies war nur möglich, weil sich griechische Tempelbauten wie Baukastenschöpfungen auseinander nehmen lassen. Die einzelnen Quader und Säulentrommeln sind plangeschliffen mit Klammern und Dübeln, aber ohne Mörtel zusammengefügt.

Zunächst war nicht festgelegt, was aus der Akropolis werden würde. Ganz ernsthaft wurde erwogen, auf ihr den Palast für den jungen König zu errichten. Karl Friedrich Schinkel (1781–1841) legte dazu einen detaillierten Entwurf vor, der sich glücklicherweise nicht durchsetzte. Das massige Bauwerk hätte die antiken Gebäude erdrückt, ganz abgesehen von der Verkehrsanbindung, welche eine solche Planung nach sich gezogen hätte. So ist die Athener Oberstadt, der sakrale Mittelpunkt der antiken Stadt, heute schlicht ein Freilichtmuseum.

Ihre Vorgeschichte verliert sich, wie so oft in Griechenland, im Mythos: Wie eingangs erwähnt stritten Poseidon, der Meeresgott, und Athena, die Tochter des Zeus, um den Besitz von Athen und Attika. Nach dem Willen der als Zwölfergericht tagenden Götter sollte das Land demjenigen gehören, der der Bevölkerung Athens das wertvollste Geschenk machte. Poseidon stieß seinen Dreizack in den kargen Felsen der Akropolis, worauf ihm ein Quell entsprang. Im Erechtheion sind noch die Spuren des Dreizack im Felsen zu sehen. Man hat an dieser Stelle den Fußboden ausgespart. Athena

Erechtheion auf der Akropolis in Athen

ließ einen Ölbaum wachsen. Sie trug den Sieg davon und avancierte zur Schutzgöttin der Stadt.

Die Stelle des aus der Literatur überlieferten tausendjährigen Ölbaums neben dem Erechtheion nimmt heute ein schlankes Bäumchen ein, offensichtlich nicht die Originalpflanzung von göttlicher Hand. Für die bäuerlichen Anfänge Athens war die Ölbaumkultur von enormer Bedeutung. Die Fruchtbarkeit der attischen Ebene und ihr mildes Klima waren die erste Voraussetzung für den Aufstieg der Stadt. Der Athener Ölbaumhain bedeckte jahrtausendelang mit seinem silbrig-grünen Schimmer die weite Ebene zwischen der Stadt und dem Meer. Erst die zügellose Bebauung des letzten Jahrhunderts hat ihn fast ausgelöscht. Und doch gibt es noch Restbestände des Hains sowie erste Ansätze, ihn als städtischen Hain wieder erstehen zu lassen. Zaghafte Anpflanzungen schmücken bereits die Hänge im Norden und Westen der Akropolis.

Die Siedlungsspuren auf dem Heiligen Felsen, wie die häufigste griechische Umschreibung lautet, lassen sich bis ins Neolithikum zurückverfolgen; für den Touristen sind sie jedoch nicht sichtbar. Auch die Überreste der Besiedlung in mykenischer Zeit erschließen sich nur dem aufmerksamen Beobachter. Westlich, gleich hinter der Rückwand des Nike Tempels, erkennt man die Reste einer etwa 1,50 m hohen kyklopischen Befestigungsmauer der Mykener. Die jetzigen Mauern aus klassischer Zeit stehen auf älteren pelasgischen Fundamenten. Die Mauern umschlossen Königsburg und Tempel, und der Komplex bot in Zeiten äußerer Bedrohung als Fluchtburg Schutz für die ganze Bevölkerung. Was wir heute an Gebäuden sehen, ist Bestand aus den Zeiten nach den Perser Kriegen, aus der Goldenen Epoche des Perikles. Die Perser hatten im Jahre 480 v. Chr. Athen erobert und zerstört, konnten sich dieses Sieges jedoch nicht lange erfreuen. Noch im gleichen Jahr wurde ihre Flotte in der Bucht von Salamis, in Sichtweite der Akropolis, zerstört, 479 v. Chr. auch das persische Landheer bei Plataä geschlagen. Die Athener nutzten die Chance des Wiederaufbaus. Die Trümmer der persischen Verwüstungen dienten dazu, das Terrain aufzuschütten und eine größere Fläche zu schaffen. Anstelle von mindestens neun kleineren Tempel und mehreren Schatzhäusern wurde der siegreichen Stadtpatronin, der jungfräulichen (parthenos) Athena, ein neuer Tempel,

Mykenische Mauer mit Parthenon auf der Akropolis in Athen

der Parthenon (Wohnort der Jungfrau), erbaut. Sein archaischer Vorgängerbau, der „Alte Athena"-Tempel, konnte zwischen Erechtheion und Parthenon in seinen Fundamenten und seiner Grundrissgestalt sicher nachgewiesen werden.

Der so genannte Perserschutt enthielt unglaubliche Kostbarkeiten: vorklassische Plastiken und Gebäudeteile von größter Feinheit und Eleganz, die erst Ende letzten Jahrhunderts entdeckt wurden. Sie sind im schmucklosen Akropolis-Museum zu sehen, das sich hinter dem Parthenon ins Gelände duckt, um nicht von den klassischen Bauten abzulenken. Ein Neubau ist seit Jahren gegenüber vom Herodes Attikus Theater mit freiem Blick zur Akropolis geplant. Teile des Perserschutts wurden auch in die neuen, breiteren Mauern eingebaut. Wer sich der Akropolis von der Pláka aus nähert, kann die Säulentrommeln in den Mauern deutlich erkennen.

Den Felsen der Akropolis bekrönten jahrhundertelang die vier herausragenden Bauten der griechischen Klassik: Nike Tempel, Propyläen, Parthenon und Erechtheion – Bauten, die noch heute jedem Besucher Bewunderung abverlangen. In römischer Zeit kam ein kleiner Rundtempel, nach 27 v. Chr. Roma und Augustus geweiht, hinzu, ein bescheidener Tribut an die neuen Machtverhältnisse. Seine ringförmigen Überreste sind östlich des Parthenons zu sehen. Die großen freien Flächen waren jedoch über und über mit Weihgaben, d.h. mit Statuen und Denkmälern bedeckt. Die Akropolis war weiterhin religiöses Zentrum Athens, die Stadt aber nur mehr ein, wenn auch illustrer Provinzort des römischen Imperiums. In den Jahrhunderten nach der Zeitenwende versank die antike Welt allmählich. Als Vertreter einer neuen Zeit erschien im Jahre 50 der Apostel Paulus und predigte am Fuß der Akropolis vor den skeptischen Mitgliedern des Areopags (Alter Rat). Dabei knüpfte er an die Vorstellung seiner Zuhörer von einem unbekannten Gott an. Es gab in Athen einen Altar für eine unbekannte Gottheit, sozusagen für N.N. Des Apostels Argumente, dass er den Unbekannten kenne und dieser der einzige wahre Gott sei, stießen in der Hochburg der antiken Bildung auf Skepsis. Immerhin gelang es Paulus, einen Anhänger zu gewinnen, einen Athener namens Dionysos, der den Beinamen Areopagitis erhielt nach dem Ort, an dem er bekehrt wurde. Später wurde Dionysos der erste Bischof Athens. Heute ist nach ihm die breite Straße am Südrand der Akropolis benannt.

Die kleine Athener Christengemeinde wuchs stetig an. Etwa gegen Ende des 6. Jahrhunderts wurde der Parthenon in eine christliche Kirche verwandelt. Der Jungfrau-Tempel blieb lange Zeit der christlichen Jungfrau gewidmet und damit über Jahrhunderte auch die architektonische Gestalt des Parthenons aus der Zeit der Wiederherstellung (361–363 n. Chr.) erhalten. Nur die Raumfolgen des heidnischen Tempels erfuhren der christlichen Liturgie folgend Änderungen: So wurde die westliche Halle, in der ursprünglich der „Schatz der Athena" aufbewahrt wurde, der Narthex der frühchristlichen Kirche. In die im Osten anschließende Cellawand wurden drei Türen gebrochen, sodass die dreischiffige Tempel-Cella mit geringfügigen Änderungen den Athener Christen als Gemeinderaum dienen konnte. Der antike Tempeleingang im Osten wurde mittels einer in den Säulenkranz ausgreifenden Apsis zum Allerheiligsten umfunktioniert. Solche Umbauten antiker Tempel in christliche Kirchen gab es auch anderswo. Der Athena Tempel in Syrakus (480 v. Chr.) auf Sizilien ist noch heute die Bischofskirche der Stadt.

Blick vom Zeustempel zur Akropolis

Das Römische Reich wandelte sich, spaltete sich. Die Hauptstadt des Oströmischen Teilreiches wurde an den Bosporus verlegt. An der Randlage Athens änderte dies jedoch nichts. Aus einer römischen Provinzhauptstadt wurde eine byzantinische Kleinstadt. Die monumentalen Bauten der Akropolis waren dafür ein zu großer Rahmen, müssen schon damals museal gewirkt haben. Anfang des 13. Jahrhunderts erschienen neue Herren. Der Vierte Kreuzzug war im Jahre 1204 auf Betreiben Venedigs nicht in Jerusalem, sondern in Byzanz gelandet. Große Teile des byzantinischen Herrschaftsgebiets wurden unter den kreuzfahrenden Glücksrittern aufgeteilt als Belohnung für die

Athen und die Akropolis im Jahre 1836, Ludwig Lange, Staatliche Graphische Sammlung München

Etablierung der venezianischen Vormachtstellung im östlichen Mittelmeer. Auf der Akropolis ließen sich nacheinander französische, katalanische und florentinische Ritter als Herzöge von Athen nieder, in den Augen der Griechen allesamt Franken. Die Kirche im Parthenon wurde katholisch. Den Byzantinern gelang noch einmal die Konsolidierung ihres Reichs und die Vertreibung der verhassten Franken, bis der türkische Ansturm mit der Eroberung Konstantinopels 1453 dem über tausendjährigen Oströmischen Reich ein Ende bereitete. In die byzantinische Festung Akropolis zog ein türkischer Kommandant ein. Dies war auch das Ende der christlichen Kirche im Parthenon. Aus dem fränkisch-byzantinischen Kastell wurde eine türkische Provinzgarnison, die in Geschichtslosigkeit versank. Athen wurde zu einem größeren Dorf am Nordhang der Akropolis, zwischen dessen bescheidenen Häusern die unverstandenen Reste der Vergangenheit standen. Das Erechtheion mit den Karyatiden wurde Harem des Festungskommandanten.

Die Akropolis hatte zwar durch die Jahrhunderte ihr äußeres Erscheinungsbild erheblich verändert, die antike Bausubstanz war jedoch unter Schutt und Asche erhalten geblieben, ebenso viele spätere An- und Umbauten in ihrem Kern. Der Parthenon stand in der Fülle seiner Säulen mit nahezu vollem Figurenschmuck, bis im 17. Jahrhundert die Republik Venedig einen letzten Versuch unternahm, ihren Einflussbereich in der Ägäis zu

Lasten der Türken auszudehnen. Venezianische Truppen landeten 1687 in der Bucht von Faleron und beschossen die türkische Garnison vom Philopappos aus. Ein Volltreffer landete im Parthenon, der den Türken als Pulvermagazin diente, der jedoch nicht, wie häufig in Reiseführern behauptet wird, den antiken Tempel zerstörte. Der in dem Aquarell (s. Abb. S. 74) des dänischen Architekten Christian Hansen (1803–1883) aus dem Jahre 1836 dargestellte ruinöse Zustand des Parthenons geht zusätzlich auf drei rücksichtslose Aktionen zurück: 1801 ließ Lord Elgin für den Raub „seiner" Metopen 25 m Gebälkquader abreißen. 1822 demontierten die Türken im Norden und Süden je 14 m der Cellalängswände, um die antiken Bleiklammern für Munition einzuschmelzen. 1826/27, bei der zweiten Akropolis-Belagerung, wurden weitere Bauglieder im Innern des Tempels zerstört.

Die Venezianer zogen sich wieder zurück, und die kleine türkische Garnison, ein Außenposten des Paschas von Negroponte (Chálkis) auf Euböa, döste weiter vor sich hin. In dem aufgerissenen Parthenon, der als Pulvermagazin nicht mehr taugte, baute man eine bescheidene, nach Mekka hin ausgerichtete Moschee. Aus der Kultstätte der Göttin Athena wurde nach eher glanzlosem christlichen Zwischenspiel eine Dorfmoschee.

In der 2. Hälfte des 18. Jahrhundert brachten Reisende aus Europa die Akropolis wieder ins europäische Bewusstsein. Die Bildungsreisenden, in der Mehrzahl Engländer und von Stand, kamen ohne Geschütze, den Kopf voll klassischer Bildung und in der Hand den von Pausanias (um 110–180 n. Chr.) zwischen 160 und 180 n. Chr. verfassten „Reisebericht über Griechenland". Das antike Griechenland wurde Mode, die Bildungsreisenden begannen, antike Inschriften zu sammeln, Tempel zu vermessen und nach den Überresten von Städten zu suchen, die sie nur aus der antiken Reiseliteratur kannten. Für die griechischen Bewohner und ihre türkischen Herren war das ganze Treiben ziemlich unverständlich. Man verdächtigte sie der heimlichen Schatzsuche; anders war das Interesse an abgelegenen Trümmerhaufen nicht erklärlich. Und die Vermutung war trotz vordergründiger Naivität in manchen Fällen nicht einmal falsch. Manche der Besucher hatten es auf die Antiken

König Ludwig I. auf der Akropolis, Wilhelm Lindenschmitt, Münchner Stadtmuseum

selbst abgesehen. Einer der erfolgreichsten Antikenjäger war der schottische Lord Elgin, Botschafter seiner Britischen Majestät an der Hohen Pforte in Istanbul, eine Funktion, die seinen Plänen sehr dienlich war. Er erwirkte beim Sultan einen Ferman, eine Erlaubnis, die Akropolis zu erforschen und am Boden befindliche Trümmer einzusammeln und mitzunehmen. In äußerst extensiver Interpretation dieser Erlaubnis ließ er 1801 fast den gesamten Figurenschmuck des Parthenon aus dem Bauwerk brechen und abtransportieren. Dabei gingen die Arbeiter so hastig und ungeschickt vor, dass manche Reliefplatte des Metopenfrieses zu Boden fiel und zerschellte. Eine Karyatide sowie eine Säule des Erechtheions wurden ebenfalls mitgenommen. Der Raub wurde in Piräus auf Schiffe verladen und bildet heute eines der Schmuckstücke des British Museum in London. Die Filmschauspielerin Melina Merkouri, von 1981 bis 1989 streitbare Kulturministerin, hatte sich unermüdlich und vehement für die Rückgabe der Parthenon-Skulpturen eingesetzt – leider vergeblich. Besonders erboste sie, dass diese Kunstwerke im Ausland gemeinhin mit dem Namen ihres Räubers bezeichnet werden: the „Elgin Marbles“.

Restaurierungsarbeiten am Parthenon auf der Akropolis (1995)

Danach begann das große Vermessen, Nummerieren, Aufarbeiten und Abreißen. Aus ganz Europa eilten Altertumsforscher und Baugeschichtler herbei, um sich ein eigenes Bild von dem architektonischen Meisterwerk der Antike zu machen, um ihren Rat beizusteuern. Ludwig I. schickte seine kompetentesten Baufachleute aus München, vor allem Leo von Klenze (1784–1864), den Gestalter von Isar-Athen. Die Frage, ob auch Reste der mittelalterlichen Überbauung erhalten werden sollten, stellte sich nicht. Der Enthusiasmus für die Antike war so allgemein, bei den Griechen wie bei den nordeuropäischen Besuchern, dass es nur darum ging, das klassische Juwel möglichst rasch von den Verunreinigungen späterer Zeiten zu säubern. So verschwand die Moschee samt Minarett von 1843 sowie der fränkische Befestigungsturm, die jahrhundertelang das Bild der Akropolis geprägt hatten. Die Propyläen wurden von den Verbindungsmauern befreit. Das orientalische Dorf, das die freien Flächen zwischen den Tempeln ausgefüllt hatte, wurde Stein für Stein abgetragen. So entstand in jahrelanger Arbeit das Bild der Akropolis, wie wir es heute sehen. Ende des 19. Jahrhunderts stießen griechische Archäologen bei Untersuchungen des Untergrunds bis auf den gewachsenen Fels auf den so genannten Perserschutt, und auf einmal trat eine Fülle feinster Skulpturen mit dem rätselhaften archaischen Lächeln auf den Lippen ans Tageslicht. Der unter denkmalschützerischen Gesichtspunkten barbarische Akt, den Figurenschmuck der Vorväter als Fundament für eigene Bauten zu benutzen, hat diese Plastiken über Jahrtausende sicher vor dem Zugriff von Kunsträubern bewahrt. Heute stehen sie – in drangvoller Enge – im Akropolis-Museum hinter dem Parthenon.

Solange die griechische Fahne vom Heiligen Felsen weht, wissen die Athener, dass es etwas Einigendes gibt jenseits des Parteiengezänks, dass es etwas Erhabeneres gibt als Verkehrsgewühl, Müll- und Busstreiks. Als eines Tages, im Mai 1941, die Hakenkreuzfahne über der Akropolis hochgezogen wurde, wussten die Athener, dass ihnen böse Tage bevorstanden. Die Griechenschwärmerei der Eroberer aus dem fernen Norden war kein Trost. Nach einigen Tagen grüßte morgens wieder die blau-weiße griechische Flagge. Was war geschehen: Zwei junge Studenten, Manólis Glésos und Apóstolos Sántas, hatten einen geheimen, aus der Antike bekannten Zugang zur Akropolis genutzt, waren nachts unter Lebensgefahr auf die bewachte Festung gestiegen, hatten die Reichskriegsfahne eingeholt und die griechische Flagge hochgezogen. Die deutschen Besatzer bemerkten den Flaggenwechsel erst, als sich die Nachricht bereits wie ein Lauffeuer in der Stadt verbreitet hatte. Dieser erste Akt des Widerstands war für die Griechen eine große Ermutigung.

Athen im 19. und 20. Jahrhundert

Im 15./16. Jahrhundert, im Renaissance-Zeitalter Europas, war Athen so unbekannt, dass viele Gelehrte die antike Metropole für völlig zerstört hielten. Sie vermuteten, die Stadt sei im Erdboden versunken. Tatsächlich war Athen unter der Türkenherrschaft ein unbedeutendes Dorf an der westlichen Grenze des Osmanischen Reiches. Aus dem Briefwechsel von Martin Kraus und Symeón Kabasílas aus dem letzten Drittel des 16. Jahrhunderts erfahren wir, dass Athen zu dieser Zeit nur 1200 Einwohner hatte, wobei

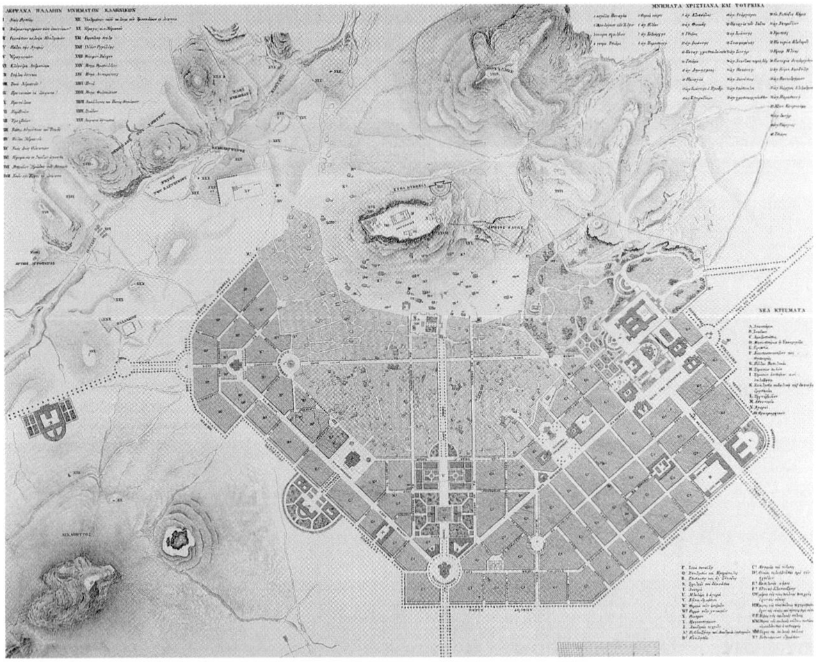

Plan der Neustadt Athen von Leo von Klenze, 1834, Otto-König-von-Griechenland-Museum der Gemeinde Ottobrunn

die Türken auf der Akropolis und die Griechen in der Unterstadt, der heutigen Pláka, wohnten.

Am 30. April 1833, drei Jahre nach Ausrufung der griechischen Unabhängigkeit, erhielt endlich auch die Stadt Athen, in der ca. 5000 Menschen wohnten, ihre Freiheit. Die türkische Garnison übergab dem Kommandanten einer kleinen bayerischen Truppe, Christoph Neeser, Athen und die Festung Akropolis. Am 23. Mai 1833 besuchte der zukünftige König Otto erstmals die Stadt. Im Juli des gleichen Jahres fiel die Entscheidung: Athen sollte Hauptstadt des befreiten Griechenlands werden. Kurze Zeit später genehmigte der junge König die Entwurfspläne für die „Stadt Neu-Athen" von Stamátios Kleánthes und Eduard Schaubert (beide Schüler von Schinkel). Der Entwurf der Architekten lehnte sich ganz an die Stadtgründungen des fürstlichen Absolutismus des 18. Jahrhunderts an, wie wir sie unter anderem von Versailles (1735) und Karlruhe (1739) kennen. Ein strahlenförmiges Dreieck bildet den Kern des geplanten Stadtplanes. Und zwar so, dass sich von der königlichen Residenz zwei Straßen im rechten Winkel öffnen und damit die Neu- und Altstadt umschließen, der König jedoch von der Residenz einen freien Blick zur Akropolis hat. Das direkte Nebeneinander der Neustadt im Norden und der Altstadt mit der Akropolis im Süden war die Grundidee dieses Entwurfs. Südliche Lebensgewohnheiten mit freistehenden Häusern und Gärten, mit vor der Sonne schützende Säulenhallen – das sollte diese Planung gewährleisten. Das absolutistische Zentrum von Neu-Athen bildete das königliche Schloss, von Kleánthes und Schaubert am heutigen Omónia Platz positioniert. Vom Schloss aus sollte sich nach Süden ein weiterer öffentlicher Platz öffnen, von dem aus die Athena Straße die visuelle Sichtachse zwischen Residenz und Propyläen garantierte. Während von diesem Dreieck eine Straße im Entwurf Richtung Südosten mit dem antiken Stadion korrespondierte, zielte die zweite Dreiecksstraße Richtung Südwesten vorbei am Kerameikos nach Piräus. Rechtwinklig angelegte Straßen parallel zu den drei Hauptstraßen waren Garant für die Erschließung von individuellen Stadtquartieren, die sich organisch an die Altstadt anschließen sollten.

Der geniale Entwurf der beiden Architekten und Städtebauer kam jedoch nicht zur Ausführung. Grundstücksspekulationen und illegale Bautätigkeiten vereitelten die Realisierung. Im Sommer 1834 wurde dann Leo von Klenze vom König mit der Revision des bereits genehmigten Entwurfs beauftragt. Aber auch der überarbeitete Plan, der für Klenze selbst nur eine Kompromisslösung war, kam nur teilweise zur Ausführung. Der königliche bayerische Baumeister übernahm aus der genehmigten Urfassung das dreieckförmige Straßennetz, schlug aber aus Kostengründen weniger Frei- und Grünflächen vor, dafür aber eine dichtere Bebauung. Das Schloss verlegte er in die Nähe des antiken Kerameikos Friedhofs. Auch dieser Standort für die königliche Residenz fand keine Zustimmung. Schließlich übernahm König Ludwig I. persönlich die Entscheidung für seinen unentschlossenen Sohn. Während seines Athenaufenthalts von Dezember 1835 bis März 1836 entschied er, dass die Residenz auf einem leicht erhöhten Hang oberhalb des heutigen Syntagma-Platzes errichtet werden soll. Später erweiterte man das Anwesen um den Königlichen Garten sowie das Zappeion Ausstellungsgebäude mit dem dazugehörigen Park.

Neoklassizistisches Architekturdetail von der Universität in Athen

In dem heutigen morphologischen Stadtraum Athens erkennt man noch den von Klenze beibehaltenen Urentwurf der dreiecksförmigen Ausfallstraßen, die verdichtete Innenstadtbebauung und die Standortbestimmung für die Errichtung der „Athener Trilogie“, die öffentli-

chen Gebäude an der Panepistímiu (Universitäts) Straße. Auch die Straßenplanung der Athinás-, Ermoú- und Aiólou-Straßen gehen auf seine Initiative zurück. Schließlich muss Klenze auch als Retter der Pláka erwähnt werden. Ihm ist es zu verdanken, dass den Bodenspekulanten im Bereich der Pláka Einhalt geboten wurde.

Als man die große Geschäftsstraße Ermoú als Schneise durch die Altstadt schlug, stieß man dabei auf eine äußerlich unscheinbare byzantinische Kirche, die der geplanten Linienführung weichen sollte. Wieder griff Ludwig I. ein und verfügte den Erhalt der der Gottesmutter (Theotókou) geweihten Kreuzkuppelkirche, ein Juwel byzantinischer Architektur aus dem 11. Jahrhundert. Mit den umstehenden, sorgfältig renovierten klassizistischen Gebäuden des 19. Jahrhunderts. bildet der Kapnikaréa-Platz auf der mittlerweile zur Fußgängerzone umgewandelten Ermoú-Straße ein Beispiel für gelungenen Umgang mit dem architektonischen Erbe.

Byzantinische Kapnikaréa Kirche, 11. und 17. Jh., inmitten eines neoklassizistischen Stadtraumes von Athen

Im 19. Jahrhundert wuchs die junge alte Hauptstadt nur langsam. Die vom Omónia-Platz ausgehenden, rechtwinklig angeordneten Straßen des Urentwurfs bildeten fast 50 Jahre lang die äußeren Grenzen der Stadt. Das Straßenteilstück zwischen Königschloss und Omonia-Platz wurde als architektonisch programmatische Kulturmeile, als „Athener Trilogie", gestaltet, deren Mitte die von Christian Hansen entworfene Universität bildet. Südlich schließt sich die von seinem Bruder Theophil Hansen (1813–1891) gestaltete Akademie der Wissenschaften an, nördlich die ebenfalls von diesem entworfene Nationalbibliothek. Nach der Akademie der Wissenschaften folgt die von Marínos Wrétos im neobyzantinischen Stil gebaute Augenklinik, danach die katholische Kirche Ájios Dionýsios nach Plänen von Leo von Klenze. Einige Meter weiter Richtung Sýntagma folgt das Ilíou Mélathron (Ilion-Palast), Heinrich Schliemanns großzügige Villa, nach Vorbildern der italienischen Renaissance von dem sächsischen Architekten Ernst Ziller errichtet, heute Sitz des Numismatischen Museums. Ziller war auch Architekt des südlich vom Omónia-Platz gelegenen Deutschen Archäologischen Instituts, das Schliemann auf seine Kosten erbauen ließ. Es ist wenig bekannt, dass die Athener Innenstadt durch nordeuropäische, insbesondere bayerische Architekten und Stadtplaner geprägt wurde, die einen an der griechischen Klassik orientierten Baustil schufen, der für ganz Griechenland richtungsweisend wurde. Gleichermaßen befruchtete die Auseinandersetzung mit der Antike die Architekten König Ludwigs I. dergestalt, dass auch München, das Isar-Athen, eine Prunkstadt des Klassizismus wurde. Die Planung der „Athener Trilogie" hat Klenze zum Beispiel in einer leicht abwandelten Form auf dem Königsplatz in München realisieren können. Sind die drei Gebäude in Athen parallel zur Strasse angeordnet, so gruppieren sie sich in München um den Königsplatz. Noch in den bescheidensten „neoklassiká" der Provinz zeigt sich in den ausgewogenen Proportionen, den Zierziegeln, den zierlichen Marmorbalkonen, den Karyatiden und Stützsäulen der Abglanz dieser stilbildenden Tätigkeit.

Plan des Königlichen Schlossgartens in Athen, um 1840, Künstler unbekannt, Erstveröffentlichung, Otto-König-von-Griechenland-Museum der Gemeinde Ottobrunn

Im Jahre 1860 wurde der Plan von dem deutschen Architekten Leo von Klenze (s. S. 80) durch eine Kommission unter Leitung von Stavridis an eine Bevölkerungszahl von 50 000 angepasst. Damit war die geordnete Stadtplanung auch schon beendet. Was sich dann unter dem Druck gewaltiger Bevölkerungsbewegungen entwickelte, war ein chaotischer, spontaner Planungsprozess, der zwar zu individuell akzeptablen Lösungen führte, insgesamt aber eine zusammenhängende Stadtplanung ungeheuer erschwert, worunter noch die Planer für die Sommerolympiade 2004 zu leiden haben.

Um die Wende zum 20. Jahrhundert betrug die Zahl der Bewohner etwa 130 000. Dann kamen mit den Balkankriegen, dem Ersten Weltkrieg (1920: 453 000 Einwohner) und insbesondere mit der „Kleinasiatischen Katastrophe" (1922) Hunderttausende Flüchtlinge ins Land und suchten ein Dach über dem Kopf (1928: 802 000 Einwohner). Es entstanden zahlreiche Flüchtlingssiedlungen rund um Athen, denen man ihre chaotische Entstehung vor 70 Jahren heute nicht mehr ansieht. Nur die Namen verraten noch, dass hier Flüchtlinge trotzig ihre alte Heimat neu aufbauen wollten: Néa Smýrni, Néa Ionía, Néa Filadélfia, Neos Kósmos. Noch vor dem Zweiten Weltkrieg überstieg die Einwohnerzahl die Eine-Million-Marke. Heute leben in der Agglomeration Athen über drei Millionen Menschen, das sind über 30 % der Gesamtbevölkerung Griechenlands (10,5 Mio. Einwohner).

Neoklassizistisches Haus umgeben von modernen Betonbauten in der Ódhos Panepistímiu

Dass die Integration so vieler Neuankömmlinge ohne Slumbildung gelang, ist eine enorme Leistung, weniger der Planungsbehörden als der Bevölkerung. Die Behörden versuchten immer nur den spontanen Gründungen neuer Siedlungen nachzufolgen und sie einigermaßen mit öffentlichen Dienstleistungen zu versorgen. Fast alle diese Siedlungen entstanden schwarz, d.h. ohne Baugenehmigung, wurden aber toleriert und irgendwann legalisiert. Heute versucht die Planungsbehörde teuer nachzuholen, was früher versäumt wurde, z.B. eine Ringstraße um die Stadt. Da es keine im Planungsverfahren reservierten Grundstücke gibt, muss

Blick über Athen mit dem Lykabettos Hügel

die Ringstraße heute, soweit sie nicht die unbebaute Flanke des Hymettos nutzen kann, im umständlichen Enteignungsverfahren durch bebaute Gebiete geschlagen werden. Das Gleiche gilt für die Anbindung des neuen Flughafens in Spáta, die erst durch die von der Sommerolympiade 2004 entfaltete Dynamik fertig gestellt wird. Wie für München 1972 erweist sich die Olympiade auch für Athen als städtebaulicher Segen.

Das Zentrum Athens hatte bis zum Ende des Zweiten Weltkriegs sein in der „Bayernzeit“ geprägtes neoklassizistisches Aussehen erhalten. Dies fiel weitgehend dem Ende der 1950er Jahre einsetzenden Wirtschaftsboom zum Opfer. Insbesondere während der Obristenzeit schwand jede Zurückhaltung vor dem Abriss der anmutigen, mittlerweile schon hundertjährigen Bausubstanz. Es ging um effektivere Nutzung der teuren Innenstadtlagen. Das Mittel dazu war die „antiparochí“, (die Gegenleistung), der Motor, der aus Athen eine Betonstadt machte. Wer ein altes Gebäude besaß, aber keine Mittel zum Bauen, übertrug das Grundstück einem Unternehmer, der dem alten Eigentümer je nach Verhandlungslage ein, zwei oder mehr Wohnungen in dem neuen Hochhaus überließ. So verschwand ein „neoklassikó“ nach dem anderen. Die kunstvoll gemeißelten Marmorteile wurden an Trödler verscherbelt, die Zierziegel wanderten in die Läden der Pláka als Touristensouvenirs.

Durch die Bevölkerungsexplosion einerseits und die Zentralisierung der Wirtschaft andererseits war eine Umweltkatastrophe in Athen vorprogrammiert. Ein Zuwachs innerhalb von 150 Jahren von 5000 auf mehr als drei Millionen Einwohner kann weder die Natur noch die Gesellschaft ohne Schaden verkraften. Hier hat eine „Überverstädterung" (R. König) einer wirtschaftlich unterentwickelten Gesellschaft stattgefunden, aus der gravierende sozioökologische, soziale und wirtschaftliche Probleme folgten. Das Wachstum Athens im 20. Jahrhundert ist in Europa ohne Beispiel. Es weist eine Beschleunigung auf, wie wir sie sonst nur in der Dritten Welt kennen. Und dennoch ist Athen keineswegs eine Dritte-Welt-Metropole. Barackensiedlungen und Massenelend wird man vergebens suchen. Es grenzt fast an ein Wunder, dass es gelang, die Flüchtlingsscharen aus Kleinasien (1923), die Flüchtlinge des Bürgerkriegs (1945–1949), die Wirtschaftsflüchtlinge der 1950er und 1960er Jahre menschenwürdig unterzubringen. Gewiss, zu Beginn gab es viele Wellblechhütten, viele Behelfsbehausungen, die illegal an den steinigen Hängen der Türkenberge (Tourkovúnia), des Hyméttos und des Aegáleo errichtet wurden. Sie sind längst durch solide, wenn auch einförmige Betonbauten ersetzt, an denen die aus dem Mauerwerk ragenden Moniereisen das Prinzip Hoffnung verkörpern. An- und Weiterbau sind geplant. Diese spontane, ungeplante Bebauung, in dorf- und kleinstadtähnliche Siedlungen gegliedert, füllt das ganze attische Becken aus. Diese lockeren Streusiedlungen sind trotz aller planerischen Schwächen ein Erfolg, nicht für die Behörden, sondern für die Menschen. Entscheidend dabei waren wohl die griechische Improvisationsgabe, der Familienzusammenhalt und die Beziehungen zum Land. Denn anders als in der Dritten Welt verbrennen die Griechen nicht alle Schiffe hinter sich, wenn sie die ländliche Arbeitslosigkeit fliehen, um ihr Glück in der Stadt zu machen. So verfügen viele Athener Vorstadtbewohner noch über einen Acker oder einige Olivenbäume oder eine Sommerfrische, was sie vor völliger Proletarisierung bewahrt. Griechischen Statistiken zufolge hat 90 % der Bevölkerung Landbesitz.

Seit den 1970er Jahren bedroht „tó néfos" (die Wolke) im Sommer mit ihrem grauen Dunstschleier die Menschen in Athen und Piräus. Viele klagen über Augenentzündungen. Rachen und Bronchien werden von der ätzenden Luft angegriffen, Schwindelgefühl und Kopfschmerzen beeinträchtigen das tägliche Wohlbefinden. Ältere, kreislaufgefährdete Athener ringen mit dem Tod. Nach Berichten der Umweltschutzorganisation PAKOE verdoppelt sich in Athen von Mitte September bis Anfang Oktober die Sterberate. Ursachen: Herzversagen und Lungenembolie! Jahr für Jahr sehnen Bevölkerung und Regierung den erlösenden Herbstwind herbei. Geschehen ist zunächst nicht viel. Statt wirkungsvolle Maßnahmen zu ergreifen, erhöhte das zuständige Ministerium Jahr für Jahr die zulässigen Grenzwerte für Schadstoffe in der Luft – von 170 auf 400 Mikrogramm. Ferner kritisierten Umweltschützer, die Regierung veröffentliche nur die Durchschnittswerte von 24 Stunden und verheimliche die Spitzenwerte gewisser Stunden, in denen in den heißen Sommermonaten der Staubgehalt der Luft 363 bis 406 Mikrogramm erreicht, Werte, bei denen in den USA Smogalarm ausgelöst würde.

Da die Taxen ca. 30 % des Gesamtverkehrs in Athen ausmachen, der Straßenverkehr von über einer Million Kraftfahrzeugen aber zu 75 % Verursacher der Luftverschmutzung ist (Industrie 22 %, Zentralheizung 3 %), führte die Regierung an Werktagen für das Zentrum Athens eine einge-

Der „Kulturpark" von Athen

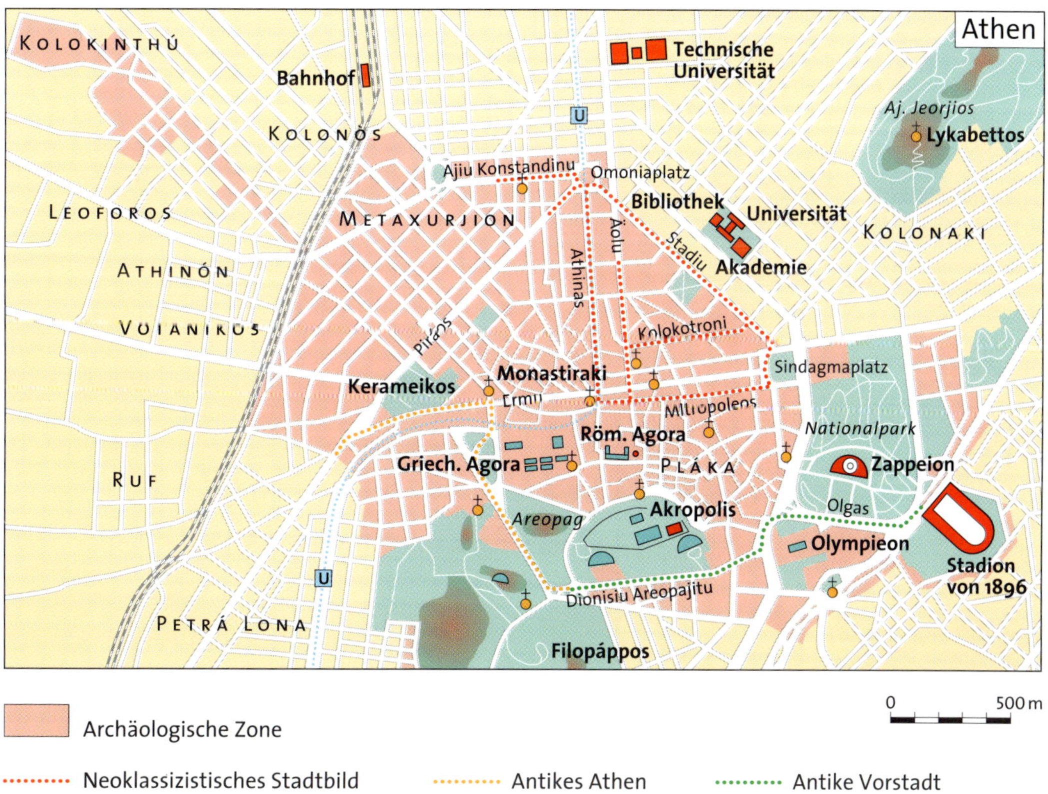

schränkte Fahrlaubnis für Privatautos ein: Entsprechend den Monatstagen dürfen nur Autos mit geraden oder ungeraden Endziffern des Kennzeichens fahren. Seit Januar 1988 besteht eine neue Arbeitszeitregelung, um die sechsmalige Rushhour pro Tag zu verringern. Seitdem ist die lange Mittagspause (diakopí), entfallen. Gearbeitet wird (theoretisch) durchgehend von 7.30 Uhr bis 15.00 Uhr, mit nur einer kurzen Pause. Die gefährlichste Belastung in Athen wird nicht durch Staub, sondern durch die NO- und SO_2-Anteile in der Luft verursacht. Hitze und Verkehr akkumulieren und bewirken die höchste Schadstoffkonzentration in der Luft. Die Arbeitszeitregelung soll die Spitzenwerte der Rushhour während der heißen Mittagszeit (zur diakopí) reduzieren.

In den 1990er Jahren des letzten Jahrhunderts trat eine Wende zur Besserung ein. Der Ausbau der U-Bahn, der Einsatz von Erdgas und Brennstoffen ohne Schwefel oder mit niedrigem Schwefelgehalt, die periodische technische Überprüfung der Autos einschließlich der Abgaswerte, die Umwandlung weiterer Innenstadtbezirke in Fußgängerzonen haben eine spürbare Entlastung gebracht. Mit dem Maßnahmenplan „Athen SOS“ von 1994 wurde gleichzeitig versucht, dem historischen Zentrum seine Bedeutung als Kulturplatz mit internationaler Ausstrahlung zurückzugeben. Dazu werden die archäologischen und historischen Orte zu einem zusammenhängenden Kulturpark vereint. Er umfasst die Akropolis, die Agorá, den Philopappos Hügel, die Pnyx, den Areopag, die Hadriansbibliothek, die Heilige Straße, den Kerameikós-Friedhof, Platons Akademie bis hin zum Tempel des Olympischen Zeus und zum Stadion unter Einbeziehung der Pláka, des Nationalparks und des Zappeion-Geländes und angrenzender Gebiete. Es handelt sich dabei um ein Gelände von 4 km Ausdehnung. Der Verkehr in der Zone wird beruhigt oder gänzlich verbannt, wie z. B. bereits von der breiten Straße südlich der Akropolis, die in eine Fußgängerzone mit freiem Blick auf die archäologi-

Pláka, Altstadt von Athen mit dem Turm der Winde

schen Stätten umgewandelt wurde. Die Fassaden der Häuser werden verschönt und von Reklametafeln, Leuchtinschriften und „modernen“ Elementen gereinigt. Ziel ist, das historisch und ästhetisch einmalige antike Zentrum von Verkehrsgewühl und Abgasen zu befreien und für Fußgänger zu erschließen.

Auch die Altstadt (Pláka) und das kommerzielle Zentrum mit den Markthallen sind zu neuem Leben erwacht, nicht zuletzt durch den Einsatz von Bürgerinitiativen, die sich erfolgreich gegen Bau- und Bodenspekulanten zur Wehr gesetzt haben, welche skrupellos historische Bausubstanz aus den Anfängen des griechischen Nationalstaates opferten. Unwiederbringliches wurde zerstört; was noch zu retten ist, steht nun nach zähem Ringen unter Denkmalschutz. Besonders die wissenschaftliche Arbeit von Mános Bíris über das „Klassizistische Athen“, erarbeitet im konstruktiven Dialog mit Oswald Hederer, dem Pionier der Klassizismusforschung, hat städtebauliche Ensembles und Bürgerhäuser jener Zeit gerettet. Ein Bummel durch das „antike“ Athen, durch die Pláka und durch das neoklassizistische Athen aus der 2. Hälfte des 19. Jahrhunderts und der 1. Hälfte des 20. Jahrhunderts zeigt, dass nicht nur einzelne Bauwerke, sondern ganze Straßensembles und Plätze mit historischer Bausubstanz restauriert wurden.

Ebenfalls verschönert wurde Kolonáki, das Zentrum des Geld- und Bildungsbürgertums. Fußgängerzonen mit Straßencafés laden mittlerweile zum Verweilen ein, und von hier aus sind es nur wenige Minuten zum Gipfel des Lykabettos. Schon auf halber Höhe bietet sich der Blick auf Athen, das sich endlos in der Ebene Attikas auszudehnen scheint. Der Stadtraum wuchs von einst 40 auf mehr als 400 qkm an. Athen, eine gigantische Stadtlandschaft. Im Sommer, bei brennender Hitze und „néfos“, reicht die Sicht nur knapp über die Akropolis hinaus. Doch im Winter gibt es Tage, an denen in weiter Ferne der Saronische Golf zu sehen ist. Dann erkennt man die Küste, Piräus und die Industriezone Eleusis. Salamis, Ägina und andere Inseln mit klingenden Namen heben sich deutlich vom Horizont ab. Ganz weit im Süden lädt die blaue Ägäis zur Erkundung der griechischen Inselwelt ein. Das Meer erinnert an Odysseus und die Argonauten – an Theseus, den Sohn des Königs Aigeus von Athen, der dem ganzen Meer seinen Namen gab.

Láwrion

Das „Ruhrgebiet“ Athens

Kaum einer der zahlreichen Touristen, die täglich den Poseidon-Tempel auf Kap Súnion an der Südspitze Attikas besichtigen, ahnt es. Hinter den unscheinbaren Hügeln im Norden liegt die Gegend, der das antike Athen Reichtum und politische Vorherrschaft zu verdanken hatte. Kein Hinweisschild längs der Straße zeigt das Gebiet an, das im Altertum meist als Laureion oder Laurium bezeichnet wurde und aussieht, als hätten sich vorzeitliche Riesenmaulwürfe durch den Boden gewühlt und überall ihren Auswurf verstreut.

Wo heute nicht einmal Ziegen weiden und nur die unermüdlichen Zikaden die Stille zersägen, wimmelten im 5. und 4. Jahrhundert v. Chr. bis zu 20 000 Menschen durcheinander, emsig beschäftigt, aus dem felsigen Grund Erzgestein zu fördern, zu sortieren, zu zerkleinern, zu zermahlen, zu waschen, zu schmelzen und das gewonnene Metall zu trennen, um schließlich Silber zu gewinnen, reines Münzsilber. Mit der Athener Eule geprägt, war dies wortwörtlich bares Geld. Mit diesem Geld wurden der Tempel in Súnion und der Parthenon gebaut, finanzierte Themistokles das Flottenprogramm, das den Sieg der Athener in der Seeschlacht von Salamis (480 v. Chr.) ermöglichte und Griechenland vor persischer Besetzung rettete.

Hier stehen keine Marmorsäulen und keine Reliefs. Und doch birgt der Boden eines der aufregendsten Zeugnisse menschlicher Erfindungsgabe der Antike. Auf einem Gebiet von wenigen Quadratkilometern senken sich über 2000 Schächte in den Boden, die tiefsten bis über 100 m, mit Hammer und Meißel in den blanken Fels getrieben. Unter der Erdoberfläche sind viele Schächte, oft in mehreren Etagen, durch Stollen verbunden. In einem Bergwerk hat man Stollen mit einer Gesamtlänge von 4 km gemessen.

Das Bergwerkrevier von Láwrion verfügt über eine bemerkenswerte Vielzahl von Metallen und Mineralien. Ein kleines mineralogisches Museum in Láwrion vermittelt einen Eindruck dieses Reichtums. Den anti-

Alte Bahnstation zwischen Athen und Láwrion

ken Bergleuten kam es jedoch fast ausschließlich auf das Silber an. Allerdings tritt dieses Edelmetall nicht rein auf, sondern vermischt mit Bleioxid, bergmännisch „Bleiblende". Der Silberanteil in Láwrion beträgt 2 bis 4 %. Dieser geringe Anteil war das Ziel aller Mühen, das anfallende Blei nur ein Nebenprodukt.

Das trockene Klima hat die meisten Schächte erhalten. Staunend lauscht man noch heute lange Sekunden auf den Aufprall des Steinchens, das eine Vorstellung von der Tiefe des dunklen Schachts vermittelt, der sich, exakt quadratisch gemeißelt, vor einem auftut. Oft zeigt der Aufprall nur den ersten Abschnitt an. Der Schacht macht meist einen Knick, bildet eine Zwischenetage, und führt seitlich versetzt zur nächst tieferen Erzader.

Man hat Mühe sich vorzustellen, dass allein Hammer, Meißel und Muskelkraft dies geschafft haben sollen. Fachleute haben errechnet, dass bei Schichtbetrieb rund um die Uhr der Vortrieb im Monat 8 m betrug. Traf der Schacht eine erzführende Schicht an der Kontaktstelle zwischen Schiefer und Kalkstein, wurden Querstollen angelegt, die dem Erzgestein folgten. Um die Bergleute ausreichend mit Sauerstoff zu versorgen, mussten Luftschächte angelegt werden. Das im Schein trüber Öllämpchen gebrochene Erz wurde schon unter Tage sortiert und nur das reichhaltigere Gestein nach oben befördert. Bei Tageslicht wurde die Ausbeute erneut sortiert. Nur Gestein mit einem Metallgehalt von über 8 %, wie man an Gewicht und Farbe feststellte, wurde weiterverarbeitet. Der Rest wanderte auf Halden, die sich rings um die Schächte aufhäuften. Das reichhaltige Erzgestein wurde auf großen Steintischen mit Hämmern zertrümmert, auf denen noch heute Spuren dieser Arbeit zu sehen sind: Die unzähligen Hammerschläge und das scharfkantige Gestein haben Kuhlen in die Tische gegraben. Das auf Kieselgröße zerhauene Erzgestein wurde abermals sortiert, und auch rings um die Tische erhoben sich Halden mit minderwertigem Gestein.

Antike Erzwaschanlagen für die Silbergewinnung

In steinernen Mühlen wurde das Erzgestein in mehreren Arbeitsgängen weiter zerkleinert.

Diese Mühlen, von denen noch einige erhalten sind, bestehen aus einem Mahltisch aus hartem Vulkangestein (Trachyt von der Insel Milos) mit rauer Oberfläche und einem viereckigen Mühlstein aus demselben Material. Die Energie für das Mahlwerk lieferte menschliche Muskelkraft. Zwei Sklaven bewegten den Mühlstein mit einer Holzstange, die durch zwei Einkerbungen des Steins gesteckt wurde, auf dem Mahltisch hin und her.

Das so erzeugte Steinmehl wurde nicht mehr manuell, sondern mit physikalischen Methoden getrennt, wobei das unterschiedliche spezifische Gewicht des schweren Metalls und des leichteren Gesteins ausgenutzt wurde. Dazu war Wasser notwendig. Doch Wasser war und ist knapp an der Südspitze Attikas. Natürliche Quellen sind nicht vorhanden, und Regen fällt nur selten. Die antiken Ingenieure haben dieses Problem folgendermaßen gelöst: In den Talsohlen zwischen den Hügeln wurden zahlreiche Zisternen angelegt, um das Regenwasser aufzufangen. Ein System von Kanälen verband sie untereinander. Sobald eine Zisterne gefüllt war, floss das Wasser zur nächst tieferen. Bevor das Regenwasser eine Zisterne erreichte, lief es in einen Vorfluter, wo sich Verunreinigungen absetzten. Der Grund der Zisterne wurde jeweils aus dem gewachsenen Fels gemeißelt, um dem enormen Wasserdruck standhalten zu können. Die Wände wurden ausgemauert und an der Innenseite mit einer wasserdichten Mörtelschicht versehen, die so dicht war, dass manche Zisternen noch heute das Regenwasser monatelang speichern und in der wasserlosen Macchia-Landschaft grüne Oasen von Schilfrohren mit quakenden Fröschen bilden. Hunderte von Zisternen lieferten das Wasser für die zahlreichen Erzwaschanlagen und die Trinkwasserversorgung Tausender Sklaven.

Die Erzwaschanlagen, am einfachsten zu besichtigen in Thorikós, der damaligen Revierhauptstadt, bestanden in der Regel aus viereckigen, länglichen Wasserbecken, an die sich, etwas tiefer gelegen, ein nahezu quadratisches Kanalsystem mit kleinen Wasserbecken an den Endpunkten anschließt. Sie funktionierten folgendermaßen:

Das schmale Becken wurde mit Wasser und Erzmehl gefüllt und der Inhalt umgerührt, wobei die schwereren Metallkörner sich zuerst absetzten, während das Wasser-Stein-Gemisch durch mehrere Düsen in halber Höhe der Stirnwand des Beckens in den ersten Kanal abfloss, der sich längs des Wasserbeckens erstreckte. Einige Forscher sind der Ansicht, dass das Wasser dabei über schräge Bretter mit aufeinander folgenden Mulden rann, in denen sich das Erz absetzte. Vom ersten Kanal floss das Wasser in den nächsten, der einen rechten Winkel zum ersten bildete, und dann in das Senk-

becken. Von dort gelangte es in einen dritten Kanal, der parallel zum ersten verlief, sowie in ein zweites Senkbecken. Anschließend wurde es durch einen vierten Kanal, der wiederum parallel zum zweiten verlief, in ein Auffangbecken geleitet, das unmittelbar, wenngleich tiefer, vor dem Ausgangsbecken lag. Hier konnte das durch die zwischengeschalteten Sedimentationen gereinigte Wasser in das Ausgangsbecken hochgeschöpft und wieder genutzt werden. Auf der glatten quadratischen Fläche zwischen den Kanälen wurde das nun auf ca. 80 % angereicherte Erz getrocknet.

Danach begann das Ausschmelzen des Blei-Silber-Gemischs. Da dieser Produktionsvorgang hochgiftige Dämpfe erzeugt, wurde er auf Hügelspitzen oder vorgeschobene Halbinseln verlagert und das schädliche Gas den Winden anvertraut. An der Küste von Láwrion hat man mehrere Erzschmelzen entdeckt. Leider wurden bei der boomartigen Verarbeitung der antiken Schlacken Ende des 19. Jahrhunderts die meisten dieser Zeugnisse der antiken Industrieproduktion zerstört. Die wenigen Reste weisen auf eine fast industrielle Großproduktion hin, wie sie in diesem Ausmaß wohl erst im 19. Jahrhundert wieder entwickelt wurde. Lange Reihen von 3 bis 4 m hohen, röhrenförmigen Öfen wurden mit einem Gemisch von Holzkohle und angereichertem Erzmehl beschickt. Unter beständiger Zufuhr von Sauerstoff aus Blasebalgen wurden die für das Ausschmelzen notwendigen Temperaturen erreicht. Das flüssige Metall sammelte sich auf dem Boden des Ofens und floss in aufgestellte Formen.

Die antike Arbeiterstadt Thorikós mit dem Theater

Dieses nun fast reine Blei-Silber-Gemisch musste noch in einem weiteren Arbeitsgang in seine Bestandteile zerlegt werden. Dabei nutzte man die Eigenschaft von flüssigem Blei, – im Gegensatz zum Silber – bei Sauerstoffzufuhr zu oxidieren. Das Bleioxid bildete eine Kruste auf dem flüssigen Metall und konnte abgeschöpft werden. Was übrig blieb und schließlich unverkennbar aufblitzte, war das Ziel all dieser Anstrengungen: reines Silber.

Anhand einiger Beispielzahlen kann man sich ein Bild von den Größenordnungen machen: 5 Tonnen mühsam mit der Hand gebrochenes Erzgestein ergaben etwa 1 Tonne Bleioxid, aus dem 2 bis 4 Kilogramm Silber gewonnen wurden. Nach vorsichtigen Schätzungen wurden bis zum 1. Jahrhundert v. Chr. etwa 3500 Tonnen Silber, d. h. 3 500 000 Kilogramm Silber gewonnen, sowie 1 400 000 Tonnen Blei. 70 % dieser Förderung erfolgte allein im 5. und 4. Jahrhundert v. Chr. Dieser enormen Menge geförderten Metalls entspricht die fünffache Menge an Abraum. Das Gebiet war daher schon im Altertum eine von Menschenhand weitgehend zerstörte Industrielandschaft.

In Thorikós, der antiken Revierhauptstadt unweit von Láwrion, wo auch heute die Fahrstraße aus Athen das Meer erreicht, liegt unmittelbar westlich des Theaters eines der ältesten Bergwerke Europas. Wie eine Höhle öffnet sich ein waagerechter Stollen in den Hang. Die braunschwarze Färbung des Gesteins zeigt an, dass hier eine metallführende Schicht an die Oberfläche tritt. Und so muss der Bergbau begonnen haben. Als man herausgefunden hatte, was sich aus diesem auffällig gefärbten, merkwürdig schweren Gestein gewinnen ließ, begann man, die Erzspur in den Berg hinein zu verfolgen. Wegen mangelnder Luftzufuhr stieß man dabei rasch auf Grenzen und kam dann wohl darauf, vom Hang aus senkrechte Schächte nach unten zu graben bis auf den Stollen. Auf diese Weise erwarb man eine praktische Lagerstättenkunde, die es erlaubte, Schächte auch dort hinabzusenken, wo die Erdoberfläche keinen Hinweis auf erzführende Schichten gab. Wie man darauf kam, dass in dem geschmolzenen Erz ein winziger Anteil Silber steckte, entzieht sich unserer Kenntnis. Das Silber-Blei-Amalgam selbst gibt den Sinnen jedenfalls keinen Hinweis. Unbekannt ist auch, wie man das aufwändige Verfahren zur Trennung von Blei und Silber entdeckte.

Die antiken Stollen eines Silberbergwerkes

Die Menschen, die sich wie Maulwürfe durch die Hügel bohrten und hartes Gestein zu Staub mahlten, waren vor allem Sklaven. Die Minen wurden nicht in staatlicher Regie, sondern durch Privatunternehmer ausgebeutet, welche die kostbare Arbeitskraft schonen mussten. Ein erfahrener Bergmann kostete das 30- bis 40-fache eines einfachen Sklaven und konnte sogar die Stellung eines Betriebsleiters einnehmen. Die Sklaven gehörten wie Zubehör zur Mine, in deren unmittelbarer Nähe ihre Wohn- und Grabstätten lagen. Sie bildeten eine geschlossene Gesellschaft mit eigenen Kultgemeinschaften. In klassischer Zeit betrug ihre Anzahl fast ein Drittel aller attischen Sklaven. Dies zeigt die Bedeutung, welche der Silbergewinnung in der Athener Wirtschaft zukam.

Der Stadtstaat Athen benutzte ein raffiniertes System zur Ausbeutung der Silberbergwerke, das staatliche Kontrolle und fiskalische Einkünfte mit unternehmerischer Initiative verband. Grund und Boden gehörte dem Staat und wurde nur für einige Jahre an Privatleute verpachtet. Erschlossene Minen, deren erzführende Schichten einigermaßen bekannt waren, wurden nur für drei Jahre vergeben. Das befristete Bergbaurecht wurde gegen ein hohes Entgelt verkauft, und der Staat war außerdem am Gewinn beteiligt. Unerschlossenes Gelände wurde für sieben Jahre verpachtet, ohne Anzahlung und gegen minimale Gewinnbeteiligung. Auf diese Weise gelangte der Staat ständig in den Besitz erschlossener Minen, für die er nichts aufwenden musste. Wegen der geringen Steuer lohnte sich dieses Verfahren auch für die Unternehmer, wenn sie auf erzführende Adern stießen. Das Risiko trugen die Unternehmer, was erklärt, warum unter Zeitdruck gearbeitet wurde. Nach sieben Jahren fiel die erschlossene Mine an den Staat und konnte nur gegen eine hohe staatliche Gewinnbeteiligung wieder erworben werden. Dieser Druck ist sicher zulasten der Arbeiter gegangen, gemildert nur durch das Interesse der Unternehmer an der Erhaltung der Arbeitskraft.

War es Zufall, dass Athen so lange geistiges und kulturelles Zentrum des antiken Griechenlands war? Oder besteht nicht eine direkte Verbindung zwischen den schwarzen Abraumhalden von Láwrion und den weißen Marmorsäulen des Parthenon? Als in Griechenland im 6. Jahrhundert v. Chr. der umständliche Tauschhandel durch das Münzwesen abgelöst wurde, waren diejenigen Stadt- oder Inselstaaten im Vorteil, die über eigene Silbervorkommen für die Münzprägung verfügten. Und Athen besaß bei weitem die größten, auch wenn es sich nach heutigen Begriffen um eine magere Lagerstätte handelte. Moderne Untersuchungsmethoden erlauben es, das Ursprungsbergwerk jeder antiken Münze zu bestimmen, da auch das reinste Münzsilber Spuren von Zusätzen enthält, die für jede Region charakteristisch sind. Diese chemische Erkennungsmarke verrät, dass auch viele Münzen anderer Stadtstaaten aus Láwrion stammen. Athen konnte nicht nur eigenes Geld prägen, sondern auch Münzsilber verkaufen.

Dekadrachmon-Silbermünze mit Kopf der Athena, um 479/78 v. Chr., Staatliche Münzsammlung Berlin

Das Münzsilber fiel den Athenern jedoch nicht in den Schoß. Die Silbergewinnung war eine Kulturleistung ersten Ranges. Die Bergwerke und Werkstätten von Láwrion dokumentieren eine menschliche Anstrengung, die dem Bau des Parthenon nicht nachsteht. In ihnen manifestiert sich eine enorme Ingenieurleistung, eine gewaltige Ansammlung von praktischen Erfahrungen im Bergwerks- und Hüttenwesen, ein hoch entwickeltes handwerkliches Können sowie eine differenzierte soziale Ordnung.

Von den gewaltigen Abraumhalden im Minenrevier ist heute nur noch ein Bruchteil zu sehen. Als der Erzabbau wegen Erschöpfung der Lagerstätten und günstigerer Silbervorkommen im Ausland zum Erliegen kam, gingen spätere Generationen in römischer und frühbyzantinischer Zeit daran, das herumliegende ärmere Gestein auszuschmelzen. Urkundlich verbürgt ist, dass auch der Bau der Hagia Sophia in Konstantinopel mit Silber aus Láwrion finanziert wurde.

Dann wurde es still um die Minen. Die zahlreichen Wohnquartiere verfielen, aber das Gewirr von unterirdischen Stollen und Schächten blieb in dem trockenen, regenarmen Klima weitgehend erhalten. Die kunstvollen Zisternen füllten sich mit Flugsand und die zahlreichen Erzwaschanlagen verschwanden unter einer dünnen Erdschicht und Macchia-Bewuchs.

Erst in der zweiten Hälfte des vorletzten Jahrhunderts quoll wieder Qualm aus Kaminen in den meist wolkenlosen Himmel über Láwrion. Der junge griechische Staat, seit seiner Gründung von Finanzproblemen bedrängt, ließ die Frage der erneuten Nutzung der lawreotischen Silberminen von einem ausländischen Fachmann prüfen. Der beauftragte Bergbauingenieur, ein Deutscher namens Fielder, kam 1840 zu einem negativen Ergebnis. 20 Jahre später untersuchte der junge griechische Bergbauingenieur Andréas Kordéllas erneut das Gebiet. Er war der Überzeugung, dass sich die riesigen Halden antiker Schlacke, die einen Restbleigehalt von durchschnittlich 10 % aufweisen, zu wirtschaftlich günstigen Bedingungen nutzen ließen. Er legte seiner Regierung einen entsprechenden Bericht vor, worauf jedoch nichts geschah. Von diesem Bericht erfuhr der italienische Metallurg Enrico Serpieri, der im Auftrag französischer Kapitalinteressen mit der griechischen Regierung verhandelte – ohne Ergebnis. Daraufhin

Frühes Zeugnis der Selbstorganisation der Arbeiter im Láwrion im 19. Jahrhundert

kaufte Serpieri, gestützt auf juristische Gutachten, wonach die antike Schlacke dem jeweiligen Grundeigentümer gehörte, die Rechte zur Nutzung der Schlacken, gründete eine Gesellschaft, stellte Kordéllas als Ingenieur ein und begann in der Nähe des heutigen Hafens Láwrion mit der Bleigewinnung. Der Fleiß der antiken Bergleute trug erneut Nutzen, in der Einöde entstand eine blühende Industrie. Die heutige Stadt Láwrion wurde gegründet. Arbeiter aus allen Teilen des jungen griechischen Staates sowie erfahrene Bergleute aus Asturien kamen herbei und bildeten bald die größte Industriesiedlung Griechenlands. Eine Schmalspurbahn verband sie mit der Hauptstadt Athen. Heute wird im ehemaligen Bahnhof von Láwrion eine Taverne betrieben, der man den Einfluss der französischen Architektur des 19. Jahrhunderts deutlich ansieht.

Die von Serpieri geleitete französische Gesellschaft begnügte sich nicht mit der antiken Schlacke, sondern verarbeitete auch, ohne gesicherte Rechtsgrundlage, den Auswurf der Gruben und die beim Erzwaschen angefallenen Überreste. Die griechische Regierung bestritt ihr das Recht daran. Die Gesellschaft bat die französische und italienische Regierung um diplomatische Intervention in ihrem Sinne, was auch geschah. So entstand in den Jahren 1870 bis 1872 die „lawriotische Frage", ein Politikum ersten Ranges, das Regierung, Opposition und Presse aufs Äußerste bewegte. Die Krise wurde schließlich durch den griechischen Industriellen Andreas Syngrós gelöst, der die Anteile der Serpieri-Firma aufkaufte. Die Firma wurde daraufhin in „Griechische Metall-Gesellschaft" umbenannt und erhielt gegen eine für damalige Verhältnisse ungewöhnlich hohe 50 %ige staatliche Gewinnbeteiligung das Recht, sämtliche Überreste der antiken Bergwerkstätten auszubeuten. Diese Tätigkeit dauerte bis 1917 an, bis der letzte antike Abraum verarbeitet ist. Die Kupon-Scheren im fernen Paris und im neoklassizistischen Athen ernteten 50 Jahre lang die Früchte der Mühen der antiken Bergwerkssklaven. Die gewaltigen schwarzen Abraumhalden in und um Láwrion lassen noch heute ahnen, welche Ausmaße der antike Bergbau gehabt hat.

Nach Verkauf der ersten gründete Serpieri 1876 eine neue Firma unter der Bezeichnung „Compagnie Française des Mines du Laurium", die auf den Spuren der antiken Bergleute im lawreotischen Untergrund nach Erz schürfte. Sie nutzte dabei in weitem Ausmaß die antiken Schächte und Stollen. Ziel war allerdings nicht mehr das Silber, sondern Blei, Mennige und kohlehaltiges Quecksilber. Das silberhaltige Blei wurde zur Weiterverarbeitung ins Ausland geschickt. Diese Abbautätigkeit währte genau 100 Jahre. 1976 musste sie wegen Erschöpfung der Lagerstätten eingestellt werden. Die heutige Bleischmelze von Láwrion verarbeitet importiertes Erz. Der in der Antike begonnene Erzabbau ging 1976 wohl endgültig zu Ende.

Silber wurde in der Neuzeit nur ausnahmsweise und unter dramatischen Umständen produziert. Während der deutschen Besatzung herrschte, vor allem in den Städten, eine fürchterliche Hungersnot. Von den ca. 5000 Einwohnern Láwrions starben im ersten Besatzungswinter 1941/42 752 Personen. Wie der damalige Ingenieur der Compagnie Française und spätere Ausgräber antiker Erzverarbeitungsanlagen, Professor Konstantínos Konofágos, berichtet, wurde auf seinen Vorschlag, ohne Wissen der Besatzungsbehörden, nachts unter Lebensgefahr Silber aus vorhandenen Erzhalden gewonnen und auf dem Schwarzmarkt verkauft, um mit dem Erlös Lebensmittel für die Lawrioten zu kaufen.

Ohne die gewaltigen Vorleistungen der Antike wäre das heutige Láwrion nicht entstanden. Die Bedeutung dieser ersten großen Hüttenbetriebe im modernen Griechenland für die Ausbildung griechischer Arbeiter und Ingenieure kann kaum überschätzt werden. So haben Bergbau und Erzverarbeitung der Antike entscheidend zur industriellen Entwicklung des modernen Griechenlands beigetragen.

Stillgelegte Fördertürme vom Ende des 19./Anfang des 20. Jahrhunderts

Geschichte des Griechischen Nationalstaats

Von der Gründung des griechischen Nationalstaats zur Mitgliedschaft in der Europäischen Union – Ein Überblick

Worüber die deutschen Schulbücher schweigen

Griechische Geschichte, wer hätte davon nicht in der Schule gehört? Der Marathon-Läufer, die Seeschlacht bei Salamis, die Geburt der Demokratie. Aber was ist aus den Nachfahren von Perikles und Alexander dem Großen geworden? Griechenland wurde von Rom erobert, später spaltete sich das riesige Römische Reich in zwei Teile. Das Oströmische Reich, das zweite Rom mit der Hauptstadt Konstantinopel, wurde zum Byzantinischen Reich. Spätestens dann erlahmt das Interesse der Schulbücher und wendet sich ausschließlich den Entwicklungen im Westreich zu. Man erfährt gerade noch, dass Konstantinopel 1453 von den Osmanen erobert wurde. Damit entschwindet die Region „fern hinten in der Türkei".

Der Freiheitskampf der Griechen, die Staatswerdung im 19. Jahrhundert gehören nicht zur Allgemeinbildung eines Mitteleuropäers. Das Gleiche gilt für den griechischen Kleinasien-Feldzug und seine Folgen, selbst für die deutsche Besetzung Griechenlands im Zweiten Weltkrieg. Aber gerade in Griechenland, in dem die Erde oft nur zentimeterdick über den Spuren der Vergangenheit liegt, ist die Gegenwart nicht ohne Blick in die Vergangenheit, einschließlich der jüngsten, zu begreifen.

Zwischen Byzanz und dem modernen Griechenland bestehen vielfältige Verbindungsstränge. Doch was 1821 entstand, ist nicht mit dem vergleichbar, was mit der Eroberung Konstantinopels unterging. Das Jahr 1453 markiert das Ende eines griechisch geprägten Vielvölkerreichs. Anfang des 19. Jahrhunderts wurde ein nationalgriechischer Kleinstaat aus der Taufe gehoben, der trotz späterer territorialer Zugewinne den engen Rahmen der griechischen Volkszugehörigkeit nicht sprengen konnte.

Einzug König Ottos von Griechenland in Nauplia am 6. Februar 1833, Ausschnitt mit König Otto in der Mitte, Peter von Hess, 1835, Bayerische Staatsgemäldesammlungen München, Neue Pinakothek

Der griechische Freiheitskampf 1821–1830

Die Aussichten für ein Gelingen des Aufstands waren 1821 alles andere als rosig. Es wäre nicht die erste lokale Erhebung gewesen, welche die Türken mit Erfolg unterdrückt hätten.

Für die europäische Ordnung des Wiener Kongresses waren nationale Erhebungen ein Gräuel. Die Geheimdienste des Habsburger und des Osmanischen Reichs, ansonsten verfeindet, arbeiteten im Falle der griechischen „Unruhestifter" Hand in Hand. Die österreichische Polizei überwachte die griechischen Kolonien in Wien und Triest, insbesondere deren eifrige Druckerpressen, und lieferte Rígas Feréos (1757–1798), den legendären Vorbereiter des Aufstands, 1798 seinem türkischen Henker aus. Auch die am Mittelmeer interessierten Mächte Frankreich und Großbritannien verhielten sich abwartend. Allein Russland, das einen freien Zugang zum Mittelmeer suchte, hatte ein vitales Interesse an der Schwächung des Osmanischen Reichs. In zwei russisch-türkischen Kriegen (1768–1774 und 1787–1792) hatte Russland bereits erfolgreich versucht, das Freiheitsstreben der unterdrückten Griechen für seine Zwecke zu nutzen. Dabei lieferte der gemeinsame orthodoxe Glaube wertvolle Argumentationshilfe.

Aber es gab auch Griechen, die sich mit der osmanischen Herrschaft arrangiert hatten und vor den sozialen Auswirkungen einer Umwälzung zurückschreckten. Manche griechischen Notabeln, denen die osmanische Verwaltung weitgehende Privilegien und materielle Güter gewährte, fürchteten um ihre Vorrechte. Ähnlich ging es Teilen der griechischen Beamtenschaft in osmanischen Diensten, den nach ihrem Istanbuler Stadtteil Fanár genannten Fanarióten. Andere Mitglieder dieser Schichten opferten allerdings bereitwillig Vermögen und Leben für den Freiheitskampf.

Den Notabeln missfiel auch, dass die „outlaws" der damaligen Welt eine führende Rolle im bewaffneten Kampf übernahmen. Dies waren zum einen die „Kleften", bewaffnete Rebellen gegen den osmanischen Staat, die in den unwegsamen griechischen Bergen ein gesetzloses Leben führten. Zum anderen die zu ihrer Unterdrückung eingesetzten, einen ähnlichen Lebensstil pflegenden „Armatolen".

Bei den ärmeren Schichten fand der Aufstand breite Unterstützung; selbst die von den Türken durchgeführten Vergeltungsaktionen – Massaker wie auf Chíos und Psará – konnten diesen Willen nicht brechen. Sie rüttelten hingegen die europäische öffentliche Meinung auf und inspirierten z.B. den französischen Maler Eugène Delacroix (1798–1863) zu seinem berühmten Bild „Massaker von Chíos" (1824), das eine vergleichbare Solidaritätswirkung auslöste wie später Pablo Picassos „Guernica" (1937).

Das Massaker von Chíos, 1824, Gemälde von Eugene Delacroix, Paris

Im Gegensatz zur Haltung der restaurativen Regierungen war ein großer Teil der europäischen öffentlichen Meinung voller Sympathie für den griechischen Aufstand. Hier kamen zwei Strömungen zusammen: die Begeisterung für das antike Hellas, die zum Erziehungskanon der Gebildeten gehörte, und die Begeisterung für den Aufstand eines unterdrückten fernen Volkes stellvertretend für den polizeilich unterbundenen politischen Kampf im eigenen Land. Es entwickelte sich eine internationale Sympathie- und Solidaritätsbewegung, der Philhellenismus, der viel zum Gelingen des Aufstands beitrug. Eine solche Anteilnahme, die bis zur Beteiligung ausländischer Freiwilliger am Freiheitskampf ging, war neu und ist in ähnlicher Form erst wieder während des Spanischen Bürgerkriegs entstanden. Obgleich der direkte Beitrag der deutschen, englischen oder französischen Philhellenen an den Kampfhandlungen von eher symbolischem Wert war, ist der Einfluss über die öffentliche Meinung auch auf die Kabinette, zumindest in England und Frankreich, unbestritten. Die flammenden Gedichte des englischen Dichters Lord Byron und sein Tod in Messolónghi (1824) hatten eine durchschlagende Wirkung.

Der Aufstand, der am 25. März 1821 in Pátras ausbrach, war anders als mehrere Vorläufer militärisch zunächst erfolgreich. Die griechischen Freischärlertruppen überwanden rasch die turkischen Garnisonen, und schon nach einem Jahr war die Peloponnes befreites Gebiet. Ein schwerer Rückschlag erfolgte erst, als der ägyptische Statthalter Mehmed Ali (1769–1849), auf Drängen seines Souveräns, des Sultans, 1824 eine mächtige Flotte entsandte, der die griechische Marine mit ihren kleinen Handelsschiffen nicht viel entgegenzusetzen hatte. Die Soldaten dieser Flotte zogen mordend und brandschatzend über die Peloponnes.

Nach drei schweren Jahren schien der Krieg verloren, als unvermutet fremde Hilfe erschien. Unter dem Einfluss des Philhellenismus und der russischen Türkeipolitik kam es laut Vertrag vom 6. Juli 1827 und den Protokollen vom 22. März 1829 in London zu einer Einigung zwischen Großbritannien, Frankreich und Russland. Ziel war die Autonomie eines unter osmanischer Souveränität stehenden Griechenlands. Ein britisch-französisch-russisches Flottengeschwader sollte dieser Vereinbarung zu Lasten des Osmanischen Reichs Nachdruck verleihen. Ohne ausdrückliche Order geriet die Flotte in der Bucht von Pylos, damals Navarino genannt, in ein Gefecht mit dem ägyptischen Geschwader, das dabei restlos vernichtet wurde. Ein erneuter russisch-türkischer Krieg 1828–1829 brachte den Griechen weitere Entlastung. Im Friedensvertrag von Adrianopel (14. September 1829) musste das Osmanische Reich das Londoner Abkommen vom Juli 1827 akzeptieren. Die Hohe Pforte hatte jetzt keine Mittel mehr, den griechischen Aufstand unter Kontrolle zu bringen. Weil die britische und französische Diplomatie kein halbsouveränes Griechenland von Russlands Gnaden wünschten, setzten sie sich für die volle Souveränität ein. Mit dem Londoner Protokoll vom 3. Februar 1830 erhielt der griechische Staat seine völkerrechtliche Anerkennung.

Die Staatsgründung 1830–1835

Das Territorium dieses neuen Staates auf der europäischen Bühne war zunächst bescheiden. Es umfasste wenig mehr als ein Drittel des heutigen Staatsgebiets. Es bestand aus der Peloponnes, dem südlichen Teil Mittelgriechenlands sowie der Insel Euböa, den Nördlichen Sporaden und den Kykladen. Große Gebiete mit überwiegend griechischer Bevölkerung blieben außerhalb. Nationales Credo, Staatsdoktrin war daher während des gesamten 19. Jahrhunderts bis zur Kleinasiatischen Katastrophe von 1922 die „Megáli Idéa“, der große Plan – ein diffuser Traum von der Wiederherstellung des Byzantinischen Reichs, der erst mit der Rückeroberung Konstantinopels abgeschlossen sein würde.

Doch zunächst hatte der junge Kleinstaat andere Sorgen: Seine Bevölkerung von weniger als einer Million Menschen bestand weitgehend aus Bauern, die Subsistenzwirtschaft betrieben. Das Land war durch den Krieg ausgeblutet, die bescheidene Infrastruktur zerstört, die politischen Kräfte zerstritten. Die haudegenhaften Freischärlerführer waren nur schwer in ein funktionierendes System zu integrieren. Schon während des Freiheitskampfes herrschten bürgerkriegsartige Spannungen zwischen einzelnen Fraktionen. Der erste Staatsführer (seit 1827), Ioánnis Kapodístrias, ein ehemaliger russischer Außenminister griechischer Abstammung, wurde schon 1831 Opfer eines politischen Attentats.

In dieser Situation erschien vielen Griechen – so bizarr das aus heutiger Sicht anmuten mag – die Entsendung eines europäischen Monarchen als Staatsoberhaupt als akzeptable Lösung. Ein Prinz aus der Machtsphäre der Großmächte kam dabei nicht in Betracht. Ein Philhellene auf dem Königsthron, der bayerische König Ludwig I., war bereit, seinen minderjährigen Sohn Otto für die Aufgabe zur Verfügung zu stellen. Und so begann die 30-jährige Regierungszeit eines Wittelsbachers auf dem griechischen Thron, eine Zeit voller Missverständnisse zwischen Deutschen und Griechen, aber auch voll erstaunlicher Leistungen, die in Griechenland etwas abfällig als Vavarokratía, als Bayernherrschaft, bezeichnet wird.

Ioánnis Kapodístrias, auf Stein geschnitten von K. Müller, lithographiert von J. Velten, Karlsruhe 1828, Otto-König-von-Griechenland-Museum der Gemeinde Ottobrunn

Der noch minderjährige Prinz landete, begleitet von einem dreiköpfigen Regentschaftsrat, zahlreichen Beamten und einer stattlichen Truppe bayerischer Soldaten, am 6. Februar 1833 in Nauplia, der damaligen Hauptstadt des Landes, wo der junge König begeistert begrüßt wurde. Der Geburtsfehler der Wittelsbacher Herrschaft war, dass der junge Prinz sich anschickte, als absoluter Monarch zu regieren. Den Griechen, die während ihres Freiheitskampfes drei fortschrittliche republikanische Verfassungen ausgearbeitet hatten, muss es seltsam erschienen sein, dass der von den Garantiemächten oktroyierte fremde Souverän als König von Gottes Gnaden auftrat. Nach einer Revolte der Athener Garnison am 3. September 1843 musste König Otto eine Verfassung akzeptierten. Seitdem heißt der Platz vor dem damaligen königlichen Schloss Verfassungsplatz (Platía Syntágmatos).

Auch andere Ungeschicklichkeiten wären vermeidbar gewesen: Angesichts der wichtigen Rolle der orthodoxen Kirche im öffentlichen Leben musste es befremden, dass der König bei seinem katholischen Glauben blieb. Auch Athen wäre eine Messe wert gewesen. Die bayerischen Beamten, die voller Eifer und in Unkenntnis griechischer Überlieferungen daran gingen, eine Staatsverwaltung aufzubauen, erschienen in griechischen Augen wie eine neue Fremdherrschaft. Das Staatsblatt erschien zweisprachig, ebenso die neuen Gesetzesbücher. Die bayerischen Beamten, Architekten, Offiziere, aufgewachsen im aufgeklärten Absolutismus der bayerischen Verwaltung, verstanden sich als Entwicklungshelfer, avant le terme. Für viele bot sich eine einmalige Chance, gestalterisch tätig zu werden. Und so verfügte der junge Staat bald über modernere Gesetze als manche zentraleuropä-

Aufstand gegen König Otto am 3. September 1843. Auf dem Pferd sitzt General Dimítris Kallérgis, am rechten Fenster stehen König Otto und Königin Amalia, Nationalhistorisches Museum Athen

ische Vorbilder, ohne dass dies an den kümmerlichen Verhältnissen viel änderte.

Auch die Griechen strebten ein modernes, „zivilisiertes", „europäisches" Staatswesen an und scheuten dabei fremde Hilfe nicht. Aber das bayerische Regime war nicht nach ihrem Geschmack. Selbst nach der Volljährigkeit Ottos (1835) blieb ein Bayer Kanzler der Regierung. Erst Ende der 1930er Jahre wurde der bayerische Einfluss eingeschränkt; nach Einführung der dem König aufgezwungenen parlamentarischen Regierung 1845 schwand er fast ganz.

Dennoch hat diese Epoche auch bleibende Leistungen hinterlassen. Nach Umsiedlung der Hauptstadt (1835) von Nauplia nach Athen, damals ein größeres Dorf am nördlichen Abhang der Akropolis, wurde die Universität nach Humboldtschem Vorbild gegründet, eine technische Schule, Vorläuferin des Athener Polytechnikums, errichtet sowie ein modernes Gerichtswesen und ein staatliches Schulwesen aufgebaut. Die Verwaltungseinteilung in Provinzen und Bezirke (Nomí) stammt aus jener Zeit. Auch die Gründung einer autokephalen, d. h. vom Patriarchen in Konstantinopel unabhängigen Kirche, sowie eine weitgehende Säkularisierung und Enteignung kirchlichen Grundbesitzes wurden in Angriff genommen.

Konsolidierung und Erweiterung 1835–1909

Von Anfang an wurde der junge Staat von Finanzproblemen geplagt. Das Steueraufkommen war gering, und staatliche Investitionen hingen von ausländischer Finanzhilfe ab. Schon vor der Staatsgründung hatte Großbritannien eine Anleihe zur Verfügung gestellt. Diese wie auch spätere konnten nicht oder nur mit großen zeitlichen Verzögerungen zurückgezahlt werden, was zu krassen ausländischen Interventionen führte. Die griechische Regierung musste sämtliche Steuereinnahmen zur Deckung der Schulden verpfänden, und die Botschafter der drei Schutzmächte hatten ein vertraglich abgesichertes Kontrollrecht bezüglich der Staatsausgaben. Auch aus anderen Gründen griffen die „Schutzmächte" in das griechische Geschehen ein. So wurde 1850 aus nichtigem Anlass, wegen der ausbleibenden Entschädigung für einen britischen Staatsbürger, kurzerhand der Hafen von Piräus von englischen Schiffen blockiert. Dies wiederholte sich während des Krim-Kriegs (1854–1856). Diese Erfahrungen haben bis heute Spuren im kollektiven griechischen Bewusstsein hinterlassen.

Das Leben war bescheiden in der geschichtsträchtigen neuen Hauptstadt. Der König logierte zunächst im Privathaus eines reichen Atheners am Klawthmónos-Platz, damals der repräsentativste Bau der Stadt. In dem unscheinbaren Haus ist heute ein Museum mit zahlreichen Zeugnissen dieser Epoche untergebracht. Erst 1843 konnte der König in das nach Plänen von Otto von Gärtner erbaute Schloss, heute Sitz des Parlaments, am Sýntagma-Platz umziehen.

Wichtig für die allmähliche Entwicklung war die ständige Unterstützung durch die zahlreichen, oft wohlhabenden Auslandsgriechen. Der weitaus größte Teil der Griechen wohnte außerhalb Griechenlands und kontrollierte einen beträchtlichen Teil des Wirtschaftslebens der Levante von Odessa bis Alexandria und von Smyrna bis Triest. Das kulturelle griechische Leben in Konstantinopel, Smyrna und Alexandria war bis zur Jahrhundertwende weiter entwickelt als im kleinen griechischen Kernstaat. Aber das Wohlergehen „ihres Staates“ lag allen Griechen am Herzen und manifestierte sich in gewaltigen Spenden, die dem orientalischen Dorf Athen bald das Gesicht einer europäischen Hauptstadt verliehen. Ähnlich wie Juden rund um die Welt für das Wohlergehen Israels einstehen, überboten sich betuchte griechische Wohltäter gegenseitig bei der Kiellegung des neuen Staates. Die Athener Akademie, das Polytechnikum, ein modernes Gefängnis, die breite Straße, die Athen mit Fáliron verbindet, und vieles anderes mehr – es sind Spenden des Istanbuler Griechen Andréas Syngrós, des in Wien ansässigen Bankiers Sínas, der wohlhabenden Familie Awérof aus Métsowo und anderer.

Der königliche Palast in Athen. Stahlstich um 1845, Otto-König-von-Griechenland-Museum der Gemeinde Ottobrunn

Mit Westeuropa war das Land fast ausschließlich auf dem Seeweg verbunden. Wichtigster Ausgangshafen war das damals österreichische Triest. Das Straßennetz war rudimentär. Erste Bemühungen wurden von den mit bayerischer Hilfe aufgestellten Pionieren unternommen. Ein größerer Ausbau scheiterte an mangelnden Finanzen. Erst die Regierung des energischen Ministerpräsidenten Charílaos Trikúpis in den Jahren 1875 bis 1895 führte zu fühlbaren Fortschritten. Die erste Eisenbahn, die Athen mit Piräus verband, wurde 1869 gebaut. Die Verbindung mit dem europäischen Eisenbahnnetz erfolgte erst im 20. Jahrhundert. 1893 wurde der Kanal von Korinth fertig gestellt, was den Seeweg von Piräus nach Italien halbierte.

Die ersten politischen Parteien, die sich schon während des Freiheitskampfes bildeten, nannten sich ganz unverblümt nach den Großmächten, von deren Einflussnahme sie die Erreichung ihrer eigenen politischen Ziele erhofften. So entstanden die Englische, die Französische und die Russische Partei, Bezeichnungen, welche bis 1865 beibehalten wurden. Auch die Verabschiedung einer Verfassung und die Durchführung von Wahlen (1845), im damaligen Europa keine Selbstverständlichkeit, brachten nicht die erhoffte Stabilität. Das politische Leben wurde vom Klientelsystem beherrscht, ein verhängnisvolles Erbe der osmanischen Zeit, das sich bis heute als äußerst zählebig erweist: die Abgeordneten fungieren als Fürsprecher ihrer Wähler, die ihnen ihre Stimme gegen Wohltaten für den eigenen Familienverband zusagen (Rusfeti-System).

König Ottos Popularität nahm in den 1850er Jahren rasch ab. Im Krim-Krieg hatte er auf die russische Karte gesetzt, da er im Falle einer türkischen Niederlage auf territorialen Zugewinn hoffte. Er geriet so in Gegensatz zu den britischen Interessen und wurde von großen Teilen des Volkes für die britisch-französische Seeblockade verantwortlich gemacht. Da er außerdem kinderlos blieb und kein Nachfolger in Sicht war, kam es zu wiederholten Erhebungen. Im Jahre 1862 sah er sich gezwungen, das Land für immer zu verlassen. Sein Nachfolger wurde ein Jahr später als Kandidat Großbritanniens Georg I. (1845–1913), ein Sohn des dänischen Thronfolgers. Die Dynastie aus dem Hause Schleswig-Holstein-Sonderburg-Glücksburg, in Griechenland kurz „die Glücksburg“ genannt, hielt sich mit einigen Unterbrechungen auf dem griechischen Thron bis zur Abschaffung der Monarchie im Jahre 1974.

Gleichsam als Morgengabe gab die britische Regierung im gleichen Jahr dem dänischen Prinzen aus der venezianischen Erbmasse die Ionischen Inseln mit, die seit 1814 unter britischem Protektorat standen. Damit vergrößerte sich zum ersten Mal seit der Staatsgründung das griechische Territorium. Die wirtschaftlich und kulturell gut entwickelten Inseln mit etwa 200 000 Einwohnern, Heimat der Nationaldichter Dionýssios Solomós (1798–1857) und Andréas Kálwos (1792–1869), waren ein wertvoller Zugewinn.

1864 wurde eine neue, parlamentarische Verfassung erarbeitet, die mit einigen Modifikationen bis zum Obristenputsch im April 1967 galt. Sie führte, lange vor vielen entwickelteren Staaten, das allgemeine Wahlrecht ein. Seit 1875 gilt das Prinzip, dass die parlamentarische Mehrheit die Regierung stellt.

Die Vertreibung des ersten griechischen Königspaares Otto und Amalia, Farblitho, Nationalhistorisches Museum Athen

Außenpolitisch gerät Griechenland in der zweiten Jahrhunderthälfte in schweres Fahrwasser. Aufstände in den von Griechen bewohnten türkischen Gebieten, vor allem auf Kreta, bringen die Regierung in das Dilemma, die Aufständischen heimlich oder offen unterstützen zu müssen (und zu wollen) und gleichzeitig einen Konflikt mit der Türkei zu vermeiden. In den 1870er Jahren wird das griechische Unabhängigkeitsstreben in Makedonien und Thrakien nicht nur mit der türkischen Repression, sondern auch mit konkurrierenden Ansprüchen anderer unerlöster Völker, insbesondere der Bulgaren, konfrontiert. Es beginnt ein langes blutiges Tauziehen, der makedonische Kampf, der erst durch die Balkankriege 1912/13 weitgehend zu Gunsten Griechenlands endet. Bulgarische Ansprüche auf einen Zugang zur Ägäis spielen aber noch lange eine verhängnisvolle Rolle in der griechischen Politik.

Die russisch-türkischen Gegensätze auf dem Balkan führen 1877/78 zu einer erneuten militärischen Auseinandersetzung, welche die Gewichte so sehr zugunsten Russlands zu verschieben droht (Friede von San Stefano), dass die übrigen Großmächte auf den Plan gerufen werden. Auf dem Berliner Kongress 1878 wird eine Neuordnung des Balkans beschlossen, durch die Griechenland 1881 in den Besitz von Thessalien und der Region Árta kommt. Gleichzeitig erlangt Großbritannien die Herrschaft über Zypern. Mehrere kretische Aufstände schlagen fehl und werden blutig unterdrückt. Kreta wird nach einer kurzen Zwischenperiode als halbautonomes Gebiet erst nach dem ersten Balkankrieg (1913) griechisches Staatsgebiet. Während des kretischen Aufstands von 1897 hatte sich die Regierung trotz mangelnder Vorbereitung zur militärischen Intervention entschlossen. Der kurze türkisch-griechische Krieg von 1897 endete mit einer griechischen Niederlage. Griechenland musste eine hohe Kriegsentschädigung zahlen und geriet wegen Zahlungsunfähigkeit unter internationale Finanzkontrolle.

Das Land steckte am Ende des 19. Jahrhunderts in einer permanenten Wirtschaftskrise: Die Zahl der Auswanderer, insbesondere in die USA, stieg von Jahr zu Jahr. Von 1899 bis 1911 sind es allein 200 000 Menschen, ein erheblicher Aderlass bei einer Bevölkerung von knapp 2 Millionen. Die Wirtschaftsstruktur war nach wie vor weitgehend agrarisch. Industrielle Produktion existierte nur in Ansätzen, dementsprechend auch keine organisierte Arbeiterschaft. Sozialreformerische oder gar sozialistische Ideen sickerten nur tröpfchenweise ein. In der Politik dominierte weitgehend der Einfluss der Landbesitzer. Das industrielle und das Handelsbürgertum in den Städten (um 1900 hat Athen eine Bevölkerung von ca. 130 000) kämpfte um die politische Vorherrschaft. Die wirtschaftliche Stagnation und das Versagen der politischen Führung, die Verhältnisse spürbar zu verbessern, führen schließlich zu einer Revolte fortschrittlicher Armeekreise, die sich in einem „Militärischen Bund“ zusammengeschlossen haben. Dieser nach dem Athener Vorort Gudí (Goudí) benannte Aufstand war weder eine Revolution, noch führte er zu einer Militärdiktatur. Er unterstrich jedoch die breite Unzufriedenheit mit den herrschenden Verhältnissen und brachte eine Gewichtsveränderung in der Politik zu Gunsten des städtischen Bürgertums.

Das Jahrzehnt der Kriege 1912–1922

Der Aufstand von Gudí brachte einen Mann an die Regierung, der sich schon auf Kreta durch Tatkraft und Umsicht ausgezeichnet hatte: Elefthérios Venisélos. Gestützt auf seine Liberale Partei beherrschte er in den nächsten 20 Jahren die griechische Szene.

Die jahrzehntelangen Spannungen auf dem Balkan fanden 1912 ihren Höhepunkt. Nicht ohne diplomatisches Zutun Venisélos kam es zu einer Allianz von vier europäischen Balkannationen (Montenegro, Serbien, Bulgarien, Griechenland) gegen das Osmanische Reich, das in einem raschen Feldzug, dem Ersten Balkankrieg, vernichtend geschlagen wurde. Der jahrhundertelange wechselvolle türkische Rückzug von den Toren Wiens bis kurz vor Istanbul kam dabei zum Abschluss. Kurz nach dem Sieg begann der Streit um die Beute. Im Zweiten Balkankrieg sah sich Bulgarien einer Allianz der übrigen, vom bulgarischen Expansionismus bedrohten Balkanstaaten gegenüber und wurde besiegt. Für Griechenland wurde damit ein Traum Wirklichkeit: Épiros, Makedonien und

Balkankrieg: Feldmarschall Kronprinz Konstantin mit seinem Generalstab in Ioánnia (ELIA)

Einzug griechischer Truppen in Thessaloníki, zeitgenössische Lithographie, Privatsammlung Thessaloniki

Thrakien sowie die ostägäischen Inseln wurden befreit. Griechische Truppen zogen in Thessaloníki ein. Staatsgebiet und Bevölkerung vergrößerten sich mit einem Schlag um das Doppelte.

Kurz darauf brach der Erste Weltkrieg aus, der das Land in eine Zerreißprobe brachte. Trotz des Drängens der Entente beharrte die Athener Regierung, beeinflusst vom Königshaus, auf Neutralität. Venisélos plädierte in der Opposition auf Beitritt zur Entente und rief schließlich in Thessaloníki eine Gegenregierung aus, die den Entente-Streitkräften den Durchmarsch durch Makedonien gestattete. Die Regierung der „nationalen Verteidigung" trat an der Seite der Entente in den Krieg ein, und griechische Soldaten, darunter viele Freiwillige, beteiligten sich an den Kämpfen an der Balkanfront. Griechenland gehörte so um den Preis der nationalen Spaltung zu den Siegermächten. Bei den Friedensverhandlungen gelang es Venisélos, diese Position für weitgehende Zugewinne zu nutzen. Griechenland erhielt nach dem Vertrag von Sèvres zusätzlich zu den Eroberungen der Balkankriege Ostthrakien mit Ausnahme Konstantinopels und die Inseln Imbros und Ténedos an der Einfahrt zu den Dardanellen. Smyrna (Izmir) in Kleinasien und sein Umland erhielten einen Sonderstatus unter türkischer Hoheit. Nach Ablauf von fünf Jahren sollte es zu Griechenland kommen, wenn sich die Bevölkerung in einem Plebiszit dafür ausspräche. Vorab forderten die Entente-Mächte Griechenland auf, Truppen zur Aufrechterhaltung von Ruhe und Ordnung in das Gebiet zu entsenden.

Ordensverteilung an griechische Offiziere durch einen französischen General im Ersten Weltkrieg (ELIA)

Die Realisierung der „Megáli Idéa" schien zum Greifen nah. Venisélos' Slogan vom Griechenland der zwei Kontinente und fünf Meere nahm Gestalt an. Die Türkei war geschwächt wie nie, die Großmächte schienen wohlwollend, und Griechenland stürzte sich in ein Abenteuer, das die weitere griechische Geschichte wie kein anderes prägen sollte: den Kleinasien-Feldzug. Die kleinasiatische Ägäis-Küste war seit Jahrtausenden von Griechen besiedelt worden. Smyrna war auch unter osmanischer Herrschaft eine weitgehend griechisch geprägte Stadt, eines der blühenden Zentren des Griechentums der Levante. Das griechische Expeditionsheer wurde von den kleinasiatischen Griechen mit Jubel empfangen. Für die Türkei zeichnete sich die Gefahr ab, zerstückelt und in das anatolische Bergland zurückgedrängt zu werden. Die tiefe Demütigung durch die harten Bedingungen des Vertrags von Sèvres, der auch die Unabhängigkeit von Armenien und Kurdistan vorsah, rief die Jungtürken unter Führung von Gazi Mustafa Kemal Pascha (1881–1938), später Kemal Atatürk genannt, auf den Plan. Der Sultan, der den Vertrag akzeptiert hatte, wurde abgesetzt, der Widerstand gegen die griechische Invasion in Kleinasien organisiert. Die Haltung der Großmächte änderte sich infolge der russischen Oktoberrevolution zugunsten der Türkei. Sie hatten nun kein Interesse mehr an deren Schwächung. In Griechenland wurden Venisélos nach einer überraschenden Wahlniederlage (November 1920) die Zügel aus der Hand genommen. Das Volk war – nach fast zehn Jahren – kriegsmüde, die Finanzen zerrüttet. Das Expeditionsheer ließ sich auf der Suche nach einem entscheidenden Sieg in das unwegsame anatolische Bergland bis kurz vor Ankara locken. Im Sommer 1922 durchbrachen die türkischen Truppen die überdehnte, erschöpfte Front. Das griechische Heer floh zügellos zurück ans Meer – vor, zwischen und hinter ihm die griechische Bevölkerung Kleinasiens. Smyrna ging in Flammen auf.

Bei den Friedensverhandlungen von Lausanne (1923) verlor Griechenland Ostthrakien, die Inseln Imbros und Ténedos und jeglichen Anspruch auf kleinasiatisches Gebiet. Das Nationalstaatsprinzip wurde von den Großmächten mit erbarmungsloser Konsequenz durchgesetzt: Ein vertraglicher Bevölkerungsaustausch machte 500 000 Griechenland-Türken und 1,5 Millionen Türkei-Griechen zu Flüchtlingen und Heimatlosen. Ver-

Griechische Truppen im Innern Anatoliens während des Kleinasienfeldzugs 1921 (ELIA)

schont davon blieben lediglich die Griechen in Istanbul und die westthrakischen Türken. Griechenland erreichte gegen diesen hohen Preis seine heutige ethnische Homogenität. Aber die labile Gesellschaft der knapp sechs Millionen Griechen, von denen die Hälfte erst zehn Jahre zuvor die Freiheit von fremder Besatzung erreicht hatte, wurde durch den plötzlichen Zustrom der meist mittellosen Flüchtlingsscharen aufs heftigste erschüttert. Rings um Athen und Thessaloníki wuchsen Barackensiedlungen wie Pilze aus dem Boden. Die Baracken sind heute verschwunden, doch die Namen der Siedlungen weisen noch immer auf die Herkunft ihrer ersten Bewohner hin: Néa Smýrni, Néa Ionía, Néa Chalkydón, Níkaia.

Innere Erschütterungen 1922–1940

Die kollektive Wut über den zerronnenen Traum entlud sich gegen die regierenden Royalisten und König Konstantin (1868–1923). Sechs militärische und politische Führer wurden im November 1922 des Hochverrats bezichtigt, in einem emotionalisierten Verfahren zum Tode verurteilt und anderntags hingerichtet. König Konstantin musste ins Exil gehen. 1924 wurde die Republik ausgerufen und in einem Plebiszit mit großer Mehrheit bestätigt. Allerdings sollte die Republik nur ein Zwischenspiel werden. Im Jahre 1935, während der Militärdiktatur des Generals Geórgios Kondýlis, wurde nach einem fragwürdigen neuen Volksentscheid die Monarchie restauriert.

Bis auf eine erneute vierjährige Regierungszeit von Venisélos (1928–1932), während der relative Ruhe einkehrte, das Land sich wirtschaftlich entwickelte und sogar eine gewisse Aussöhnung mit der Türkei erreicht wurde, waren die republikanischen Jahre unruhig. Mehrere Putsche veniselistischer sowie royalistischer Offiziere folgten aufeinander, bis der Putschist Kondýlis 1935 die Republik abschaffte und die alte Verfassung von 1864 erneut in Kraft setzte.

Am 4. August 1936 entstand mit königlicher Billigung aus einem weiteren Staatsstreich das faschistoide Regime des Generals Jannis Metaxás, das sich in mancher Hinsicht am Nationalsozialismus und Faschismus orientierte: Korporativismus, Staatsjugend, Uniformkult sowie rücksichtsloser Terror der Geheimpolizei, institutionalisierte Folter, Zensur, Verfolgung aller politischen Gegner. Zahlreiche demokratische Politiker wurden per Verwaltungsakt auf öde Inseln verbannt. Für die meisten Kommunisten und solche, die dafür gehalten wurden, begann eine lange, oft lebenslange Leidenszeit. Die Stationen waren: Verhaftung und Folter durch die Sicherheitspolizei, Militärgericht, Zuchthausstrafe in den feuchten mittelalterlichen Verliesen von Nauplia, Korfú oder Thessaloníki, Bürgerkrieg, erneute Verhaftung oder Exil hinter dem Eisernen Vorhang. Das Regime hatte wenig Unterstützung in der Bevölkerung, konnte sich, anders als seine Vorbilder, nie zu einer Massenbewegung entwickeln. Es herrschte wie sein unzeitgemäßes Imitat, die Obristenjunta von 1967 bis 1974, durch rohe Gewalt.

In diesen unruhigen Jahren vollzog sich der Aufstieg der Kommunistischen Partei von einer Splitterpartei bei ihrer Gründung 1920 zu einer gut organisierten Kaderpartei. Die griechische kommunistische Partei entstand ohne Vorbereitung durch Arbeiterbewegung und Gewerkschaftstradition. Ihr Nährboden war die Flüchtlingsmisere. Ein hoher Anteil ihrer Kader waren Flüchtlinge, einschließlich des langjährigen Generalsekretärs Sachariádis. Dieser war auf der Moskauer Parteischule ausgebildet und der griechischen Partei von der Komintern aufgezwungen worden. Die unerbittliche Repression der Metaxás-Zeit war trotz aller Rückschläge für die griechischen Kommunisten eine Lehrzeit in konspirativer Arbeit. Sie waren als Einzige vorbereitet auf den Untergrundkampf gegen die fremde Besetzung im Zweiten Weltkrieg. Dadurch gelang es ihnen, den griechischen Widerstand weitgehend unter ihre Kontrolle zu bringen und breite Bevölkerungskreise für sich einzunehmen.

Griechenland im Zweiten Weltkrieg und im Bürgerkrieg 1940–1949

1940 geriet Griechenland in den Strudel des Zweiten Weltkriegs. Metaxás war bei aller Vorliebe für die autoritären Achsenmächte realistisch genug, die außenpolitische Bindung an Großbritannien nicht aufzugeben. Im Oktober 1940 kam für ihn die Stunde der Entscheidung. Eifersüchtig auf die Erfolge des Nazi-Regimes in der Anfangsphase des Kriegs, wandte sich der italienische Diktator Benito Mussolini (1883–1945) gegen Griechenland. Am 28. Oktober 1940 verlangte der italienische Botschafter in einem Ultimatum von Metaxás das Recht zum Durchmarsch italienischer

Der Diktator Ioánnis Metaxás bei einer Feier der Arbeitsbataillone (ELIA)

Truppen, faktisch die Unterwerfung Griechenlands. Metaxas sagte Nein (griech. „óchi") dazu und konnte sich in diesem Punkt der Zustimmung des griechischen Volkes gewiss sein. Seitdem ist der Óchi-Tag ein nationaler Feiertag.

Was für die hochgerüsteten italienischen Divisionen in Albanien ein Spaziergang werden sollte, entwickelte sich zum ersten Sieg auf alliierter Seite im Zweiten Weltkrieg. Die schlecht ausgerüsteten, zahlenmäßig unterlegenen griechischen Soldaten stoppten den italienischen Vormarsch kurz vor Ioánnina und trieben die Aggressoren zurück bis tief hinein nach Albanien. Für einen großen Teil der griechischen Soldaten ist dieser Kampf gegen den fremden Faschismus zugleich ein Schlag gegen den Faschismus im eigenen Lande. Das „Epos von Albanien", das „neue Marathon", spielt in der griechischen Überlieferung eine wichtige Rolle. Nicht wenige Griechen sehen in dem Teilsieg in Albanien einen entscheidenden Beitrag für den alliierten Sieg.

Das Scheitern des mit dem deutschen Verbündeten nicht abgesprochenen Griechenlandfeldzugs zwang Hitler zur Intervention. Der deutsche Angriff erfolgte im März 1941 von Bulgarien und Jugoslawien aus. Die griechische Armee wehrte sich heldenhaft. Doch der Hauptteil der Truppen war in Albanien blockiert. Nach kurzem Kampf, an dem sich auch eilig ins Land gebrachte britische Truppen beteiligen, begann eine dreieinhalbjährige furchtbare Besatzung. Im ersten Besatzungswinter 1941/42 starben Hunderttausende Menschen an Hunger und Auszehrung. Dann folgte der grausame Kampf zwischen Widerstand und Besatzungstruppen, der Partisanenkrieg. Hunderte von Dörfern gingen in Flammen auf, ungezählte Geiseln wurden erschossen, manchmal ermordeten die Besatzer, wie in Kaláwryta, die gesamte männliche Bevölkerung einer Stadt als Repressalie. Diese Zeit hat Narben hinterlassen. Es war die erste massive fremde Besetzung seit dem Unabhängigkeitskrieg, und sie hat Griechenland um Jahre zurückgeworfen.

An der Besetzung beteiligte die Wehrmacht auch die von den Griechen geschlagenen Italiener und die expansionslüsternen Bulgaren. Im Frühjahr 1942 flohen die ersten demobilisierten griechischen Soldaten in die Berge. Der Widerstand organisierte sich. Wichtigste Organisation wurde die Nationale Befreiungsfront (EAM), die wesentlich von der KP beeinflusst war.

Straßenkampf in Athen im Dezember 1944 (ELIA)

Keineswegs aber waren alle EAM-Anhänger Kommunisten. Die EAM betrieb bewusst eine breite Bündnispolitik und bemühte sich, das gesamte republikanische und linke Spektrum anzusprechen. Im Herbst 1942 landete ein britisches Verbindungskommando per Fallschirm und koordinierte die Versorgung mit Waffen und Ausrüstung durch nächtliche Fallschirmabwürfe britischer Flugzeuge aus Ägypten.

Metaxás war noch vor dem deutschen Angriff gestorben. Die Regierung und König Georg II. flohen vor dem Einmarsch über Kreta nach Kairo. Aus geflohenen Soldaten und aus Männern der griechischen Kolonien im Nahen Osten, in Kairo und Alexandria wurde eine Truppe aufgestellt, die sich aktiv an den Kämpfen gegen das deutsche Afrika-Korps beteiligte. Die Exilregierung in Kairo war abgeschnitten von der Entwicklung in Griechenland. Sie hatte jedoch unmittelbaren Zugang zu den britischen Behörden, von denen sie vollkommen abhängig war. Währenddessen bereiteten sich in den griechischen Bergen die Widerstandsgruppen auf die Zeit nach dem Kriege vor. Wieder einmal war Griechenland gespalten. Im Exil wogte der Kampf zwischen republikanischen und royalistischen Kräften, im Widerstand zwischen Republikanern und Kommunisten. Die ELAS, der militärische Flügel der EAM, unter dem Kommando des legendären Guerilla-Führers Aris Weluchiótis, zögerte nicht, konkurrierende Organisationen anzugreifen und gewaltsam auszuschalten. Diese blutige Auseinandersetzung in den griechischen Bergen während der Besatzung durch die Achsenmächte wurde von den Kommunisten selbst als erste Runde (prótos jíros) in ihrem Kampf um die Macht im Staat bezeichnet.

Die Frage der Staatsform war von großer Bedeutung für die Nachkriegsordnung. Die Monarchie war durch das anrüchige Plebiszit von 1935 und durch die Unterstützung des Metaxás-Regimes bei weiten Teilen des Volkes diskreditiert. Der überwiegende Teil der politischen Kräfte plädierte daher für ein neues Plebiszit nach dem Krieg. Dies stieß nicht nur auf den – verständlichen – Widerstand von Georg II., sondern vor allem auf den des britischen Premierministers Sir Winston Churchill (1874–1965). Letzterer nahm intensiven Anteil an den griechischen Entwicklungen. Für ihn war der Monarch Garant des britischen Einflusses, den es gegen jeden Widerstand, auch den seiner Berater, zu erhalten galt.

Als sich die deutsche Niederlage abzuzeichnen begann, wuchs für die beiden griechischen Entscheidungszentren der Zwang, sich zu einigen. Die EAM rief zwar im Frühjahr 1944 eine provisorische Regierung aus, wagte aber den totalen Bruch mit der Kairoer Regierung und der britischen Schutzmacht nicht. Im Mai 1944 kam es schließlich im Libanon zu einer entscheidenden Konferenz zwischen Vertretern des innergriechischen Widerstands und der Kairoer Regierung. Durch geschickte Verhandlungsführung gelang es Ministerpräsident Geórgios Papandréou, die Vertreter des Widerstands zu weitgehenden Konzessionen zu bewegen: Aufnahme von Widerstandsvertretern in eine Regierung der nationalen Einheit, dafür Auflösung der Partisanenverbände und Entwaffnung.

Im Oktober 1944 landete die griechische Regierung, begleitet von britischen Truppen, in Piräus. Die Wehrmachtstruppen hatten zuvor Griechenland verlassen, um nicht von der auf den Balkan vorrückenden Roten Armee abgeschnitten zu werden. Begeistert wurde die Regierung empfangen, die britischen Truppen als Befreier begrüßt. Die Euphorie währte nur kurz. Die Regierung der nationalen Einheit zerbrach schon Anfang Dezember über der Frage der Demobilisierung der Partisanenverbände. Es kam zu Demonstrationen der EAM-Anhänger im Zentrum von Athen. Als auf die Demonstranten geschossen wurde, brach der Bürgerkrieg aus. Die erst kürzlich befreite Stadt hallte von Gewehr- und Granatenfeuer wider. Noch heute kann man an den Siedlungshäusern der Kleinasienflüchtlinge die Einschüsse sehen. Das britische Expeditionskorps gab schließlich den Ausschlag bei den Dekemwrianá (Dezemberereignissen). Die ELAS-Truppen mussten sich aus Athen zurückziehen. Churchill selbst eilte in den Weihnachtstagen 1944 in die umkämpfte Stadt und versuchte, eine Einigung zwischen den verfeindeten Parteien herbeizuführen. Unter dem Druck der Ereignisse verzichtete er auf seine konstante Forderung, der König müsse sogleich zurückkehren. Der Erzbischof von Athen und ganz Griechenland, Damaskinós, wurde zum Regenten ernannt. Georg II. kehrte erst zwei Jahre später, nach Durchführung eines Plebiszits, an dem sich die Kommunisten nicht beteiligten, nach Griechenland zurück. Im Februar 1945 kam es im Athener Küstenvorort Wárkiza zum Abschluss dieser zweiten Phase des Bürgerkriegs. Die EAM akzeptierte ihre Entwaffnung. Im Gegenzug wurde die Legalisierung und freie Entfaltung der KP zugesagt. Der Traum von der kommunistischen Machtergreifung nach dem deutschen Abzug war aus.

Es begann eine schwierige Ruhephase vor dem nächsten Sturm. In der Provinz wütete antikommunistischer Terror. Die Garantien von Wárkiza standen weitgehend auf dem Papier. Bewaffnete Kollaborateure der Achsenmächte blieben unbestraft und gingen unter dem Banner des Antikommunismus ihrem bisherigen Handwerk nach. Aus jenen rekrutierte sich dann der so genannte Parakrátos, der skrupellose inoffizielle Nebenstaat, der das griechische politische Leben bis 1974 beeinflusste. In der Nachbürgerkriegsepoche besorgte er unter demokratischer Fassade schmutzige Geschäfte wie die Ermordung des EDA-Abgeordneten Lambrákis (dargestellt in dem Film *Z*).

Der Einfluss der Athener Regierung weitete sich allmählich auf das Land aus. Im Frühjahr 1945 wurden Wahlen durchgeführt. Die KP beschloss, daran nicht teilzunehmen, und manövrierte sich so selbst ins Abseits. Im Laufe des Sommers 1946 kam die Parteiführung zu der Überzeugung, dass eine erneute bewaffnete Auseinandersetzung unvermeidlich sei, und startete die ersten Angriffe auf Gendarmerieposten. Die internen wie internationalen Voraussetzungen für diese „dritte Runde" waren jedoch denkbar ungünstig. KP-Chef Sachariádis behauptete später, Stalin selbst habe ihn zu diesem Schritt ermutigt und großzügige Unterstützung zugesagt. Tatsächlich war die Hilfe jedoch bescheiden, ganz im Gegensatz zur Unterstutzung der Regierungstruppen durch die US-Regierung. Diese hatte im Zeichen der Truman-Doktrin in Griechenland die Nachfolge der vom Krieg erschöpften Briten angetreten. Stalin hatte sich ziemlich getreu an die ominöse Einigung mit Churchill vom November 1944 in Moskau gehalten. Wie Churchill mit imperialer Offenheit in seinen Memoiren berichtet, hatte er damals mit „Uncle Joe" die Einflusssphären auf dem Balkan für die Nachkriegszeit aufgeteilt. Danach gehörte Griechenland zum britischen Einflussbereich. Ob die griechischen Kommunisten diese Absprache damals kannten, ist unsicher. Jedenfalls lag es nicht in ihrer Hand, sie zu ändern.

Obwohl die griechischen Kommunisten mit den angrenzenden Volksdemokratien Albanien, Jugoslawien und Bulgarien über sichere Rückzugs- und Versorgungsgebiete verfügten, gelang es ihnen nicht, in Griechenland ein größeres Territorium auf Dauer in ihre Hand zu bringen. Erfolgreich waren sie nur im uralten Kleftenhandwerk der Berg-Guerilla. Als sie sich schließlich im Sommer 1949 auf den Bergmassiven des Grámmos und Wítsi verschanzten, war ihr Ende abzusehen. Gegen die Napalm-Bomben aus amerikanischen Flugzeugen war aller Heldenmut vergeblich. Ende August

1949 verließen die letzten Aufständischen griechisches Territorium. Zehntausende von Partisanen wurden auf die Volksdemokratien verteilt. Aus dieser Emigration sollten die meisten erst 30 Jahre später als alte Männer zurückkehren. Der Film *Reise nach Kýthera* von Theódoros Angelópulos schildert eine solche Rückkehr. Das Gros der Kämpfer, welche der Utopie eines sozialistischen Griechenlands nachgerannt waren, wurden im fernen Taschkent angesiedelt unter der doppelten Fuchtel ihrer eigenen und der sowjetischen Parteileitung.

Für Griechenland war die Bilanz des Bürgerkriegs verheerend. Als andere europäische Länder daran gingen, mit Hilfe des Marshall-Plans die Folgen des Zweiten Weltkriegs zu überwinden, wurden die Anleihen in Griechenland fast vollständig von der Kriegsführung absorbiert. Straßen, Brücken und sonstige Infrastruktureinrichtungen, welche die deutsche Besatzung und den Widerstandskampf überstanden hatten, waren im gnadenlosen Bruderkrieg zerstört worden. Dörfer waren evakuiert, ganze Landstriche zur „Austrocknung“ der Partisanen entvölkert worden. Noch schlimmer waren die psychischen Wunden, die sich oft quer durch die Familien zogen und erst ab 1974, nach dem Fall der Obristen-Junta, zu vernarben begannen.

Wüste, wasserlose Inseln bekamen eine traurige Berühmtheit als Verbannungs- und Gefängnisorte. Vor der Südspitze Attikas, in Sichtweite Súnions, liegt windumtost der kahle Felsrücken Makrónissos. Hier war das „Ausbildungslager“ für Wehrpflichtige, die der Sympathie für den Bürgerkriegsgegner verdächtig waren. Mit den Methoden der Heiligen Inquisition sollten die Rekruten zur Unterzeichnung von Erklärungen gebracht werden, in denen sie dem Kommunismus abschwörten und ihre Loyalität zu König und Vaterland versicherten. Unterzeichnen war unter Kommunisten verpönt, und so genannte „Unterzeichner“ (dilossíes) wurden wie Aussätzige behandelt. Auch die kommunistischen Aufständischen waren nicht wählerisch in ihren Methoden. Da sie unter Rekrutierungsmangel litten, wurden viele Bauern und schließlich auch Frauen mit Gewalt in ihre Reihen gepresst. Zahlreiche Kinder brachte die Regierung auch ohne Einwilligung ihrer Eltern vor dem „Zugriff des Klassenfeindes“ in die sozialistischen Nachbarländer. Dies sowie die Praxis der „Volksgerichte“ schildert Nicholas Gage in seinem Buch *Eléni*.

Die Nachbürgerkriegszeit 1950–1974

Die Zeit vom Ende des Bürgerkriegs bis zum Fall der Obristenjunta 1974 war von militantem Antikommunismus geprägt. Die Griechen waren geteilt in Nationalgesinnte (ethnikófrones) einerseits und Kommunisten oder Banditen (symmorítes) – so die vorherrschende Terminologie – andererseits. Letztere waren Bürger zweiter Klasse, auf die trotz demokratischer Institutionen Ausnahmerecht anwendbar war. Sie erhielten weder Pässe noch Baugenehmigungen, geschweige denn staatliche Anstellung. Viele, oft die Begabtesten, wurden zur Emigration gezwungen. Das Regierungssystem bewegte sich aber äußerlich im parlamentarischen Rahmen. Royalistische und republikanische Kabinette wechselten einander ab. Eine gewisse Stabilität trat mit Regierungsantritt (1952) des Marschalls Papágos ein, des Oberkommandierenden im Albanienfeldzug und in der Schlussphase des Bürgerkriegs. 1952 wurde eine neue Verfassung verabschiedet, deren Grundrechtsgarantien aber weitgehend nur auf dem Papier standen. Die KP blieb bis 1974 verboten.

Obristenherrschaft 1967 bis 1974: Graffiti in Athen „Der Nationalismus ist die Kultur der Idioten. Unsere Heimat ist die ganze Welt, unsere Brüder sind die Unterdrückten."

Auf Papágos, der 1955 starb, folgte – zunächst als Favorit des Hofes – der energische Konstantínos Karamanlís. Der schweigsame Makedonier brachte es mit Hilfe der von ihm gegründeten konservativen ERE (Nationalradikale Union) und der landesüblichen Wahlrechtsmanipulationen auf eine Regierungszeit von acht Jahren, während der das Land deutliche wirtschaftliche Fortschritte verzeichnete. 1952 war eine Währungsreform durchgeführt worden, welche die Basis für eine Gesundung der öffentlichen Finanzen bildete. Karamanlís, selbst Minister für öffentliche Bauten im Kabinett Papágos, sorgte für raschen Ausbau der Infrastruktur und für ausländische Investitionen. Ende der 1950er Jahre waren endlich die äußerlichen Spuren von Krieg und Bürgerkrieg beseitigt. Der Tourismus wuchs sprunghaft von Jahr zu Jahr, und die Einkünfte aus der griechischen Handelsflotte sowie die Überweisungen der zahlreichen im europäischen und amerikanischen Ausland arbeitenden Griechen sorgten für eine ausgeglichene Zahlungsbilanz und für bislang unbekannte Geldwertstabilität. Unter der Oberfläche aber dauerten die Folgen des Bürgerkriegs an. Zehntausende von Bürgerkriegsflüchtlingen in Osteuropa warteten vergeblich auf die Heimkehr, und auf einigen Inseln saßen immer noch politische Gefangene. Armee und Verwaltung waren von antikommunistischen Substrukturen, dem „Parakrátos", durchzogen.

1952 traten Griechenland und die Türkei der NATO bei. Gleichzeitig wurde den USA auf bilateraler Basis gestattet, Militärbasen einzurichten. Der US-Einfluss auf die griechische Politik war seit der amerikanischen Waffenhilfe im Bürgerkrieg gewaltig. 1961 wurde ein Assoziierungsabkommen mit der EWG unterzeichnet, das insbesondere griechischen Agrarprodukten präferenzielle Behandlung sicherte.

1963 trat Karamanlís, der sich bald nach Übernahme des Ministerpräsidentenposten vom Einfluss des Hofes emanzipiert hatte, zurück und ging ins selbst gewählte Exil nach Paris. Sein Rücktritt beruhte auf einem Zerwürfnis mit dem Hof. Mitursächlich war auch der durch die Ermordung des linken Abgeordneten Lambrákis aufgebrochene politische Skandal, der in aller Öffentlichkeit den Einfluss des Parakrátos deutlich machte und Karamanlís zu der berühmten Frage veranlasste, wer denn dieses Land eigentlich regiere.

Ministerpräsident Karamanlís im Gespräch mit dem zypriotischen Präsidenten, Erzbischof Makarios II. (ELIA)

Aus den folgenden Wahlen (1964) gingen Geórgios Papandréou und die linksliberale Zentrumsunion als Sieger hervor. Dieser Regierungswechsel markierte eine deutliche politische Klimaveränderung. Der sterile Antikommunismus verkümmerte, und eine kulturelle Aufbruchstimmung ergriff das Land. Papandréou versuchte eine vorsichtige Emanzipation vom übermächtigen US-Einfluss. Er scheiterte an den fest gefügten Strukturen des Bürgerkriegs-Establishments in Armee und Hof. Als er daranging, die Armee unter seine politische Kontrolle zu bringen, stieß er auf den Widerstand des jungen Königs Konstantin II. (geb. 1940), Sohn des 1963 verstorbenen Königs Paul. Dieser akzeptierte kurzerhand einen von Papandréou angedrohten Rücktritt. Die restlichen zwei Jahre der Legislaturperiode waren erfüllt von kurzlebigen Regierungen konservativer Prägung. Die notwendigen Stimmen im Parlament besorgten von der Zentrumsunion abgefallene „Apostaten". Bei dieser Apostasie war nach allgemeiner Auffassung nicht nur politischer Sinneswandel, sondern auch erhebliches Geld im Spiel. Die politische Auseinandersetzung verlagerte sich auf die Straße. Die Wut der Zentrumsanhänger über den kalten Staatsstreich des Hofes machte sich in gewaltigen Demonstrationen Luft.

Alle politischen Beobachter waren sich einig, dass aus den im Mai 1967 anstehenden Wahlen Papandréou und die Zentrumsunion erneut als Sieger hervorgehen würden. Dazu kam es nicht. Der „Nebenstaat" spürte, dass ein neuer Wahlsieg Papandréous seine Existenz bedrohte, und schlug zu. Am 21. April 1967 putschte eine obskure Clique von Obristen, gestützt auf nichts als blanke Gewalt. Als Rechtfertigung diente ein angeblicher kommunistischer Umsturzversuch, an den niemand glaubte. Wieder schlossen sich die Gefängnistore hinter Tausenden von Oppositionellen, bevölkerten sich die KZ-Inseln aus der Bürgerkriegszeit erneut, wurde Folter wieder zur üblichen Verhörmethode für politisch Verdächtige. Im griechischen Volk hält sich seitdem die Überzeugung, dass der Coup von der CIA organisiert worden sei. Beweise dafür sind nie schlüssig erbracht worden. Allerdings nahm die US-Regierung den Staatsstreich hin. Zu einer spontanen Reaktion der griechischen Bevölkerung kam es nicht. Der Coup kam zu überraschend, und das pseudoparlamentarische System der beiden vorhergehenden Jahre erschien wohl auch nicht rettenswert.

Der junge König verpasste eine historische Chance, die Bevölkerung mit der Monarchie zu versöhnen. Statt den Putschisten entgegenzutreten, ließ er sich am Tag nach dem Putsch mit den uniformierten neuen Herren des Landes abbilden und beschränkte seinen Widerstand darauf, ein säuerliches Gesicht zu machen. Ein verspäteter, dilettantisch vorbereiteter Versuch des Königs, die Usurpatoren im Dezember des Jahres zu stürzen, schlug fehl. König Konstantin musste mit seiner Familie ins Exil gehen. Ein nach dem Sturz der Junta durchgeführtes Plebiszit kam zu dem Ergebnis, dass er da auch bleiben solle.

Das Regime der Obristen Papadópulos, Pattakós und Makarésos und der anonym im Hintergrund agierenden übrigen Junta, die sich „Revolutionsrat" nannte, hatte kaum Anhänger, geschweige denn eine politische Machtbasis. Es war eine zum Albtraum geronnene Kasernenhoffarce, die viele Traumata hinterlassen hat und von den meisten Griechen als Schande empfunden wird. Die hohlen Phrasen vom „Griechenland der griechischen Christen" und die überdimensionalen pathetischen Parolen aus weiß gekalkten Steinen, die viele Berge verunzierten, überzeugten niemanden. Das Regime ging dann nach sieben langen Jahren am wachsenden Widerstand, vor allem der studentischen Jugend, und an der eigenen Unfähigkeit zugrunde. International war die Militärdiktatur weitgehend isoliert. Die Regierung trat, um dem Ausschluss wegen bewiesener Menschenrechtsverletzungen zuvorzukommen, aus dem Europarat aus. Die EG suspedierte

Nikosia ist seit 1974 eine durch Stacheldraht und Militär geteilte Stadt, wie einst Berlin. Türkische Truppen besetzten den Nordteil der Republik Zypern

den Assoziationsvertrag. Dennoch entwickelte sich die Wirtschaft zunächst kräftig. Das Ausschalten gewerkschaftlicher und sonstiger politischer Kontrolle führte zu einem ungezügelten Kapitalismus, der nicht wenigen ausländischen Investoren attraktiv erschien. Das Fehlen jeglicher Planung und Kontrolle führte zu chaotischem Wildwuchs. Damals begann die rücksichtslose Zersiedelung Attikas. Nach einem Putschversuch der königstreuen Marine rief Papadópulos am 1. Juni 1973 die Republik aus und ernannte sich zum Präsidenten. Im Oktober desselben Jahres versuchte er eine gewisse politische Öffnung, indem er einige Politiker der alten „politischen Welt", die korrupt oder naiv genug dafür waren, in die Regierung aufnahm. Das Experiment des Brückenschlags misslang. Im November 1973 verbarrikadierten sich Tausende von Studenten auf dem Gelände des Athener Polytechnikums und forderten unter Beifall der Bevölkerung Freiheit und Demokratie. Mit einem improvisierten Sender erreichten sie das ganze Stadtgebiet. Das Regime reagierte auf die Herausforderung mit der erwarteten Brutalität. Am 17. November wurde das schmiedeeiserne Haupttor von einem Panzer niedergewalzt und Militärpolizei zur blutigen Unterdrückung der Empörung eingesetzt. Der heldenhafte Kampf der Athener Studenten markierte jedoch den Anfang vom Ende der Militärherrschaft. Papadópulos' Liberalisierungsversuch war gescheitert, er selbst wurde gestürzt. Die Macht ging in die Hände des im Hintergrund operierenden Brigadegenerals Ioannídis über, des Chefs der Militärpolizei, der wahren

Athener bejubeln 1974 den Sturz der Junta (ELIA)

Stütze des Regimes. Im Sommer 1974 zettelte dieser einen Putsch auf Zypern an, um mit der erzwungenen Vereinigung Zyperns mit Griechenland (Énossis) von den wachsenden inneren Schwierigkeiten abzulenken. Der Coup des Junta-Söldners Níkos Sampsón am 17. Juli 1974 auf Zypern misslang, Erzbischof Makários, der Präsident der Republik Zypern, entging dem geplanten Attentat. Für die Türkei war der Putschversuch jedoch willkommener Anlass, unter Berufung auf ihre Garantiefunktion für den Bestand der zyprischen Republik zu intervenieren.

Als türkische Truppen am 20. Juli an der Nordküste Zyperns landeten, waren die griechischen Militärs mit ihrem Latein am Ende. In Griechenland wurde die Generalmobilmachung verkündet, doch die Kommandeure der Teilstreitkräfte widersetzten sich einem Angriff auf die Türkei, auf den sie nicht vorbereitet waren. Die Regierung Andrutsópoulos von Ioannídis' Gnaden trat zurück. In dieser Situation, am 23. Juli, lud Präsident Gisíkis die führenden „alten Politiker" zu sich. Die Runde beschloss, Karamanlís als Retter in der Not aus Paris zu rufen. Dieser landete unter unbeschreiblichem Jubel der Bevölkerung am 24. Juli um zwei Uhr morgens in Athen und wurde noch in derselben Nacht als Premierminister vereidigt. Aus Anhängern seiner alten ERE und aus Zentrumspolitikern bildete er ein Kabinett der nationalen Einheit, das die Rückkehr zur Normalität vorbereitete.

Griechenland als europäischer Partner (seit 1974)

Der Übergang von der Diktatur zur Demokratie erfolgte teils fließend, teils abrupt. Der Unterdrückungsapparat brach mit der Ankunft von Karamanlís zusammen. Doch blieb der letzte Staatschef der Junta, General Gisíkis, bis zu den Wahlen am 17. November 1974 im Amt. Bei diesen ersten freien Wahlen seit zehn Jahren errang Karamanlís und die von ihm neu gegründete Partei Néa Demokratía mit 50,37 % der Stimmen und über 70 % der Sitze eine überwältigende Mehrheit. Ausschlaggebend war dabei sicher, dass Karamanlís als Garant für eine weitere demokratische Entwicklung und als Schutz gegen Putschgelüste galt. „Karamanlís oder die Panzer!" Diese Losung des damaligen KP-Mitglieds Míkis Theodorákis entsprach der Meinung vieler Wähler, die unter anderen Umständen keinesfalls eine konservative Partei gewählt hätten.

Karamanlís' Regierungsstil war jetzt ein anderer. Das Verbot der Kommunistischen Partei wurde aufgehoben, eine neue Verfassung erarbeitet. Sie trat am 11. Juni 1975 in Kraft. Wichtig für die demokratische Normalisierung war auch, dass die Putschisten und ihre Helfershelfer verhaftet und vor Gericht gestellt wurden. Das Verfahren endete für die Hauptverantwortlichen mit dem Todesurteil, das auf dem Gnadenwege in lebenslängliche Freiheitsstrafe umgewandelt wurde. Seitdem sind in den Streitkräften keine politischen Ambitionen mehr zutage getreten.

Wichtigste zukunftweisende Initiative der neuen Regierung war die Bemühung um Aufnahme in die Europäische Gemeinschaft. Am 12. Juni 1975 stellte Griechenland offiziell den Antrag auf Vollmitgliedschaft in der EG. Dieser Schritt stieß auf erbitterten Widerstand der Kommunisten wie der aufstrebenden Panhellenischen Sozialistischen Bewegung (PASOK) unter Andréas Papandréou, die sich beide aus grundsätzlichen politischen Erwägungen dagegen aussprachen. Aber auch bei Wirtschaftsfachleuten bestanden Zweifel, ob die anfällige griechische Wirtschaft der Herausforderung des europäischen Wettbewerbs standhalten würde. Für Karamanlís waren in erster Linie politische Gründe ausschlaggebend. Der EG-Beitritt 1981 sollte anachronistische Abenteuer wie die Militärdiktatur in Zukunft ausschließen und Griechenland einen festen Platz auf der europäischen Bühne sichern. Dass diese Standortbestimmung im Volk keineswegs unumstritten war, zeigte bald der kometenhafte Aufstieg der PASOK.

Die PASOK ging aus der Widerstandsbewegung gegen die Junta PAK hervor und wurde am 3. September 1974 von Andréas Papandréou, Sohn des verstorbenen Vorsitzenden der Zentrumsunion, gegründet. Bei der Wahl zweieinhalb Monate später errang sie auf Anhieb zwölf Parlamentssitze. Sie forderte den Austritt aus der NATO, die Entfernung der US-amerikanischen „Todesbasen" und wirtschaftspolitisch einen „dritten Weg" zwischen Kapitalismus und Zentralverwaltungswirtschaft. Diese Zielsetzungen verfehlten ihre Wirkung nicht, machten doch viele Griechen die NATO und insbesondere die USA für den Militärputsch wie auch für die Tolerierung der türkischen Intervention auf Zypern verantwortlich. 1977 ließ Karamanlís vorgezogene Parlamentswahlen durchführen. Trotz sinkendem Stimmenanteil konnte er noch eine knappe Mehrheit für eine weitere Legislaturperiode sichern. Die PASOK wurde bei diesen Wahlen mit 90 Sitzen stärkste Oppositionspartei.

Wahlsieg der PASOK 1981. Mit Andreas Papandréou wird erstmals ein Sozialist Regierungschef in Griechenland (ELIA)

Vier Jahre später, im Frühjahr 1981, errang die Partei die Mehrheit mit den genannten Forderungen, zu denen sich der Ruf „Raus aus der EG" gesellte. Einmal an der Macht, ließ sich Papandréou mit der Erfüllung dieser Versprechungen Zeit. Der Widerstand gegen die NATO erschöpfte sich in Vorbehalten und Fußnoten zu NATO-Kommuniqués, die PASOK drehte sich in ihrer Einstellung zur EG um 180 Grad. Die EG-Agrarpolitik schüttete ungeahnte Wohltaten über die immer noch große griechische Agrarbevölkerung (ca. 30 % der Erwerbstätigen, im Vergleich z. B. zu 6 % in Deutschland), der Netto-Transfer aus Brüssel wurde zu einer unverzichtbaren Größe des griechischen Budgets. Inzwischen sind selbst die griechischen Kommunisten EU-freundlich.

Die Blütenträume eines „dritten Weges", eines Mittelmeer-Sozialismus in enger Kooperation mit arabischen Mittelmeer-Anrainern, stießen sich bald an harten Tatsachen. Mit dem Antrag der PASOK auf Aufnahme in die Sozialistische Internationale (1989) wurden diese Pläne auch offiziell ad acta gelegt. Die Entfernung der US-Basen geriet angesichts der Abhängigkeit von US-Militärhilfe und des angespannten Verhältnisses zur Türkei zum wechselvollen Eiertanz. Nach Änderung der politischen Großwetterlage in Folge des Falls der Berliner Mauer wurden sie von der US-Regierung aus eigenem Antrieb geschlossen.

In der ersten Regierungsperiode der PASOK wurden einige überfällige Modernisierungen vollzogen, so die Einführung der Zivilehe, die juristische Gleichstellung der Frau, eine Reform der Orthografie, die Herabsetzung des Stimmrechtsalters auf 18 Jahre sowie die Verbesserung der medizinischen und schulischen Versorgung. Versäumtes wurde nachgeholt, z.B. die Rehabilitierung der EAM-Anhänger und das Angebot zur Rückkehr für politisch Exilierte. Der reformistische Elan erlahmte in der zweiten Regierungszeit (1985–1989) des „verspäteten Sozialismus" (Axt) und machte einem zügellosen Populismus Platz. Die paternalistische Struktur auch dieser Partei, in welcher der Chef (archigós) niemandem Rechenschaft schuldig ist, wurde zunehmend zum Problem. Die folgenden Wahlen gewann die Néa Dimokratía unter der Leitung von Konstantínos Mitsotákis. Ihr fehlten jedoch fünf Sitze zur absoluten Mehrheit. In dieser Patt-Situation kam es zu einem unerwarteten Regierungsbündnis. Néa Dimokratía und das Links-Bündnis aus orthodoxen Kommunisten und linken Sozialisten einigten sich auf ein gemeinsames dreimonatiges Regierungsprogramm: strafrechtliche Verfahren gegen skandalverdächtige PASOK-Minister einschließlich des früheren Regierungschefs sowie Neuwahlen unter fairen Bedingungen. Das Experiment gelang und bewies, dass der Bürgerkrieg endgültig überwunden war.

Die aus den folgenden Wahlen hervorgegangene Regierung Mitsotákis verfolgte einen neoliberalen Kurs, der in der griechischen Gesellschaft auf wenig Gegenliebe stieß. Der junge Außenminister Antónis Samarás versuchte, sich mit einer unversöhnlichen Politik im Streit um die Anerkennung Mazedoniens zu profilieren und wurde im Juni 1992 aus seinem Amt entlassen. Er gründete darauf eine (kurzlebige) Partei, was der Néa Dimokratía-Regierung 1993 die Mehrheit im Parlament kostete. Aus den folgenden Wahlen ging noch einmal, wenn auch gesundheitlich angeschlagen, Andréas Papandréou als Sieger hervor. Die dritte Amtsperiode wurde von seinem Gesundheitszustand überschattet. Nach siebenwöchigem Krankenhausaufenthalt, in dem das Land führerlos war, legte er im Januar 1996 sein Amt nieder. Nachfolger wurde der Reformer Konstantínos Simítis, der sich gegen den Exponent des populistischen Flügels der PASOK, Akis Tsochatsópoulos, durchsetzen konnte.

Der Regimewechsel in Albanien und der Zerfall Jugoslawiens Anfang der 1990er Jahre blieben im Nachbarstaat Griechenland nicht ohne Auswirkungen. Sie lösten historische Ängste und Reflexe aus. Hunderttausende, zum Teil griechischstämmige, Albaner kamen auf der Suche nach besseren Lebensverhältnissen über die grüne Grenze nach Griechenland, das längst zu einem Einwanderungsland geworden war. Wohl in Erinnerung an die griechisch-serbische Allianz in den Balkankriegen gab es ungewöhnliche Solidarisierungsgesten griechischer Politiker mit dem serbischen Präsidenten Slobodan Milosevic.

Die Unabhängigkeit der früheren jugoslawischen Teilrepublik Maze-

donien rührte an das Selbstverständnis zahlreicher Griechen und führte zu einem bizarren Streit um die Bezeichnung des Landes und um die Verwendung des 16-armigen Sterns von Vergína als mazedonisches Staatswappen. Im Februar 1994 verhängte die Regierung Papandréou deshalb eine Wirtschaftsblockade gegen Mazedonien. Da man sich als Erbe des antiken Mazedoniens fühlte, wurde die Benutzung dieses Begriffs durch den neuen Kleinstaat im Norden als unerträgliche Anmaßung empfunden. Erst als die mazedonische Regierung sich bereit erklärte, den Stern von Vergína als Staatsemblem zu tilgen, und versicherte, dass die Verfassung keine territorialen Ansprüche gegen Griechenland enthalte, wurde das Embargo im Oktober 1995 aufgehoben.

Im albanischen Kampf um den Kosovo und innerhalb Mazedoniens wurde in Teilen der Medien eine albanisch-türkische Verschwörung zu Lasten Griechenlands gesehen. Dies hinderte allerdings griechische Geschäftsleute nicht daran, sich massiv in der stets FYROM (Former Yougoslav Republic of Macedonia) genannten Republik zu engagieren.

Das Jahr 1974 erwies sich somit als Wegscheide der neueren griechischen Geschichte. Die von der Kleinasien-Katastrophe ausgelösten Schockwellen, die durch die fremde Besetzung noch verstärkt wurden, ließen Griechenland lange nicht zur Ruhe kommen. Als „griechischer Dreißigjähriger Krieg" wurde die Epoche bezeichnet. Mit dem Fall der Militärdiktatur beruhigten sich diese Erschütterungen. Seitdem verläuft das politische Leben in normalen parlamentarischen Bahnen. Zwar wird die griechische Politik nach wie vor durch Klientelsystem, starke Personalisierung und parteipolitische Polarisierung gekennzeichnet. Diese Erscheinungen sind jedoch, insbesondere seit Regierungsantritt des Papandréou-Nachfolgers Konstantínos Simítis, der eine nüchterne Modernisierungs- und Sanierungspolitik durchführt, im Abklingen. Durch die klare Orientierung nach Europa ist eine Standortbestimmung erfolgt. Es mag in der griechischen Öffentlichkeit keine Europabegeisterung geben, doch wird der EG-Beitritt von keiner relevanten politischen Kraft mehr infrage gestellt. Die demokratischen Strukturen mit ihren Besonderheiten erscheinen gefestigt. Der Machtverlust der Konservativen in den Wahlen 1981 löste, anders als 1967, keine gewaltsame Reaktion aus, sondern wurde als normaler politischer Wechsel akzeptiert. Das Gleiche galt für den Machtverlust der PASOK in den Juni-Wahlen 1989.

Hauptproblem der Außenpolitik bleibt das Verhältnis zur Türkei und die Regelung der offenen Streitfragen in der Ägäis und um Zypern. In diesen Fragen herrscht bei den griechischen Parteien weitgehend Konsens. Die EU-Mitgliedschaft sichert der griechischen Regierung bei diesen Fragen entscheidenden Einfluss.

Mit dem Anschluss der Dodekanés (1947) erfolgte der letzte territoriale Zugewinn. Damit ist die griechische Staatswerdung abgeschlossen. Die Festlandssockelfrage in der Ägäis ist nur ein Annexproblem, wie es nach 1945 auch in anderen Weltregionen entstanden ist. Abgesehen von dem Konflikt um das Felseneiland Ímia zwischen Kálymnos und der türkischen Küste, der Ende Dezember 1995 durch die Havarie eines türkischen Schiffes hochkochte, ist Griechenland heute keinen territorialen Ansprüchen ausgesetzt und erhebt selbst keine.

Säule mit dem 16-strahligen makedonischen Stern am Préspa-See, im Dreiländereck Griechenland, Republik Makedonien, Albanien, gestiftet im Juli 1993 vom Makedonischen Verein Chicagos. Die Inschrift lautet: „Heldenhafte Grenzwächter der Gemeinde Psarádes, Hüter der Heimatgrenzen, wir, Eure Brüder aus Chicago übersenden Euch eine Botschaft der Liebe und der Solidarität in Eurem heiligen Kampf um Makedonien.“

ΤΗΣ ΤΩΝ ΟΛΥΜΠΙΑΔΩΝ ΥΠΟ ΤΗΣ
ΟΙΚΟΥΜΕΝΗΣ ΑΝΑΚΑΙΝΙΣΕΩΣ
ΜΝΗΜΕΙΟΝ ΑΪΔΙΟΝ
ΤΗΝ ΣΤΗΛΗΝ ΤΗΝΔΕ
Η ΕΛΛΑΣ
ΕΝ ΤΗ. ΙΕΡΩΤΑΤΗ. ΟΛΥΜΠΙΑ
ΑΝΙΔΡΥΣΕΝ
ΕΙΣ ΑΕΝΑΟΝ ΑΠΟ ΤΩΝ ΑΓΩΝΩΝ
ΔΙΔΑΣΚΑΛΙΑΝ
ΨΥΧΗΣ ΤΕ ΚΑΙ ΣΩΜΑΤΟΣ
ΤΟΥ ΔΕ ΑΝΑΚΑΙΝΙΣΤΟΥ
ΠΕΤΡΟΥ ΚΟΥΜΠΕΡΤΕΝ

„Ewiges Olympia?"

Entstehung und Verfall eines kultischen Sportfestes – Die olympische Idee der Neuzeit

Im Jahre 2004 werden die „Spiele zur Feier der XXVIII. Olympiade neuer Zeitrechnung" in Athen ausgetragen. Schon als das Internationale Olympische Komitee die „Golden Games" von 1996 nach Atlanta vergeben hatte, bemerkten nicht wenige entrüstet, dass man zum 100-jährigen Jubiläum doch „zu den Wurzeln" hätte zurückkehren müssen. Nun werden die griechischen Organisatoren nicht müde zu betonen, dass dies endlich der Fall sei. Dabei denken sie und – so ist zu vermuten – die weltweite Gemeinde des Sports nicht so sehr an den Beginn der modernen Olympischen Spiele in Athen 1896, als vielmehr an die Wettkämpfe im antiken Olympia. Wenn diese Auffassung auch einer kritischen Überprüfung nicht standhält, kann ein Besuch des antiken Heiligtums gleichwohl den Blick auf das Geschehen im modernen Spitzensport außerordentlich bereichern.

Mit Recht sehen wir in antiken Tempelruinen Wurzeln unserer Kultur. Die Größe, Pracht und Ästhetik, mit der griechische Architekten ihre Bauwerke anlegten, sind beeindruckend – auch die Bereitschaft, solchen Aufwand zu Ehren der Götter zu betreiben. Mit der Religion jedoch, für die diese Tempel geschaffen wurden, können wir heute wenig anfangen. Die Tieropfer für die zwar unsterblichen, im Übrigen aber menschlichen, allzu menschlichen olympischen Götter mit ihren Eifersüchteleien und Liebesränken sind weit entfernt von unseren christlich geprägten Vorstellungen.

Dies ist bei Olympia anders. Der „Olympische Geist" – so scheint es – ist nämlich vor gut 100 Jahren „wieder erweckt" worden. Olympia lebt in unserer Zeit. Das macht sicher den besonderen Reiz aus, der die Ausgrabungsstätte im Nordwesten der Peloponnes unter den vielen anderen Sehenswürdigkeiten Griechenlands herausragen lässt. Hunderttausende von Touristen besuchen jährlich die weitläufige Ruinenstätte und das Museum, dessen Existenz auf den bis heute richtungsweisenden Vertrag

Gedenkstele für Pierre de Coubertin im Park der „Internationalen Olympischen Akademie" in Olympia. In der Stele wurde 1938 das Herz von Coubertin eingemauert.

zurückgeht, den der griechische Staat 1874 mit dem gerade gegründeten Deutschen Reich schloss. Er gewährte den deutschen Archäologen das exklusive Ausgrabungsrecht und garantierte im Gegenzug – und das war das Neue –, dass alle Fundstücke im Lande verbleiben sollten (s. S. 63). Jahrzehntelang hatte sich der Berliner Gelehrte Ernst Curtius für die Verwirklichung dieses Traums eingesetzt. Er dachte an Olympia als einen Hort der Kultur des antiken Griechenland, das er sich nach der von Winckelmann gerühmten „edlen Einfalt, stillen Größe“ in den schönsten, besser reinsten Farben ausmalte. Ihn interessierten in erster Linie die zu erwartenden kunsthistorischen Funde. Vom Sport, der gerade erst von England aus seinen Siegeszug durch Europa antrat, hatte er keine Ahnung.

Seit der christliche Kaiser Theodosius im Edikt vom 8. November 392 (*Codex Theodosius* 16/10/123) alle heidnischen Kultfeste verboten hatte, war das Heiligtum den Naturgewalten ausgesetzt und vollständig verschüttet. Curtius' Appell, diese Stätte wieder freizulegen, wurde in den Jahren 1875 bis 1881 umgesetzt. Die deutschen Archäologen stießen dabei zwar nicht auf „Leben von unserem Leben“, wie es der Philhellene Curtius in einem bemerkenswerten Vortrag in der Berliner Singakademie bereits 1852 voller Zuversicht in Aussicht gestellt hatte, aber sie inspirierten den französischen Baron Pierre de Coubertin (1863–1937), seinem großen internationalen Sportfest den Namen „Olympische Spiele“ zu geben. Am 23. Juni 1894 postulierte Coubertin auf dem Kongress an der Sorbonne in Paris seine olympische Vision, die er später so umschrieb: „Deutschland hatte das ausgegraben, was von dem alten Olympia noch vorhanden war, warum sollte Frankreich nicht die alte Herrlichkeit wiederherstellen?“ Das antike Stadion war noch nicht freigelegt, da verkündete der Pädagoge aus Leidenschaft die Absicht, durch die neuen Olympischen Spiele, „antiken Geist und moderne Form“ zu vereinen. Angesichts der Zeitumstände wahrhaft ein Geniestreich von einem der auszog, sportliche Leistung und Wettkampf als Mittel der Erziehung zu etablieren. Was heute allen Lehrplänen an Schulen als unverzichtbar gilt, war damals alles andere als selbstverständlich. Da war auf der einen Seite die insbesondere auf dem Kontinent verbreitete Ignoranz der gebildeten Schichten gegenüber jeder Form von „Leibeserziehung“. Noch ganz dem christlichen Dualismus vom sündhaften Körper und reiner Seele verhaftet, sah die Mehr-

Die Olympische Hymne von 1896: Text von Kóstis Palamás, Musik von Spyros Samarás, Solomós-Museum, Kerkyra/Korfu

zahl der Pädagogen in Spiel und Wettkampf einen nichtigen Zeitvertreib der Jugend, bestenfalls geeignet, die „Körpersäfte“ im Zaum zu halten. Auf der anderen Seite bewegen wir uns am Ende des 19. Jahrhunderts in einer Zeit, in der das antike Hellas als Wiege der europäischen Kultur schlechthin galt und jeder Gebildete über Jahre hinweg „die Werke der Alten“ studiert hatte, um darin alles menschlich Große und Reine zu finden. Damals fand jedwedes Anliegen die Anerkennung als Kulturgut, wenn man nachweisen konnte, „dass ja schon die alten Griechen ...“.

Wagenlenker von Delphi, um 478/474 v. Chr., Museum Delphi

Ein „Weltfest des Sports“ hätte wohl nie den Durchbruch geschafft, aber der Begriff „Olympische Spiele“, den Coubertin quasi exklusiv für „sein“ olympisches Sportereignis benutzte, hatte auf Grund der Assoziationen, die sich mit ihm einstellten, einen ganz anderen Klang. Wie noch zu zeigen sein wird, war dies nicht der einzige Kunstgriff, der Coubertins Lebenstraum ein längeres Dasein bescherte als vorangegangenen Versuchen z.B. in England, Frankreich und Griechenland, „Olympische Spiele“ auf nationaler Ebene einzuführen und zu etablieren. In jedem Fall war die Namensgebung dafür verantwortlich, dass heute ein Besuch in Olympia zum unverzichtbaren Programm einer Griechenlandreise gehört.

Bevor wir uns mit der Frage beschäftigen, wie denn moderne Olympische Spiele aussähen, wenn sie tatsächlich nach antikem Vorbild gestaltet würden, sind einige kritische Vorbemerkungen unerlässlich: Erstens betrachten wir, wenn wir über die antiken Kultfeste sprechen, einen Zeitraum von gut eintausend Jahren. In deren Verlauf vollzog sich der „Fortschritt“ zwar nicht im Tempo des 20. Jahrhunderts, dennoch gab es gesellschaftliche Veränderungen, die sich massiv auf *Sinn und Form* der Athletik auswirkten. Zweitens ist Coubertin – teils aus Unwissenheit, teils aus Kalkül – mit der historischen Wirklichkeit sehr frei umgegangen. Freilich müssen wir ihm zugestehen, dass die Zeugnisse, die ihm bekannt sein konnten, nur ein sehr lückenhaftes Bild ergaben. Es sind keinerlei Schriften auf uns gekommen, die sich eo ipso mit dem *Sinn* der antiken

Wettkämpfe befassen. Diesen können wir also nur aus der *Form*, d.h. aus dem äußeren Erscheinungsbild der Athletik und Einzelnachrichten erschließen. So sind Interpretation, Spekulation und Idealisierung Tür und Tor geöffnet.

Das wohl augenfälligste Beispiel dafür ist die Legende vom antiken Amateur. Es ist historisch belegt und nicht zu bezweifeln, dass die Sieger in Olympia als Zeichen ihres Erfolges nur einen Zweig vom heiligen Ölbaum bekamen. Daraus folgerte Coubertin, dass die Hellenen mit dieser Form einen bestimmten Sinn zum Ausdruck gebracht hätten, nämlich die Hingabe an den Wettkampf um seiner selbst willen, ohne dabei äußere Zwecke wie etwa Siegprämien zu verfolgen. Die Realität sah anders aus: Schon die Wurzel des Wortes „Athlet“ verweist auf den Unterschied: „Athlon“ bedeutet Kampf und Preis zugleich. Und während sich olympische Puristen bis in die 1970er Jahre noch darüber stritten, welchen materiellen Wert denn ein Pokal haben dürfe, damit der Sieger nicht seinen Amateur-Status gefährde, berichten antike Quellen frank und frei, welch horrende Belohnungen und Privilegien die Olympioniken in ihren Heimatstädten erhielten.

Man sollte den Gründer der modernen Olympischen Spiele nicht der Geschichtsklitterung beschuldigen. In einer Mischung aus Cleverness und romantischer Verklärung hat er sich die Antike so zurechtgebogen, wie er sie für seine hehren Ziele brauchte, und seine ideologischen Mitstreiter, in Deutschland allen voran Carl Diem, sind ihm allzu gerne gefolgt. Aus heutiger Sicht allerdings stehen wir in Olympia vor den Resten eines Stücks griechischer Kulturgeschichte. Es ist zusammen mit der antiken Religion entstanden und mit ihr untergegangen und weder dem Sinn noch der Form nach wieder zum Leben erweckt worden, und das zum Glück.

Versetzen wir uns in einen Olympia-Besucher des 5. Jahrhunderts v. Chr. Vielleicht war er Mitglied einer der zahlreichen Gesandtschaften, die Städte und Kolonien aus dem gesamten Mittelmeerraum nach Olympia schickten, um ihrem höchsten Gott zu opfern und ihre Zugehörigkeit zur hellenischen Kult- und Kulturgemeinschaft zum Ausdruck zu bringen. Aufgrund eigener Berechnung oder von den eigens ausgesandten Boten wusste man, dass der vierte Sommer nach den letzten Olympien gekommen war und man die Reise zum Zeus-Heiligtum vorbereiten musste.

Von dieser Realität hat Coubertin den vierjährigen Festrhythmus übernommen. Die Tatsache jedoch, dass in der Antike nur Griechen zusammenkamen, hat er ignoriert. Die Teilnahme blieb damals denen vorbehalten, die aufgrund gleicher Sprache, Kultur und Religion ein Gefühl gemein-

Die Olympischen Sommerspiele			
1896	Athen	1952	Helsinki
1900	Paris	1956	Melbourne
1904	St. Louis	1960	Rom
1908	London	1964	Tokio
1912	Stockholm	1968	Mexico City
1916	Berlin	1972	München
1920	Antwerpen	1976	Montreal
1924	Paris	1980	Moskau
1928	Amsterdam	1984	Los Angeles
1932	Los Angeles	1988	Seoul
1936	Berlin	1992	Barcelona
1940	Tokio	1996	Atlanta
1944	London	2000	Sydney
1948	London	2004	Athen

Die Olympischen Sommerspiele der Neuzeit von 1896 bis 2004

samer Zusammengehörigkeit entwickelt hatten. Alle Nichtgriechen, die „Barbaren“, blieben ausgeschlossen. Coubertin hielt hingegen von Anfang an daran fest, dass der Austragungsort der Olympischen Spiele durch die Welt wandern sollte. Hierin kommt eine universale und integrative Zielsetzung zum Ausdruck, die den alten Griechen fremd war.

Der Weg führte die antiken Besucher zunächst nach Elis, der Stadt, die nach langen Auseinandersetzungen die im Alphcios-Tal lebende vorgriechische Bevölkerung der Pisatis vernichtend besiegen konnte, um von da an unangefochten für die Verwaltung des Heiligtums und die Organisation des Zeusfestes verantwortlich zu sein. Eine Stadt Pisa hat es höchstwahrscheinlich nie gegeben. Einige Archäologen vermuten hingegen, dass das mythische Pisa eventuell mit den antiken Resten des nahe gelegenen Dorfes Miráka identisch sei. Wohl aber gehörte das Heiligtum von Olympia in vorgriechischer Zeit zum Herrschaftsbereich der Pisatis.

Wir befinden uns in der Zeit des ersten Vollmondes nach der Sommersonnenwende. Spätestens zu diesem Termin mussten die Athleten in Elis eintreffen, um sich dort vorzubereiten. Wahrscheinlich fanden Vorausscheidungen bzw. Sichtungen statt, sodass nur noch die Besten zu den Wettkämpfen zugelassen wurden. Das eigentliche Fest begann einen Monat

später. Sportliche Aspekte können bei dieser Terminwahl keine Rolle gespielt haben, denn man befand sich in der heißesten Zeit des Jahres. Es gab noch weitere Zulassungskriterien. So mussten alle Teilnehmer freie Griechen sein. Formal wurde an dieser Regel stets festgehalten. Allerdings wandelte sich die Auffassung im Laufe der Zeit, wer als Grieche anzusehen war. In pragmatischer Anpassung an politische Realitäten wurde aus dem Abstammungs- ein Kulturgrieche. So ist es zu erklären, dass später etwa Athleten aus den durch Alexander den Großen eroberten Gebieten des Vorderen Orients oder aus dem römischen Westen in Olympia auftauchen. Sie hatten durch den Besuch des Gymnasiums ihre Zugehörigkeit zum Hellenentum „erworben“ und waren somit startberechtigt.

Dekadrachmon-Münze aus Akragas/Sizilien aus der Zeit um 412/411 v. Chr. zu Ehren des Olympiasiegers im Viergespann Exainetos von Akragas

Die modernen Olympischen Spiele spiegeln wider, dass es ein Wettkampf ausschließlich der Besten war und ist. Coubertin hatte im Sinn, dass die „Blüte der Jugend“ den anderen zum Vorbild dienen und jeden, auch den weniger Begabten, anspornen sollte. Völlig im Gegensatz zur Antike steht allerdings seine Idee, ein internationales Sportfest ins Leben zu rufen. Dies setzt die prinzipielle Anerkennung der Gleichwertigkeit und Existenzberechtigung aller Teilnehmer und Kulturen voraus – ein Gedanke der Aufklärung, von dem die Antike weit entfernt war.

Die moderne Olympische Bewegung will einen spezifischen Beitrag zu Völkerverständigung und Frieden leisten, ein lobenswertes Anliegen. Ihre Vertreter behaupten, schon die antiken Spiele hätten im Dienste des Friedens gestanden. Wenn die Festboten den Beginn der „heiligen Zeit“ ankündigten, hätten in der gesamten griechischen Welt die Waffen geschwiegen. Die Griechen selbst haben nie von einem „Olympischen Frieden“ gesprochen, sondern von der „Ekecheiría“, einem Rechtsterminus, den man am besten mit „Immunität“ wiedergibt. Sie stellte alle an den Spielen unmittelbar Beteiligten – Athleten, Funktionäre und Zuschauer – für einen bestimmten Zeitraum unter den Schutz des Zeus und garantierte ihnen mitsamt ihrem Eigentum eine ungehinderte Reise nach Olympia und zurück, selbst wenn diese durch das Gebiet eines Staates führte, mit dem ihr eigener gerade im Krieg lag. Verstöße dagegen wurden streng geahndet.

Doch das weit verbreitete ideologische Dogma von einer totalen und verbindlichen Waffenruhe während der antiken Olympischen Spiele ist ein Wunschtraum des ausgehenden 19. Jahrhunderts. Die „Ekecheiría“ bedeutete nicht das Ende aller Kriege, sie sicherte die Durchführung der Olympischen Spiele trotz der Kriege. Obwohl die Olympische Bewegung mit 200 Nationalen Olympischen Komitees inzwischen mehr Mitglieder zählt als die Vereinten Nationen, fehlt ihr die moralische Autorität. So wurden die Olympischen Spiele 1916, 1940 und 1944 Opfer der Weltkriege, und die Terroristen von München 1972 kümmerten sich nicht um die Unverletzlichkeit des modernen Elis.

Wenige Tage vor dem zweiten Vollmond machten sich die Athleten und ihre Begleiter – angeführt vom Kollegium der leitenden Schiedsrichter (Hellanodiken), das die Oberaufsicht über die Wettkämpfe hatte – von Elis aus in einer große Prozession auf den Weg zur Kultstätte von Olympia, die fast 40 km entfernt lag. Hier hatte vier Jahre lang weitgehende Ruhe geherrscht. Nur einige Priester versahen ihren Dienst und empfingen Gesandtschaften, die um Orakel baten oder der Obhut des Gottes wichtige Verträge anvertrauten. Aus Inschriften anderer Heiligtümer geht hervor, dass die Wettkampfstätten zu den großen Festen sogar eigens neu hergerichtet wurden. Nun aber entstand auf der anderen Seite des Alpheios-Flusses eine rie-

Grundrissplan von Olympia (nach Alfred Mallwitz, DAI Athen)

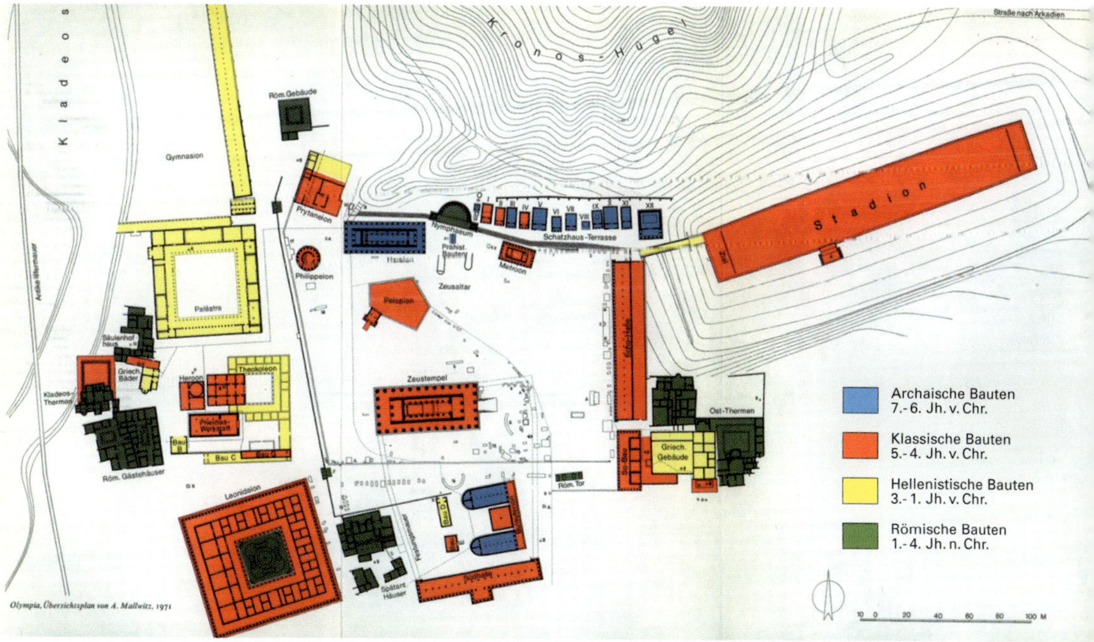

sige Zeltstadt. Die Versorgung einer solchen Menschenmenge muss – leider sind keine Einzelheiten überliefert – eine große logistische Herausforderung gewesen sein. In einem antiken Text heißt es, mit nach Olympia genommen zu werden, sei für einen Sklaven schlimmer als die Arbeit in der Ölmühle.

Bei der Ankunft im Heiligen Bezirk (der Altis) hatten Athleten und Hellanodiken als Erstes an einem Altar des Zeus den *Olympischen Eid* zu leisten. Dabei schworen die Athleten, die Teilnahmebedingungen zu erfüllen und sich an die Regeln zu halten, die Hellanodiken bekräftigten ihre Unparteilichkeit. Seit 1920 gehört der Olympische Eid auch zum Protokoll der Eröffnungsfeier der modernen Olympischen Spiele. Ein Athlet bzw. Kampfrichter legt für alle das Versprechen ab, in den folgenden Tagen im Geist des fairen und friedlichen Wettstreits zu handeln.

Wir besitzen eine detaillierte Beschreibung des Bildes, das sich einem Besucher von Olympia gegen Ende des 2. Jahrhunderts n. Chr. bot. Der

Hera Tempel von Olympia, um 600 v. Chr.

Schriftsteller Pausanias, bisweilen als der „Baedeker“ der Antike bezeichnet, notierte im 5. und 6. Buch seines Reiseberichtes über Griechenland seine Eindrücke. Unser Besucher in klassischer Zeit fand eine wesentlich einfacher gestaltete Anlage vor. Immerhin traf er schon auf den zwischen 470 bis 456 v. Chr. fertig gestellten Zeustempel, dessen Fundamente auch heute noch die Ausgrabungsstätte dominieren. Im Inneren beherbergte der Tempel seit etwa 438 v. Chr. eines der sieben Weltwunder: eine Monumentalstatue (mit Sockel 14 m hoch) des sitzenden Zeus aus Gold und Elfenbein, die der Athener Bildhauer Phidias geschaffen hatte.

Spätestens beim Anblick des Zeustempels lernte der antike Besucher, wie man sich den Ursprung der Olympien vorstellte. Das östliche Giebelfeld, dessen Reste im Museum von Olympia ausgestellt sind, zeigt das Wagenrennen zwischen dem sagenhaften König Oinomaos von Pisa/Pisatis und dem Helden Pelops. Von Poseidon mit unbesiegbaren Pferden ausgestattet, zwang Oinomaos jeden, der seine Tochter Hippodameia zur Frau begehrte, zu einem Wettkampf. Der Freier verlor mit dem Rennen auch sein Leben. Pelops beendete diesen Frevel mit Hilfe einer List seiner geliebten Hippodameia. Sie ließ die hölzernen Naben an den Achsen durch solche aus Wachs ersetzen, die während des Rennens schmolzen. Der König stürzte zu Tode. Aus diesem Anlass soll Pelops die Olympien gegründet haben. Doch gab es bereits in der Antike konkurrierende Ursprungsmythen: Je nach lokalem Götterhimmel wurde auch Herakles, dessen Taten ebenfalls auf der Außenseite des Tempels dargestellt wurden, als Stifter verehrt. Der Wettkampf zeigt jedenfalls einen Aspekt der griechischen Athletik, der in der Griechenbegeisterung des 19. Jahrhunderts meist übersehen wurde: Für den Erfolg war (fast) jedes Mittel recht. Offenbar scherte sich der König nicht um Chancengleichheit, auch Pelops verschaffte sich auf unfaire Weise einen Vorteil. Die unterschiedliche Ethik in Antike und Neuzeit wird hier deutlich.

Ein Rundgang durch den Heiligen Bezirk führt den Besucher sicher auch zum Heratempel. Dort will Pausanias noch um 174 n. Chr. einen Diskus gesehen haben, auf dem ein Vertrag der Könige von Pisa, Sparta und Elis zu lesen war, der das Fest begründete und die Organisation in die Hände der Eleer legte. Aber hierbei handelt es sich um eine Fälschung, die lediglich den durch kriegerische Gewalt erworbenen Anspruch der Eleer historisch untermauern sollte.

Die im heutigen Museum aufgestellten Modelle machen deutlich, dass das antike Heiligtum ein Kunstmuseum der besonderen Art darstellte. So marschierte unser Besucher durch eine Ansammlung Hunderter von Statuen. Jeder Olympiasieger hatte nämlich das Recht, in der Altis eine Statue aufstellen zu lassen, auf deren Basis sein Name sowie der seines Vaters und seiner Heimatstadt der Nachwelt überliefert wurden. Dieses besondere Privileg der „Unsterblichkeit“ war sicherlich eine wesentliche Motivation antiker Athleten.

Wir folgen weiter dem Rundgang über die Altis und bewegen uns in Richtung Stadion. Dort sah sich der Besucher linker Hand einer Reihe von kleineren, tempelähnlichen Gebäuden gegenüber, den so genannten „Schatzhäusern“. Hierbei handelte es sich um repräsentative Bauten großer Städte, vor allem aus Unteritalien und Sizilien, die den versammelten Griechen Macht und Reichtum demonstrierten. Am Fuße dieser Terrasse beschreibt Pausanias eine Reihe von Zeus-Statuen, die „Zanes“. Diese sollten die Athleten kurz vor dem Wettkampf noch einmal daran erinnern, sich an die Regeln zu halten; denn sie waren mit den Strafgeldern bezahlt worden, die frühere Frevler hatten entrichten müssen.

Modell von Olympia, Teilausschnitt

Hier tritt uns erneut ein Phänomen der antiken Athletik entgegen, das so gar nicht zu dem überlieferten Bild passen will. Sieg oder Niederlage in einem Wettkampf waren für einen Griechen zu keiner Zeit eine unbedeutende Nebensache. Sie waren von existenzieller Bedeutung. Sieg bedeutete Ruhm, Ehre und Einkommen, Niederlage Schande. So ist es nicht verwunderlich, dass man in der Antike mit allen Mitteln um den Sieg kämpfte. Niemals hätte ein Athlet nach der Devise Coubertins empfunden oder gehandelt, „wichtig sei nicht der Triumph, sondern sich wacker geschlagen zu haben“. Solch ein Gedanke kann nur einen Wettkämpfer beseelen, der den Sport als Sphäre des Nicht-Ernsten, Spielerischen begreift. Für den Griechen dagegen war der *Agon* ein Kampf, und nicht umsonst gebrauchte er dieses Wort für „Schlacht“ *und* „Wettkampf“ zugleich. „Kranz oder Tod“ – diese Devise fand sich auf dem Grabstein eines Athleten, der in Olympia sogar sein Leben eingesetzt hatte, um den Sieg zu erringen.

Beim Blick auf das Wettkampf-Programm ergibt sich erneut ein prinzipieller Unterschied zwischen Antike und Moderne. Im Jahre 2004 werden in Athen ca. 10 500 Sportlerinnen und Sportler aus 200 Ländern anreisen, um sich in 300 Wettbewerben aus 28 Sportarten zu messen. Die heute unter dem Stichwort „Gigantismus der Spiele“ geführte Diskussion war der Antike unbekannt. Denn es gab nicht mehr als 20 Wettbewerbe im Stadion und im Hippodrom.

Wichtigste Quelle zur Entwicklung des olympischen Wettkampf-Programms sind die Siegerlisten, die Hippias, der Stadtarchivar von Elis, um 400 v. Chr. „rekonstruierte“. Während sie für die klassische Zeit als recht zuverlässig anzusehen sind, wurden bezüglich der überlieferten Namen und Daten der Anfangsphase schon in der Antike erhebliche Zweifel geäußert. Jedenfalls will Hippias wissen, dass die erste Olympiade im Jahr 776 v. Chr. stattfand und der eleisch/pisatische Lokalmatador Koroibos den damals einzigen Wettbewerb, den Lauf über eine Stadionlänge von 600 Fuß, d.h. 192,28 m, gewann. Im Laufe der Zeit kamen immer mehr Konkurrenzen dazu, bis das Programm um 500 v. Chr. im Wesentlichen seinen Abschluss gefunden hatte.

Unser olympischer Schlachtenbummler erlebte in klassischer Zeit drei Kategorien von Wettkämpfen, von denen zwei (die Leichtathletik und die Kampfsportarten) im Stadion und eine (die Pferde- und Wagenrennen) im Hippodrom ausgetragen wurden. Neben dem schon erwähnten Sprint über ein Stadion gab es ab 724 v. Chr. den Doppellauf über zwei Stadien (384,56 m) sowie ab 720 v. Chr. den Langlauf über 20 Stadien (3845,60 m).

Olympische Disziplinen		
Leichtathletik	Schwimmen	Tischtennis
Reitsport	Fechten	Turmspringen
Ringen	Volleyball	Moderner Fünfkampf
Boxen	Tennis	Radsport
Judo	Handball	Segeln
Badminton	Softball	Gewichtheben
Baseball	Kanu-Kajak	Basketball
Wasserball	Hockey	Triathlon
Fußball	Rudern	Bogenschießen
Kunstturnen	Scheibenschießen	Rhythmische Sportgymnastik

Die modernen Sportarten der Olympischen Sommerspiele (Stand: Athen 2004)

Hinzu kam ab 520 v. Chr. der Waffenlauf über 2 Stadien, zunächst in voller Rüstung, später nur noch mit Helm und Schild. Die Läufer waren seit dem Ende des 6. Jahrhunderts – wie übrigens alle anderen Athleten auch – nackt und liefen ohne Schuhwerk auf einer Bahn aus festgestampften Lehm. Sie starteten – je nach Länge der Strecke – von steinernen Schwellen, die an beiden Enden in den Boden eingelassen waren, während sich das Ziel immer an der dem Heiligtum zugewandten Westseite befand. Fehlstarts sollen die Schiedsrichter mit Rutenhieben bestraft haben, ehe in hellenistischer Zeit eine Anlage mit mechanischen Schranken für einen gleichzeitigen Ablauf sorgte.

Die relativ kurze Strecke des Langlaufs überrascht, gab es doch im antiken Griechenland im zivilen und militärischen Bereich Boten- und Erkundungsläufer, die bis zu 100 km am Tag zurücklegten. Wer denkt nicht an jenen berühmten Krieger, der nach der Schlacht bei Marathon 490 v. Chr. über mehr als 40 km nach Athen gelaufen und nach dem Ausruf „Wir haben gesiegt“ auf der Agorá tot zusammengebrochen sein soll! Das Ganze ist wahrscheinlich eine heroische Legende, doch führte sie immerhin dazu, dass Pierre de Coubertin, der Anregung eines Freundes folgend, schon bei den ersten Olympischen Spielen der Neuzeit 1896 in Athen den „Marathonlauf“ ins Programm nahm, den der Grieche Spirídon Louis unter dem Jubel seiner Landsleute auf der „Originalstrecke“ gewann.

Seit 708 v. Chr. wurde in Olympia der Fünfkampf (Pentathlon) ausgetragen, eine sportliche Vielseitigkeitsprüfung, die ihren militärischen Ursprung nicht verleugnen kann. Er bestand aus Diskuswurf, Weitsprung, Speerwurf, Lauf und Ringen, wobei die drei erstgenannten Disziplinen im Gegensatz zu heute in der Antike nur als Teil des Mehrkampfes vorkamen. Die Griechen haben die erzielten Leistungen auch nicht gemessen und nach Punktetabellen bewertet, sondern in jedem Wettbewerb die genaue Platzierung der Athleten festgestellt. Wer dreimal im Vergleich zu ein und demselben Konkurrenten schlechter abgeschnitten hatte, musste ausscheiden. Der Gesamtsieger wurde in den meisten Fällen im abschließenden Ringkampf ermittelt. Es konnte aber durchaus vorkommen, dass ein herausragender Athlet die ersten drei Disziplinen gewann und der Fünfkampf somit beendet war.

Erst nach Jahrzehnten gelang es der Wissenschaft, das Geheimnis der Ausführung des antiken Weitsprungs zu lüften: Es handelte sich um einen fortgesetzten, fünffachen Standsprung, dessen Gesamtweite (der Rekord lag bei 52 Olympischen Fuß, d.h. 16,66 m) bewertet wurde. Manche vertreten die Auffassung, dass die Sprunggewichte (sog. Halteren), die die Athleten in den Händen hielten und beim Absprung nach vorne schwangen, leistungssteigernd gewirkt hätten. Wahrscheinlicher ist, dass sie die Belastung durch Schild und Speer in der realen Kampfsituation simulieren sollten. Inspiriert vom antiken Pentathlon schuf Pierre de Coubertin den Modernen Fünfkampf aus Reiten, Fechten, Schießen, Schwimmen und Laufen, der bei den Olympischen Spielen in Stockholm 1912 zum ersten Mal ausgetragen wurde.

Stadion von Olympia

Doch so sehr griechische Philosophen und neuhumanistisch gesinnte Pädagogen des 19. Jahrhunderts die hellenischen Fünfkämpfer wegen ihrer angeblich ausgewogenen Körperbildung und Vielseitigkeit als Vorbilder herausgestellt haben – das Hauptinteresse der Zuschauer im antiken Olympia galt zweifellos den Kampfsportarten: Ringen, Pankration und Boxen. Das Ringen war zweifellos die Nationalsportart Nr. 1 im antiken Griechenland. Jeder freie Bürger, vom Handwerker bis zum Philosophen, hatte sie im Gymnasium selbst betrieben. Daher wurden die Kämpfe in Olympia mit besonderer Sachkunde und Leidenschaft verfolgt. Wenn wir vom Geschehen eine Vorstellung gewinnen wollen, müssen wir uns zunächst von dem irreführenden modernen Begriff des „griechisch-römischen Stils“ lösen. Denn der antike Ringkampf war ein reiner Standkampf, den derjenige verloren hatte, der dreimal mit einem Körperteil oberhalb des Knies den Boden berührte. Da es keine Gewichtsklassen gab, versuchten die Athleten, durch eine besondere Weise der Ernährung, die von den Kritikern als „Zwangsdiät“ bezeichnet wurde, ein möglichst hohes Körpergewicht zu erreichen. Der wohl bekannteste Athlet der griechischen Antike überhaupt war der Ringer Milon aus der unteritalischen „Medaillenschmiede“ Kroton, der im Laufe von 30 Jahren sechsmal hintereinander in Olympia, zehnmal in Delphi und neunmal in Nemea siegte. Um seine Person ranken sich zahlreiche Legenden, die vor allem seine Standfestigkeit und seine Kraft betreffen.

Minoisches Fresko aus Akrotíri/ Santorin mit Darstellung eines Boxkampfes, um 1560 v. Chr., Nationalmuseum Athen

Die zweite beliebte Kampfsportart war der Allkampf (Pankration). Hier waren einmal alle Griffe erlaubt, und der Kampf ging auch am Boden weiter. Er endete ausschließlich dadurch, dass sich einer der Kämpfer in einer so aussichtslosen Lage befand oder solchen Schmerz empfand, dass er aufgab. Da die Spartaner diese Regelung mit ihrem Ehrgefühl nicht vereinbaren zu können glaubten, boykottierten sie diesen Wettbewerb. Und in der Tat kam es wiederholt zu Todesfällen, weil Athleten in ihrem unbändigen Siegeswillen alle körperlichen Warnsignale ignorierten. Ringkampf und Pankration wurden in Olympia an einem Tag ausgetragen. Mehr als 400 Jahre lang hatte kein griechischer Athlet das fertig gebracht, was man Herakles nachsagte, nämlich bei ein und derselben Olympiade in beiden Wettbewerben zu siegen. Erst im Jahre 212 v. Chr. gelang dies dem Eleer Karos. Die Griechen verliehen ihm den Ehrentitel „Paradoxonikes“, weil er pará dóxan, d.h. „gegen jede menschliche Vorstellung“ gesiegt hatte. Die Boxer kämpften ebenfalls unter freiem Himmel ohne Einteilung in Gewichtsklassen und Rundenbegrenzung bis zur Kampfunfähigkeit oder Aufgabe eines Kontrahenten. Sie hatten ihre Hände mit einem Geflecht aus Lederriemen mit harten Aufsätzen umwickelt, die den Schlag nicht etwa dämpfen, sondern im Gegenteil verstärken sollten. Ringärzte waren unbekannt, und Diskussionen über Langzeitschäden, wie sie heute aus Sorge um die Gesundheit der Sportler geführt werden, hätten bei einem Griechen nur Kopfschütteln ausgelöst. Die übel zugerichteten Gesichter der Faustkämpfer mit plattgedrückten Nasen, ausgeschlagenen Zähnen und verstümmelten Ohren waren Zielscheibe kaiserzeitlicher Spottgedichte. Idealisierende Archäologen des 19. Jahrhunderts entrüsteten sich wiederholt darüber, dass ein so hochgebildetes und ästhetisch feinfühliges Volk wie die Griechen derartige Kämpfe veranstalten und genießen konnten. Dem kann man nur entgegnen, dass nicht die Griechen sich widersprüchlich verhielten, sondern dass das Bild, das man sich in Kreisen der „Gebildeten“ damals von ihnen machte, einfach unzutreffend war.

Südlich des Stadions lag nach Pausanias der Hippodrom, von dem sich aber bis heute keine Spur gefunden hat. Hier fanden die Wagen- und Pferderennen statt, bei denen sich die griechische Aristokratie, vor allem auch die Tyrannen aus Sizilien, mit umfangreichem Gefolge ein Stelldichein gaben. Den Höhepunkt bildeten die Rennen mit dem Viergespann (ab 680 v. Chr.) über 12 Runden, die einer Strecke von fast 20 km entsprachen. Erst 648 v. Chr. wurde das Pferderennen eingeführt, das über 6 Runden ging. Die Reitkunst war bei den Griechen nicht sehr entwickelt, man ritt nackt und kannte weder Sattel noch Steigbügel. Bei allen hippischen Wettbewerben wurden nicht etwa die Wagenlenker oder Jockeys, sondern die Besitzer der Pferde zum Sieger ausgerufen und bekränzt. Zu Hause feierten sie ihren Erfolg mit prächtigen Festen, ließen sich von den berühmtesten Dichtern – wie Pindar von Theben (um 518–446 v. Chr.) – Siegeslieder schreiben und gaben sogar Sondermünzen heraus, die den Ruhm ihres Sieges im ganzen griechischen Handelsgebiet verbreiteten.

Ende des 4. Jahrhunderts v. Chr. traten als Wettkämpfer aber nicht mehr zufällig ausgewählte junge Männer aus den Gymnasien auf. Es handelte sich vielmehr um besonders Begabte und Ausgebildete, die die Laufbahn eines Berufsathleten eingeschlagen hatten. Nur so hatten sie noch eine Chance, im Wettbewerb zu bestehen. Sehr viele von ihnen waren ständig auf der Reise. Viele dürften bereits im Frühjahr an den Isthmischen Spielen bei Korinth teilgenommen haben. Die Olympien waren nur ein weiterer Höhepunkt in ihrem Wettkampfkalender. Ebenso wichtig waren die Wettkämpfe (Agone) bei den anderen griechischen Nationalfesten in Nemea oder in Delphi. Hinzu kam eine Vielzahl lokaler oder regionaler Wettkämpfe, bei denen die Athleten im Gegensatz zu den großen vier durch hohe Geldpreise angelockt wurden. Dies war neben den bereits erwähnten Zuwendungen in der Heimatstadt unverzichtbar; denn ein Athlet dieser Zeit konnte keinem normalen Broterwerb mehr nachgehen.

Marmorsockel aus der Palästra von Olympia mit Übungsszenen von Olympioniken: startender Läufer, Ringkämpfer und Speerwerfer, Olympia Museum

Der aufmerksamen Leserin wird aufgefallen sein, dass bisher noch nicht vom weiblichen Geschlecht die Rede war. Gehören doch die Leistungen der Frauen zu den faszinierendsten Erscheinungen des modernen Spitzensports. Doch im antiken Griechenland war dies völlig anders. Damals waren die gesellschaftlichen Rollen der Geschlechter klar vorgegeben: Der Mann stand im öffentlichen Leben und war verantwortlich für Politik, Wirtschaft und Krieg, die Frau hatte sich dagegen um Haushalt und Familie zu kümmern. Während der junge Mann im Gymnasium eine umfassende körperliche und geistige Bildung erfuhr, lernte das Mädchen allenfalls Lesen und Schreiben und wurde von der Mutter auf Ehe und Kindererziehung vorbereitet. Da die Gymnastik und die sich daraus entwickelnde Athletik militärischen Ursprungs waren und die Frau an der Verteidigung des Staatswesens keinen Anteil hatte, nahm sie weder an den Übungen im Gymnasium noch an öffentlichen Wettkämpfen teil. Der Kampf um den olympischen Siegeskranz war ausschließlich eine Angelegenheit der Männer. Frauen war es bei Androhung der Todesstrafe sogar verboten, den Olympischen Spielen zuzuschauen. Diese Bestimmung hatte allerdings nichts mit der Nacktheit der Athleten zu tun, sondern religiöse Gründe: Sie sollte die Erinnerung daran wach halten, dass die in Olympia

Das Olympia-Stadion von Athen im Jahre 1896

ursprünglich verehrte Fruchtbarkeitsgöttin später durch Zeus verdrängt worden war.

Von Pausanias wissen wir, dass im Rahmen eines Rituals zu Ehren der Göttin Hera in Olympia regelmäßig Läufe von Mädchen ausgetragen wurden. Unter den Töchtern der lokalen Aristokratie wurde so diejenige ausgewählt, die der Statue der Göttin ein prunkvoll verziertes Gewand umlegen durfte. Die Auswahl der Teilnehmerinnen nach ihrer sozialen Herkunft zeigt, dass hier sportliche Leistung und Wettbewerb eine untergeordnete Rolle spielten.

Die Teilnahme von Frauen am Wettkampfsport unserer Tage ist auf die Ideen der Aufklärung und die Bemühungen fortschrittlicher Pädagogen und Ärzte des 19. Jahrhunderts zurückzuführen und letztlich Ergebnis der gesellschaftlichen Emanzipation der Frauen in den letzten 100 Jahren. Antike Vorbilder haben dazu nichts beigetragen. Pierre de Coubertin, dem als pädagogisches Leitbild der sportlich vielseitige Offizier vorschwebte, hat sich zeitlebens gegen die Zulassung von Frauen zu „seinen“ Olympischen Spielen gestemmt. Als sich diese Entwicklung nicht mehr aufhalten ließ, ist er als Präsident des IOC zurückgetreten. Die alten Hellenen hätten diesen Schritt mit Sicherheit verstanden.

Gerade am Beispiel des zuletzt gezeichneten Kontrastbildes dürfte deutlich geworden sein, dass es keine überzeitliche „Olympische Idee“ mit einem Kanon unveränderlicher Werte und Ziele gibt. Carl Diems Vorstellung von einem „Ewigen Olympia“ ist eine Illusion. Das Olympische Fest der Antike unterscheidet sich in Form und Sinngehalt grundlegend von den Olympischen Spielen, die Pierre de Coubertin ersann, und diese wiederum von denen, die wir heute erleben. Wir verdanken den alten Griechen, wie in vielen anderen Bereichen, auch auf dem Gebiete des Sports wichtige Prinzipien und entscheidende Stufen der Entwicklung. Ohne die antiken Olympien und ihre Ausstrahlung wäre es kaum zur Gründung der modernen Olympischen Spiele gekommen, die heute als globales Medienereignis Milliarden an die Fernsehgeräte locken. Ob das idealisierte und romantisch verklärte Bild, das die Gründerväter und ihre Epigonen begeisterte und beflügelte, historisch korrekt war oder nicht, spielt dabei keine Rolle. Entscheidend war die Wirkung, die von ihren Vorstellungen ausging.

Dieses Sachverhalts sollte sich ein Besucher der Ruinenstätte von Olympia bewusst sein, bevor seine Schulerinnerungen, die heroisierenden Erklärungen des Fremdenführers oder das milde Licht der elischen Land-

Darstellung eines Wettlaufs auf einer panathenäischen Preisamphora, 1. Hälfte des 5. Jh. v. Chr., Antiken-Abteilung, Berlin-Charlottenburg

schaft wieder ihre unwiderstehliche Kraft entfalten und ihn in die Traumwelt entführen, in der schon die Pädagogen des 19. Jahrhunderts befangen waren.

Mit einem Griechen von heute kann man über diese Art von Nachdenklichkeiten nicht sprechen, ohne dass er dies schon im Ansatz als eine Beleidigung seiner Nation ansehen wird. Es ist für ihn schon schwer erträglich, dass Olympia von Deutschen ausgegraben wurde und ein Franzose die

Sonderbrief zur feierlichen Überführung des Herzens von Pierre de Coubertin am 26. März 1938 von Paris nach Olympia

Olympischen Spiele, ein unveräußerliches Stück griechischer Nationalkultur, internationalisiert hat. Am liebsten hätten die Griechen die 1896 zum ersten Mal in Athen veranstalteten neuzeitlichen Olympischen Spiele für immer im eigenen Land behalten. Und angesichts der drohenden Boykotte der 1980er Jahre waren sie der festen Überzeugung, man könne all ihre Gefahren und beklagenswerten Begleiterscheinungen, von der politischen Inanspruchnahme über die Kommerzialisierung bis hin zu Unfairness und medizinischer Manipulation, vermeiden, wenn man sie für immer an ein und demselben Ort in Griechenland austragen würde. Einem entsprechenden Vorschlag des Hellenischen Olympischen Komitees und der griechischen Regierung folgten die Olympiafunktionäre glücklicherweise nicht. Denn die Zukunft der Olympischen Spiele – so ungewiss sie auch sein mag – liegt nicht in der Vergangenheit.

Last und Lust der Tradition

Griechische Literatur, Bildende Kunst, Musik, Theater, Film

Voraussetzungen der künstlerischen Produktion in Griechenland

Griechenland ist Mitglied der Europäischen Union, ein Schengen- und Euroland, das jährlich von Millionen Touristen besucht wird – doch seine heutige Kultur ist im Ausland terra incognita. Aufgefordert, einen griechischen Dichter oder Schriftsteller zu nennen, würden die meisten Touristen wohl schweigen – oder auf Homer und Sophokles kommen. Ein griechischer Maler? Vielleicht El Greco. Ein griechischer Komponist? Allenfalls Míkis Theodorákis. Und ein griechischer Filmregisseur? Cineasten würde vielleicht Theódoros Angelópulos einfallen. Die meisten könnten sich nicht erinnern, je einen griechischen Film gesehen zu haben.

Die Sprache „Griechisch" wird allzu oft gleichgesetzt mit Altgriechisch. Bezeichnenderweise wird die heutige Form des gesprochenen und geschriebenen Griechisch im Ausland Neugriechisch, Modern Greek, Grec Moderne genannt, die vergangene Form jedoch schlicht Griechisch. Heutige Franzosen sprechen Französisch, nicht Neufranzösisch, obwohl die Sprache ihrer Vorfahren heute Altfranzösisch genannt wird. Wenn bei Kulturverhandlungen die griechische Seite die Einrichtung von Lehrstühlen oder Instituten zur Lehre und Erforschung der griechischen Sprache und Kultur fordert, verweisen nordeuropäische Verhandlungspartner auf die zahlreichen Einrichtungen zur Lehre der klassischen Philologie. Nicht, dass die Griechen ihr klassisches Erbe nicht schätzten, sie pflegen es im Gegenteil mit großem Aufwand. Aber sie möchten als Zeitgenossen mit eigener Kultur wahrgenommen werden, nicht nur als Epigonen oder Erben.

Dieses Missverständnis hat Tradition. Ende des 18. Jahrhunderts begann die Mode der Griechenlandreisen, die sich damals aber nur eine kleine, meist wohlhabende Schicht von Bildungsbürgern leisten konnte. Diese Bürger fuhren durch das Land, das zunächst noch unter türkischer Herr-

Dimítris Mytaras, Stiles, Vorrés Museum, Päanía/Athen

schaft lebte, und hatten nur Augen für die Spuren der Antike. Die Einwohner des Landes nahmen sie nur schemenhaft wahr, diese erregten allenfalls Interesse, wenn sich Reste der antiken Kultur in Sprache und Gebräuchen entdecken ließen.

Übersehen wird meist, dass Griechenland ein Nachfolgestaat des Byzantinischen Reiches ist, so wie die westeuropäischen Länder Erben des Römischen Reiches sind. Das klassische Erbe ist im Wesentlichen ein späterer Re-Import. Die 400-jährige türkische Fremdherrschaft hat zwar die byzantinische Kultur unterdrückt und deren Weiterentwicklung behindert, aber keine kulturelle tabula rasa geschaffen. Das in der Literatur öfters bemühte Bild von der 400-jährigen Nacht, die sich mit der osmanischen Eroberung über Griechenland gesenkt habe, ist ungenau. Teile Griechenlands – die Ionischen Inseln – sind nie von den Osmanen erobert worden, andere Teile, vor allem Kreta, erst relativ spät (1669). Während Athen, das schon in byzantinischer Zeit keine Rolle mehr gespielt hatte, zu einem Dorf degenerierte, erlebte Kreta im 16. und 17. Jahrhundert eine kulturelle Blüte, die Werke wie das Zehntausend-Verse-Epos *Erotókritos* und Maler vom Range eines Doménikos Theotokópulos, später El Greco genannt, hervorbrachte. Aber auch die Griechen unter osmanischer Herrschaft waren nicht ausnahmslos auf den Status leibeigener Bauern reduziert. In Städten wie Smyrna und Alexandria entwickelte sich eine wohlhabende gebildete griechische Bourgeoisie, lange bevor sich eine ähnliche Entwicklung im unabhängigen Griechenland vollzog. Im Zentrum des Osmanischen Reiches, im früheren Konstantinopel, saßen griechische Beamte an vielen Schalthebeln des Staates, Nachfahren des byzantinischen Amtsadels, die der osmanischen Staatsführung dienten und gleichzeitig ihr Griechentum pflegten.

Doménikos Theotokópulos (El Greco), Das Katharinen-Kloster auf Sinai, Historisches Museum, Iráklion

Bis heute bezeichnen sich Griechen als „Romiós", d. h. Römer bzw. Oströmer, Byzantiner. „Éllinas", d. h. Hellene, bedeutete bis ins vorletzte Jahrhundert vor allem „Altgrieche", „Heide" oder „Götzenverehrer". Erst allmählich nahm dieser Begriff wieder die Bedeutung „Grieche" an. Nicht zufällig nannte Míkis Theodorákis eine Vertonung von Gedichten von Jánnis Rítsos „Romiossíni", d.h. (Neu-)Griechentum. Text und

Kirchenfest auf Kreta mit dem Patriarchen von Konstantinopel Bartholomaios I.

Musik wurden zum Identifikationspunkt des Widerstands gegen die Obristenherrschaft 1967–1974.

Die byzantinische Tradition ist besonders augenfällig in den Riten der orthodoxen Kirche, in der ungebrochenen tausendjährigen Tradition des Berges Athos und der noch älteren des orthodoxen Patriarchats in Konstantinopel (1453). Die griechische Sprache hat dem Zahn der Zeit und der Fremdherrschaft ungleich zäher getrotzt als andere lebende Sprachen Europas. Dennoch war schon vor der Befreiung von der Türkenherrschaft klar, dass ein neu zu gründender griechischer Staat nicht beim Fall Konstantinopels wieder ansetzen konnte, auch wenn die Rückeroberung der byzantinischen Hauptstadt bis zur Kleinasiatischen Katastrophe von 1922 Staatsdoktrin (Megáli Idéa) war: Zu sehr hatte sich das Umfeld außerhalb des Osmanischen Reiches verändert. Renaissance, Aufklärung, Beseitigung des Feudalismus, Entwicklung der Naturwissenschaften hatten (West-)Europa geprägt, Griechenland jedoch – bedingt durch die Fremdherrschaft – kaum berührt, obwohl byzantinische Gelehrte als Flüchtlinge vor der osmanischen Eroberung gerade an der Wiederentdeckung der antiken Welt einen oft übersehenen Anteil hatten.

Die griechische Staatswerdung im 19. Jahrhundert war verbunden und belastet mit den Auseinandersetzungen über die kulturelle Identität: Anknüpfung an die Antike? Ans christliche Byzanz? An der lebendig gewachsenen Volkskultur und Ausrichtung an Westeuropa? Oder anders formuliert: Wiederbelebung eines antiken Griechenland in modernen Formen? Wiederherstellung und Fortführung des Byzantinischen Reichs? Oder Entwicklung eines zurückgebliebenen Balkanstaats nach westlichem Muster?

Diese Fragen sind bis heute nicht eindeutig geklärt. Sie lassen sich auch nicht im Sinne klarer Alternativen beantworten. Diese Gemengelage macht den Reiz der griechischen Kultur aus, ihre kaum zu übertreffende Vielschichtigkeit, aber auch Zerrissenheit, das Schwanken zwischen enger Anlehnung an westliche Vorbilder bis hin zur Überanpassung einerseits und der Suche nach ellinikótita, d. h. grécitude, und der brüsken Abweisung alles Lateinischen andererseits.

Auch 20 Jahre nach dem Beitritt Griechenlands zur EG fahren Griechen immer noch nach „Europa“, wenn sie ins westliche Mitteleuropa reisen, hat der spontane Sprachgebrauch die EU-Eingliederung noch nicht vollzogen. Kein griechischer Künstler kommt um die Auseinandersetzung mit diesen Grundfragen seiner Identität herum. Ohne diesen Hintergrund ist das Verständnis griechischer Kunstprodukte schwierig.

Wem das griechische Kunstschaffen bisweilen verstaubt, provinziell oder epigonal vorkommt, muss sich auch Folgendes klarmachen: Der griechische Staat bedeckte bei seiner Gründung 1830 nur ein Drittel der heutigen Fläche und den am wenigsten entwickelten Teil des von Griechen bewohnten Gebiets. Bis Anfang des 20. Jahrhunderts gab es eine städtische griechische Kultur nur außerhalb der griechischen Grenzen, vor allem in Istanbul, Smyrna (Izmir), Alexandria und Kairo. Der griechische Sprachraum ist auch heute noch klein. Außer von den 10 Millionen in Griechenland lebenden Menschen wird die Sprache noch auf Zypern (ca. 0,8 Millionen) und von etwa 5 Millionen Griechen der Diaspora gesprochen. Eine Lesekultur entwickelte sich nur in den Städten. Heute ist sie durch Fernsehen und Video ebenso bedroht wie in anderen Staaten. Das bedeutet, dass auch Erfolgsschriftsteller (bereits 20 000 Auflage sind ein großer Erfolg) von dieser Beschäftigung allein nicht leben können. Fast jeder Künstler geht noch einem Broterwerb nach. Der Nobelpreisträger Jórgos Seféris z. B. hat sein umfangreiches lyrisches Werk neben einer erfolgreichen Karriere als Diplomat geschaffen.

Soziale und politische Umwälzungen haben seit der Staatsgründung immer wieder Hunderttausende von Griechen, oft die aktivsten, in die Emigration getrieben, darunter hervorragende Künstler und Wissenschaftler. Oft mag sich ihr Talent auch unter der Herausforderung des Exils, erst entfaltet haben. Viele der Künstler blieben im Ausland, kappten zwar ihre Verbindungen zu Griechenland nicht, integrierten sich aber in die kulturelle Umwelt ihrer Aufenthaltsländer, denen sie nun meist eher zuzuordnen sind als ihrem Herkunftsland.

Literatur

Die griechische Sprache, eine seit fast 3000 Jahren gesprochene und geschriebene Kultursprache, hat sich trotz ihrer wechselvollen Entwicklung als bemerkenswert konservativ erwiesen: zunächst Sprache der griechischen Stadtstaaten der Antike und als solche Medium der höchsten Kulturleistungen der damaligen Welt, dann völkerüberspannende Reichssprache der Makedonier und der hellenisierten Welt, Bildungssprache des Römischen Weltreiches, Sprache des Neuen Testaments, des Byzantinischen Reichs wurde sie im Zuge der Renaissance, neben Latein, Bildungssprache Europas, Quelle für Tausende von wissenschaftlichen Wortschöpfungen auf vielen Gebieten, insbesondere der Medizin. Heute wird sie nur in Griechenland, Zypern sowie von den Griechen der Diaspora gesprochen. Auch wenn ein heutiger Grieche die *Ilias* im Original ohne Hilfe nicht verstehen kann, so benutzt er doch die gleichen Grundbegriffe wie der Dichter vor 2800 Jahren: Tod, Himmel, Sonne, Meer, Liebe etc. Das heutige Griechisch ist natürlich eine Fortentwicklung des antiken und angereichert durch zahlreiche Lehn- und Fremdworte, vor allem aus dem Italienischen, Slawischen, Albanischen und Türkischen, die grammatische Struktur jedoch ist trotz gewandelter Syntax griechisch geblieben, und die griechische Formstrenge (Vermeidung von Konsonantenhäufung, festgelegte Auswahl von Endungen) hat fast alle Sprachimporte gräzisiert.

Das literarische Schaffen in Griechenland des 19. Jahrhunderts ist überschattet durch den Sprachenstreit, durch den Kampf um die angemessene Form des Griechischen. Die Auseinandersetzung zwischen Anhängern der archaisierenden gereinigten Hochsprache (Katharéwussa) und Verfechtern der Volkssprache (Dhimotikí) nahm bisweilen groteske Züge an und führte sogar zu Demonstrationen und Straßenschlachten mit Todesopfern, beispielsweise wegen der ersten Übersetzung des Neuen Testaments in die Dhimotikí, die von ihren puristischen Gegnern immer nur als „abscheulich“ apostrophiert wurde. Sicher diente die Sprachenfrage auch als

Knüppel bei der Auseinandersetzung zwischen sozialen Schichten und musste als Vorwand für politische Machtkämpfe herhalten. Die Katharéwussa wurde als politisches Disziplinierungsmittel eingesetzt, um breite Volksschichten, die diese Sprachform nie oder nur unvollkommen lernten, von der Teilnahme am öffentlichen Leben auszuschließen. Bezeichnenderweise war es eine der ersten Maßnahmen der Obristenjunta, die Katharéwussa wieder einzuführen. Heute hat sich die Dhimotikí als offizielle Sprache durchgesetzt, und eine Reform (Einführung des Ein-Akzent-Systems, Monotonikó) hat die Rechtschreibung von historischem Ballast befreit. Das zugrunde liegende Problem dauert aber – in gemilderter Form – an: Bei der Staatsgründung Anfang des 19. Jahrhunderts stand keine gewachsene, den Anforderungen einer differenzierten Verwaltung, den Ansprüchen von Kunst und Wissenschaft genügende Sprache zur Verfügung. Die regional unterschiedlich gesprochene Volkssprache allein konnte diesen Ansprüchen nicht gerecht werden. Aber auch das Festhalten an einer archaisierenden Sprachform, die zwar auf den ungeheuren Reichtum der antiken Literatur zurückgreifen konnte, aber keine Verbindung mehr zur gesprochenen Sprache hatte, war wenig aussichtsreich. Mittlerweile hat sich, trotz offiziellen Sieges der Dhimotikí, ein Mittelweg herausgebildet. Die grammatische Struktur der Dhimotikí hat sich durchgesetzt, die lebendige Sprache wird jedoch ständig durch Material aus dem gewaltigen Steinbruch des Altgriechischen bereichert.

General Makryjánnis

Anders als im Bereich der Lyrik, wo unter dem Einfluss der Volkslieder und der Ionischen Schule immer auch Gedichte in der Volkssprache geschrieben wurden, war die Prosa bis in die 1880er Jahre fast ausschließlich in Katharéwussa abgefasst. Entsprechend gering ist der Einfluss, den diese Literatur heute noch ausübt. Erwähnens- und lesenswert ist jedoch der Roman *Die Päpstin Johanna von Ingelheim* von Emmanuel Roídis (1836–1904), das einzige Werk dieser Zeit, von dem seinerzeit eine deutsche Übersetzung erschienen ist und das weiterhin verlegt wird. Aus den oft kunstvollen, aber blassen Stilübungen ragt ein Prosawerk wie ein erratischer Block heraus: *Die Memoiren des Generals Makryjánnis* (1907), die Lebenserinnerungen eines Haudegen und Freiheitskämpfers aus dem Vol-

ke, der erst mit 30 Jahren Lesen und Schreiben lernte und unbelastet von literarischen Überlieferungen in kraftvoller, deftiger Volkssprache drauflos schrieb. Dieses bereits in den 1840er Jahren verfasste und erst 1907 posthum veröffentlichte Werk galt lange nicht als Literatur. Gleichwohl hat es viele griechische Schriftsteller im 20. Jahrhundert beeinflusst. Dass die Katharéwussa nicht nur abgehobene Stilübungen ermöglichte, sondern auch literarische Werke von Rang, beweist vor allem das Lebenswerk von Aléxandros Papadiamántis (1851–1911), dem es gelang, in nuancierter Hochsprache die harte soziale Umwelt seiner Heimatinsel Skíathos zu beschreiben. Im Ausland ist er kaum bekannt, die erste deutsche Übersetzung erschien 1989.

Im Jahre 1888 kam dann mit dem Buch *To taxídi mu* (Meine Reise) des Exil-Griechen Jánnis Psycháris (1854–1929) der Durchbruch der Volkssprache. Ihr Gebrauch setzte sich rasch durch, und Autoren, die bis dahin in der Hochsprache geschrieben hatten, änderten nun ihren Stil und brachten es teilweise in kurzer Zeit, wie etwa Andréas Karkavítsas (1866–1922), zu Meisterleistungen. Der Wechsel ging einher mit neuen inhaltlichen Postulaten (soziale Thematik) und entsprach zeitlich dem Erstarken des Nationalbürgertums nach dem Regierungsantritt von Charílaos Trikúpis. Es bildete sich die so genannte Literaten-Generation von 1880 heraus, die sich der Schilderung des Lebens und der Sitten der einfachen Bauern und Seeleute zuwandte, mit oft sozialkritischer Tendenz. Diese Gattung wird in Griechenland Ithographía, d. h. Sittenbeschreibung, genannt und entspricht dem Naturalismus. Ihre berühmten Vertreter sind Andréas Karkavítsas, von dem auf Deutsch nur einige Erzählungen und die Novelle *Der Bettler* (1896) vorliegen, sowie die in Deutschland gänzlich unbekannten Literaten Konstantínos Chatsópulos, Konstantínos Theotókis, sowie von der Hochsprache abgesehen, Aléxandros Papadiamántis. Papadiamántis' Roman *Die Mörderin* (1903) schildert das Leben einer verhärmten, alten Frau, deren bittere Lebenserfahrung sie dazu bringt, neugeborene Mädchen zu töten, um ihnen das harte Frauenschicksal zu ersparen.

Die Balkankriege, der Erste Weltkrieg mit der zeitweiligen Spaltung der griechischen Nation in Venizelisten und Royalisten, der Kleinasien-Feldzug und die darauf folgende Vertreibung der Griechen aus Kleinasien bedeuteten auch in der Literatur eine Zäsur. Aus den Umwälzungen und Katastrophen gingen Schriftsteller hervor, die versuchten, das Erlebte vor allem mit den Mitteln des Romans darzustellen und zu verarbeiten. Zur so genannten „Generation von 1930" gehört Strátis Myriwílis (1892–1969), der mit seinem aus eigenem Erleben gespeisten Antikriegsbuch *Das Leben im Grabe* (1929) eine radikale Abkehr vom nationalistischen Pathos vornahm und einen der großen europäischen Antikriegsromane schrieb. Seine späteren Werke befassten sich mit dem Kleinasien-Feldzug, mit den Integrationsschwierigkeiten der Flüchtlinge. Ein weiterer Vertreter ist Ilías Venésis (1904–1937). Er schilderte in *Nummer 31328. Leidensweg in Anatolien* ohne Pathos, ohne Ressentiments, seine Gefangenschaft in einem türkischen Arbeitslager, in *Äolische Erde* seine unbeschwerte Jugend im alten griechischen Siedlungsraum Kleinasien, in *Galíni* die Schwierigkeiten der Flüchtlinge bei der Ansiedlung in Attika. Zur Generation von 1930 zählen ferner die Schriftsteller Karagátsis und Pantélis Prewelákis. Zeitlich gehört auch Níkos Kazantzákis (1883–1957) dazu, obwohl er eine Sonderstellung einnimmt. Kazantzákis ist nach wie vor der im Ausland bekannteste griechische Autor. Sein Roman *Aléxis Sorbás* wurde, ausgelöst durch die Verfilmung von Michális Kakojánnis mit Anthony Quinn in der Hauptrolle, ein Weltbestseller. Kazantzákis sah sich allerdings nicht als Romanschriftsteller, für ihn waren diese Werke nur Nebenprodukte. Er verstand sich als umfassender Denker, Philosoph und Suchender. Für ihn war die *Odýssia* (Odyssee), ein 33 333 Verse umfassendes, schwer lesbares und wenig gelesenes Epos, sein opus magnum. Als zentrale Figuren seines Denkens bezeichnet er Christus, Buddha, Lenin und Odysseus. Kommunist war er weder nach eigener noch nach Auffassung seiner marxistischen Freunde, was breite Kreise des etablierten Literaturbetriebs nicht hinderte, ihn als solchen zu denunzieren. Die Kirche verweigerte ihm, der sich so leidenschaftlich wenn auch frei von dogmatischer Enge mit dem christlichen Glauben auseinander gesetzt hatte, ein christliches Begräbnis. Kazantzákis' Wirkung war im Ausland, wo oft nur das Exotische und folkloristisch Anmutende seiner Romane geschätzt wurde, größer als in Griechenland. Der Literaturkritiker Páwlos Tzermiás nennt ihn einen „heroischen Desperado". Kazantzákis' Eklektizismus ist typisch für manche griechische Intellektuelle der 1. Hälfte des 20. Jahrhunderts.

Nikós Kazantzákis und El Greco, Gemälde von Tony de Lyee, Kazantzákis-Museum in Warwári/Myrtiá auf Kreta

Anders als die unmittelbar nach Kriegsende einsetzende „Trümmerliteratur" in Deutschland, brauchte die griechische Prosa Zeit, um die Traumata der faschistischen Besetzung und des Bürgerkriegs zu verarbeiten. Zunächst ließ

Eléni Kazantzáki und Antony Quinn bei den Dreharbeiten zu dem Film „Alexis Sorbas", signiertes Foto, Kazantzákis-MuseumWarwári/ Myrtiá auf Kreta.

das Nachbürgerkriegsklima wohl auch keine gedruckte Auseinandersetzung mit dem Thema Bürgerkrieg zu. Erst in den 1960er Jahren erschien die große Trilogie *Akywérnites Polities* (Unregierte Städte) von Strátis Tsírkas (1911–1980), der das Schicksal des griechischen Expeditionskorps im Nahen Osten und Nordafrika während des Zweiten Weltkriegs in meisterhafter Prosa schildert. In den 1970er Jahren kam *To Kiwótio* (Die Kiste) von Aris Alexándru heraus, eine Parabel des Bürgerkriegs, geschrieben in einer brillanten Prosa (dt. Ausgabe 2001). Vom bitteren Ende des Bürgerkriegs erzählt Thanássis Waltinós in einer meisterhaften, sprachlich hochverdichteten Novelle Der *Abstieg der Neun*. Die sozial-kritischen Schriftsteller Antónis Samarákis und Ménis Kumandaréas schildern in ihren Romanen das materielle und moralische Elend des städtischen Kleinbürgertums. Der 1988 verstorbene Kóstas Tachtsís erzählt in seinem 1962 erschienenen Roman *To Tríto Stefáni* (Dreimal unter der Haube) die griechische Geschichte der 1. Hälfte des 20. Jahrhunderts aus der Sicht zweier Kleinbürgerfrauen, ein für Griechenland neues Experiment, das zunächst nur in winziger Auflage im Selbstverlag erschien. Wassílis Wassilikós (geb. 1933) veröffentlichte mit *Z* (1968) den ersten griechischen dokumentarischen Roman. Der Stoff, nämlich die Ermordung des linken Abgeordneten Lambrákis durch Organe des so genannten Nebenstaates (Parakrátos) und die vergeblichen Verschleierungsversuche von offizieller Seite, wurde durch die

Verfilmung von Kóstas Gawrás weltberühmt. Wassilikós Jugendwerk *Tó Fýllo – Tó Pygádi – Tangéliasma* (Griechische Trilogie) betrat stilistisches Neuland und stellte mittels der Stilelemente des fantastischem Realismus die Problematik der modernen Großstadtmenschen dar.

Lyrik

Bis zur „Generation von 1930", d. h. nach dem Ersten Weltkrieg, überwog in der griechischen Literatur nach Umfang und Qualität die Lyrik. Die griechische Gesellschaft mit ihren Ungleichzeitigkeiten und Phasenverschiebungen im Verhältnis zu Westeuropa bot wohl lange nicht die Voraussetzungen für eine entwickelte Romankultur. Nicht zufällig gingen die beiden Literaturnobelpreise für Griechen an zwei Lyriker: Jórgos Seféris (1963) und Odysséas Elytis (1979). Auch Jánnis Rítsos, von dem französischen Schriftsteller Louis Aragon als „le plus grand poète vivant" bezeichnet, ist ein Lyriker von europäischem Rang.

Schon zu Beginn der griechischen Staatswerdung war in Gestalt von Dionýssios Solomós ein Dichter von europäischem Rang präsent, der sich souverän der Volkssprache bediente. Auf der westlich orientierten Insel Zákinthos (Zante) geboren, studierte er in Italien. Seine ersten Gedichte verfasste er auf Italienisch. Der griechische Freiheitskampf riss ihn mit, und schon 1823, zwei Jahre nach Ausbruch des Aufstandes gegen die Türkenherrschaft, erschien seine „Hymne an die Freiheit", deren erste Strophen in der Vertonung von Nikólaos Mántzaros zur griechischen Nationalhymne wurden. Unter dem Einfluss von Ioánnis Wilarás entwickelte Solomós die Dhimotikí nach dem Vorbild der dhimotiká tragúdia (Volkslieder) zu höchster Kunstform. Der Fall der Festung Messolónghi im Frühjahr 1826, der europäische Aufmerksamkeit erregte und italienische, französische und deutsche Dichter inspirierte, war sein Thema in dem Versepos „I Eléfteri Poliorkiméni" (Die freien Belagerten). Neben Solomós ist der gleichfalls auf Zákinthos geborene Andréas Kálwos zu nennen, der sprachlich einen anderen Weg einschlug und den Freiheitskampf der Griechen in archaisierender Sprache besang. Immerhin ist seine Freiheitslyrik trotz ihrer für heutige Ohren distanzierenden Sprache so mitreißend, dass Míkis Theodorákis drei Oden von Kálwos vertont hat.

Seit Ende des 19. Jahrhunderts war Kostís Palamás (1859–1943) die beherrschende Figur der griechischen Lyrik und doch in seiner Wirkung auf Griechenland beschränkt. Wichtig war sein kompromissloses Eintreten für die Volkssprache und ihre künstlerische Vervollkommnung. Palamás gilt als Nationaldichter Griechenlands, der in seinen Hauptwerken „I Flojéra tu Wassiliá" (Die Flöte des Königs) und „O Dhodekálogos tu Jýftu" (Zwölf Worte des Zigeuners) die Wiedergeburt der griechischen Nation und die „Megáli Idéa" besingt. Sein Instrumentarium ist konventionell, seine heutige Wirkung begrenzt.

Kostís Palamás

Nur vier Jahre jünger ist der griechische Lyriker Konstantínos Kawáfis (1863–1933), der einen Gegenpol zu Palamás bildet. Kawáfis verbrachte sein Leben an der Peripherie der griechischen Welt, in Alexandria, und hinterließ ein schmales, aber kunstvolles Oeuvre. Er kümmerte sich nicht um den Literaturbetrieb. Zu seinen Lebzeiten waren seine Gedichte nur im Eigenverlag für einige Freunde erschienen, und doch fanden seine meist ungereimten Verse, in denen er ironisch mit den zahlreichen Facetten der griechischen Vergangenheit spielt, schon bald im Ausland mehr Aufmerksamkeit als die Gedichte von Palamás. Nicht festgelegt in der Sprachenfrage, setzte er alle Formen ein und nutzte mit Bedacht den distanzierenden Effekt des byzantinischen oder antiken Griechisch. Eine größere Anzahl seiner Gedichte, die er selbst für nicht publikationswürdig hielt, erschienen erst posthum. Seine sämtlichen Gedichte liegen in deutscher Übersetzung vor, teilweise sogar in drei und mehr Fassungen.

Die Kleinasiatische Katastrophe brachte auch in der Lyrik andere Töne zum Klingen. Kóstas Karyotákis etwa ist der prominenteste Vertreter einer pessimistischen Sehweise, einer von Verzweiflung geprägten Lebenshaltung. Er beging konsequenterweise Selbstmord – ein empfindsamer Geist, der gezwungen war, ein Leben als kleiner Beamter in einer Provinzstadt zu fristen. Sein Werk ist im Ausland nahezu unbekannt, obgleich es in Griechenland stilbildend wirkte, sogar eine Mode des „Karyotakismus" auslöste. Míkis Theodorákis machte 1986 das Schicksal des Dichters zur Rahmenhandlung seiner ersten Oper mit dem Titel „Karyotákis".

Ebenfalls von der (geografischen) Peripherie des griechischen Kulturraums stammt Jórgos Seféris (1900–1971, aus Smyrna). Beeinflusst von Kawáfis, schaffte er den Anschluss an die moderne europäische Lyrik. Seine erste, 1931 erschienene Gedichtsammlung *Strofí* („Strophe", aber auch „Wende") bedeutete auch eine Wende in der griechischen Lyrik, die Einführung des ungebundenen Verses. Seféris bedient sich einer verdichteten, oft verschlüsselten Sprache. Wirklich populär wurde er nie, auch nicht nach Verleihung des Nobelpreises für Literatur 1963 – des ersten an einen Griechen. Ebenso wie Seféris gehört auch der zweite griechische Literaturnobelpreisträger (1979) der „Generation von 1930" an: Odysséas Elýtis (1911–1996). Seine Gedichte kreisen, ohne nationalistischen Unterton oder Pathos, um die Welt der Ägäis-Inseln, um den Kosmos der griechischen Vergangenheit. Sein Hauptwerk „Axión Estí" (Gepriesen sei) wurde von Míkis Theodorákis vertont und so breiten Volksschichten nahe gebracht.

Die Umwälzungen der 1920er Jahre brachten auch sozial-revolutionäre Stimmen hervor, so im Werk von Kóstas Wárnalis (1884–1974), der sich in beißendem Spott über den Nationalpoeten Palamás erging, und vor allem bei Jánnis Rítsos (1909–1990), dem Lenin-Preisträger und heute im Ausland wohl bekanntesten griechischen Lyriker. Trotz bürgerlicher Herkunft reihte er sich schon früh in die griechische Arbeiterbewegung ein, ohne sich allerdings instrumentalisieren zu lassen. Sein „Epitáphios" (ein in Form traditioneller Klagegesänge verfasstes Gedicht auf einen im Generalstreik von 1936 erschossenen Arbeiter) gehört zu den eindringlichsten griechischen Gedichten. In der Vertonung von Míkis Theodorákis gelangte es fast in jedes Haus. Durch seine politische Linksorientierung musste Rítsos die Bitterkeiten der griechischen Geschichte in Form von Verbannung, Gefängnis und KZ-Haft am eigenen Leib erfahren. Er hat diesen Erfahrungen in seinen Gedichten, z.B. „Agrípnia" – ebenfalls von Theodorákis vertont („Romiossíni") – Ausdruck verliehen.

Die lyrische Äußerung scheint vielen Griechen ein dringendes Bedürfnis zu sein. Die Zahl der jährlich erscheinenden Gedichtbändchen, viele davon im Selbstverlag oder auf Kosten des Verfassers, ist enorm. Nicht selten bekommt man von irgendeinem Rechtsanwalt oder Ingenieur bei näherer Bekanntschaft ein schmales Bändchen mit schüchterner Widmung des Verfassers zugesteckt. Die Chancen, darin schimmernde Perlen zu finden, sind etwa so groß wie beim Muschelessen in Piräus. Doch zeigt sich hierin eine Wortkultur, auf deren Boden ein Seféris oder Rítsos gedeihen.

Neuere Tendenzen der griechischen Literatur

Die Literatur des 20. Jahrhunderts war von Einflüssen aus Westeuropa und den USA bestimmt, die meist mit einer gewissen Verzögerung verarbeitet wurden, sowie vom Ringen um die griechische Identität. Neben der bereitwilligen Übernahme z.B. des französischen Symbolismus, des Surrealismus, des Expressionismus oder sozialistischer Einflüsse steht die Suche nach der eigenen Identität, die Besinnung auf die durch Byzanz und Orthodoxie geprägte, vom westeuropäischen lateinischen Rationalismus getrennte Tradition.

Bis vor kurzem war auch die Prägung durch die Wechselfälle der griechischen Geschichte besonders stark. An den tiefen Erschütterungen, die das Leben der Griechen von den Balkankriegen 1912/13 bis zum Sturz der Junta 1974 gezeichnet haben, kam kaum ein griechischer Autor vorbei, zumal viele direkt in die Kämpfe und Katastrophen verwickelt waren, jahrelang im Exil leben mussten wie Jánnis Rítsos oder Jórgos Seféris. Das Trauma des Verlustes der Heimat in Anatolien durchzieht viele Werke. Es gibt unzählige Erzählungen, Romane und Gedichte, die vom Krieg und Bürgerkrieg handeln, vom Widerstand gegen die Junta. Manche dieser Werke führen einen innergriechischen Dialog, sind voller Referenzen und Anspielungen, die Außenstehenden nur schwer zu vermitteln sind.

Die Spaltung in Links und Rechts, durch den Bürgerkrieg ins Extrem gesteigert, machte auch vor der Literatur nicht Halt. Dies änderte sich erst, als der Widerstand gegen die Junta einsetzte. Nach selbst auferlegtem Schweigen aus Protest gegen die Militärdiktatur äußerten in den „Achtzehn Texten“ (1970) sowohl traditionell Rechte wie Linke ihren Protest gegen das Regime.

Seit 1974 entfaltet sich das literarische Schaffen relativ frei und auf breiter Front. Viele neue Namen und Themen tauchten auf: Das Leben in der Großstadt, Arbeitsemigration, Gastarbeiterschicksal, Aufarbeitung der Vergangenheit, auch der linken, allzu oft glorifizierten Tradition. Die Auseinandersetzung um den von Nicholas Gage (Gatsojánnis) auf Englisch verfassten Bericht „Eleni“ über das Schicksal seiner Mutter, einer epirotischen Bäuerin, die aus Mutterliebe in die Räder des Bürgerkriegs gerät und nach Folter durch die „Volksjustiz“ in einem Schauprozess zum Tode verurteilt und hingerichtet wird, zeigt, wie tief die Spaltungen und Parteilichkeiten reichen und wie lang der Weg zur vorbehaltlosen literarischen Aufarbeitung der Geschichte noch ist.

Zur jüngeren Generation gehören Máro Dúka (geb. 1947), die in ihrem Roman *I Archaía Skuriá* (Die antike Schlacke) die Studentenbewegung, den Kampf gegen die Obristenjunta und das Verhältnis der Geschlechter thematisiert; Dhimosthénis Kúrtowik, dessen faszinierender Roman *Der griechische Herbst der Eva-Anita Bengtsson* (dt. Übersetzung) den Identitätsverlust des homo neohellenicus hintergründig beschreibt; Margaríta Karapánu *Kassandra und der Wolf* (dt. Übersetzung) sowie Siránna Satélli mit *Die Traumtänzerin* und *Und beim Licht des Wolfes kehren sie wieder.* In jüngster Zeit lösen sich die Werke oft auch von griechischen Bezügen, so etwa der wie ein Roadmovie komponierte Roman *Der Unterirdische Himmel* von Sóti Triantfýllu oder die ironische, mit leichter Hand geschriebene Abrechnung mit dem weltweiten Literaturbetrieb *Die Erfindung des Zweifels* von Níkos Panajotópoulos, die beide in den USA spielen.

Griechische Literatur in deutscher Sprache

In den deutschsprachigen Raum sind von all diesen Entwicklungen nur Spurenelemente gedrungen. Bis zum Zweiten Weltkrieg gab es kaum Übersetzungen. In den 1950er Jahren erschienen einige Übersetzungen von Werken der Schriftsteller Kazantzákis, Wenésis und Myriwílis. Die Initiative ging in der Regel von den Übersetzern aus, die mehr durch Zufall an ihr Sujet gerieten. Eine wichtige Rolle spielte damals Isidora Rosenthal-Kamarinéa, die in Bochum eine Professur für Neogräzistik inne hatte. Sie hat selbst eine große Anzahl von Übersetzungen verfasst, beriet Verlage bei der Veröffentlichung griechischer Autoren und brachte zahlreiche Autoren in der von ihr seit 1964 edierten Zeitschrift *hellenika* (seit 1973 als Jahrbuch) in Kontakt mit einem kleinen deutschen Publikum.

Stratís Myriwílis, deutsche Ausgabe seines Romans *Das Leben im Grabe*, Romiosini Verlag, 1986

Im Nachkriegsdeutschland gab es wenig Interesse an den Problemen der jüngsten griechischen Vergangenheit, geschweige denn an dem deutschen Anteil daran. Hingegen gab es in den 1950er/60er Jahren ein gewisses Interesse an dem bukolischen, exotischen Griechenland der einfachen Bauern, Hirten und Fischer. Auf dieser Welle schwimmt Níkos Kazantzákis' Roman *Aléxis Sorbás,* der, getragen vom Erfolg des gleichnamigen Films, zum bislang einzigen Bestseller (über 700 000 Exemplare) eines griechischen Autors in deutscher Sprache avancierte. Die Verleihung des Literatur-Nobelpreises 1963 an Jórgos Seféris brachte deutsche Verleger in Verlegenheit, weil keine einzige deutsche Übersetzung seiner Werke vorlag.

Die Obristenherrschaft (1967–1974) fiel mit der Studentenbewegung in Europa zusammen und machte erstmals einem größeren Publikum die politischen Probleme des Landes bewusst. Die Verfilmung des Romans *Z* von Wassílis Wassilikós über die Ermordung eines linken Abgeordneten trug entscheidend dazu bei. Das Interesse an verfolgten und bedrängten Schriftstellern und Dichtern weckte auch Neugier auf ihr Werk. Mit dem Fall der Junta und der Etablierung demokratischer Verhältnisse versiegte das Interesse wieder, Griechenland verschwand von der literarischen Landkarte Europas, obwohl die Literaturproduktion in Griechenland ständig zunahm. Jahrelang erschien nicht ein einziges griechisches Buch in etablierten deutschsprachigen Verlagen. Dies lag zum Teil am vorindustriellen Zustand des griechischen Verlagswesens, das sich erst in den letzten Jahren modernisierte. Oft besaß allein der Autor die Übersetzungsrechte, sodass sein griechischer Verleger wenig Anreiz hatte, sich um die Verbreitung im Ausland zu kümmern. Zum anderen Teil lag es am verengten Blickfeld der deutschsprachigen Verlage, das nicht nur die griechische Literatur ausblendete. Da es sich um einen relativ kleinen Buchmarkt handelt, mangelt es bis in die jüngste Zeit auch an professionellen Literaturagenten, welche die Verlage beraten könnten.

Der Literaturnobelpreisträger Jórgos Seféris in seinem Arbeitszimmer (ELIA)

Auf diese Situation reagieren Anfang der 1980er Jahre zwei Frauen mit der Gründung eigener Verlage. Der dialogos Verlag von Gaby Wurster in Tübingen, der u.a. zum ersten Mal Siránna Satélli in Deutschland herausbrachte, scheiterte bald an finanziellen Schwierigkeiten. Der Romiosini Verlag der Griechin Niki Eideneier in Köln hat in den letzten 19 Jahren über 120, zum Teil zentrale griechische und zypriotische Texte veröffentlicht, ohne jedoch über die enge Nische der Griechenlandfans hinauszukommen.

Für die Rezeption griechischer Literatur im deutschsprachigen Raum ist Wassílis Wassilikós ein typischer Fall: In Griechenland ist er einer der bekanntesten Autoren mit über 100 Veröffentlichungen, Moderator einer literarischen Sendung im Fernsehen, aber in deutschen Buchhandlungen sucht man vergeblich nach einem einzigen seiner Bücher. Wassilikós' internationaler Bestseller, der Roman *Z* – 1968 bei Blanvalet, 1970 in der DDR in Lizenz erschienen, 1986 bei Kiepenheuer & Witsch erneut verlegt – ist

Griechenland ist „Schwerpunktsland" auf der Frankfurter Buchmesse 2001 und stellt seine Autoren vor

längst vergriffen, ebenso eines seiner herausragenden ersten Werke, *Griechische Trilogie*, bereits 1966 in deutscher Übersetzung im Arche Verlag, Zürich, erschienen. Bezeichnend ist auch das Schicksal der deutschen Übersetzung der *Memoiren des Generals Makryjánnis*. Sie ist 1987 im Athener Verlag Papasíssis erschienen, aber in Deutschland so gut wie nicht existent und teilt damit das Schicksal mancher heroischer Übersetzungsprojekte, die unlektoriert an abgelegenem Ort erscheinen und unbeachtet bleiben.

Im Herbst 2001 war Griechenland Schwerpunktland der Frankfurter Buchmesse, und aus diesem Anlass sind über 40 griechische Bücher auf Deutsch erschienen und in renommierten Medien besprochen worden, ein bislang einmaliges Ereignis. Mit dem Griechischen Buchzentrum und der Griechischen Kulturstiftung mit ihrem Berliner Institut standen erstmals Institutionen zur Verfügung, welche die Förderung griechischer Literatur in Deutschland professionell betreiben konnten. Es fanden zahlreiche Autorenreisen mit Lesungen statt, durch welche bislang unbekannte Autoren wie Ioánna Karystiáni, Pétros Márkaris, Níkos Thémelis, Rhéa Galanáki, Dhimosthénis Kúrtowik und viele andere in Kontakt mit dem deutschsprachigen Lesepublikum gebracht werden. Die beiden ironischen, amüsanten Krimis von Markaris *Hellas Channel* und *Nachtfalter* eröffnen mittels des schnoddrigen, ruppigen Kommissars Charítos Einblicke in die Großstadt Athen weit jenseits der Touristenpfade und finden auch im deutschsprachigen Raum zahlreiche Leser. Dies gilt auch für Ioánna Karystiánis sensiblen, sprachlich brillanten Roman *Die Frauen von Andros*, der ohne Folklore das Leben der von ihren zur See fahrenden Männern getrennten Frauen auf einer Ägäis-Insel schildert.

Bildende Kunst

Byzantinische Malerei und Skulptur waren vor allem sakraler Natur. Die Ikone, das Heiligenbild, wurde und wird nach strengem Kanon gemalt. Die Abbildung der Wirklichkeit oder der Ausdruck der Subjektivität des Künstlers sind dabei nicht das Ziel. Die allmähliche Ablösung der abendländischen Malerei vom religiösen Sujet, die Entdeckung der Perspektive, des Individuums – all dies fand in Byzanz nicht statt. Die traditionelle sakrale Kunst wurde auch unter der Türkenherrschaft gepflegt, d.h. es wurden Ikonen gemalt, Kirchen mit Fresken und mit Schnitzwerk geschmückt, wenn auch meist in bescheidener Form. Eine weltliche bildende Kunst gab es nur in Ansätzen.

Im neu gegründeten griechischen Staat war daher die Orientierung junger Künstler an westlichen Vorbildern stark. Manche reisten zur Aus- und Weiterbildung nach München, aus der der junge König sowie zahlreiche seiner Beamten kamen. Die Münchener Kunsthochschule wurde zum Mekka griechischer Maler. Es entstand die „Münchner Schule“, deren bedeutendste Vertreter Theódoros Wrysákis (1819–1878), Nikólaos Gýsis (1842–1901) und Nikifóros Lýtras (1832–1904) wurden. Sie studierten den reichlich akademischen Malstil der Jahrhundertmitte und schufen bayerische Genrestücke von Qualität. Die Nationalpinakothek in Athen hat eine ansehnliche und sehenswerte Sammlung dieser Schule, deren Werke am interessantesten sind, wenn sie sich griechischen Themen zuwenden und den Alltag des ausgehenden 19. Jahrhunderts festhalten. Auch das kleine, intime Museum der Stadt Athen am Klawthmónos-Platz zeigt einige Beispiele aus dieser Zeit. Durch den Ausbau der Athener Kunstakademie (1863) entwickelte sich die Kunst auf breiterer Basis. Gegen Ende des Jahrhunderts wurde im Zuge der allgemeinen kulturellen Dominanz Frankreichs München als Orientierungspunkt durch Paris abgelöst.

Nikifóros Lýtras, Rückkehr von der Kirchweih, Pinakothíki Athen

Daneben entwickelte sich, bescheiden zwar

und unbeachtet, aber spontan und ursprünglich, eine Volkskunst, deren wichtigster Vertreter D. Sográfos, der Illustrator des Freiheitskampfes gegen die Türken, und Theófilos (Chatzimichaíl) sind. Theófilos ist ein »Naiver«, der auf Lésbos und im Pílion Häuser mit Geschichten aus dem Alltag und der überlieferten Mythologie ausmalte.

Durchgehend bleibt jedoch das Dilemma: Übernahme westlicher Kunstrichtungen mit mehr oder weniger großer Phasenverschiebung im Verhältnis zu den europäischen Kunstzentren oder Betonung des spezifisch Griechischen bis hin zur radikalen Ablehnung westlicher Vorbilder. Dieses Spannungsverhältnis durchzieht die griechische bildende Kunst bis heute. Die Erschütterung durch die Kleinasiatische Katastrophe verstärkte die Suche nach kultureller Identität, förderte Bemühungen um einen griechischen Charakter (Ellinikótita) der bildenden Kunst. Bahnbrechend war insoweit Fótis Kóndoglu (1896–1965), ein Schriftsteller und Maler, der Verständnis für die künstlerischen Werke der Ikonenmalerei zu wecken versuchte und sich selbst in seinen Werken um eine Wiederbelebung der byzantinischen Maltradition bemühte. Er absolvierte eine Ausbildung an der Athener Kunsthochschule und lernte die westliche Kunst durch einen mehrjährigen Frankreich-Aufenthalt genau kennen. Er war der Erste, der sich nicht nur wissenschaftlich, konservatorisch mit byzantinischer Malerei beschäftigte, sondern sie als Vorbild für zeitgenössische Malerei pries. Schließ-

Fótis Kóndogliu, Die Familie des Künstlers, gemalt nach dem Schema einer byzantinischen Ikonenkunst, Pinakothíki Athen

Spíros Wassilíu, Eretria, Vorrés Museum Päanía/Athen

lich wandte er sich gänzlich von der westlichen Maltradition ab und erstarrte in einem orthodoxen Konservatismus. Seine Ideen über die Kontinuität der griechischen Kultur konnte er 1938 in einer Reihe von Fresken im Athener Rathaus darstellen. Sein bedeutendster Schüler war Ioánnis Tsarúchis (1910–1989), der versuchte, einen Ausgleich zwischen westlicher und byzantinischer Maltradition herbeizuführen. Seinen Landschaften, Stadtszenen und Portraits haftet nichts Genrehaftes mehr an wie den Bildern aus der Münchner Schule. Die Malweise ist sowohl realistisch wie abstrahierend, surrealistisch und in der Tat unverwechselbar griechisch. Tsarúchis war auch ein Kulturkritiker hoher Qualität, der sich mit den Fragen der neugriechischen Identitätsfindung geistreich auseinander gesetzt hat. In seinem Haus im Athener Vorort Marússi ist ein kleines, aber sehenswertes Museum seiner Werke eingerichtet. Ein weiterer in Griechenland bekannter Adept der Ellinikótita war Spíros Wassilíu (1905–1985) Seine hyperrealistischen Darstellungen des griechischen Alltags bringen die Suche nach der neugriechischen Identität klar zum Ausdruck.

Mit Kóndoglus Annäherung an Byzanz erfolgte die „Entdeckung“ von Sográfos und Theófilos, aber nicht durch Kunstkritiker, sondern durch führende Intellektuelle (Seféris, Elytis). Der Autodidakt Theófilos, der in einer breiteren balkanischen Volkskunsttradition steht, wurde zum Symbol einer eigenständigen griechischen Kunst erhoben, eine Überschätzung, die nicht ohne Auswirkungen auf das bildnerische Schaffen blieb.

Aber auch die Strömungen der westlichen Kunst hielten, meist mit einiger Verzögerung, Einzug in Griechenland. Chatsikyriákos-Ghíkas (geb. 1906) lebte lange Jahre in Paris und kam unter dem Einfluss von Picasso und Bracque zum Kubismus, der nach seiner Rückkehr nach Griechenland (1938) eine sehr griechische Färbung erhielt, obgleich er sich dem bewussten Streben nach Ellinikótita nicht anschloss. Eine originelle Anknüpfung an byzantinische Stilelemente auf impressionistischer bis pointillistischer Basis bietet das Werk von Kóstas Parthénis (1878–1967). Ein fast unbekannter griechischer Expressionist europäischen Formats ist Jórgos Busiánis (1885–1959), der von 1907 bis 1934 in Deutschland lebte, Mitglied der Münchner Neuen Sezession war und zum Kreis von Munch, Kirchner und Schmidt-Rottluff gehörte. Arm und vergessen starb er in Athen. Erst eine große Ausstellung in der Athener Pinakothek im Jahre 1985 brachte ihn ins Bewusstsein der griechischen Öffentlichkeit.

Der Kontakt mit der westeuropäischen Malerei erfolgte fast immer durch einzelne Künstler, die zur Weiterbildung ins Ausland gingen. Werke zeitgenössischer ausländischer Künstler wurden bis in die 1970er Jahre nur sporadisch gezeigt. Damals erst eröffnete die Nationalpinakothek gegenüber dem Athener Hilton ihre Pforten. Durch ihre Wechselausstellungen brachte sie das Athener Publikum erstmalig mit der Malerei des deutschen Expressionismus, mit dem Kubismus und anderen wichtigen Stilrichtungen in Kontakt. Ihr Fundus an Werken abendländischer Kunst ist, Folge der osmanischen Besetzung, äußerst gering. Selbst El Greco ist nur mit wenigen Werken vertreten. Die reichlich vorhandene griechische Malerei und Plastik des 19. und 20. Jahrhunderts jedoch vermitteln vielfältige Erkenntnisse über das neugriechische Bewusstsein und das kulturelle Dilemma eines sowohl uralten als auch jugendlich unbekümmerten Volkes.

Nach dem Krieg wurde die Szene unüberschaubarer. Die über 30 Athener Galerien zeigen heutzutage von biederer Dekorationskunst bis Happenings und Video-Art fast alle Stilrichtungen. Besonders beliebt scheint der Neo-Surrealismus (Níkos Chuliarás, geb. 1940) in der Folge des Spätsurrealisten und bekannten Lyrikers Níkos Engonópulos zu sein. Anhänger des Kritischen Realismus (Jánnis Psychopáidis, geb. 1945, der sich eindrucksvoll mit der Junta und dem Gastarbeiterproblem auseinander gesetzt hat) existieren neben alten (Níkos Gabriel Pentsíkis, geb. 1908) und neuen Anhängern der Ellinikótita wie der beliebte und leicht konsumierbare Fassianós (geb. 1935), dessen farbige Siebdrucke die Wände vieler Athener Mittelstandswohnungen zieren. Sein hervorstechendstes Stilmittel ist die farbli-

Níkos Chuliarás, Die Arche des Geistes, Privatsammlung Athen

che Verfremdung und der etwas monotone Einsatz griechischer Profile. Eigenwillig und sozialkritisch sind die Figuren von Wlássis Kaniáris (geb. 1928), der sich völlig vom Tafelbild gelöst hat und gesichtslose Puppen zu eindringlichen Bildern zusammenstellt. Ideenreich sind die Arrangements von Kóstas Tsóklis (geb. 1930), der häufig mit den Dimensionen spielt, indem er Bildelemente aus der Zweidimensionalität in den Raum heraustreten lässt. Kritische Auseinandersetzung mit der Existenz des Großstadtmenschen und der griechischen Tradition spiegelt sich im Werk von Dimítris Mytarás (geb. 1934). Ein moderner Klassiker ist Jánnis Móralis (geb. 1916), der in Umkehrung der üblichen Stilentwicklung über den Neo-Realismus zu einer kubistischen bis konstruktivistischen Sprache gefunden hat. Markantes Beispiel seines Konstruktivismus ist die von ihm gestaltete Seitenfront des Athener Hilton.

Die Suche nach Ellinikótita zeigt sich auch im Schaffen zweier in Griechenland bekannter Grafiker: Tássos (Alewísos) (1914–1985) hat zahlreiche Holzschnitte geschaffen, die bewusst die strenge byzantinische Formensprache aufnehmen. Mit plakativer Strenge und starker Stilisierung schildert er die Leiden des Volks durch die fremde Besatzung sowie die Gräuel des Bürgerkriegs. Man kann fast von Ikonen des Widerstands sowie des kommunistischen Aufstands sprechen. Sie fangen das quasi-religiöse Weltbild vieler griechischer Linker ein. Als Gestalter von Briefmarken und Schulbüchern hat seine Formsprache breite Schichten erreicht. Wásso Katráki (1914–1989) ist aus der gleichen Schule hervorgegangen. Ihre Stärke sind

Jánnis Níku, Die Steinigung des Heiligen Stefanos, Vorrés Museum Päanía/Athen

Lithografien, die mit kräftigen Schwarz-Weiß-Kontrasten arbeiten und eine Stilisierung bis hin zum Manierismus aufweisen.

Ein staatliches Museum für Moderne Kunst steht noch aus. Die Lücke wird, wie so oft in Griechenland, von privater Initiative ausgefüllt. In Glyfáda, an der attischen Küste, ist die hervorragende Sammlung moderner griechischer Kunst von Dimítris Pierrídis dem Publikum geöffnet. In Päanía, einem stillen Dorf hinter dem Hymettos, liegt wie eine ästhetische Oase das Museum für Moderne Kunst von Ion Worrés. Beide Sammlungen geben einen guten Überblick über die griechische Kunst der Nachkriegszeit. Auf Andros liegt das Kunstmuseum Gulandrís, gestiftet von einer wohlhabenden andreotischen Reederfamilie. Neben Werken von Größen der europäischen Moderne sind Arbeiten der wichtigsten griechischen Maler und Bildhauer zu sehen. Einen besonderen Schwerpunkt bildet dabei das Werk des Bildhauers Michael Tómbros. Als einer der ersten Griechen setzte er sich mit kubistischer und abstrakter Plastik auseinander.

Im Ausland ist die griechische bildende Kunst so gut wie unbekannt. Zwar leben viele griechische Künstler ständig oder zeitweise im Ausland, sie werden dann aber meist als Vertreter international offener Stilrichtungen wahrgenommen. Die bekanntesten unter ihnen sind heute wohl der Maler Jánnis Kunéllis und der Bildhauer Jánnis Awramídis. Umgekehrt gibt es – anders als in Italien oder Frankreich – wenig ausländische Künstler, die ständig in Griechenland leben und arbeiten. Die es doch versuchen, bleiben am Rande des griechischen Kunstgeschehens, das – in merkwürdigem Gegensatz zur Weltoffenheit der Griechen – einen fast hermetischen Charakter hat. Bei aller Vorliebe für Importwaren, bei der Kunst am Bau oder über dem Sofa ist „made in Greece“ gefordert. Eine Ausnahme bildet der deutsche Maler Hermann Blauth, dessen Werke Eingang in die führenden Darstellungen der griechischen Kunst gefunden haben.

Musik

Stärker noch als in anderen Bereichen zeigt sich auf dem Gebiet der Musik die Eigentümlichkeit der griechischen Tradition. Bei der Befreiung Griechenlands standen zum einen die byzantinische Kirchenmusik, zum anderen die Volksmusik in ihren verschiedenen regionalen Ausbildungen zur Verfügung. Von der Musik des antiken Griechenlands ist bis heute wenig bekannt. Lediglich die von Pétros Taburís und Christódulos Haláris mit rekonstruierten antiken Instrumenten nachempfundenen Werke der „Musik des antiken Griechenlands“ vermitteln eine Idee dieser Musikschöpfungen. Auf den italienisch beeinflussten Ionischen Inseln existierte eine westliche Musiktradition, aus der sich eine Ionische Musikschule entwickelte. Hauptvertreter ist Nikólaos Mántzaros (1795–1872), der u.a. die griechische Nationalhymne vertonte.

Die byzantinische Kirchenmusik entwickelte aus dogmatischen Gründen weder Polyphonie noch Heterophonie und verzichtete auf den Einsatz von Instrumenten. Noch heute werden in griechischen Kirchen weder westliche Messen gesungen noch darf geistliche oder gar weltliche Musik erklingen.

Auch die Volksmusik blieb, bis auf einige regionale Ausnahmen, einstimmig. Die Instrumente, vor allem Lyra, Dudelsack, Laute und Trommel, dienen der Begleitung der Singstimmen und Tanzschritte. Die Aneignung des reichen abendländischen Erbes setzte zunächst die bewusste Verarbeitung eines Kulturimports voraus. Weil dies nie systematisch betrieben wurde, betrachet wohl nur ein geringer Teil der Griechen die abendländische Musiktradition als die eigene.

Musik des antiken Griechenland, CD-Cover mit Musik von Christódulos Haláris

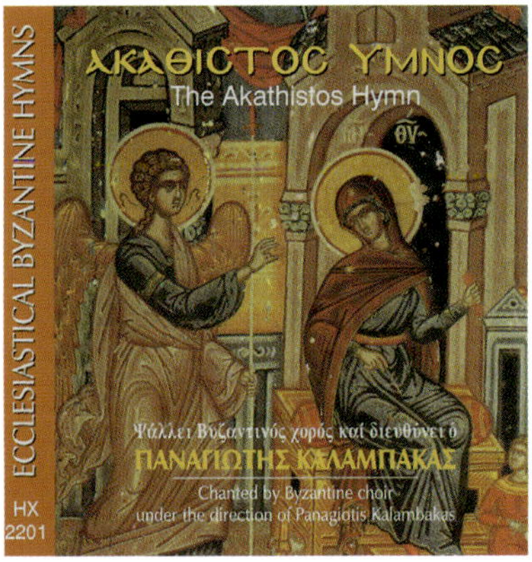

Akáthitos ymnus, der zu Ehren der Muttergottes im Stehen gesungene Hymnus, CD-Cover, Dirigent Panajiótis Kalámbakas

Sucht man nach griechischer Kunstmusik, wird man in den meisten Plattengeschäften gar nicht verstanden. Und doch gibt es sie: Bei genauerem Hinschauen entdeckt man nicht wenige Kompositionen aus dem 19. und vorwiegend aus dem 20. Jahrhundert, von engagierten Einzelkämpfern produzierte Tonträger, aus Kostengründen oft Einspielungen osteuropäischer Ensembles, die angenehme Überraschungen bergen. Man entdeckt Namen wie Jánnis Konstantinídis (1903–1984), der elegante Klavierstücke auf der Grundlage griechischer Volksmusik schrieb, oder Manólis Kalomíris (1883–1962), der ein reiches Oeuvre an symphonischer und Kammermusik hinterließ und 1927 das Nationalkonservatorium gründete. Beide Komponisten werden in Griechenland und erst recht im Ausland selten gespielt. Die von Kalomíris initiierte nationale griechische Musikschule brachte eindrucksvolle Verarbeitungen griechischer Volksmusik hervor. Níkos Skalkóttas (1904–1949), ein Schönberg-Schüler, hinterließ ein vielseitiges, fantasievolles Werk, zumeist auf der Basis strenger Zwölftontechnik und freier Atonalität. Unter Kennern ein Geheimtipp, ist auch er ein Opfer des Umstands, dass seine musikalische Sprache den meisten Griechen unverständlich ist und seine Herkunft ihm die Beachtung der internationalen Musikszene vorenthält. Eine Ausnahme bildet wohl nur der unlängst verstorbene Jánnis Xenákis, der international zu den bedeutendsten und auch vielgespielten zeitgenössischen Komponisten zählt. Er lebte freilich nicht in Griechenland, sondern in Paris.

Ein Katalog aller auf Tonträgern verfügbarer Kompositionen griechischer Tonsetzer umfasst immerhin über 500 Werke 116 verschiedener Autoren. Dies ändert jedoch nichts an der Randstellung dieses Kunstzweigs in Griechenland. Das staatliche Erziehungswesen unternimmt wenig, daran etwas zu ändern. Umso bewundernswerter erscheinen die Leistungen, die Einzelne unter diesen Umständen hervorbringen. Das gilt auch für eine Reihe großer Interpreten wie die Pianisten Jánnis Wakaréllis, Aris Garufalís, Cyprien Katsáris, Alexándra Papastefánu und Dimítris Sgúros, den Geiger G. Kawákos – um nur einige zu nennen – sowie Dirigenten von Weltruf, wie den unvergessenen Dimítris Mitrópulos.

Volkskunstmusik

Was Griechen unter die Haut geht, was sie musikalisch stimuliert, ist jedoch etwas anderes. Dieses Andere ist mit Volksmusik unzureichend benannt. Es gibt sie auch, die „Dhimotikí Musikí“, und sie stellt einen reichen Schatz ursprünglich gewachsenen, regional reich gegliederten musikalischen Ausdrucks dar, der heute weitgehend in seine museale, konservatorische Phase getreten ist. Lebendig und eigenständig jedoch ist die so genannte volkstümliche Kunstmusik, Laikí Éntechnis Musikí, die sich mit Namen wie Mános Chatzidákis, Míkis Theodorákis, Stáwros Xarchákos, Jánnis Markópulos und zahlreichen anderen verbindet. Aus der byzantinischen Kirchenmusik, aus der Volksmusik sowie insbesondere aus der Rembéttiki-Musik der Kleinasien-Flüchtlinge schöpfend, ist seit den 1950er Jahren eine eigene Musikgattung jenseits aller Sirtáki-Schwelgerei entstanden, die ihresgleichen sucht.

Volksmusik aus Thrakien und Kleinasien von Chrónis Andonídhis, CD-Cover von 1990

Es handelt sich um eine Musik, die differenziert und dennoch populär, große Liederzyklen und Oratorien auf der Basis anspruchsvoller Lyrik geschaffen und damit die hochverdichtete Symbolsprache von Literaturnobelpreisträgern wie Seféris und Elytis breiten Volksschichten zugängig gemacht hat. Wenn die 5000 Plätze des Herodes-Attikus-Theaters auch bei Spitzenensembles des internationalen Konzertbetriebs nur selten voll besetzt sind, so bleibt bei einer Aufführung des Oratoriums „Axión Estí“ (Gepriesen sei) von Míkis Theodorákis (geb. 1925) nach dem Gedichtzyklus von Elýtis garantiert kein Platz frei. Diese Musik, die im Ausland in Konzerten allenfalls ausschnittweise zu hören ist, stiftet Identität, wird vom griechischen Publikum – vom Arbeiter bis zum Professor – als Weiterentwicklung nationaler Tradition akzeptiert, erzeugt Konsens, auch über die sonst in Griechenland so unüberwindlich scheinenden ideologischen und parteipolitischen Grenzen hinweg.

Sowohl Chatzidákis wie Theodorákis und andere Kollegen haben „eigentlich“ als Komponisten ernster Musik begonnen. Theodorákis hat ein klassisches Musikstudium absolviert und mehrere Symphonien, Konzerte und Kammermusik geschrieben, die aber wohl nur Beachtung finden, weil der Komponist durch die Volksmusik populär ist. Im Ausland weniger bekannt ist Jánnis Markópulos, der vor allem kretische Musikelemente verarbeitet und mit Werken wie „Ithagénia“, gesungen von dem unvergleichlichen Níkos

Klassisches Konzert auf der Insel Delos

Xylúris, einen besonderen Akzent gesetzt hat. Die Entwicklung auf dem Gebiet der „Volkskunstmusik" ist alles andere als einheitlich; die Übergänge zu leicht verdaulichen, retsinaseligen Liedchen vom Typ „Weiße Rosen aus Athen", eine Melodie von Chatzidákis übrigens, sind fließend. Nicht alle Versuche auf diesem Gebiet sind überzeugend. Das Rezept, erstklassige oder auch nur engagierte Lyrik unter starkem Rühren mit Busúki-Klängen zu mischen, ist nicht immer ein Erfolg. Bisweilen bleibt als Endprodukt nur ein Aufguss, wenn nicht Kitsch.

In eine etwas andere Kategorie gehört der Chançonnier Dionýssios Sawópulos. Er war Mitinitiator des „Néo Kyma", der Neuen Welle populärer griechischer Musik während der 1960er Jahre. Diese versuchte eine moderne städtische Musik zu schaffen – in Anlehnung an die Pop-Musik, aber ohne einfach ausländische Schlager zu übersetzen. Dies ist auch gelungen und hat viele Nachahmer gefunden. Sawópulos ging dann aber einen eigenen Weg. Seine aggressiven lyrischen Texte, teilweise auch eigene Übersetzungen von Bob Dylan, brachten das Lebensgefühl einer ganzen Generation zum Ausdruck, der Kinder von Marx und Coca Cola, der Generation des Widerstands gegen Junta, Eltern und Konventionen. Musikalisch einfallsreich, spielt er mit westlichen und griechischen Melodieelementen, die er selber virtuos aus seiner Gitarre schlägt.

Rembéttika

Seit dem Film *Rembetiko* (1984) von Kóstas Férris und der Musik von Stawrós Xarchákos, einem der seltenen internationalen Erfolge des jüngeren griechischen Kinos, ist der Begriff auch bei uns bekannt. „Rembettìko" bedeutet rebellisch, sich auflehnend, out-drop, außerhalb der Gesellschaft stehend. Die Musik ist städtischen Ursprungs. Flüchtlinge aus Kleinasien, vor allem aus dem Handelszentrum Smyrna, haben sie beim großen Bevölkerungsaustausch 1922/23 mit in die Vorstadtbaracken Athens gebracht. Dort hockten sie, sozial deklassiert, entwurzelt und ohne Perspektive, und suchten nicht selten Trost bei der Haschischpfeife. Ihre Musik wurde Ausdruck ihrer Auflehnung gegen die enge bürgerliche Welt Athens, gegen die Organe der öffentlichen Ordnung, die versuchten, den Deckel auf dem brodelnden Kessel der 1920er, 1930er und 1940er Jahre zu halten. Der Staat nahm die Herausforderung an und reagierte unter dem Vorwand des mit der Musik verbundenen Haschischkonsums mit Verboten, was den Siegeszug dieser Musik natürlich nicht aufhalten konnte. Sie stand für eine unangepasste Lebenshaltung, wurde zum Leitmotiv einer differenzierten Subkultur, die in Ilias Petrópulos ihren scharfsinnigen und -züngigen Chronisten gefunden hat. Viele anonyme Sänger und Busúki-Spieler haben zur Entwicklung dieser Musik beigetragen, aber die wichtigsten Lieder stammen von Komponisten wie Márkos Wamwakáris, dem enorm produktiven Altmeister, der keine Noten lesen konnte. Weitere wichtige Namen sind: Papaioánnu, Mitsákis und Wassílis Tsitsánis, der sein Jura-Studium zugunsten der Rembéttika-Musikí aufgab. Tsitsánis brachte sie aus dem Getto der Subkultur heraus.

Rembéttika-Musik in dem Restaurant „Tó paläó má spíti" in Athen/Kessarianí

Als diese Musik in den 1950er Jahren „chic" wurde und die Athener Bourgeoisie oder zumindest ihre Kinder die Busúki-Höhlen aufsuchten, begann gleichzeitig mit der sozialen Integration der einstigen Flüchtlinge der Niedergang der Musik. Heute ist sie, obwohl noch viel gespielt, im besten Fall historisches Zitat, häufig mit Kitsch versetzt, von Elektronik aufgeblasen und vom Kommerz erstickt. Der Kulturkritiker Níkos Dhímu hat diesen Prozess treffend beschrieben: „Als die Bürger die Rembéttika entdeckten, fanden sie sie abscheulich. Als sie anfingen, sie zu bewundern, machten sie sie abscheulich." Wer einen der großen Busúki-Tempel an den Ausfallstraßen Athens aufsucht, kann sich davon überzeugen. Hoch bezahlte Sänger und Ensembles verursachen mittels aufwändiger Lautsprecher ohrenbetäubenden, musikalisch meist mittelmäßigen Lärm. Nicht umsonst werden diese Musiktempel im Volksmund „skiládhika" (Hundeschuppen) genannt. Diese rein kommerziellen Etablissements erfreuen sich dennoch großer Beliebtheit. Abend für Abend werden Unsummen umgesetzt und biedere Durchschnitts-Athener tanzen sich ihren Frust aus dem Leib. Wegen Verletzungsgefahr ist es allerdings polizeilich verboten, wie ein echter „Rembéttis" Teller auf der Tanzfläche oder den Köpfen der Mitzecher zu zertrümmern. Eine findige Kleinindustrie hat Ersatz geschaffen: bröcklige Gipsteller. Lautlos zerkrümeln sie zur „Ersatz"-Musik.

***Der Imker*, Szenenfoto aus dem Film von Angelópulos, Foto von Giórgios Arwanítis**

Film- und Theatermusik

Fast alle Komponisten von Volkskunstmusik haben auch für Film oder Bühne geschrieben. Manche, wie Chatzidákis (Musik zu *Sonntags nie*) oder Theodorákis (*Z*, *Aléxis Sorbás*) wurden erst damit international bekannt. Die Komponisten sind sich nicht zu schade, für einzelne Theaterinszenierungen einen eigenen Soundtrack zu schreiben. Auf diese Weise erhalten viele Stücke des internationalen Repertoires einen unverwechselbaren griechischen Charakter. Besonders erfolgreich auf diesem Gebiet ist eine junge Frau namens Eléni Karaíndru, die mit den Vertonungen der Filme von Theódoros Angelópulos (z.B. *Reise nach Kythera, Der Imker*) aufgefallen ist.

Theater

Im Gegensatz zur Musik existiert mit dem altgriechischen Theater, den Tragödien von Sophokles, Euripides und Aischylos oder den Komödien von Aristophanes, ein lebendiges Erbe der Antike, das eine große Rolle für das europäische Theaterleben gespielt hat und immer noch spielt. Das griechische Theater hat diese Tradition, vor allem in den letzten 50 Jahren, genutzt. Sicher, die antiken Stücke gehören zum Repertoire vieler Theater auf der Welt, aber in keinem Land werden sie so häufig gespielt, sind sie Gegenstand so vieler Interpretationsversuche. Für viele griechische Schriftsteller ist es eine Herausforderung, ihr Talent an der Übertragung eines der klassischen Theaterstücke zu versuchen.

Das Theaterschaffen der byzantinischen Zeit, vor allem liturgische Aufführungen, hat keinen sichtbaren Einfluss hinterlassen. In den griechischen Gebieten, die nicht oder erst spät unter osmanische Herrschaft fielen, vor allem auf Kreta und den Ionischen Inseln, gab es ein an italienischen Vorbildern der Renaissance orientiertes, aber auch ein selbstständiges Theaterleben. Die Kreter Vincenzo Cornáro, Geórgios Chortátsis, N. Fóskolos u.a. schrieben Ende des 16./Anfang des 17. Jahrhunderts Tragödien, bukolische Dramen, Komödien, die bis heute sehenswert sind. Stücke wie „Erofíli“ von Georgios Chortátsis (ca.1545–1620) und „Státhis“, dessen Autor unbekannt geblieben ist, werden gelegentlich aufgeführt. Auf den Ionischen Inseln, insbesondere auf Zákinthos, reicht diese Theatertradition bis in die Zeit der griechischen Staatsgründung.

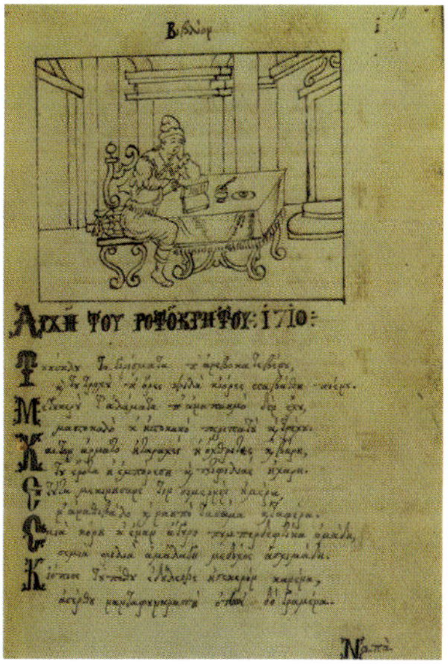

Erotókritos von Vincenzo Cornáro, eine Seite aus dem ältesten bekannten Manuskript von 1710, British Library/Harleian Collection

Bei der Befreiung von den Türken existierte Theater nur in Form gelegentlicher Aufführungen in den Städten der griechischen Diaspora wie Odessa, Bukarest oder Smyrna sowie im größten griechischen Hafen jener Zeit, auf der Insel Syros. Die Stücke, meist von Laiendarstellern gespielt, hatten überwiegend patriotisch-pädagogische Themen zum Gegenstand. Die Entwicklung eines eigenen Theaterlebens im jungen neugriechischen Staat litt unter dem Sprachenstreit und den zunächst sehr beengten Verhältnissen. 1836 wurde in dem Dorf Athen, das erst zwei Jahre zuvor zu Hauptstadtehren gekommen war, das erste Theater eröffnet, ein bescheidenes Etablissement, in dem der Zuschauer auf den gewachsenen Erdboden trat und über sich den Lauf der Gestirne verfolgen konnte. 1840 folgte ein weiteres Theater, das Athener oder – nach dem Namen des Besitzers – Búkuras-Theater. Dort traten italienische Opernensembles und griechische Wanderbühnen aus der Diaspora mit traditionellem Repertoire auf. Erst 1862 etablierte sich eine feste Theatergruppe unter Leitung von Pantelís Sútsas. Zum Repertoire gehörten die historischen Stücke von Dimítrios Wernardhákis „Maria Doxapatrí“, „Merópi“, trotz der altertümelnden Katharéwussa Publikumserfolge. Orientiert an Shakespeare, Schiller und den antiken Autoren, bereitete Wernardhákis historische Stoffe auf. Der Siegeszug der Volkssprache hat diese Stücke später aus dem Repertoire verdrängt.

In den 1870er Jahren bildeten sich weitere professionelle Theatergruppen. Zur gleichen Zeit entstanden mit der Durchsetzung der Volkssprache in der Prosa-Literatur Theaterstücke in der Dhimotikí, die den drei folgenden Typen zugeordnet werden können: dramatisches Idyll, komisches Idyll (Komidyll) und kabarettistische Revue. Letztere Gattung ist die erfolgreichste geblieben und entwickelte sich zu einer genuin griechischen Spezies, der „Epitheórissis“, einer satirischen Revue mit aktuellen Bezügen von sehr unterschiedlichem Niveau. Die Revue-Theater kennen keine Krise. Ihre Vorstellungen sind gut besucht, während die Experimentaltheater heute oft kaum mehr als ihr Gestühl zu den Vorstellungen begrüßen können. Für viele einfache Stadtbewohner ist die satirische Revue gleichbedeutend mit Theater.

Programm des Komidylls „Marúlas Schicksal“ von Dimítris Koromilás im Odeon Theater von Konstantinopel 1895 (ELIA)

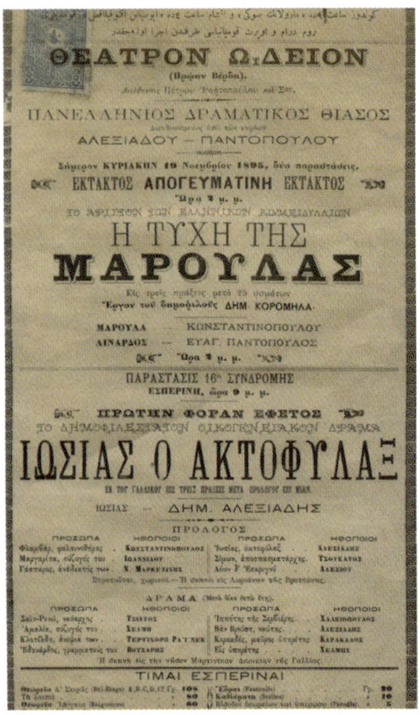

Das Komidyll, eine leichte, vaudeville-artige Komödie mit Gesangseinlagen, schildert das Schicksal von Menschen aus dem Volk, so das erste dieser Art: „I Tychi tis Marúlas“ (Marúlas Schicksal) von Dimítrios Koromilás. Über 60 Stücke dieser leichten Muse folgten in wenigen Jahren. Das dramatische Idyll, eine Art Volksdrama, wurde ebenfalls von Koromilás begründet mit dem Stück „O Agapitós tis Woskopúlas“ (Der Geliebte der jungen Hirtin). Diese Gattung diente später Filmen des Fustanélla-Genres als Vorlage. Beide Arten spielen in der Nachkriegszeit keine nennenswerte Rolle mehr.

Um die Wende zum 20. Jahrhundert tritt mit Gründung des Königlichen Theaters (Wassilikón Théatron) in eigenem klassizistischem Gebäude mit eigener Schauspielschule eine entscheidende Änderung ein. Der erste Leiter, Thomás Ikonómu (1864–1927), in Wien geboren, hatte eine erfolgreiche Karriere an deutschen Bühnen hinter sich. Fast gleichzeitig entstand die Néa Skiní (Neue Bühne) unter Leitung von Konstantínos Christomános (1867–1911). Er brachte Stücke von Ibsen, Hauptmann und dem jungen Grigóris Xenópulos auf die Bühne und schaffte Inszenierungen von höchster Präzision und Qualität. Xenópulos (1867–1951) entwickelte sich zum erfolgreichsten, meistgespielten und fähigsten Theaterschriftsteller der ersten Jahrhunderthälfte. Großen Einfluss hatte auch Pantelís Horn (1881–1941), dessen Stücke immer noch aufgeführt werden. Auf der Neuen Bühne machte Kywéli Adrianú (1887–1978), eine der großen Figuren des griechischen Theaters, ihre ersten Schritte. Sie gründete später eine eigene Schauspielgruppe und beeinflusste jahrzehntelang das griechische Theaterleben. Das Gleiche gilt für Márika Kotopúli (1887–1954), die in der kurzen, nur sechsjährigen Existenz des Königlichen Theaters bekannt wurde. Zum Repertoire des Königlichen Theaters gehörten zahlreiche Stücke des europäischen, insbesondere des französischen und deutschen Theaters, aber auch Inszenierungen antiker Stücke. Als 1903 die Orestie von Aischylos in neugriechischer Übersetzung gespielt werden sollte, kam es zu Ausschreitungen demonstrierender Studenten, denen die Aufführung eines antiken Autors in neugriechischer Sprache als Sakrileg erschien. Als Opfer dieses „Theaterkriegs“ waren ein Toter und mehrere Verletzte zu beklagen.

Karajiósis-Figur aus der Sammlung des Griechischen Schattentheaters (ELIA)

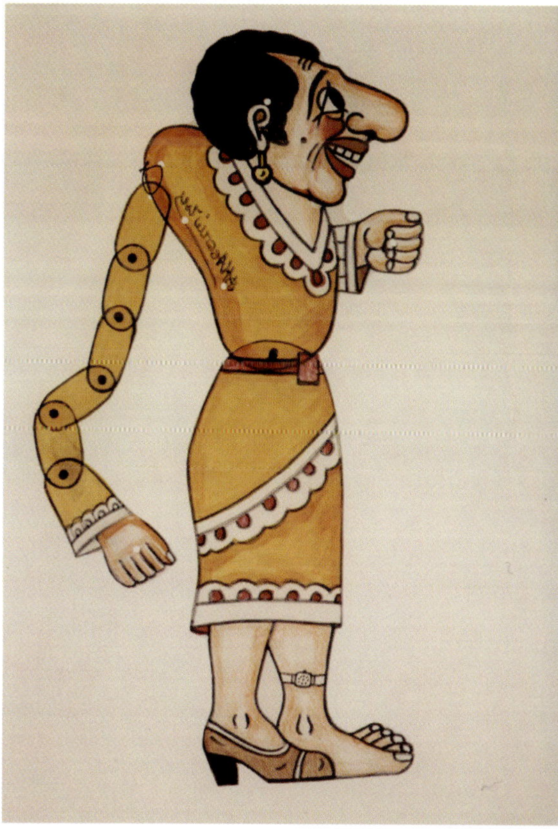

Mit den beiden Bühnen verlor das Athener Theaterleben seine provinziellen Züge, und obwohl beide Regisseure nach wenigen Jahren aus unterschiedlichen Gründen scheiterten, hatten sie Maßstäbe für die übrigen Theater und Bühnen gesetzt, die sich mit denen anderer europäischer Hauptstädte messen konnte. Das griechische Theater hatte damit in weniger als 100 Jahren eine lange Entwicklung nachgeholt. Allerdings betraf das im Wesentlichen nur die Hauptstadt des jungen Staates.

In der Provinz, auch in den Vorstädten Athens, trat gegen Ende des 19. Jahrhunderts eine ganz andere Theatergattung ihren Siegeszug an: das Schattentheater, genannt nach seinem Helden, dem buckligen, listigen Underdog Karagiósis. Bei diesem urwüchsigen, lebendigen Volkstheater werden flache Figuren aus Leder gegen eine von hinten erleuchtete Leinwand gehalten. Der Schattenspieler führt die Figuren an langen Stäben und spielt die Stücke aus dem Gedächtnis, nicht ohne zu improvisieren und lokale aktuelle Ereignisse mit einzuflechten.

Das Schattentheater stammt aus der Türkei und zeigt die weiter bestehende kulturelle Verbindung insbesondere durch die zahlreichen Griechen im Osmanischen Reich. In Griechenland wurde dieses Theater allerdings umgeformt, angereichert mit Charakteren der griechischen Geschichte und Sagenwelt und hatte sicher ein größeres und treueres Publikum als die wenigen Kunstbühnen der Hauptstadt. Mehr mit seinem großen Mundwerk als mit Heldentaten kämpft Karagiósis (Schwarzauge) gegen fremde Unterdrückung und mancherlei Gefahren. Bis heute haben sich einige Bühnen erhalten, nunmehr vor allem in den Städten, wo sie und ihre reiche Figurenwelt bewusst gepflegt werden, während auf dem Land Kino und Fernsehen dem Schwarzauge den Garaus gemacht haben.

Der Impetus von Ikonómu und Christomános wurde in den 1920er Jahren von Fótos Polítis (1890–1934), Regisseur, Theaterkritiker und Max Reinhardt-Schüler, wieder aufgenommen. Er legte die Grundlage für eine moderne Interpretation der antiken Tragödien. Gleich seine erste Inszenierung, *Ödipus Rex*, mit Emílios Weakís in der Hauptrolle, war ein Erfolg und wirkte stilbildend. 1932 wurde er Leiter des neu gegründeten Nationaltheaters, des ersten vom Staat unterhaltenen Theaters, das bis heute im Gebäude des alten Königlichen Theaters untergebracht ist. Besonders wichtig war die Einrichtung einer staatlichen Schauspielschule am Nationaltheater. Der größte Teil der namhaften griechischen Schauspieler ist aus ihr hervorgegangen. Während Ausstattung und Kostüme für das Königliche Theater teilweise aus dem Ausland beschafft wurden, erscheint mit Pános Arawantinós (1880–1931) ein begabter Bühnenbildner, der lange in Berlin gearbeitet hatte.

Eröffnungsveranstaltung am 19. März 1932 im Nationaltheater mit der Tragödie „Agamemnon“ von Aischylos in einer Inszenierung von Fótos Polítis mit der Schauspielerin Katína Paxinú als Klytämnestra und Aimílios Veakís als Agamemnon sowie Aléxis Minotís als Bote (ELIA)

Nach dem Tode von Polítis (1934) übernahm Dimítris Rondíris (1899–1981) die Leitung des Nationaltheaters, ein weiterer wichtiger Lehrmeister des griechischen Theaters. Er versuchte als einer der Ersten, das antike Drama an alter Stelle im Freien aufzuführen. 1938 begannen Aufführungen in Epídawros (Epidauros). Seit 1955 gibt es dort in jedem Sommer ein Festival. Erwähnenswert ist auch der Versuch des Lyrikers und Tragödiendichters Ángelos Sikelianós (1884–1951), im antiken Theater von Delphi das klassische Drama wieder zu beleben. Der Gedanke wirkt bis heute nach. Das Europäische Kulturzentrum Delphi veranstaltet alle zwei Jahre internationale Festspiele des Antiken Theaters mit Teilnehmern aus aller Welt. Wegen der Bedenken der Archäologen finden die Aufführungen allerdings nicht mehr im Theater, sondern im Stadion von Delphi statt. In diese Zeit fällt auch der Versuch von Wasílis Rótas (1909–1977), im Athener Vorort Pangráti ein Volkstheater zu betreiben, um das Kunsttheater einem breiteren Publikum nahe zu bringen.

Metaxás-Diktatur, Krieg, Besatzung und Bürgerkrieg bedeuteten auch für das Theater einen tiefen Einschnitt. Noch während der Besatzung 1942 gründete Károlos Kun (1908–1987) das Théatro Téchnis (Kunsttheater). Seine Inszenierung der *Bluthochzeit* (1948) von F. G. Lorca wird zu einem griechischen Großkunstwerk. Die Musik stammt von dem jungen, noch unbekannten Mános Chatzidákis, das Bühnenbild von Ioánnis Tsarúchis, die Übersetzung von dem Dichter Níkos Gátsos. Im folgenden Jahr bringt er zum ersten Mal Tennessee Williams „Endstation Sehnsucht" auf die Bühne. In der Hauptrolle eine junge Schauspielerin namens Melína Merkoúri. Kun blieb bis zu seinem Tode (1987) die beherrschende Figur des griechischen Theaters, der allgemein anerkannte Dháskalos (Lehrer). Ihm vor allem verdankt das griechische Publikum die Bekanntschaft mit dem internationalen Nachkriegstheater, mit Autoren wie Max Frisch, Jean-Paul Sartre, Arthur Miller und Peter Weiss sowie mit Bertolt Brecht und dessen Theaterkonzeption, die einen besonders nachhaltigen Einfluss auf das griechische Theater ausübte. Kuns Aristophanes-Inszenierungen im Herodes-Attikus-Theater am Fuße der Akropolis, im antiken Theater von Epídawros und auf Gastspielreisen im Ausland erregten internationales Aufsehen. Besonders bemerkenswert an seinen Auffuhrungen war der persönliche und genuin griechische Stempel, den er den Stücken der Weltliteratur aufdrückt. Dies gilt auch für andere junge Regisseure. Aus der *Geisel* von Brendan Beehan wird so in der Inszenierung von Leon Triwisás, unterstützt durch Musik von Míkis Theodorákis, auch eine Auseinandersetzung mit der jüngsten griechischen Geschichte. Eine wichtige Rolle spielen dabei außerdem führende griechische Maler wie Iannis Tsarúchis und Spyros Wassilíu mit ihren Bühnenbildern.

Die heutige Theaterszene ist von großer Vielfalt geprägt. Es gibt, mit Ausnahme des Théatro Téchnis, keine „Schule" mehr. Über 40 Theater kündigen in den Athener Tageszeitungen ab Anfang Oktober ihre Aufführungen an: von Epitheórissis-Klamotten mit Gesangs- und Tanzeinlagen und bissiger bis grober Satire auf die jeweilige Regierung und Experimen-

Titelseite des Stückes „O Romiós" (Der Grieche) von M. Traifóros und D. Vasiliadis im Theater Vembo im Sommer 1956 (ELIA)

taltheatern, die Faßbinder-, Heiner Müller- und Kroetz-Stücke aufführen, bis hin zum heute braven Nationaltheater, das sich der Pflege griechischer und internationaler Klassiker verpflichtet weiß. Unter den zahlreichen Bühnen ragen wenige hervor. Zu viele Neugründungen graben sich gegenseitig das Wasser ab, konkurrieren um die wenigen Zuschauer, die bereit sind, sich auf neue Stücke, neue Interpretationen einzulassen. Eine wichtige Neugründung ist das Amphí-Theater (seit 1975) von Spyros Ewangelátos, einem international angesehenen Regisseur, der auch einige Jahre mit bemerkenswertem Erfolg die Athener Staatsoper leitete. Der einzige auch im Ausland bei Insidern bekannte griechische Theaterregisseur ist Theódoros Tersópulos, der u.a. beim Berliner Ensemble in die Lehre gegangen ist. Er hat mit mustergültigen Aufführungen Heiner Müller in Griechenland bekannt gemacht.

1961 wurde das Staatstheater Nordgriechenland mit Sitz in Thessaloníki gegründet, als dessen Ableger in den 1970er Jahren auch ein Thrakisches Theater. In den letzten Jahren entstanden, gestützt durch Finanzhilfen des Kulturministeriums, auch in anderen Provinzstädten Theater, so in Wólos und Kalámata, von denen durchaus Impulse für die Hauptstadt ausgehen.

Die Theater spielen in der Regel von Anfang Oktober bis kurz nach Ostern. Nur eine Minderheit verfügt über ein festes Haus. In den Sommermonaten reisen sie durch die Provinz, fahren in die Badeorte. Im Rahmen des Athener Festivals werden im offenen Herodes-Attikus-Theater sowie auf der Freilichtbühne auf dem Lykabettós regelmäßig Inszenierungen antiker Stücke durch griechische Ensembles gezeigt. Auch andere antike Theater wie Philíppi (bei Kawálla) und Dodóna (in Épiros) werden dazu benutzt.

Das wichtigste Phänomen des griechischen Nachkriegstheaters ist aber wohl die Fülle von Theaterautoren oder Schriftstellern, die für das Theater schreiben. Jákowos Kambanéllis, Lúla Anagnostáki, Jórgos Maniótis seien hier für viele genannt. Weil Theaterstücke nicht für ein Lesepublikum geschrieben werden, sondern zu ihrer Verbreitung Inszenierungen brauchen, ist die Zahl der Übersetzungen griechischer Theaterstücke noch geringer als die der Romane und Erzählungen. Das Engagement des Staates für das Theater ist, gemessen etwa an deutschen Verhältnissen, verhalten. 90 % der Bühnen sind privat. Viele arbeiten nach dem Prinzip der Selbstausbeutung. Viele Schauspieler sind gezwungen, tagsüber einem Brotverdienst nachzugehen, im besten Fall beim Fernsehen, für die Video-Produktion oder Werbung. Immerhin hat das Kulturministerium seit 1974 begonnen, einzelne Theater, insbesondere in der Provinz, zu subventionieren, von 1981 bis 1989 unter der Leitung der politisch sehr engagierten Theater- und Filmschauspielerin Melína Merkoúri (1925–1994).

Film

Die Geschichte des griechischen Films begann Anfang des Jahrhunderts. Zunächst wurden einige kurze Dokumentarfilme von Joseph Hepp, einem Kameramann ungarischer Herkunft, gedreht, der sich in Athen als Filmvorführer niederließ und zu einem der wichtigsten Dokumentarfilmer und Kameramänner des griechischen Films wurde. Technisch war man abhängig vom Import des Filmmaterials, das zunächst auch zur Entwicklung noch ins Ausland, meist nach Frankreich, geschickt werden musste. Die Verbreitung griechischer Kinofilme war jedoch sehr gering. Filmtheater gab es nur in Athen und in zwei, drei anderen Städten, wo jedoch vor allem ausländische Filme gezeigt wurden.

Ein beliebter Komiker, Spíros Dimitrakópulos, drehte 1911 mit dem deutschen Kameramann Erich Bubach drei kurze Streifen, in denen er die Hauptrolle spielte. 1914 produzierte ein Grieche aus Smyrna, Kóstas Bachatóris, den ersten längeren Spielfilm *Gólfo*, ein ländliches Drama nach einem erfolgreichen Theaterstück. Damit griff er ein Thema auf, das im kommerziellen griechischen Kino eine große Rolle spielte, bis der Einzug des Fernsehens ihm ein gnädiges Ende bereitete. Dieses neue Film-Genre wurde „Fustanélla-Film“ genannt, nach dem rockartigen Kleidungsstück der Männer im vorindustriellen Griechenland, heute noch von Touristen an der Athener Garde bewundert, und lässt sich am ehesten mit dem deutschen Heimatfilm der 1950er Jahre vergleichen.

Erster Weltkrieg, griechischer Kleinasien-Feldzug und das Hereinströmen von 1,5 Millionen Flüchtlingen aus Kleinasien bieten bis 1925 kaum Bedingungen für die Entwicklung einer griechischen Filmindustrie. Einige

Pioniere wie Joseph Hepp, Gawrílis Lóngos, Jórgos Prokopíu, die Brüder Miltiádis und Jannákis Manákis hielten die dramatischen Ereignisse mit der Kamera fest und schufen so einzigartiges Filmmaterial, das jedoch aus politischen Gründen erst sehr viel später gezeigt werden konnte und nur durch den Einsatz des Griechischen Filmarchivs („Tainiothíki tis Ellados") vor dem Vergessen und der Zerstörung bewahrt wurde.

Einer der ersten Theoretiker des griechischen Films, der erfolgreiche Verleger und Intellektuelle Dímos Wratsános, dreht 1924 unter schwierigsten Umständen *Tis míras t'apopaídi* (Stiefkind des Schicksals). Der Film hatte großen Erfolg in Griechenland, in den griechischen Kolonien in Ägypten und in den USA. Wratsános drehte mit Laiendarstellern, da ihn das theatralische Gehabe der Theaterschauspieler abstieß. Er gründete und leitete sogar kurzzeitig eine Filmschule, in der er versuchte, seine Ideen zur Filmästhetik umzusetzen.

Um 1925 endete die Pionierphase des griechischen Films. Mit den Brüdern Dimítris und Kóstas Gasiádis begann die Phase der industriellen Produktion. Beide hatten Erfahrung im Ausland gesammelt, Dimítris in den USA und England, Kóstas in Deutschland und Frankreich. 1927 begann ihre Firma DAG-Film im modern eingerichteten Studio die Produktion. Gleich der erste Film *Éros ké Kymata* (Liebe und Wellen) wurde von der Kritik als Schnulze geschmäht, entwickelte sich jedoch schnell zu einem Kassenerfolg. Die weitere Produktion fiel unterschiedlich aus. Sie reichte von der ersten Verfilmung einer antiken Tragödie bis zu Rührstücken des Fustanélla-Genres. Ebenfalls zu nennen sind Achilles Mádras und Tákis Dhadíras. Herausragend ist der Film *Daphnis ké Chloi* von Oréstis Láskos, einem Dichter, Schauspieler und Poeten, der auch international anerkannt war.

Szenenfoto aus dem Film „Astéro", einem typischen Fustanélla-Streifen, von D. Gasiádis, 1929 (ELIA)

Die Konkurrenz der internationalen Produktion, die sich an ein riesiges Publikum richtete, hatte die Ansprüche des griechischen Publikums, zumindest in technischer Hinsicht, hochgeschraubt, was das Leben der einheimischen Filmindustrie, deren Produkte nur selten internationale Märkte erreichen, nicht leichter machte. Das Aufkommen des Tonfilms stürzte die mühsam um ihre Existenz kämpfende Filmindustrie, die für diese Neuerung technisch nicht gerüstet war, in Schwierigkeiten. 1939 dreht Filopímin

Fínos, der nach dem Krieg zum griechischen Filmmagnaten wird, den ersten in Griechenland produzierten Tonfilm.

Die 1936 einsetzende Diktatur des Generals Metaxás, Krieg und Besatzung sowie der anschließende Bürgerkrieg bedeuten eine starke Zäsur für das griechische Filmschaffen. Ende der 1940er Jahre setzt die dritte Epoche des griechischen Films ein, die bis zum Beginn der 1970er Jahre dauert, bis die Einführung des Fernsehens (1972) die Situation radikal verändert. Der griechische Film erreichte in dieser Zeit seinen quantitativen Höhepunkt. Bis zu 100 Streifen pro Jahr wurden in den 1960er Jahren gedreht. Der größte Teil bestand aus Fustanélla-Stücken, Melodramen oder groben Schwänken mit beliebten und begabten Komikern. Die Elektrifizierung auch der letzten Dörfer verschaffte einen größeren Markt, zu dem noch die Millionen Auslandsgriechen kamen. Neben dieser leicht verderblichen Dutzendware, deren Funktion seither Fernsehen und vor allem Videofilme übernommen haben, entwickelte sich gegen großen Widerstand ein ernst zu nehmendes Filmschaffen einzelner Regisseure. Es entstanden Autorenfilme von hoher Qualität, denen jedoch nur sporadisch der Durchbruch auf den internationalen Markt gelang.

Anzeige der Firma „Fínos Film“ aus dem Jahre 1960 (ELIA)

Als Erster ist hier der Filmregisseur Michális Kakojánnis zu nennen, dessen Filme *Stella* (1955), *Elektra* (1962) und schließlich *Aléxis Sorbás* (1965), mit denen er Marksteine in der Geschichte des zeitgenössischen griechischen Films setzte. In dem Epos *Stella* wirkten die besten griechischen Schauspieler mit. Der Stoff entstammte einem Theaterstück von Jákowos Kambanéllis, die Ausstattung war von dem Maler Ioánnis Tsarúchis, die Musik von dem jungen Komponisten Mános Chatzidákis. Die Titelrolle bekleidete, als wäre sie ihr auf den Leib geschneidert, Melína Merkoúri. Ihr Partner war der damals unbekannte Jórgos Fúntas, der neue Antityp zu den Hollywood-Imitaten des griechischen Films. Diesem griechischen Gesamtkunstwerk gelang es erstmalig, auf dem Film-Festival in Cannes 1955 Aufsehen zu erregen.

Mit *Elektra* (in der Hauptrolle Iríni Papás) begann in Griechenland die eigentliche Auseinandersetzung des Mediums Film mit dem antiken Tragödienstoff. Einen wichtigen Beitrag dazu lieferte Míkis Theodorákis' Filmmusik, in der byzantinische Melodien und Volksmusik mit dem antiken Stoff zu einer urgriechischen Einheit verbunden sind. Die Ausstattung stammte von Spyros Wassilíu. Kakojánnis verfilmte später noch weitere antike Tragödienstoffe.

Aléxis Sorbás schließlich brachte der griechischen Filmszene Weltruhm. Der Stoff ist von Níkos Kazantzákis, die Musik von Míkis Theodorákis, die Schauspieler waren diesmal jedoch, neben etlichen Griechen, internationale Stars wie Anthony Quinn und Lila Kedrova.

Als Nächster ist der Regisseur Níkos Kúnduros zu nennen, der mit seinem Film *Kleine Aphroditen* (1963 Goldener Bär auf den Berliner Internationalen Filmfestspielen) im Ausland bekannt wurde. Sein Erstlingswerk *Magikí Póli* (Verzauberte Stadt, 1954) schildert in neorealistischer Weise das Leben in den Athener Flüchtlingsvororten und erregte Aufsehen auf dem Filmfestival von Venedig. Auch für diesen Film schrieb Mános Chatzidákis die Musik. Kúnduros' dritter Film *I Paránomi* (Die Illegalen, 1958) thematisierte zum ersten Mal den Bürgerkrieg, bis dahin ein Tabu-Thema. Auch sein Film *1922* (1978) über den Leidensweg von Kleinasien-Griechen nach dem griechischen Kleinasien-Feldzug, berührt Tabus und löste sogar diplomatische Schritte gegen diese Produktion aus.

Szenenfoto aus „Kleine Aphroditen" von Níkos Kúnduros, 1963 (ELIA)

Es bildete sich eine „Athener (neorealistische) Schule" heraus, an der die Abstinenz politischer Themen auffiel. Es wurden soziale Situationen analysiert, aber eine Auseinandersetzung mit den Tabus „Besetzung" und „Bürgerkrieg" blieb in der Nachbürgerkriegszeit aus. Erst die Obristendiktatur provozierte die Beschäftigung mit ihrer Vorgeschichte. Schon während der Diktatur, aber vor allem nach ihrem Sturz, begann eine Epoche des politischen Films, deren hervorragendste Vertreter die Regisseure Aléxis Damianós, Pantelís Voulgaris (geb. 1940) und vor allem Theódoros

Angelópoulos (geb. 1936) sind. Angelópulos' Filme *Méres tu 36* (Tage von 1936, 1972), *O Thíasos* (Die Wanderschauspieler, 1975), *I Kynigí* (Die Jäger, 1977) sind eine Aufarbeitung der jüngeren griechischen Geschichte. Angelópulos ist der einzige griechische Regisseur, der in Griechenland arbeitet und dessen Filme in der Regel ein internationales Publikum erreichen (*Reise nach Kythera, Der Imker, Landschaft im Nebel*).

Diese Epoche fiel allerdings zusammen mit der vom Fernsehen ausgelösten Krise des Films: die Sommerkinos starben aus und die kommerziellen Banalproduktion gingen ein. Das griechische Filmzentrum (Ellinikó Kéntro Kinimatográfu), eine staatliche Institution, wurde zum fast alleinigen Financier der griechischen Filmproduktion. Seit der ehemalige Leinwandstar Melína Merkoúri 1981 Kulturministerin wurde, förderte diese Institution jährlich 15 bis 20 Filme, die jeweils im Oktober auf dem Filmfestival von Thessaloníki vorgestellt werden. Die staatliche Filmförderung hat aber bis heute leider nicht das Problem der Verbreitung dieser häufig anspruchsvollen Filme gelöst. Manche schaffen nicht einmal den Sprung in die kommerziellen Säle, viele werden nur einige Wochen in Athen und Thessaloníki gezeigt, um dann, begleitet von Lobsprüchen der Feuilletons, in der Versenkung zu verschwinden.

Brauchtum und Traditionen

Feuertanz, Blutopfer und Phalluskult: Volkskultur im heutigen Griechenland

Die griechisch-orthodoxe Kirche bildete innerhalb des Osmanischen Reiches über fast 450 Jahre eine Art Staat im Staate, eine Macht, die Religion, Tradition und Brauchtum schützte, rettete und bewahrte. Als Enklave war das Griechentum von den gesellschaftlichen und politischen Veränderungen, die den Westen erschütterten, abgeschirmt. Reformation und Aufklärung drangen kaum bis nach Griechenland vor. Auch Industrialisierung, Landflucht und die Entwicklung städtischer Agglomerationen vollzogen sich erst nach dem Zweiten Weltkrieg. Das sind die Gründe, weshalb sich in Griechenland wichtige Elemente der Volkskultur wie zum Beispiel der Anastenária-Kult und orthodoxe Kirchenfeste über Jahrhunderte nahezu unverfälscht erhalten konnten. Der Einzug des Fernsehens bis in den letzten Winkel kleinster Dörfer, der Einfluss des Massentourismus und die allgemeine Verstädterung der Lebensverhältnisse in den letzten Jahrzehnten bedrohen allerdings viele lebendige Elemente der Volkskultur. Sie geraten in Vergessenheit, degenerieren zu folkloristischen Tourismusattraktionen oder wandern – im besten Fall – ins Volkskunstmuseum.

Das Anastenária-Fest

Langadhás, ein kleines Dorf mit ca. 3000 Einwohnern, 15 km nordöstlich von Thessaloníki. In einem Kafeneíon nahe der Agorá (Markt) wird die spannende Erzählung über das traditionelle Anastenária-Fest, das am orthodoxen Kirchentag der Heiligen Konstantínos und Eléni, am 21. Mai, gefeiert wird, jäh unterbrochen. Als Michális die Anastenárides, eine kleine Minderheit des Dorfes Thiasós, mit „saráh“ bezeichnet, springt Kyriákos zornig auf und verlässt laut schimpfend die kleine Männerrunde. „Saráh“, ein aus dem Türkischen entlehntes Wort, bedeutet sinngemäß „Epilepsie“. Doch Epileptiker sind die Anastenárides bei ihrem ekstatischen Feuertanz

Metéora Felsen („metá aéiro“ = hoch schwebend), die Klöster zwischen Himmel und Erde in Kalambáka: Hier Kloster Rousanou aus dem 16. Jh.

keineswegs; mit „saráh“ beschimpft zu werden, war demnach für Kyriákos und seine Glaubensanhänger eine schwere Beleidigung.

Nachdem sein Ärger verflogen ist, erzählt Kyriákos bei Kaffee und Wasser mit Leidenschaft von den Anastenárides: von ihrer Flucht bzw. Umsiedlung aus Kleinasien und Bulgarien, ihren Schwierigkeiten, in Makedonien eine neue Existenz aufzubauen, von der Willkür der Lokalbehörden, die immer wieder auf hartnäckiges Betreiben der orthodoxen Kirche die Anastenária-Feste zu verhindern suchen. Diese sind dem Klerus ein Dorn im Auge: „heidnisches Spektakel“, „Götzenanbetung“, so empören sich die Kirchenmänner über den ihnen fremdartigen Kult. Bischöfe drohen, all jene zu exkommunizieren, die sich aktiv an diesen „heidnischen Spielen“ beteiligten. Die Behörden erklärten das Fest zu einer „öffentlichen Veranstaltung“, die damit genehmigungspflichtig wurde. Sie schlugen vor, die den Anastenárides heilige Zeremonien, die sie abfällig „Kunststücke“ nannten, besser in der Provinzhauptstadt Sérres aufzuführen, dort gebe es mehr Platz und mehr zahlende Zuschauer. Tatsächlich werden in Langadhás seit 1974 Eintrittsgelder verlangt; mit den Erlösen werden allerdings öffentliche oder kirchliche Vorhaben finanziert. 1972 kamen ca. 15 000 Zuschauer nach Langadhás, 1988 waren es ca. 3000. Im Jahre 2002 war das Interesse allerdings rückläufig, es kamen nicht mehr als 1000.

Anastenária-Fest in Langadhás, Makedonien

Schließlich gipfelte der Kampf von Kirche und Staat gegen das Anastenária-Fest in einem behördlichen Erlass, der das Töten von Jungtieren verbietet. Damit ist es den Anastenárides nicht mehr gestattet, zu ihrem Fest nach ihrer Tradition Jungtiere, die noch nie im Joch gestanden haben, zu opfern. Wütend und zornig fügt Kyriákos hinzu: „Aber dass Ostern Tausende von jungen Lämmern sterben müssen, dagegen hat niemand von der Kirche etwas einzuwenden!“ Nach groben Schätzungen werden in Griechenland zum orthodoxen Osterfest knapp eine Million Lämmer geschlachtet.

Da tobt ein Kampf, der sich vornehmlich in Verboten und behördlichen Erlassen äußert. Er wird angeheizt von einer Presse, die reißerisch und ohne Respekt vor dem Glauben einer christlichen Minderheit den rituellen Feuertanz

Das Opfertier der Anastáriden

bei der Anastenária-Feier verächtlich als „Fakir-Kunststück" abtut. Dabei ist dieser Tanz nur ein Element aus einem großen Festzyklus. Die Anastenárides ihrerseits reagieren Jahr für Jahr mit gleicher Gelassenheit. Sie ignorieren nach griechischer Art möglichst alle Verbote und belassen es bei verbalen Auseinandersetzungen, solange sie nicht ernsthaft daran gehindert werden, Konstantin und seine Mutter Helena nach ihrer Tradition und ihrem Brauch zu verehren.

In Griechenland ist das Anastenária-Fest nur in den vier makedonischen Dörfern Ajía Eléni, Langadhás, Mavroléfki und Melikí bekannt. Dorthin gelangte der Anastenária-Kult erst Anfang des 20. Jahrhunderts, als nach den Balkankriegen (1912/13) Griechen aus Thrakien (Ájios Stéfanos, Askitzím, Bródivo, Kostí, Kólantzas, Trúllia und Urghás) nach Makedonien umgesiedelt wurden. Zuvor hatte der Kult am Bosporus in 18 Dörfern mit griechisch-bulgarischer Bevölkerung geblüht, in jenem Landschaftsraum, wo die Balkan-Halbinsel ins Festland übergeht, im Küstengebiet des Euxinischen Pontus, am Schwarzen Meer.

Etymologisch wird Anastenária überwiegend von „anastenáso" (stöhnen, seufzen) abgeleitet. Andere Forscher beziehen sich auf eine anonyme Quelle des 12. Jahrhundert und sehen eine Verbindung zu „astenária" (dämonenbesessen). Im Mittelpunkt des Kultes steht die Verehrung der Ikonen Konstantin d. Gr. und seiner Mutter Helena. Über den Ursprung des Anastenária-Festes wird viel spekuliert. Aus den vorwiegend bulgarischen und griechischen Forschungen über das Brauchtum haben sich zwei Hauptmeinungen herauskristallisiert. Während die einen der Ansicht sind, der Kult gehe auf die mittelalterliche Häresie der Paulikaner zurück, eine Sekte in der Folge des Manichäismus, die von Kaiserin Theodora verfolgt und nach Thrakien umgesiedelt wurde, halten andere ihn für eine rein vorchristliche, orgiastisch-dionysische Zeremonie thrakischer Herkunft. Tatsächlich fällt auf, dass sich im Dionysos- und Anastenária-Kult die Festelemente gleichen. Hier wie dort sind die Hauptelemente der sehr komplexen Zeremonien: Vorbereitung („hagiasmós") – Stieropfer – Umzug („pompé") mit der Konstantin- und Helena-Ikone (bzw. der Dionysos-Statue) – ekstatischer (Feuer-)Tanz und Musikbegleitung mit Trommel („daúli"), Lyra und Dudelsack („gáidha") – ekstatische Kultschreie „i-akche" und „ich-ach-ech". Und schließlich das Phänomen der Unverletzbarkeit beim Feuertanz („akáia"), dies allerdings nur bei den Anastenárides.

Bei dieser Vielfalt von Brauchtumserscheinungen ist es verständlich, dass sich mittlerweile die verschiedensten Fachdisziplinen mit speziellen Forschungsfragen auf das Anastenária-Fest konzentrieren. Die Archäologen suchen den Bezug zur Antike. Für sie ist das Fortleben des Dionysoskultes die zentrale Frage. Sie diskutieren außerdem den Einfluss des antiken Theaters auf das Festritual. Den Verbindungen zur frühchristlichen Epoche gehen die byzantinische Kunstgeschichte und die Religionswissenschaft nach. Die neugriechische Philologie befasst sich mit den Liedern und Gebeten. Und letztendlich zeigen auch Psychologen und Mediziner ihr Interesse an Feuertanz und Ekstase.

Die mögliche Herkunft des Anastenária-Festes aus der Spätantike ist durch keinerlei Quellen nachzuweisen. Überhaupt ist das Quellenmaterial zu diesem Brauchtum sehr dürftig. Der älteste Augenzeugen-Bericht stammt aus dem Jahre 1866 (von dem Bulgaren Petros Slowejkoff). Das Interesse eines größeren Publikums findet der Kult erst seit 1873 durch eine Veröffentlichung des Griechen A. Churmusiádhis. Aus früherer Zeit gibt es nur einen einzigen anonymen Hinweis aus dem 12. Jahrhundert: In einem Bericht über den vlachobulgarischen Aufstand gegen den byzantinischen Kaiser Isaak II. Angelos (1185–1195) im Jahre 1186 werden die „Anastenária" als „Dämonenbesessene" und „Pseudopropheten" bezeichnet.

Aus dem Reich der Sagen und Legenden seien zwei Versionen erwähnt, die beide den Kult mit der Rettung des Christentums verbinden. In ihren Liedern singen die Anastenárides von „Mikró-Konstantínos", dem Retter der Christen. Um welche historische Person es sich dabei handelt, ist ungewiss. Die Quellen geben darüber keine Auskunft. Daher gehen die Meinungen auseinander: Man spricht von Konstantin Dukás, Sohn des byzantinischen Feldherrn Andrónikos Dukás (Anfang 10. Jahrhundert) und Konstantin Komnenós, Sohn des Kaisers Andrónikos I. Komnenós (1183–1185 u. 1203–1204; gest. 1125). Möglicherweise geht das „Mikró-Konstantínos-Lied" auch auf ein episches Heldenlied zurück, das die Taten eines dieser beiden Konstantin-Helden zum Inhalt hat.

Die Anastenárides erzählen auch zwei Helden-Legenden, die sich auf die Herkunft des Kultes beziehen. In der einen heißt es, „Mikró-Konstantínos" sei gegen die Perser in den Krieg gezogen, um das Christentum zu verteidigen. Den Sieg habe er dann mit Hilfe eines „Feuermeeres" errungen. Die Bedeutung des Feuers in Verbindung mit den Persern weckt Assoziationen an den persischen Feuerkult der Zarathustrier.

In deutlich engerer Beziehung zum Feuertanz steht die bulgarischthrakische Legende: Als in Thrakien die griechisch-orthodoxen Christen von den Türken überfallen, ihre Häuser und Kirchen angezündet wurden, liefen einige Griechen mit bloßen Füßen in die brennenden Kirchen, um die Ikonen des Heiligen Konstantin und seiner Mutter Helena zu retten, und sie kamen unversehrt zurück.

In den vier makedonischen Dörfern wird das Anastenária-Fest mit nur geringen Abweichungen gefeiert. Die Vorbereitungen beginnen am Vorabend des 21. Mai. Die Feier selbst dauert heute drei Tage. Ursprünglich (so in Kostí, dessen Bewohner nach Melikí umgesiedelt wurden) erstreckten sie sich über acht Tage. In den jeweiligen Dörfern ist die Zahl derer, die am Feuertanz teilnehmen, verschieden.

Die Anastenárides verstehen sich als orthodoxe Christen, werden jedoch von der Kirche in der Ausübung ihres singulären Kultes bekämpft. In jedem der genannten griechischen wie bulgarischen Dörfer gibt es eine selbstständige Gemeinde, die von dem Archianastenáris geführt, ja regiert wird. Es handelt sich um ein gewähltes Oberhaupt, das über das Anastenária-Fest absolute Befehlsgewalt ausübt. Der Versammlungsort der Gemeinde ist das Haus der Archianastenáris, Konáki genannt (nach türkisch „konak“ = Verwaltungshaus/Palast). Hier werden die Ikonen, die heiligen Tücher, die Musikinstrumente und die Geräte für das Blutopfer in einem heiligen Schrein gehütet. Die Zeremonien finden im Konáki und unter freiem Himmel, an heiligen Orten („agiásmata“), statt.

Musikalischer Umzug der Anastáriden in Langadhás

Zu den Vorbereitungen gehören bereits die festlichen Umzüge am 27. Oktober, bei denen die Gemeindemitglieder Geld für den Ankauf des Opfertieres spenden. Am 18. Januar, dem Patrozinium des Heiligen Antónios, finden erneut Prozessionen statt, die den feierlichen Rahmen für den Ankauf des Stieres bilden. Das Tier soll möglichst fleckenlos weiß sein. Die Farbe spielt auf die christliche Symbolik der Reinheit an.

Am Vorabend des 21. Mai beginnt das eigentliche Fest. Zu dumpfen Trommelschlägen und weichem Lyraklang tanzen die Anastenárides in schnellem, stampfenden Rhythmus und bewegen ihre Arme wie Vögel ihre Flügel im Flug. Synchron zum Flügelschlag senken sie ihren Körper mit schlangenförmigen Bewegungen und abgewinkelten Knien tief zum Boden und gleiten so im harten Rhythmus der Musik wie Wellen durch den Raum. Mit zischenden Lauten vertreiben die Tanzenden die bösen Dämonen und Geister aus dem Konáki.

Die Ikonen sind bei allen Festen der Anastenárides Mittelpunkt der Zeremonien. Die Heiligen Konstantin und Helena sind durch die Ikonen gegenwärtig. Ihnen zu Ehren wird gefeiert. Nach Meinung der Anastenárides sind ihre heiligen Bilder große Kunstwerke und 500 oder mehr Jahre alt. Kunstgeschichtlich betrachtet sind jedoch alle beim Anastenária-Fest (1988) gezeigten Ikonen wertlos. Die Ältesten lassen sich nur bis in die Mitte des 19. Jahrhunderts datieren. Ihr Format ist meist nicht größer als 30 x 40 cm. Ein Silberrahmen mit Trauben- und Rankenmotiven endet in einem Handgriff, der das Tragen beim Feuertanz erleichtert. Konstantin und Helena sind gemäß der traditionellen byzantinischen Ikonographie dargestellt. Eine Besonderheit ist der „Tanzschritt“ Helenas, so jedenfalls deuten die Anastenárides das leicht angehobene linke Bein der Mutter Konstantins. Die Ikonen sind zusätzlich mit kleinen Glöckchen und heiligen Tüchern behängt. Diese „amanétia“ haben die Größe und Form eines Taschentuchs, auch sie sind oftmals mit kleinen Glöckchen behängt. Die Tücher und Glöckchen haben für die Anastenárides apotropäische Kräfte, sie schützen Menschen und Tiere vor Seuchen und Epidemien, vor Unwetter und Missernten.

Die Ikone von „Konstantin und Helena“ der Anastáriden in Langadhás

Am frühen Morgen des 21. Mai beginnen mit Trommelschlag und Lyraklang erneut die beschwörenden Tänze im Konáki. Die Tänzer steigern sich langsam in Ekstase, die am Abend beim Feuertanz ihren Höhepunkt erreicht. Der Trommelschläger („dauliéris“) hat die wichtige Aufgabe, einfühlsam zu stimulieren. Mit dem Rhythmus seines Trommelschlags vermag er die Tänzer anzutreiben und zu beruhigen. Der Trommler muss die verzückten Tänzer vor Überreaktion bewahren. Der Archianastenáris und der Dauliéris stehen beim Tanz oft in Blickkontakt. Gemeinsam kontrollieren sie den ekstatischen Tanz und bestimmen den Rhythmus.

Zwei Lämmer, die als Opfertiere auserwählt wurden

Auf heftigen Rausch folgt Entspannung. Den ganzen Vormittag durchleben die Anastenárides den Wechsel von Ruhe- und Tanzphasen. Sie warten auf ihre heilige Ikone. Seit sieben Uhr früh wird in der Dorfkirche die Messe für Konstantin und Helena gelesen. Auch der Archianastenáris mit Begleitern – in ihrer Mitte die Ikone Konstantins und seiner Mutter – nimmt am Gottesdienst teil und empfängt den kirchlichen Segen. Gegen elf Uhr wird die Ikone von der Kirche zum Konáki gebracht.

Jetzt kann das eigentliche Fest beginnen. Wieder die gleiche Musik mit ihren ewigen Wiederholungen. In einer feierlichen Prozession wird die noch verhüllte Ikone ins „Allerheiligste" geführt. Dort wechseln sich Andacht, Gebete und ekstatische Tänze ab. Schließlich beginnen unter Führung von Trommelschlägern und Lyraspielern die Umzüge durch das Dorf, um die Opfertiere abzuholen, meist Stier, Ziege und Lamm. Sie sind mit Blumen bekränzt und werden vor dem Konáki an einen Baum gebunden. Dort – Kerzen brennen, Weihrauch steigt auf – empfangen sie durch die Ikone die heilige Weihe. Dann werden sie zum Opferplatz gebracht, der mit Pfählen abgesteckt ist.

Manchmal lässt sich der Stier nur unwillig abführen. Dann müssen ihn mehrere Männer mit aller Kraft halten, um ihm den Blumenschmuck zwischen die Hörner zu binden. Lang ist der Weg vom Stall zum Opferplatz. Immer wieder stemmt sich das Tier mit seinen Hinterläufen fest in die Erde. Ein widerspenstiges Tier ist kein gutes Omen, denn nur ein williges Opfer im Sinne einer Selbstopferung ist ein wertvolles Opfer. Kampf und Widerstand des Tieres bedeuten Unheilvolles: Krankheiten, Missernten, Katastrophen! Vor dem Konáki erfolgt die heilige Weihe – die Tiere werden mit der Ikone bekreuzigt, ebenso die Opferwerkzeuge. Dann geht alles sehr rasch. Die Tiere kommen zum Opferplatz, werden auf die Seite geworfen, mit dem Messer bekreuzigt und in Sekundenschnelle getötet: der Stier mit einem sicheren Kopfschuss, Ziege und Lamm mit einem Schnitt durch die Halsschlagader. Danach wird auch dem Stier die Karotisarterie durchschnitten. Das Blut der Tiere pulsiert aus ihren noch zuckenden Körpern und versickert im Boden als Opfer, wie es der Anastenáris-Brauch fordert,

Der Stier lässt sich unwillig zum Opferplatz führen

dargebracht der Mutter Erde. Das Blutopfer ist vollbracht. Nun kann am Abend der Feuertanz beginnen!

Anschließend werden die Tiere gehäutet und zerlegt. Die Anastenárides verteilen das Fleisch untereinander, nehmen es mit nach Hause, kochen es dort, um es nach dem Feuertanz gemeinsam um Mitternacht zu verzehren.

Aus Berichten über Tieropfer im Ursprungsgebiet des Anastenária-Kultes, in Thrakien, geht hervor, dass das Ritual heute in Makedonien nur noch vereinfacht ausgeführt wird. Ursprünglich hoben die Anastenárides vor der Tötung eine Opfergrube aus, in der sie alle Eingeweide der Tiere samt Galle, Ohren und Schwanz vergruben. Der Stier wurde nicht erschossen, sondern mit einem heiligen Messer geschächtet. Ferner nahm man ursprünglich Waschungen an einer heiligen Quelle vor (wie heute noch in Ajía Eléni). Außerdem war es den Frauen verboten, dem Blutopfer beizuwohnen.

Auch Regen ist kein gutes Zeichen, dann werden die Anastenárides ebenfalls unruhig. Aber auch dann muss der Feuertanz zu Ehren von Konstantin und Helena ausgeführt werden, um die bösen Dämonen für das neue Jahr abzuwehren und um Fruchtbarkeit und Regen für die Erde, Segen für die Menschen zu erbitten. Die Anastenárides sind in ihrer tiefen Andacht und Kontemplation von der Vorstellung des Heiligen Konstantins und seiner Mutter bereits so ergriffen, dass sie sich kaum noch der steigenden Ekstase erwehren können.

Sie warten bis zum Abend. Erst gegen halb zehn Uhr abends kann das Feuer entzündet werden. Zur Vorbereitung des Festes werden etwa 2 m lange dünne Äste vom Feueranzünder („sydhavlitís“) sorgfältig zu einer spitzen Zeltform zusammengestellt. Das Amt des Sydhavlitís ist hoch geschätzt. Er schürt das Feuer, bis die Äste durchglüht sind und das „Feuerzelt“ in sich zusammenbricht. Dann breitet er die Glut mit einem langen Ast zu einem Feuerkreis aus. Die Glut ist nun fast 400° Celsius heiß!

Angeführt von Trommelschläger und Lyraspieler tanzen die Anastenárides vom Konáki in den umfriedeten Freiraum, in dem der Feuerkreis glüht. Der Archianastenáris trägt die Ikone und gibt sie während des etwa halbstündigen Tanzes an die anderen Tänzer weiter. Alle befinden sich in Ekstase. Wenn Flamme mit Flamme sich vereint, bedeutet dies nach ihrer Vorstellung Zeugungskraft. Aber im Feuer wirkt auch das zerstörerische Böse. Dessen Macht zu brechen, ist Sinn des verzückten Tanzens. Mit stampfenden nackten Füßen durchqueren sie in alle Richtungen tanzend den Feuerkreis und rufen flüsternd und stöhnend: „Stácht ná jén!“ (Asche sollst du werden!). Die bösen Geister dürfen das Feuer und die Glut nicht verlassen, damit sie Menschen und Tiere nicht mit Unheil plagen. Mit ihren stampfenden Tanzschritten treten die Anastenárides das Feuer aus, sie bannen und zwingen damit die bösen Geister in die Asche. So wird das Böse vernichtet, und das Gute kann auf Erden gedeihen zum Wohle der Menschen.

Tanz mit der heiligen Ikone auf glühenden Kohlen

Den Zuschauer und den Nichteingeweihten beeindruckt besonders das Phänomen der Akáia, die Tatsache, dass die Tänzer sich nicht die Fußsohlen verbrennen. Ungläubig beobachtet der Fremde die Tänzer. Man vermutet irgendwelche Tricks, sucht nach logischen Erklärungen, man spricht von Schnellfüßigkeit beim Tanzen, von Dickhäutigkeit bzw. lokaler Betäubung der Fußsohlen, weist auf erhöhte Transpiration hin und darauf, dass die Schweißverdunstung an den Fußsohlen Verdunstungskälte verursache. Neurophysiologen versuchten vergeblich, dem Phänomen mit Elektrodenmessungen am Kopf der Tänzer auf die Spur zu kommen. Die physiologischen Zusammenhänge der Akáia sind bislang unerforscht. Es dürfte sich um Ausnahmereaktionen des Körpers aufgrund der psychischen Disposition durch die Ekstase handeln. Der „Feuertanz“ verkommt jedoch von Jahr zu Jahr zunehmend zu einer reinen Touristenattraktion. Geschäftstüchtige Veranstalter bieten mittlerweile außerhalb Griechenlands den „Feuertanz“ für Selbsterfahrungsgruppen an.

Von den vielfältigen Brauchtumserscheinungen werden nachfolgend noch einige lokale Zeremonien erwähnt, die durch ihre Besonderheiten aus dem griechischen Festkalender herausragen (nach K. Kakuri, W. Puchner und eigenen Beobachtungen).

Hebammentag

Der Hebammentag am 8. Januar wird meist von Flüchtlingen aus Kleinasien und deren Nachkommen gefeiert. Das Fest gerät allmählich in Vergessenheit, weil es von der ansässigen Bevölkerung als anstößig abgelehnt wird.

Das Fest, ein Phalluskult mit stark matriarchalischen Zügen, findet zu Ehren der Dorfhebamme statt, die über Leben und Tod von Mutter und

Neugeborenem wacht. Aktiv teilnehmen dürfen nur verheiratete Mütter, also weder kinderlose verheiratete Frauen noch Witwen. Zentralobjekt des Kultes ist ein von ausgewählten Frauen im Hause der Hebamme modellierter Phallus. Sie formen aus einer Lauchstange ein etwa 20 cm langes Glied mit Eichel, Hoden und Haaransatz. Über die Lauchstange wird ein Schweinsdarm gezogen, der als Vorhaut über die Eichel bewegt werden kann. Dann gestalten die Frauen eine Vagina, küssen den Phallus und führen ihn in das künstliche weibliche Geschlecht ein. Zu diesen geheimen Zeremonien in den verschlossenen Räumen der Hebamme ist außer den Frauen nur der Musikant zugelassen, sonst ist jedem Mann der Zutritt verboten. Nach dem Ritual werden die wartenden Frauen zum Festmahl zugelassen. Doch bevor sie daran teilnehmen dürfen, müssen sie die Vorhaut bewegen und die Glans des Phallus küssen. Nach dem Festmahl tanzen die Frauen durchs Dorf. Ihr Umzug erinnert an die orgiastischen Dionysos-Festzüge der Antike. Auf den Straßen zeigen sie den anderen Mädchen und Frauen die beiden Geschlechtsteile in Kopulation und fordern sie auf, den Phallus zu küssen.

Schwalbenumzug

Nur noch in wenigen Regionen Griechenlands ist der Brauch des Schwalbenumzugs am 1. März lebendig, der sich an Texten und Vasenbildern bis in die Antike zurückverfolgen lässt. Die bei den Umzügen von Kindern gesungenen Lieder gehen inhaltlich auf die Verse des Athenaios von Naukratis (um 200 n.Chr.) zurück. Ihr Ursprung dürfte jedoch weitaus älter sein. Eine Version des „Schwalbenliedes" lautet:

Minoisches Fresko aus Akrotíri von Santorin mit Schwalben, um 1500 v.Chr., Nationalmuseum Athen

„Eine Schwalbe kam
Übers weiße Meer geflogen,
Setzte sich und sang:
März, mein guter März,
Und trüber Februar,
Wenn du auch schneist und gießt,
Riechst du doch nach Frühling."
(nach Ch. Fauriel/W. Puchner)

Nach dem römischen Kalender fing das Jahr ursprünglich mit dem Monat März an. Erst ab 153 v.Chr. wurde der Januar zum Jahresbeginn. Die Schwalbe war für Griechen und Römer also nicht nur das Symbol des Frühlings, der beginnenden wärmeren Jahreszeit, sondern auch das Zeichen des Jahresanfangs.

Bei den Schwalbenumzügen gehen Kinder mit selbst gebastelten Schwalben, die auf einem Stock befestigt und mit Glöckchen behängt sind, durchs Dorf. Sie tragen Körbe mit Efeu und Weidenzweigen mit sich und singen das in ihrer Landschaft übliche Schwalbenlied.

Lazarus-Fest Palmsonntag

Neun Tage vor Ostersonntag, der Auferstehung Christi, feiern die griechisch-orthodoxen Christen die Auferstehung des Lazarus. Das Fest dieses sehr beliebten griechischen Heiligen, den Christus als einzigen Menschen vom Tod auferweckt hat, leitet den gesamten Festzyklus der „Megáli Ewdhomádha“ (Karwoche) ein. Das Lazarusfest wird jedoch wie die Auferstehung Christi ganz im Sinne des Frühlingserwachens und der Wiedergeburt der Vegetation gefeiert. Das Lazaruskleid, das meist von einem Knaben getragen wird, ist mit bunten Frühlingsblumen geschmückt und erinnert an den blumengeschmückten Epitáphios Christi.

Die schönsten Lazarusfeiern gibt es auf Zypern, besonders in Lárnaka, der zweiten Heimat des Heiligen, wo er nach seiner Auferstehung mit seinen Schwestern Maria und Martha als der „Nicht-lachende“ („ajélastos“) lebte. Auf Zypern wurde auch ein Lazarus-Passionszyklus aufgeführt.

Die Erweckung des Lazarus, 11. Jh., Fresko aus der Ájios Nikólaos Kirche in Kakopetriá auf Zypern

In einigen Gegenden Griechenlands ziehen Mädchen und Jungen – gemeinsam oder auch getrennt – mit Lazaruspuppen durch ihr Heimatdorf und singen das traditionsreiche, auf das Johannesevangelium zurückgehende Lazaruslied. In anderen Dörfern tragen Kinder nur das Lazaruslied vor. In allen Variationen dieses Liedes wird nach dem Hades gefragt:

„Sag uns, Lazarus, was sahst du im Hades, wo du warst:
Ich sah Schrecken, sah Entsetzen,
Ich sah Qualen und Schmerzen. Gebt mir ein wenig Wasser,
Das Gift hinwegzuspülen
Von meinem Herzen, von den Lippen, und fragt mich nicht mehr.“
(Nach N. Kararás)

Judasverbrennung am Ostersamstag/Ostersonntag

Judasverbrennung im Osterfeuer, Rhodos

Judas gilt bei den orthodoxen Christen als der Teufel in Person, das Böse schlechthin. Sie argwöhnen, dass der Verräter von Jesus Christus seinen Selbstmord am biegsamen Feigenbaum mit List geplant habe: Judas habe sich töten wollen, um vor Christus im Reiche des Satans zu sein, damit auch er von Christus erlöst werde. Andererseits bezweifeln sie, dass sich Judas wirklich erhängt hat. Um sich seines Todes sicher zu sein, verbrennen sie den Erzsünder im Osterfeuer („orfanós“ und „labrakián“), damit Judas, der auch als Todes- und Vegetationsdämon angesehen wird, nicht die jährliche Auferstehung der Vegetation und des Lebens behindern kann.

Die Judasverbrennung ist bis auf wenige Ausnahmen in der griechischen Inselwelt verbreitet, wobei Kreta mit 17 Beispielen den Schwerpunkt bildet. Die lebensgroße Judasfigur wird aus einem Holzkreuz oder einem gefüllten Sack geformt, mit alten Kleidern angezogen und erhält als Kopf einen Kürbis oder eine Melone. Stets hängt an seinem Gürtel der Beutel mit dem Verräterlohn, den 30 Silberlingen. In einigen Dörfern sammeln Kinder in der ganzen Karwoche Holz für das Osterfeuer und bewachen es Tag und Nacht. Auf der Insel Léfkas, in dem Ort Kióni, wird Judas rücklings auf einen Esel gesetzt und unter Schimpf und Spottliedern durchs Dorf geführt. Die Verbrennung findet hier bereits am Karfreitag statt.

Maikugeln (Das „Brautlager auf dem Ackerfeld“)

In Mittelgriechenland, im Gebiet von Lárissa, ist ein alter Fruchtbarkeitskult lebendig geblieben: Frauen und Mädchen setzen sich am 1. Mai mit hochgezogenem Rock in die noch feuchten Wiesen und reiben ihr Gesäß im Gras. Entscheidend bei diesen zeremoniellen Handlungen, die oftmals von Gesängen und Sprüchen begleitet werden, ist das Nässen des weiblichen Geschlechts. Die Fruchtbarkeit der Erde und der Frau, symbolisiert durch Feuchtigkeit und Wasser, werden hier beschworen. In seltenen Fällen soll früher auch ein Phallussymbol mitgeführt worden sein, das die Frauen mit Blumen schmückten und küssten.

Aus dem bulgarisch-thrakischen Raum sind verschiedene Aussprüche der Frauen überliefert:

„*Der Verstand in den Kopf und der Rausch in die Erde.*
Iss, muní, iss Gras, und übers Jahr vom Bräutigam."
(muní = Vulgärausdruck für Vulva)
(Nach W. Puchner)

Regentag

Bei starker Sommerdürre, aber auch wenn das Frühjahr sehr trocken ist, werden in vereinzelten Regionen Mittelgriechenlands Regenzeremonien durchgeführt. Mittelpunkt der Feiern ist ein armes (Waisen-)Kind, das angeblich das Erbarmen Gottes leichter erwirken kann. Es wird in Blätter gekleidet, muss eine Pfanne oder einen Topf auf dem Kopf tragen, zieht im Dorf von Haus zu Haus und singt ein Regenlied. Die Hausfrauen übergießen das Mädchen mit Wasser, das von den Blättern zu Boden tropft und so das Geräusch des rauschenden Regens erzeugt. Auf diese Weise bitten die Feiernden Gott um das Geschenk des Leben spendenden Regens.

In einigen Gemeinden kann das Mädchen bei seinem Regengang von anderen Mädchen begleitet werden. Selten übernimmt die Rolle ein Mann, der dann aber für die Zeremonie einen Mädchennamen erhält. Das erinnert an minoische Zeremonien, bei denen Männer zumeist ausgeschlossen waren. Und wenn sie teilnehmen durften, dann nur als Musikanten und Diener, aber stets in Frauengewändern.

Stieropfer auf Lésbos

In dem kleinen Dorf Ajía Paraskewí feiert die Bevölkerung jedes Jahr an einem variablen Tag im Juli oder August ein ganz eigentümliches Fest, bei dem sie – begleitet von einem christlichen Gottesdienst und antiken Opferriten – einen Stier zur Opferbank führen. Die Ehre, das Tier aus-

Minoischer Sarkophag mit Darstellung eines Stieropfers, um 1400 v.Chr., Archäologisches Museum Iráklion

wählen bzw. das Fest finanzieren zu dürfen, gebührt dabei nur ehemaligen Dorfbewohnern, die erfolgreich in die Ferne ausgewandert sind. Das Fest beginnt jeweils an einem Freitag und erstreckt sich über vier Tage. Zu Beginn wird das Opfertier aufwändig geschmückt. Anschließend folgt ein Umzug mit dem Priester und geweihten Ikonen durch das Dorf und weiter zur Ájios Charálambos Kapelle zu dem mehr als 12 km entfernten Táwros („Stier“) Berg. Am Samstagvormittag werden die Kapelle und der Festplatz mit frischen Sommerblumen geschmückt. Dann endlich, am Spätnachmittag, darf der Stifter das mit Ikonen gesegnete Tier vor der Kapelle schächten. Im Glauben an magische Kräfte malen sich die Festgäste mit dem „Opferblut“ Kreuze auf die Stirn. Dann beginnt das Zerlegen des Tieres und das Kochen des Fleisches. Das Gericht gart die ganze Nacht hindurch, bis es sich in der würzigen Fleischbrühe zu einer dickflüssigen, fast kaugummiartigen Fleischpaste („keskéssi“) verwandelt. Nach dem Sonntagsgottesdienst in der Ájios Charálambos Kapelle wird die Festgemeinde –

wie bei Kultfeiern der Antike – bewirtet. Anschließend findet außerhalb des Dorfes ein Pferderennen statt, bei dem der Gewinner – wie im alten Olympia – „nur" einen Blumenkranz erhält. Die Siegerehrung bildet den Auftakt zum fröhlichen Teil des Festes. Bei Musik und Tanz wird bis zum Morgen des nächsten Dienstags gefeiert.

Dieser in Griechenland ganz singuläre Volksbrauch ist zweifellos uralt. Eine Legende erzählt von seinen Wurzeln: Einst stahl ein Türke einem Bauern von Lésbos einen Stier (oder ein Pferd). Doch jedes Mal, wenn der Dieb das Tier töten wollte, stellte sich der Heilige Charálambos dazwischen und lenkte den Schuss in eine andere Richtung. Schließlich zeigte der Heilige dem Bauern das Versteck des Tieres nahe der Charálambos Kapelle. Glücklich und dankbar opferte der Mann das Tier dem Heiligen. Das Stierfest von Ajía Paraskewí erinnert symbolisch auch an die fast 500-jährige Herrschaft der Osmanen über Griechenland und an die immerwährende Hoffnung, dieses Joch einmal abschütteln zu können. Zur Zeit der Entstehung der Legende, Anfang des 19. Jahrhunderts, sammelte die Bevölkerung Geld und Naturalien, um damit auf der Peloponnes den Kampf gegen die Türken zu unterstützen.

Griechenland ist überaus reich an Brauchtumserscheinungen. Immer wieder lassen sich christliche Kulte bestimmter Regionen auf antike Wurzeln zurückführen. Der Feuertanz und das Blutopfer mit den christlichen Ikonen in Makedonien, in Langadhás und den anderen genannten Ortschaften, gehören zu den spektakulärsten semichristlichen Feiern. Andere Riten und Kulte, die in der wilden Bergwelt Griechenlands oder auf einer der Inseln der Ägäis gepflegt werden, sind nicht weniger ergreifend. Auch sie zeigen Spuren, die bis in das Altertum zurückreichen, so zum Beispiel das Metamórphosis-Fest am 6. August auf Kreta (s. S. 28).

Man tanzt nicht nur Sirtáki

Vom Kriegstanz zum Volkstanz

„Komm Sorbas!" rief ich. „Lehre mich tanzen!" Begeistert sprang er auf, sein Gesicht strahlte: „Tanzen, Chef? Tanzen? Dann komm!"

„Los, Sorbas! Mein Leben hat sich gewandelt!"

„Ich werde dir zuerst den Seimbékikos beibringen, einen wilden kriegerischen Tanz. Wir Komitadschis tanzten ihn vor der Schlacht."

Er entledigte sich seiner Schuhe, zog die blauen Strümpfe aus und behielt nur sein Hemd an. Doch auch das war ihm noch zu warm, und er warf es ab.

„Schau auf meinen Fuß, Chef", kommandierte er. „Pass auf!" Er streckte den Fuß aus, berührte leicht die Erde, streckte den anderen aus. In heiterem Ungestüm verwickelten sich die Schritte, der Boden dröhnte wie eine Trommel. Er fasste mich an die Schulter. „Komm, mein Freundchen", sagte er, „jetzt zu zweien!" Wir stürzten uns in den Tanz. Sorbas verbesserte, ernst, geduldig meine Fehler. Ich fasste Mut. Mein Herz ließ sich wie ein Vogel los. „Brav, du bist ein Dauús", rief er und klatschte in die Hände, um den Takt zu markieren. „Brav, Freundchen! Zum Teufel mit Papier und Tintenfass! Zum Teufel mit Kapital und Zinsen! Zum Teufel mit Kohlengruben, Arbeitern und Klöstern! Was haben wir uns jetzt zu erzählen, wo du auch meine Sprache lernst und tanzt!"

Er wirbelte mit seinen nackten Füßen die Kiesel umher und klatschte in die Hände.

„Chef", rief er, „ich habe dir viel zu sagen, ich habe keinen Menschen wie dich geliebt, ich habe dir viel zu sagen, aber meine Zunge schafft es nicht. Ich werde es dir also vortanzen. Geh beiseite, dass ich dir nicht auf die Füße trete. Los! Hopp, hopp!"

Er tat einen langen Sprung, seine Hände und Füße wuchsen zu Flügeln. Wie er so über den Boden schwebte, vor diesem Hintergrund von Himmel und Meer, kam er mir wie ein alter Erzengel vor, der sich empört.

„Alexis Sorbas", Bühnenbild für eine Theateraufführung mit dem Tanz des Sorbas, Kasantsákis Museum in Myrtiá/Kreta

Denn dieser Tanz war ganz Herausforderung, Trotz und Revolte. Als hätte er sagen wollen: „Was kannst du mir antun, Allmächtiger? Nichts, außer dass du mich tötest. Töte mich! Ich lache dazu. Ich habe meine Galle entleert! Ich habe gesagt, was ich sagen wollte: Ich habe die Zeit gehabt zu tanzen, und ich bedarf deiner nicht mehr!"

Als ich Sorbas so tanzen sah, begriff ich zum ersten Mal den schimärischen Drang des Menschen, die Schwerkraft zu überwinden. Ich bewunderte seine Ausdauer, seine Behändigkeit, seinen Stolz. Sorbas' wirbelnde und gewandte Füße schrieben die dämonische Geschichte des Menschen in den Kies." (N. Kasantsákis: *Aléxis Sorbás*, Kap. XXV)

Durch den Film „Aléxis Sorbás" mit Anthony Quinn in der Hauptrolle nach dem Roman von Níkos Kasantsákis und durch die Filmmusik von Míkis Theodorákis ist „Sorbás' Tanz" – der Sirtáki – weltberühmt geworden. Menschen in aller Welt halten seitdem Sirtáki für den traditionellen griechischen Tanz. Doch so ist es nicht! Der Sirtáki wurde eigens für diesen Film aus den Tänzen Sirtós, Chassápikos und Kalamatianós kreiert.

Musikanten von Santorin

Das Wesen des Tanzes, Níkos Kasantsákis bringt es in seinem Sorbás zum Ausdruck, ist innere und äußere Bewegung: Tanz fordert den Menschen auf, sich in der tänzerischen Bewegung frei zu entfalten, darin liegt sein Sinn. Nicht zum Zuschauen, nicht zum distanzierten visuellen Genuss fand Tanz ursprünglich statt. Er ist die Summe aus emotionalen und rhythmischen Bewegungen, getragen von der sinnlichen Wahrnehmung des Tänzers. Im Tanzen findet eine Konzentration von Glück und Freude statt, aber auch von Trauer und Schmerz. Der Tanz vermag oft von quälenden Gedanken zu erlösen.

Volksmusik und Volkstanz sind in ganz Griechenland noch immer lebendig und haben ihre Bedeutung behalten. Sie sind nicht wie in den meisten europäischen Ländern zu musealen Formen erstarrt, deren Pflege den Volkstanzgruppen an den Volkshochschulen überlassen bleibt. Viele Griechen tanzen die alten traditionellen Tänze zu den verschiedenen Anlässen des Lebens- und Jahreszyklus. Auch die Städter lernen die Volkstänze ganz selbstverständlich in der Schule. Kein Politiker kann es sich leisten, bei Kirchweihen und ähnlichen wählerträchtigen Veranstaltungen zu passen, wenn er aufgefordert wird, den Tanz anzuführen. Doch die westliche Musik hat auch auf die griechische Jugend Einfluss genommen. Besonders in den Städten sind viele Diskotheken entstanden, die eine starke Anziehungskraft haben. Die Jugend tanzt lieber in der Disco als auf dem Dorfplatz. Und wenn dort zu vorgerückter Stunde bisweilen griechisch getanzt wird, handelt es sich meist um das Kunstprodukt Sirtáki. Längerfristig gerät auch die reiche griechische Tradition der Musik und des Tanzes in die Gefahr, auf der roten Liste der aussterbenden Arten zu landen.

Aber derzeit lebt der griechische Tanz noch: bei Geburten und Hochzeiten, bei Namenstagen und Kirchweihfesten, zu Ostern und Neujahr. Eine wichtige Rolle spielt auch die Spontaneität des Tänzers. Immer wieder kann man in Griechenland beobachten, dass in einem Kafeneíon oder in einer Taverne plötzlich ein Mann zu den Klängen der Musik – ob live oder aus dem Radio – aufspringt und sich sozusagen selbst tanzt. In stolzer Haltung bleibt der Oberkörper von der Hüfte an aufwärts fast unbewegt – Kraft und Mut ausdrückend. Beine und Arme tanzen, sprechen mit der Erde, erzählen dem Himmel. Wie Sorbás bewegt sich der Tänzer dann ganz losgelöst von seiner Umgebung, lauscht in sich selbst und lässt seine Seele sprechen.

Die griechische Tradition kennt zwei Tanzformen: den Chorós (Reigen) und den Pidhichtós („Gesprungener" Tanz). Die Namen der Tänze können sich auf Orts- oder Bezirksnamen, auf Festtage oder Lieder, aber auch auf Berufsgruppen beziehen. Hier einige Beispiele:

Nach Ortsnamen:
Chaniótikos aus Chaniá/Kreta,
Kalamatianós aus Kalámata/Peloponnes

Nach Bezirksnamen:
Malewisiótikos von Kreta, Tsakónikos von der Peloponnes

Nach Festtagen:
Paschalinós – Ostern (= Páscha)

Nach Liedern:
Manúsis, Omál (nach einem Lied der Pontos-Griechen: „Láchana ...“)

Nach Berufsgruppen:
Chassápikos (Metzgertanz)

Tráta (der „Kettentanz“ der Fischer), Bálos, Sirtós und Sústa sowie Kalamatianós und Tsámikos werden fast überall in Griechenland getanzt. Jede Landschaft kennt darüber hinaus Tänze, die in lokalen Sitten wurzeln. Die Ursprünge mancher Tänze reichen zurück über die byzantinische Epoche bis in die antike Welt. Ja, der griechische Tanz lässt sich schon für die Bronzezeit des 2. Jahrtausends v. Chr. nachweisen. Er ist so alt wie die Menschheit und mag anfangs Beschwörung einer unbekannten Macht, Gebet an eine Gottheit gewesen sein. Die Insel Kreta ist auch für den Tanz und die griechische Musik der mythische Geburtsort. Zwar kennen wir aus der minoischen Epoche und der Antike weder Rhythmen noch tänzerische Bewegungsfolgen, wohl aber zahlreiche Darstellungen auf Fresken und Vasen, in der Malerei und Plastik.

Im Sommer 1987 gelang dem Archäologen I. Sakellarákis auf der minoischen Nekropole Furní bei Archánes ein spektakulärer Fund, der für die Musikgeschichte der antiken Welt von großer Bedeutung ist: Er fand ein aus bemaltem Ton gefertigtes Sistrum (ca. 10 cm Durchmesser). Es ist das erste Musikinstrument der Minoer, das Archäologen vollständig restaurieren konnten. „Erstmals ist es uns gelungen, einen Ton zu erhalten, der aus der Minoerzeit stammt. Wir verfügen über einen Klang, den man damals hörte ... Es ist ein leichter Ton, der nur schwer zu beschreiben ist ... klar und deutlich mit einem erdverbundenen Klang.“ (I. Sakellarákis)

Musikanten von Kárpathos

Noch zwei Kunstwerke seien angeführt (beide im Archäologischen Museum Iráklion), die eindrucksvoll die Musik- und Tanztradition der Minoer belegen: Zum einem der Poros-Sarkophag mit einer Freskomalerei von Ajía Triádha (um 1400 v.Chr.). Abgebildet sind zwei Musikanten – der eine mit einer siebensaitigen Leier, der andere mit einer Doppelschalmei (Doppelaulos s. Abb. S. 31 und 194) –, die mit ihren Klängen und Rhythmen die Totenfeiern begleiten und vermutlich zum Kulttanz aufspielen. Siebensaitige Leier und Doppelaulos haben sich in ihrer Form und wohl auch in ihrer Klangfarbe bis heute erhalten. Beide gehören zu den beliebtesten Instrumenten der traditionellen griechischen Musik; ersteres entspricht der Kíthara, letzteres der Kalámi. Zum anderen ist da die Terrakottagruppe aus Kamilári (um 1400/1350 v.Chr.): Sie stellt einen Reigen von vier Männern dar. Der Reigentanz (s. Abb. S. 202) führt uns von der minoischen Epoche in die Welt Homers. *Odyssee* und *Ilias* erzählen in mannigfaltigen Schilderungen vom Chorós, aber auch von den Blas- und Saiteninstrumenten, die damals wie heute gespielt wurden. Die *Ilias* erinnert an das minoische Kreta und berichtet, wie Dädalos für Ariadne den Platz zum Reigentanz gestaltete und wie sich Tänzerinnen und Tänzer an den Händen hielten:

> *„Drauf einen Reigen schuf der berühmte mit Armen Gewandte (Dädalos),*
> *Jenem gleichend, welchen vereint in Knossós, dem weiten*
> *Dädalos für Ariadne mit schönen Flechten geschaffen.*
> *Jünglinge tanzten dort und reichbegüterte Jungfrauen*
> *Reigen und hielten einander gefasst an den Wurzeln der Hände ...*
> *Und da liefen sie bald im Kreise mit kundigen Füßen*
> *Leicht umher, wie wenn die sich drehende, passende Scheibe*
> *Sitzend der Töpfer prüft mit den Händen, ob sie recht laufe;*
> *Bald auch liefen sie wieder in Reihen gegeneinander.*
> *Und von vielem Volk war der reizende Reigen umstanden,*
> *Das sich freute; es sang unter ihnen ein göttlicher Sänger*
> *Zu der Leier; und zwei akrobatische Tänzer bei ihnen*
> *Wirbelten in ihrer Mitte, sobald zu singen er anhub.“*
> (*Ilias* 18.590–594 und 599–606, deutsch von R. Hampe)

Antiker Reigen-Tanz, Darstellung auf einer antiken Amphora aus dem 8. Jh. v. Chr., Zypern-Museum, Nikosia Zypern

Auch von Kallimachos (geb. 300 v.Chr.) und Plutarch (50–120 n.Chr.) erfahren wir etwas über den kretischen Tanz. Sie berichten, dass Theseus nach seiner erfolgreichen Mission auf Kreta, bei der er den Minotauros erlegte und so die Athener vom minoischen Joch befreite, auf seiner Rückfahrt in Delos vor Anker ging. Hier opferte er dem Apollon und weihte dem Gott das Standbild der Aphrodite, das ihm Ariadne auf Kreta überreicht hatte. Dann tanzte Theseus mit seiner Mannschaft einen wilden kretischen Tanz um den Altar des Apollon. Wie beim Chorós hakten sich die Männer ein und bildeten eine bunte Reihe. Schnellfüßig tanzten sie schlangenförmige Windungen, Spiralen und stellten im Tanze dar, wie sie sich aus dem Labyrinth in Knossós befreiten. Auf Delos blieb dieser Tanz in der Antike lange als Geranós, als Kranich-Tanz, bekannt. Jahrhundertelang hielten Seefahrer am delischen Eiland und tanzten den Geranós um den Apollo-Altar.

Auf der Südpeloponnes wird dieser Tanz noch heute getanzt. „Tsakónikos" heißt er dort nach dem Bezirk Tsakónia. Er besteht aus langsamen (5/4) und schnellen (5/8) Teilen. Männer und Frauen tanzen ihn gemeinsam. Mit eingehakten Armen bilden sie eine Reihe und stellen die Form eines Labyrinthes dar. Der Vortänzer führt die Beteiligten in die geheimen Irrwege des Labyrinthes hinein und tanzt mit ihnen wieder aus der Unterwelt heraus, dem Licht, der Freiheit entgegen.

Die Peloponnes und besonders Sparta scheinen die Brücke für einen regen Kulturaustausch zwischen der Minoischen und der Mykenischen Welt gewesen zu sein. Auf diesem Weg gelangten auch Musik und Tanz der Minoer von Kreta zum griechischen Festland. Das überliefert nicht nur der Mythos, sondern dies ist auch konkret historisch fassbar. Von dem kretischen Musiker Thalétas aus Górtys aus der 1. Hälfte des 7. Jahrhunderts v.Chr. wissen wir, dass er in Sparta wirkte. Er führte dort die kretischen Rhythmen ein und belebte das Musikleben der Festlandgriechen. Genau zu jener Zeit war auch ein anderer Musiker in Sparta erfolgreich: Térpandros von der Insel Lésbos. Er ist die erste nachweisbare Musikerpersönlichkeit der Antike. In Sparta siegte er zwischen 676 und 673 v.Chr. als begnadeter Kitharode (Kíthara-Spieler) beim Apollo-Karneios-Musikfest. Térpandros gilt auch als Erfinder der siebensaitigen Leier, die er aus der viersaitigen Phorminx der homerischen Welt entwickelte. Das Instrument ist Vorbild der traditionellen griechischen Kíthara, die noch heute in Gebrauch ist.

Zur Bedeutung der kretischen Musiktradition sei auch Chrysóthemis von Tárrha, dem heutigen Ajía Rúmeli am Ausgang der Samariá-Schlucht auf Kreta, erwähnt. Nach Pausanias war er ein kretischer Sühnepriester, der den Gott Apollon von seiner Freveltat – der Tötung des delphischen Pythons – reinigte. Und eben dieser Priester soll aus dem ersten Musikwettbewerb in Delphi als Sieger hervorgegangen sein.

Doch zurück zum heutigen Griechenland: Kalamatianós und Sirtós, von denen der „Sirtáki" Rhythmen und Bewegungen entliehen hat, sind sozusagen die beiden Nationaltänze Griechenlands.

Auch wenn die Überlieferung der griechischen Musik aus der Antike verloren gegangen ist, nimmt man doch an, dass der „Kalamatianós" der älteste griechische Tanz ist. In ganz ähnlicher Art wie heute mag er schon in der homerischen Welt getanzt worden sein. Das kann man jedenfalls den vielen figürlichen Darstellungen auf den geometrischen Amphoren, Kannen und Krateren aus verschiedenen antiken Landschaftsräumen entnehmen (s. Abb. S. 202) Kalamatianós tanzt man mit leicht herunterhängenden, abgewinkelten Armen. Die Tänzer halten einander an den Händen und bilden einen offenen Kreis. Ihre Körper sind leicht nach rechts in Tanzrichtung zum Vortänzer hin gedreht. Der Vortänzer tanzt mit erhobenen Händen immer wieder neue Sprünge und Drehungen, ein Tuch in seiner linken Hand verbindet ihn mit dem Reigen. Im schnellen 7/8-Takt schweben die Tänzer rhythmisch durch die Luft, drängen nach vorn, bleiben blitzartig stehen, als wurzelten sie in der Erde, um dann plötzlich wie-

Rembéttika-Veranstaltung in Athen

der vorwärts zu tanzen. Die Griechen vergleichen diese schwebende Tanzbewegung gerne mit den Getreidefeldern im Wind, dem wogenden Meer und dem Flackern des Hirtenfeuers.

Der „Sirtós" hingegen ist ein Reigen- und Rundtanz, ähnlich dem homerischen Chorós. Tsámikos, auch Kléftikos genannt, ist ein wilder Kriegstanz. Nach dem Bezirk Tsamuriá an Épiros' Westküste benannt, wird er seit Jahrhunderten vorwiegend in der rauen Gebirgswelt des Pindos getanzt. Heute ist er in ganz Griechenland beliebt. In seiner kraftvollen Art erinnert er an den pyrrhischen Kriegstanz des Achill, von dem die *Ilias* erzählt, und an die verwegenen kretischen Waffentänze, die schon Buondelmonti, einer der frühesten Kretareisenden, im Jahre 1415 in Axós erlebte und beschrieb.

Den Namen „Kléftikos" erhielt der Tanz während des Freiheitskampfes gegen die Türken im 19. Jahrhundert. Wie Sorbás tanzten die Epiroten im Pindosgebirge vor jedem neuen Kampf diesen wilden Kriegstanz. So suchten sie ihre Angst zu überwinden und Mut zu schöpfen. Sie kämpften erfolgreich und waren bei den Türken gefürchtete Krieger. Die raue Gebirgswelt bot ihnen samt den Ziegen, Schafen und Lebensmitteln, die sie für die hungernden Familien erbeuteten, Schutz und Versteck. Für die Türken waren sie „Kléften" (Diebe). Obwohl das Wort „kléftis" auch einen gemeinen Dieb bezeichnet, trugen die Freiheitskämpfer den Namen „Kléften" wie einen Ehrentitel. Der Name birgt noch eine dritte Bedeutung: Heimgekehrt von dem gefahrvollen Beutezug gegen die Türken, wurde das Fleisch der erbeuteten Tiere in Stücke gelegt, aufgespießt und über dem offenen Feuer im Freien gebraten. Nach den „Dieben" nannte man dieses Gericht ebenfalls „Kléftikos". Auf dem heutigen Speiseplan ist Kléftikos eine ausgesprochene Spezialität. Die knochenlose Lammkeule wird mit Käse, Knoblauch Zwiebeln, ein wenig Rotwein und vielen Kräutern gefüllt, mit Olivenöl eingerieben, in eine Alufolie verschnürt und dann geschmort.

Die noch immer sehr beliebte Rembéttika-Musik kam nach 1920 mit den Flüchtlingen aus Kleinasien nach Griechenland. Die Rembéttika-Lieder sind Ausdruck der entwurzelten Flüchtlinge, des städtischen Subproletariats: Sie erzählen von Spielern und Trinkern, Nichtstuern und Raufbolden, von Menschen am Rande der Gesellschaft. Nach dem Zweiten Weltkrieg wandelte sich der Inhalt der Rembéttika-Lieder, sie wurden salonfähig und büßten an eruptiver Kraft ein. Das Schicksal und der Lebenskampf des Mannes auf der Straße wurden nun besungen.

In ihrer Blütezeit zwischen 1920 und 1950 wurden die Lieder in Kaffeehäusern vorgetragen, die kurz vor der Jahrhundertwende entstanden und als „Café-Amán" Treffpunkte der Halbwelt waren. Die „gute" Athener Gesellschaft mied sie. Man empfand diese Lokale als anstößig und anrüchig. In

Musik- und Tanzveranstaltung auf Kárpathos

den Cafés wurde auch getanzt. Gleichzeitig begann hier der Siegeszug der Klarinette in der griechischen Volksmusik. In den Kaffeehäusern stand ein Podest (Pálko), auf dem das Orchester (Kombanía) spielte. Die Pípisa – oder Karamúsa-Klarinette – wurde damals wie heute von der Laúto (Laute) und der Santúri (einem hackbrettartigen Saiteninstrument) begleitet. Auch zwei Frauen gehörten dazu: eine Sängerin und eine Tänzerin.

Beliebtester Kaffeehaus-Tanz war der Chassápikos, der „Metzgertanz"! Aus dem 18. Jahrhundert ist überliefert, dass er jeweils zu Ostern von 200 bis 300 Metzgern in Konstantinopel auf dem Platz des Hippodroms aufgeführt wurde. Inhalt des Tanzes war die siegreiche Schlacht Alexander d.Gr. am Gránikos-Fluss. Doch seine Tradition mag weiter zurückreichen. In byzantinischer Zeit soll die Metzgerzunft jedes Jahr am 1. Mai während der Pausen im Hippodrom diesen Tanz dargeboten haben, dieser Brauch soll auf die orgiastischen Feste in der Antike zu Ehren des Gottes Pan zurückgehen.

Durch den Flüchtlingsstrom aus Kleinasien im Jahre 1922 erfuhren die griechische Musik und der griechische Tanz (wie viele andere Bereiche der Volkskunst) völlig neue Impulse. Besonders die Pontos-Griechen vom Schwarzen Meer, die sich als die direkten Nachfolger jener Griechen fühlen, die in der Antike die Küsten des Schwarzen Meeres kolonisierten, haben über Jahrhunderte griechisches Volksgut gehütet und bewahrt. Ihre zahlreichen traditionellen Tänze geben dafür ein anschauliches Beispiel: Da gibt es den Patúla und den Serenítsa, den Omál, Dipát und Kótsari sowie viele andere. Plötzlich wird das kleine „neue" Griechenland von uralten Rhythmen, Melodien, Liedern und dem Klang fremdartiger Instrumente, die diese Einwanderer mitbringen, erfüllt und belebt. Auch slawische und anatolische, selbst arabische Elemente flossen mit diesem Flüchtlingsstrom nach Griechenland.

Der internationale Durchbruch gelang der griechischen Musik und dem griechischen Tanz jedoch erst mit Sorbás. Erst als Míkis Theodorákis' Melodien zum Sirtáki erklangen, wurde die griechische Volksmusik, oft auch nur deren touristischer Aufguss, überall mit Begeisterung aufgenommen. Auch Mános Chatzidákis förderte diese Entwicklung mit seinen instrumentalen Kompositionen und der Musik zu *Sonntags nie*, die Anfang der 1960er Jahre um die Welt ging. Und noch ein anderer Musiker muss erwähnt werden: Stamátis Spanudákis. Er schrieb die Musik zu dem in Deutschland wenig bekannten Film *Petrína Chrónia* (Steinerne Jahre) von 1985 und komponierte „Kontrabándo". Diese Musiker verarbeiteten alle auch Rembéttika-Rhythmen und setzten die alten Rembéttika-Instrumente ein. Diese „Volkskunstmusik" baut ebenfalls auf traditionellen Rhythmen auf, die unerschöpflich zu sein scheinen. Sorbás und sein Tanz berühren deshalb die Herzen so vieler Menschen, weil sie wie ein lebendiges Stück Griechenland wirken. Doch wenn spontane Volksschöpfungen in den Kulturbetrieb aufgenommen werden, ist der Höhepunkt schon überschritten. Ob diese urwüchsig entstandene Volksmusik und die jahrtausendealte Tanzkultur dem Siegeszug des Satellitenfernsehens und der Fast-Food-Restaurants standhalten wird, bleibt abzuwarten. Es mehren sich die Anzeichen, dass der Volkstanz bald nur noch als „original Greek Chassápiko" auf den Pisten der Touristenhotels und Kreuzfahrtschiffe oder im Lautsprechergedröhn der Skiládhika eine ebenso kümmerliche wie unwürdige Existenz fristen wird.

Die griechische Küche

Mehr als kalte und fette Speisen

Die Küche im Ursprungsland der europäischen Kultur ist orientalisch. In jenem Landschaftsraum, in dem sich die Anfänge Europas aus dem Neolithikum herausbildeten, sich die erste europäische Hochkultur entwickelte und das klassische Griechenland entstand, dort, wo das abendländische Denken, unsere Grundwerte wurzeln, wo die erste Demokratie gegründet wurde, entwickelte sich eine traditionelle Küche, die keinen Einfluss auf westeuropäische Essgewohnheiten ausübte. Erst in jüngster Zeit haben die zahlreichen Tavernen und Spezialitätenläden eine kulinarische Brücke nach Deutschland geschlagen. So gehören die Begriffe Gyros (jíros), Retsína, Oúzo und Tsatsíki mittlerweile zum deutschen Sprachschatz. Griechenlandreisende empfinden die Küche des Landes meist als fremdartig, vergleichbar allenfalls mit der türkischen Speisenkarte. Das generelle Urteil ausländischer Touristen lautet zumeist: „Griechisches Essen ist zu kalt, zu eintönig und zu ölig!"

Gewiss steckt in diesem Klischee ein Körnchen Wahrheit, doch zeigt es vor allem Unkenntnis der echten griechischen Küche. Diese hat eine fast 2500-jährige Tradition – ist also ganz und gar nicht türkisch, im Gegenteil. Sie ist sehr gesund, arbeitet meistens mit frischen Zutaten und verwendet allerlei pikante Gewürze. Die feine griechische Küche war vor allem eine Privatküche. Restaurants waren bis zum Beginn des Massentourismus selten, auswärts gegessen wurde und wird meist nur in einfachen Tavernen. Mit Ausnahme der Städte Athen und Thessaloníki begann sich eine griechische „Restaurantküche" erst langsam zu entwickeln, und zwar vornehmlich in touristischen Zentren. Auf Kreta, Rhodos und Korfu wie auf anderen von Touristen stark besuchten Inseln gibt es inzwischen hervorragende Restaurants, sogar Feinschmecker-Lokale mit taverneartigem Ambiente, die erlesene Gerichte aus der Tradition der Privatküche des Landes anbieten.

Getrocknete Fische von Santorin

Das Essen – ob im Restaurant oder in der Taverne – verläuft bei den Griechen nicht selten heute noch wie ein antikes Symposion, wie wir es u.a. aus den Beschreibungen von Platon, Xenophon (um 430–um 355 v.Chr.) und Plutarch (um 50–125 n. Chr.) kennen. Die Griechen treffen sich zum „Gastmahl", nicht einfach zur Nahrungsaufnahme. Essen gehen mit Freunden, mit der Paréa (Clique), ist eines der Hauptvergnügen in der Stadt und auf dem Lande. Intensive, lautstarke und ausdauernde Gespräche, temperamentvoll, mit lebhaftem Gebärdenspiel, sind dabei genauso wichtig wie die Speisen. Man trifft sich erst spät am Abend, und oft zieht sich das Gastmahl bis lange nach Mitternacht hin. Die Kinder sind nie ausgeschlossen, spielend verbringen sie ihre Zeit bis zum Aufbruch der Eltern. Kein Kellner käme übrigens auf die Idee, sich über wuselige Kinder, die ihn zum Slalom zwingen, zu beschweren. Den Mitteleuropäer befremdet meist, dass dem Gast keine Einzel-Portionen serviert werden. In Griechenland bedienen sich alle Tafelfreunde von einem oder mehreren großen Tellern oder aus einem Topf. Das schmutzige Geschirr und Besteck wird nicht sofort abgetragen, sondern bleibt meist bis zur Auflösung der Symposion-Gesellschaft auf dem Tisch. Überhaupt wird in den Tavernen auf Tischkultur wenig Wert gelegt. Zwar verfügen die besseren Tavernen über Stofftischdecken, doch kaum setzt sich eine Paréa zu Tisch, eilt der Taverniáris mit der berühmten Plastikplane, dem Banner der Tavernenkultur, herbei und zieht sie sorgsam über die Tischdecke. Sind die Gäste schließlich gegangen, kann das ganze Panorama aus Brotresten, Krebsschalen, abgenagten Koteletts, ausgedrückten Zitronenvierteln, Wassermelonenschalen usw. mit einem Handgriff in die Küche befördert werden. Man muss nur die sich gegenüberliegenden Zipfel des „Plastiklinnens" anheben und kreuzweise verknoten. Solche Festgelage sind in Griechenland keine Seltenheit; es gibt sie in allen Gesellschaftsschichten und nicht nur an besonderen Feiertagen, sondern ganz einfach aus Freude am Zusammensein.

Symposion mit Fischgerichten

Xénos ist das griechische Wort für Fremder und Ausländer. Häufig hat dieses Wort einen negativen Klang. Xénos ist also nicht – wie in der Reiseliteratur so häufig behauptet wird – der Gast und Fremde zugleich. Gast ist im Griechischen ein „kalesménos", ein „musafíris" oder ganz einfach ein

„fílos“. Die echte und herzliche Urfreude der Griechen an der Gemeinschaft mit anderen Menschen drückt sich auch in ihrer lebendigen „Philoxenía“ (Gastfreundschaft) aus. So kann es geschehen, dass Fremde („xéni“), die ein Dorf in Griechenland besuchen, in dem gerade gefeiert wird, spontan eingeladen werden, sodass sich das Festgelage oft um mehrere unerwartete Gäste erweitert. In der Stadt hingegen ist diese Tradition nahezu völlig verschwunden.

Was ist türkisch, was ist griechisch?

Die griechische Küche blieb von der Antike über die byzantinische Epoche bis zur Neuzeit, was die Zubereitung der Gerichte und den Speiseplan betrifft, im Wesentlichen erhalten. Sie hat sich kaum verändert und zeigt nur geringe Einflüsse der türkischen Küche.

Umgekehrt finden wir auf dem türkischen Speisenplan viele Gerichte, die aus der griechischen Küche stammen. Selbst Gerichte mit türkischen Namen wie etwa Dolmádhes (türk. „dolma“ = gefüllt), die bei den Griechen sehr beliebt sind, manchmal auch Jemistá (griech. = gefüllt) heißen, waren schon der spätantiken und byzantinischen Küche gut bekannt. Je nach Jahreszeit werden Wein- oder Kohlblätter-Rouladen mit einer gut gewürzten Fleisch-, Reis- oder gemischten Füllung gedünstet.

Eine wichtige Quelle über die Lebens- und Essgewohnheiten der Byzantiner, also der Griechen des frühen Mittelalters in vornehmer Gesellschaft, sind die Aufzeichnungen („Antapodosis“ und „Legatio“) Liutprands, des Bischofs von Cremona (920–970/73?). Er war im 10. Jahrhundert als Gesandter Kaiser Ottos I. am byzantinischen Kaiserhof. Mit bisweilen scharfer Ironie schildert Liutprand das höfische Leben in Konstantinopel. Aus seinen Berichten erfahren wir viele Details der byzantinischen (griechischen) Küche. Bereits er lässt sich zu dem Urteil hinreißen, das eingangs erwähnt wurde: „Während der ekligen und widerwärtigen Mahlzeit, die wie bei Betrunkenen von Öl triefte und mit einer anderen sehr schlechten Fischlake getränkt war ...“ (nach J. Koder/T. Weber). Die erwähnte Fischsoße ist eine Mischung aus Olivenöl, Roggen und Milch von Fischen, Anchovis-Sardellen, Salz, Wein und anderen Speisesäuren. Sie wurde zu den Speisen serviert, hieß bei den Byzantinern „Garós“, bei den Römern „Liquamen“ und ist noch heute als Anchovissauce bekannt.

Doch zurück zur türkischen Küche, die auch, wie es solche Quellen zeigen, Speisen griechischen Ursprungs kennt. Es ist historisch gut nach-

Minoisches Fresko von Santorin mit Darstellung eines Fischers und seiner Fangbeute, um 1500, Nationalmuseum Athen

vollziehbar, dass die Osmanen bei der Besetzung Kleinasiens im 14./15. Jahrhundert bestimmte kulturelle Errungenschaften der besiegten Völker übernahmen. Und dazu gehörte unter anderem die Esskultur der Griechen. So haben die Sultane nach der Eroberung Konstantinopels (1453) die Sitte der byzantinischen Kaiser, prunkvolle Festtafeln mit goldenem Geschirr zu decken, übernommen. Auf dem türkischen Speiseplan finden sich noch heute viele griechische Namen. Die Osmanen haben zum Beispiel alle Fischnamen aus dem Griechischen und Lateinischen in ihre Sprache übernommen, weil sie keine Seefahrer waren. Auch tragen einige Koch- und Küchengeräte sowie Gewürze und Zutaten bis in unsere Zeit griechische Namen. Einer anderen Überlieferung zufolge (F. Kukules u.a.)

sollen griechische Seefahrer die Tradition, Fische zu kochen, nach Marseille gebracht haben, sodass dann aus der griechischen „Kakawía“ die weltberühmte Bouillabaisse wurde. Also hätte die griechische Kochkunst zumindest in diesem Fall doch die europäische Küche beeinflusst.

Mit zu den beliebtesten Gerichten der türkischen und griechischen Küche zählen alle Variationen mit Hackfleisch. Als „Nationalgericht“ beider Küchen kann man die Hackfleischbällchen anführen. Die Speise selbst sowie ihr Name sind aber byzantinisch/griechischer Herkunft. Die Bällchen heißen im Griechischen heute „Keftédhes“, was wie eine Ableitung der türkischen Bezeichnung „köfte“ klingt. Doch stammt der türkische Ausdruck seinerseits von dem griechischen Wort „gehackt“ („koptó“ oder „koftó“) ab.

Kaffeetrinken

Auch ist der „türkische Kaffee“ im Ursprung nicht türkisch, vielmehr stammt er aus Äthiopien! Es ist durchaus denkbar, dass Griechen und Türken zur gleichen Zeit mit der neuen Mode des Kaffeetrinkens begonnen haben. Mitte des 15. Jahrhunderts entdeckte man in Äthiopien die Qualitäten der Kaffeepflanze, kultivierte ihre Bohnen und entwickelte das Kaffeetrinken. Als erste übernahmen die arabischen Länder diese Sitte; im 16. Jahrhundert exportierte man bereits die Pflanze, und schon bald gab es in ganz Europa Kaffeehäuser (Venedig 1645, London 1652, Hamburg 1679, Wien 1683, Leipzig 1694). Der Siegeszug des Kaffees als beliebtestes Genussmittel der Welt war nicht mehr aufzuhalten. Die Mode, Kaffee zu trinken, kam also etwa zu der Zeit auf, als Byzantiner und Osmanen kurz vor ihrer Entscheidungsschlacht, dem Kampf um Konstantinopel (1453), standen. Wer von beiden nun zuerst den Brauch aus Arabien übernahm, ist nicht mehr feststellbar. Bemerkenswert in diesem Zusammenhang ist aber, dass die Türken ihren Kaffee in Metallgefäßen kochen, die genau die Form der griechischen Kaffeetöpfe haben, und die sie so benennen, wie die Byzantiner bereits ähnliche Töpfe bezeichneten: Bríki (= griech.) und Ibrik (= türk.)! Griechenland war aber seit der 2. Hälfte des 15. Jahrhunderts fast ganz im Osmanischen Reich aufgegangen, und selbst Historiker des 19. Jahrhunderts schrieben die Geschichte Griechenlands stets nur im Zusammenhang, gleichsam als Unter-

kapitel der Geschichte des Osmanischen Reiches (wie z. B. J. W. Zinkeisen, Gotha 1856). So ist es verständlich, dass griechisches Wesen und griechisches Kulturgut im Ursprung als osmanisch/türkisch angesehen wurden. Reisende des 18./19. Jahrhunderts bereisten nicht Griechenland, sondern das Osmanische Reich und tranken „Kaffee der Türken" und nicht der Griechen, auch wenn er ihnen von Griechen in Griechenland gereicht wurde.

Schließlich sei noch auf Kokorétsi hingewiesen, das in der türkischen Küche ebenso beliebt ist wie in der griechischen und heute in nahezu allen Tavernen und Restaurants Griechenlands angeboten wird. Im Ursprung ist es byzantinisch/griechisch. Die Türken haben es zu einem ihrer Leibgerichte gemacht und nennen es „Salma" (griech. = eingewickelt): Herz, Niere, Leber und andere Eingeweide von Ziegen und Lämmern werden in die gewaschenen und umgestülpten Därme der Tiere eingerollt, pikant gewürzt und an langen Spießen gegrillt. Kokorétsi wird in der Türkei und in Griechenland auch serviert.

Wathípetro auf Kreta, hier wurden schon zur minoischen Zeit Rebstöcke kultiviert

Wein und andere Getränke

Oúzo-Auswahl in einer Taverne auf der Insel Lesbos

Die Kultivierung der wilden Weinrebe war bereits den Minoern und Mykenern der frühen Bronzezeit bekannt. Mit der griechischen Kolonisation in Unteritalien und Sizilien gelangten die Weinrebe und der Weinanbau auch in diese Landschaftsräume und noch weiter bis nach Spanien. Möglicherweise haben aber auch die Etrusker noch vor den Griechen die Weinbaukultur in Italien entwickelt. Bei den Byzantinern waren besonders die kretischen Weine beliebt. Diese galten als sehr schmackhaft, würzig und vollblumig; so beschreibt auch Liutprand, Bischof von Cremona, die Weine Kretas.

Der bekannteste Wein Griechenlands seit der Antike ist der Retsína; er wird noch heute sehr gerne getrunken und gilt neben dem Oúzo als das Nationalgetränk des Landes. Fremde überrascht beim ersten Genuss der sehr eigenwillige Geschmack. Vielen fällt es schwer, sich daran zu gewöhnen. Bereits der Name des Weines gibt Auskunft über seinen Charakter („retsíni“ = Harz): der Retsína ist ein mit Föhrenharz (oder dem Harz anderer Nadelhölzer) aromatisierter Wein, der sehr bekömmlich ist und in heißen Jahreszeiten die Verdauung unterstützt. Durch den Harzzusatz erhält der in Föhrenholzfässern gelagerte Wein eine größere Haltbarkeit. Um die Gärung zu aktivieren, werden dem Most in einigen Gegenden auch Kiefernspäne zugegeben.

Das Problem des Weinpanschens kannten schon die Griechen der Antike. Auch sie setzten dem Wein zur Geschmacksverfeinerung und Färbung Fremdstoffe zu. Von Kreta, Zákynthos und Léfkas ist bekannt, dass man dem Wein gerne Gips beimischte; die antiken Autoren Plinius und Athenaios kritisierten diese Unsitte und warnten vor den gesundheitsschädlichen Folgen.

Heute hat der griechische Wein harte Konkurrenz erhalten: nicht etwa von anderen Qualitätsweinen Europas – die werden in Griechenland höchst selten angeboten –, sondern vom Bier! In knapp 30 Jahren hat sich das

Konsumverhalten radikal verändert. War es für Griechen früher eher eine „fränkische Sitte", Bier zu trinken, so kann man heute in den Tavernen beobachten, dass viele Griechen gerne Bier trinken, die Touristen hingegen griechischen Wein. Tranken die Griechen 1961 noch 41,9 Liter Wein pro Einwohner und nur 5,5 Liter Bier, so reduzierte sich bis 1986 zwar der Weinkonsum nur geringfügig auf 37,6 Liter, der Bierverbrauch stieg hingegen auf 34,4 Liter pro Einwohner.

Fast ebenso wichtig wie Wein, Oúzo und Rakí ist den Griechen Wasser („neró"). Touristen wunderten sich früher oft, wenn ihnen in Tavernen als Erstes ungefragt Wasser gereicht wurde. Man erhielt Wasser überall in Griechenland zur Begrüßung, zu den „mezédhes" (Vorspeisen), zum Kaffee und zu allen Hauptgerichten. Doch diese gute Sitte ist leider verkümmert. Nur weit ab von den großen Touristenströmen, in kleinsten Bergdörfern wird dieser Brauch noch gepflegt.

Das Athener Wasser ist natürlich gechlort wie in vielen Großstädten Europas. Aber die Griechen haben den Geschmackssinn für verschiedene Wasserqualitäten noch nicht verloren. Viele sind stolz auf das Wasser ihres Heimatortes. Bei den Vorzügen einer Sommerfrische spielt die Trinkwasserqualität eine wichtige Rolle. Diese Achtung vor dem Wasser hat ebenfalls antike Tradition, wie wir z. B. aus den Oden Pindars (518–446 v.Chr.) erfahren: „Das Beste ist das Wasser ..."

Essen wie in der Antike

Der Speiseplan der griechischen Küche folgt seit Jahrhunderten dem Erntezyklus der Jahreszeiten. Man isst das, was die Natur und der Acker den Menschen Monat für Monat schenken: Gemüse und Salate der Saison. Fleisch und Fisch gab es früher seltener, da beides für die Landbevölkerung und die Arbeiter in den Städten meist zu teuer war, was auch heute wieder der Fall ist. Die berühmten griechischen Suwlákia, über dem offenen Feuer gebratene und mit Orígano gewürzte Lammfleischstücke am Spieß, aßen schon die Helden der *Odyssee* und der *Ilias* mit Begeisterung; sie sind heute wohl das beliebteste Gericht bei den Touristen.

Die Byzantiner (und wohl schon die Griechen der Antike) liebten vor allem folgende Gerichte: Stifádho, Majíritsa, Skordhaliá, Marúli, Paximádhia und als Süßspeisen Bughátsa, Tyrópita und Lukumádhes, um nur einige traditionsreiche Speisen zu nennen, die heute gegenüber Mittelalter und Antike wohl nur mit kleinen Abweichungen zubereitet werden.

Besonders beliebt bei den Byzantinern waren Geflügel und Wild. So wurde u.a. das Fleisch des Wildhasen Grundlage für das sehr schmackhafte Krassáto. Heute wird das Gericht selten mit Wildhasen, sondern vornehmlich mit Rindfleisch zubereitet und von den Griechen Stifádho genannt. Das in kleine Stücke zerlegte Fleisch wird (beim Hasen mit Knochen) mit trockenem Rotwein – dazu oder anstatt des Weines Malzessig –, Knoblauch, Salz und Pfeffer, Tomatenmark und kleinen ganzen Zwiebeln geschmort, bis es fast zerfällt.

Aus der Zeit der beiden Kaiser Claudius (41 v.Chr.–54 n.Chr.) und Nero (54–68 n.Chr.) ist uns eine Schrift des Pedanius Dioskurides bekannt, der von dem „Skordháprason“ berichtet, einer bereits in der Antike sehr geschätzten Fleischbeilage aus einer Mischung von Lauch („práso“), Knoblauch („skórdho“), Zwiebeln („kremmydhi“) und Olivenöl („elaiólado“). Diese Sauce ist uns nahezu unverfälscht als Skordhaliá (Knoblauchsauce) erhalten; heute wird sie aus Knoblauch, Kartoffelbrei oder weichem Brot, Olivenöl und Weinessig hergestellt. In abgewandelter Form, und bei Griechen wie Fremden sehr beliebt, ist diese Beilage auch als Tsatsíki bekannt: Joghurt als Grundbasis gemischt mit Knoblauch, geraspelten Gurken, Olivenöl, Weinessig, Pfeffer und Salz.

Zur Fastenzeit waren bei den Byzantinern wenig nahrhafte Suppen aus Wasser, Kräutern und sehr wenig Öl gebräuchlich. Diese Fastenspeisen wurden unter dem Oberbegriff „majirév máta“ zusammengefasst. Liutprand gibt uns genauere Kunde von einer solchen Fastensuppe, die er „Heiligenbrühe“ nennt:

„*Und wir essen jetzt überhaupt nur noch die Heiligenbrühe, / deren Namen schon auf die Zusammensetzung hinweist. / Es gibt einen zweihenkligen Kessel, der vier Maß fasst (Anmerkung: ein Klostermaß = 8,2 Liter!), / den füllen dann die Köche bis zum Rand mit Wasser / und entzünden unter dem Kessel ein großes Feuer / und sie geben Zwiebeln hinzu, wohl zwanzig Knollen, / und darin sieh, Majestät, welch große Ehrfurcht! / Denn auf den Namen der Heiligen Dreifaltigkeit werden sie getauft, / träufelt doch der Koch drei Tropfen Öl darauf / und gibt noch etwas Majoran (Saturei) hinzu, um der Sache einen Duft zu geben. / Und die Brühe gießt er über das Brot, / und sie teilen es uns aus; wir essen sie und man nennt sie ‚Heiligenbrühe‘!*“ (Nach J. Koder/J. Weber)

Gebrochen wird das Fasten seit undenklicher Zeit in der Osternacht mit der Majirítsa-Suppe. Sie ist schmackhaft und kräftig, aber nicht jedermanns Sache. Am besten schmeckt sie, wenn sie aus Herz, Leber und Niere von mit Milch aufgezogenen Lämmern zubereitet ist. Es sind die Innereien der Osterlämmer, die anderntags in ganz Griechenland am Spieß gebraten werden. Die Innereien werden zusammen mit Dill oder anderen Frühlingskräutern, Zwiebeln und Olivenöl gekocht. Häufig gibt man noch zerschnittene Därme und Kutteln hinzu.

Salate, Gerstenbrot und Süßspeisen

Marúli (von dem lateinischen Wort „amarula" abgeleitet) ist der beliebteste Salat der Griechen; er kann vom Frühling bis zur Mitte des Sommers geerntet werden. Es handelt sich um eine Art Endivien- oder Löwenzahnsalat, der, fein gehackt, einfach mit Zitrone (oder Weinessig), Olivenöl und Salz verzehrt wird; bei den Byzantinern hieß dieser Salat Marúlion und war wohl identisch mit dem antiken Dhrídhax.

Osterbäckerei auf Rhodos

Auch Paximádhion, ein häufig mit Majoran kräftig gewürztes, doppelt gebackenes Gerstenbrot (nach Art unseres Zwiebacks), gehört zu den Nahrungsmitteln, die von den Griechen seit der Antike geschätzt werden. Von dem Geschichtsschreiber Prokopios von Kaisareia, zur Zeit Kaiser Justinians I. (527–565), erfahren wir, dass die byzantinischen Heere und Schiffsmannschaften Paximádhion-Brot im Proviant hatten, da es fast unbegrenzt haltbar ist und kaum Gewicht hat. Auch Liutprand erzählt von diesem besonderen Zwieback. Im 10. Jahrhundert sei Paximádhion die Hauptspeise der Bischöfe und Mönche gewesen. Im heutigen Griechenland ist das doppelt gebackene Gerstenbrot in allen Bevölkerungsschichten bekannt. Bei den Städtern weniger beliebt, wird es von Bergbauern, Hirten und der Landbevölkerung fast täglich verzehrt. Auch in den Klöstern gehört es zu jeder Mahlzeit, besonders während der Fastenzeit. Das vielfältige Angebot an meist sehr süßen griechischen Nachspeisen ist ebenfalls nicht vornehmlich türkisch/orientalisch beeinflusst. Bereits die Byzantiner kannten Bughátsa, das die Türken Bogatsa nennen und sich vom Italienischen „focaccia“ (Fladenkuchen) ableiten lässt. Möglicherweise gelangte dieses Gericht mit den Genuesern oder Venezianern nach Konstantinopel. Bughátsa kann süß oder salzig angerichtet werden. In beiden Fällen wird Blätterteig gefüllt und gebacken, entweder mit Schafskäse oder einer cremigen Masse aus Maisflocken (Cornflakes), Milch und Zucker. Erstaunlicherweise ist diese Süßspeise nicht in ganz Griechenland verbreitet. Vorwiegend erhält man sie auf Kreta (in Iráklion) und in Thessaloníki, also im einstigen Herrschaftsbereich der Venezianer und in Gebieten, die in enger Verbindung mit der Hauptstadt Konstantinopel standen.

Von ganz ähnlicher Beschaffenheit ist Tirópitta, ebenfalls ein Blätterteiggebäck, das mit süßem Molkekäse („mizíthra“) gefüllt, dann mit Zimt und Zucker bestreut und warm serviert wird. Diese in Griechenland sehr beliebte Süßspeise gab es bereits in der Antike („tetyromeini plakuntes“ = Teigware mit Käse), und sie schmeckt auch heute den meisten Fremden gut. In der Türkei heißt dieses Gebäck Börek.

Ebenfalls bei den Byzantinern bekannt und geschätzt waren Lukumádhes (griech. lukumás = Krapfen), die bei den Türken Lokuma genannt werden: es sind in heißem Öl gebackene Hefeteigbällchen, die in Honig getunkt und mit Sesam bestreut werden. Diese Bällchen gibt es überall in Griechenland.

Aus dem reichhaltigen Angebot der griechischen Küche wurden hier nur einige Spezialitäten vorgestellt. Doch die Auswahl zeigt die Kontinuität

Súfla-Braten im Pindus-Gebirge

der griechischen Esskultur von der Antike bis heute. In den unterschiedlichen Landschaftsräumen Griechenlands gibt es zwar überall Spezialitäten, die Hauptgerichte und Essgewohnheiten hingegen sind ähnlich. Das Frühstück („proinó") besteht meist nur aus einem Kaffee („kafedháki"). Auf dem Weg zur Arbeit verzehrt man dann noch bei einem Straßenhändler einen Sesamkringel („kulúri") oder gefüllte Blätterteigtaschen („tirópitta"). Die Hauptmahlzeit des Tages ist das Mittagessen, das während der langen Arbeitspause ausgiebig genossen wird. Am Abend – wenn man keine Gäste hat oder keinen Tavernenbesuch unternimmt – gibt es meist kleinere Gerichte. Oft Eintöpfe mit Salaten und Obst. Wasser- („karpúsi") und Honigmelonen („pepóni") sowie Feigen („síka") und Orangen („portokáli") sind die beliebtesten Obstsorten. Im Winter werden häufig Weißkohlsalat (láchano saláta) und Bohnengerichte („fasoládha") gegessen, besonders beliebt ist dabei die Linsensuppe („fakí"). Zu allen Gerichten werden stets ausreichend Weißbrot („psomí") und Wasser („neró") gereicht.

Sehr gerne gegessen werden Gemüsegerichte. Tomaten, Auberginen, Zucchini und vor allem Bohnen gehören zu den Grundnahrungsmitteln. Kann man sich teuren Fisch nicht leisten, weicht man auf Lammfleisch aus, das am häufigsten in Griechenland verzehrt wird. Schweinefleisch wird weniger gekauft. Viel Knoblauch und ausreichend Öl gehören zu jeder Mahlzeit. Mit Vorliebe werden frische Kräuter und Zwiebeln sowie Salz und Pfeffer zum Würzen der Speisen genommen.

Ein ganz eigenes Kapitel sind die zahlreichen griechischen Tavernen in Deutschland. Im Raum Köln soll es allein über 200 geben. Ihre Küche hat jedoch meist einen erheblichen Anpassungsprozess hinter sich. Teilweise hat man sich auf den deutschen Geschmack oder auf das, was man dafür hält, eingestellt, teilweise ist die Zubereitung für deutsche Verhältnisse auch zu arbeitsintensiv. Man isst oft recht gut und preiswert in den „Akropolis", „Alexis Sorbas", „El Greco" oder „Kreta" genannten Restaurants, doch selten wirklich Griechisch. Dazu muss man sich schon ins Flugzeug setzen.

Restaurantschild von der Insel Chíos

Griechische Binnenstruktur

Von der Vielfalt der Romiossíni

Ein Blick auf die Landkarte zeigt, dass der Natur im äußersten Südosten Europas etwas Besonderes eingefallen ist. Zahlreiche Gebirgszüge gliedern Griechenland in geografische Kleinräume; mit den Bergen wetteifern die unzähligen Buchten, Halbinseln und Inseln. Nirgendwo sonst bietet sich dem Auge eine solche Folge von Land-Wasser-Kombinationen. Tief schneidet sich das Meer ins Land wie am Golf von Korinth, am Ambrakischen Golf, bei Wólos, zwischen Euböa und dem Festland. Oder es taucht das unverwechselbare Profil einer Insel auf, etwa der Vulkan von Ägina, der sowohl von der Peloponnes wie von Attika aus zu sehen ist, oder die lang gestreckte Insel Euböa, die das Festland auf fast 200 km begleitet.

Die zahlreichen Inseln, von denen über 150 bewohnt sind, bieten per Definition ebenso viele abgeschlossene Lebensräume. Manche sind nur im Sommer, manche nur von zwei, drei Familien bewohnt. Andere, wie Kreta und Rhodos, haben Hunderttausende von Einwohnern und lärmende, lebendige Städte. Die Inseln werden zwar begrifflich zu Gruppen zusammengefasst – so die Ionischen an Griechenlands Westküste, die Nördlichen Sporaden an der Thessalischen Küste, die Kykladen, die sich kreisförmig (zyklisch) um Delos gruppieren, die Dodekanés vor der kleinasiatischen Küste –, aber diese Zuordnung bedeutet keineswegs Gleichartigkeit. Schon der Begriff Sporaden weist auf die geografische Streuung hin. Zwar lassen sich gemeinsame Charakteristika finden, z. B. die typische Kykladen-Architektur, doch bewahrt jede Insel ihren unverwechselbaren Charakter.

Dass der so außerordentlich reich gegliederte Lebensraum der Griechen nicht ohne Einfluss auf den Charakter seiner Bewohner ist, überrascht nicht. Hierin liegt sicher eine Ursache für die vielen Kleinstaaten in der Antike und auch für den stark ausgeprägten Individualismus der heutigen Griechen. Fast ebenso vielgestaltig wie der geografische Raum ist die historische Entwicklung in einzelnen Teilen Griechenlands.

Eine Komposition aus Land, Meer und Himmel. Blick über die Insel Korfu bis zum griechischen Festland

In Thessaloníki leben noch Menschen, die vor 1912 als osmanische Staatsbürger geboren wurden. Zu dieser Zeit hatte der griechische Kernstaat, das 1830 entstandene kleine Königreich, bereits über 80 Jahre eigenständiger Existenz hinter sich. Für seine Bewohner war das Leben in einem griechischen Nationalstaat bereits eine Selbstverständlichkeit mit festgefügten Institutionen. Für die endlich vom osmanischen Joch befreiten Epiroten, Makedonier und Thraker war der Kernstaat das „alte" (nicht das antike) Griechenland (Paleá Elládha). Und die Offiziere und Beamten aus dem „alten" Griechenland, die aufgrund ihrer Erfahrung viele Posten in den neuen Gebieten übernahmen, wurden „Paleoelladhítes" genannt, eine Bezeichnung, in der sich je nach Kontext Spott, Ablehnung und Bewunderung offenbarte, auf jeden Fall aber eine Andersartigkeit. Diese Unterschiede haben sich insbesondere durch Krieg und Bürgerkrieg abgeschliffen. Dennoch kann man den Begriff noch heute hören. Auch gibt es in Thessaloníki noch kritische Kommentare über die vielen -ópuli (d. h. Träger von Namen, die auf ópulos enden, was auf eine Herkunft von der Peloponnes hinweist), die sich angeblich in den neuen Provinzen breit machten.

Der Einfluss Venedigs ist besonders an der Esplanade der Stadt Korfu deutlich erkennbar

Die Ionischen Inseln vor der griechischen Westküste, vor allem Korfu, Léfkas, Kefalloniá, Zákynthos und, weit abgelegen, Kythera vor der Südküste der Peloponnes, kamen 1864 zu Griechenland. Ihre Bewohner haben nie unter osmanischer Herrschaft gelebt, dafür unter der relativ milden Verwaltung der Handelsrepublik Venedig. Sie nahmen an der westeuropäischen Kultur teil, ohne deswegen gezwungen zu sein, ihr Griechentum oder ihre orthodoxe Religion zu verleugnen. Nach kurzem russischen und französischen Zwischenspiel bildeten die Inseln vom Wiener Kongress (1815) bis 1864 einen eigenen Staat unter britischem Protektorat, den ersten griechischen „Nationalstaat". Dieser griechische Kleinstaat verfügte über ein reges geistiges Leben. Theater und Musik blühten, Korfu besaß eine eigene Akademie sowie eine Oper, an der die neuesten italienischen Stücke aufgeführt wurden. Der Anschluss an Griechenland brachte die tatsächliche Unabhängigkeit, machte aber auch manchen dieser Institutionen den Garaus. Erst seit einigen Jahren hat Korfu wieder eine Universität. Die Eftaníssii

Der venezianische Löwe von der Insel Kythera

(Siebeninsulaner) bewahren gegenüber den rauen Festlandbewohnern ein gewisses kulturelles Überlegenheitsgefühl. Ihre singende Sprache klingt für die knorrigen Epiroten von der gegenüberliegenden Küste wie Vogelgezwitscher.

Kreta ist sowieso ein Kapitel für sich – keine Insel, sondern ein eigener Kontinent, meinen die Kreter (vgl. Kap. Kreta). Die Insel wurde erst relativ spät (1669), d. h. über 200 Jahre nach Konstantinopel von den Osmanen erobert. Unter venezianischer Herrschaft entwickelte sich ein reiches eigenständiges Kulturleben (s. S. 78f.).

Auch die Kykladen, auf denen sich nach der Eroberung Konstantinopels durch die wenig christlichen Ritter des Vierten Kreuzzugs fränkische Herzogtümer etabliert hatten, blieben lange unter dem Schutz des venezianischen Löwen. Anders als auf den Ionischen Inseln und auf Kreta gibt es hier bis heute Katholiken, meist Nachfahren der Franken und Italiener. Die Hafenstadt Ermúpolis auf Sýros ist bis heute geteilt in einen orthodoxen und einen katholischen Teil: zwei Hügel, jeweils mit einer Kirche auf der Spitze. In Áno Sýros steht die römisch-katholische Bischofskirche Ájios Jeórjios und Ájios Nikólaos aus dem Jahre 1834 auf Grundmauern des 13. Jahrhunderts, in Wrontadhó die griechisch-orthodoxe Kirche der Ajía Anástasis aus dem Jahre 1821. Die griechischen Katholiken, oft mit geschichtsträchtigen Namen, sind griechische Staatsbürger und fühlen sich auch als solche.

Auch die Makedonier haben eine eigene Identität. Sie, die im Altertum erst nach einigem Zögern als Griechen anerkannt und zu den Olympischen Spielen zugelassen wurden, haben bis heute eigene Traditionen bewahrt. Sie sind stolz auf ihre Hauptstadt Thessaloníki, die auch dann noch Großstadt blieb, als in Athen die Schafe zwischen klassischen Ruinen weideten. Für sie waren die Ausgrabungen von Professor Manólis Andrónikos in Vergína von besonderer Bedeutung. Die Funde, die heute im Archäologischen Museum von Thessaloníki ausgestellt sind, entlarven die Charakterisierung der angeblich halbbarbarischen Makedonier durch die Athener in klassischer Zeit als Propagandalüge. Der Archäologenspaten brachte eine solche Fülle makedonischer Kunstwerke ans Tageslicht, dass sich die Nachfahren heute (nach über 2000 Jahren) voll Stolz in die Brust werfen. Das Grab Phillip II., des Vaters Alexanders d. Großen, zeigte, dass die Kunst der Makedonier derjenigen der versnobten Südgriechen in nichts nachstand. Im Gegenteil, bei der Metallverarbeitung konnte sie keiner übertreffen. Wer

Pontos-Griechen aus Kawálla

die unvergleichlich eleganten Metallgefäße gesehen hat, kann diesen Stolz verstehen.

Durch den zwangsweisen Bevölkerungsaustausch um 1923 kamen fast 1,5 Millionen Auslandsgriechen als Flüchtlinge ins Land (s. S. 114f.). Das Zusammenleben mit diesen ungebetenen Gästen war nicht immer reibungslos. Es hat die griechische Geschichte jahrzehntelang erschüttert und der griechischen Volkskultur u.a. die Rembéttika-Musik (s. S. 179f.) beschert. Aus der großen Menge der Flüchtlinge aus der Türkei, der Turkomerítes, wie sie argwöhnisch genannt wurden, ragen die Pontos-Griechen vom Schwarzen Meer besonders hervor. Sie halten bis heute zusammen, wohnen teilweise in gemeinsamen Siedlungen, treffen sich in Vereinen, pflegen ihr Brauchtum, das auf eine über 2000-jährige Tradition zurückgeht. Dass sie bei den übrigen Griechen Zielscheibe hämischer Witze sind, dass ihnen die Rolle von „Griechenlands Ostfriesen" zugedacht wird, verstärkt wahrscheinlich noch das Zusammengehörigkeitsgefühl. Sie sind der Überzeugung, dass sie in ihrem Brauchtum antike Überlieferungen am reinsten aufbewahrt haben. 1989/90 wurde Griechenland mit einer neuen, fast vergessenen Kategorie von Pontos-Griechen konfrontiert. Nach Wegfall des Eisernen Vorhangs wurde bekannt, dass auch an den sowjetischen Schwarzmeer-Küsten noch ca. eine Million Griechen wohnen, entweder als Nachfahren der Argonauten oder als Flüchtlinge aus dem türkischen Schwarzmeergebiet. Tausende von ihnen sind in ihre „Heimat" ausgereist, die sie nie gesehen haben und deren Sprache viele nicht sprechen.

Im 19. Jahrhundert ließen sich Hunderttausende von Griechen in Ägypten nieder. Insbesondere seit der britischen Einflussnahme errangen sie wichtige Positionen in Handel und Industrie. Viele kamen zu beträchtlichem Vermögen und ließen ihren Kindern die denkbar beste Ausbildung zukommen. Aus diesem kosmopolitischen Milieu stammen viele der bedeutendsten griechischen Künstler und Intellektuelle wie z.B. Konstantínos Kawáfis, einer der großen griechischen und europäischen Dichter, und Strátis Tsírkas, wohl der bedeutendste griechische Romancier (s. S. 161).

Mit dem wachsenden Nationalismus unter Nasser begann der Niedergang der blühenden griechischen Kolonien in Alexandria und Kairo. Von den über 500 000 Ägypto-Griechen sind heute nur wenige Tausend übrig geblieben. Die anderen sind entweder nach Griechenland zurückgekehrt oder weitergewandert in die USA. Weltläufigkeit und Sprachenkenntnis der „Aegyptiótes" haben z.B. dazu geführt, dass sie im griechischen diplomatischen Dienst überrepräsentiert sind. Denselben Eigenschaften verdankt das griechische Lesepublikum zahlreiche Übersetzungen ausländischer Literatur.

Wenn auch im Laufe des letzten Jahrhunderts immer mehr Griechen in ihre Heimat zurückgekehrt sind und heute die Mehrheit der Griechen in Griechenland wohnt, so gibt es doch immer noch starke Kolonien im Ausland. Die zahlenmäßig stärkste (über 3 Millionen) lebt in den USA, was im Ausland nur auffällt, wenn ein US-Bürger griechischer Abstammung einen hohen politischen Posten einnimmt, wie etwa Vizepräsident (1969–1973) Spiro Agnew (Anagnostópulos) und der Gouverneur von Massachusetts und Präsidentschaftskandidat (1988) Michael Dukakis. Die Amerika-Griechen und Amerikaner griechischer Abstammung haben einen einflussreichen Verband (AHEPA) und eine wirkungsvolle Lobby in Washington, die z. B. immer dann aktiv wird, wenn über die US-Militärhilfe an Griechenland und die Türkei entschieden wird. Das Verhältnis der Griechen und Griechischstämmigen in den USA zu Griechenland ist ein anderes als das der Griechen, die oft seit Jahrhunderten im östlichen Mittelmeer und in verschiedenen Balkanstaaten siedelten. Es handelt sich ebenso wie bei den Griechen in Australien um Auswanderer, von denen die wenigsten noch daran denken, in ihre Heimat oder die Heimat ihrer Vorfahren zurückzukehren, es sei denn als Touristen. Dennoch ist die Beziehung zu Griechenland in der Regel viel enger als z.B. bei deutschen Auswanderern. Seit Ende der 1960er Jahre ist der Strom der Auswanderer Richtung Übersee fast zum Versiegen gekommen. Heute sind es vor allem griechische Jungakademiker, die zur Weiterbildung in die USA reisen. Die meisten kehren nach einigen Jahren wieder zurück, nicht wenige bleiben aber auch und rücken im akademischen Establishment der neuen Heimat auf. Manche von ihnen beschäftigen sich weiterhin mit Griechenland, und ihnen ist eine umfangreiche Bibliografie historischer, politologischer und soziologi-

Anzeige aus *Kríkos, Monthly Review for the Hellenes of the World*, Nov. /Dez. 1965 (ELIA)

scher Studien über Griechenland zu verdanken, die in englischer Sprache verfasst und daher allgemein zugänglich sind.

In den 1960er Jahren nahm die Auswanderung arbeitssuchender Griechen nicht ab, die Emigrationsströme wechselten jedoch in Richtung Bundesrepublik Deutschland. Wegen der relativen Nähe zu Griechenland, die meist einen jährlichen Besuch der Heimat erlaubt, und auch wegen der lange verfochtenen deutschen Haltung, dass die Bundesrepublik Deutschland kein Einwanderungsland sei, war die Arbeitsemigration nach Deutschland offiziell eine Auswanderung auf Zeit. Auch in den Köpfen der Gastarbeiter selbst. Doch aus manchen Gastarbeitern sind prosperierende Tavernen- oder Ladenbesitzer geworden, die ihren Lebensmittelpunkt in Deutschland haben. Und viele Kinder der zweiten und dritten Generation fühlen sich ihrem Geburtsland Deutschland enger verbunden als ihrem „Ferienland" Griechenland, dessen Sprache sie oft mit deutschem Akzent sprechen.

Eine besondere Kategorie sind schließlich die Zwangsemigranten in der Folge des Bürgerkriegs. Als im Sommer 1949 die kommunistischen Aufständischen vernichtend geschlagen wurden, flohen Zehntausende über die Grenzen nach Norden, nach Albanien und Jugoslawien. Von dort wurden sie auf die einzelnen Staaten des Warschauer Paktes verteilt. Die meisten landeten in der Sowjetunion, die sie in klassenkämpferischer Solidarität in die Tiefe der usbekischen Steppe, in die Gegend von Taschkent, schickte. Erst 30 Jahre später, nach entsprechenden Vereinbarungen mit der PASOK-Regierung, durften sie in ihre Heimat zurückkehren. Diese Gruppe tritt in der Öffentlichkeit kaum auf. Aber einige dieser Emigranten und deren Kinder haben die Chance genutzt, die Landessprache zu erlernen und eine geistige Brücke zu schlagen zwischen ihrer fernen Heimat und dem Ort ihres Zwangsexils. So hat z. B. der bedeutende Literat Dimítrios Chatzís, den es nach Budapest verschlagen hat, große Verdienste um die Übersetzung griechischer Werke ins Ungarische. Auch die zahlreichen Übersetzungen griechischer Literatur, die in der DDR erschienen sind, stammen meist aus der Feder ehemaliger Partisanen. In Prag existierte ein Exilverlag, die „Politikés ke Logotechnikés Ekdhóssis" (Politischer und Literarischer Verlag), in dem neben sozialistisch-realistischem Kitsch und heroisierenden Bürgerkriegsdarstellungen auch wichtige Werke der griechischen Nachkriegsliteratur zum ersten Mal erschienen sind.

Die Unterscheidung zwischen Stadt und Land beschränkt sich in Griechenland auf den Gegensatz zwischen Athen und Thessaloníki einerseits und dem Rest des Landes andererseits. Erst in den letzten 20 Jahren regt sich auch in einigen Provinzstädten (Pátras, Ioánnina, Iráklion, Korfu), insbesondere wegen der Universitätsgründungen, ein urbanes Leben. Aber richtige Großstädte sind nur die Hauptstadt und die Nebenhauptstadt (Symprotéwussa), wie sie offiziell und wohl etwas beschwichtigend genannt wird. Aber auch in ihnen fehlt eine Stammbevölkerung, die eine großstädtische Kontinuität bewirken könnte. Nur die wenigsten Athener leben dort schon in der zweiten Generation. Die Stadt ist nach 1922 und dann wieder nach dem Zweiten Weltkrieg explosionsartig gewachsen.

Thessaloníki kann zwar auf eine größere Kontinuität als Stadt zurückblicken, jedoch hat sich die Zusammensetzung der Bevölkerung radikal geändert. Die Stadt am Thermaischen Golf, wo die römische Via Egnatia von Albanien nach Konstantinopel die Ägäis erreicht, war in osmanischer Zeit das wichtigste Handelszentrum im europäischen Teil des Riesenreiches, aber Griechen waren dort nur eine Minderheit. Um die Jahrhundertwende bestand die Bevölkerung (ca. 130 000) zu je einem Drittel aus Türken, Juden und Griechen. Daneben gab es auch noch slawische, albanische und sonstige Untertanen der Pforte. Die Türken verließen die Stadt im Zuge des Bevölkerungsaustauschs nach den Balkankriegen. Die Juden hingegen, deren Vorväter einst im Osmanischen Reich Zuflucht vor der spanischen Inquisition gefunden hatten, wurden Opfer der unmenschlichen Rassenpolitik der deutschen Besatzer. Deshalb besteht auch die Thessaloniker Bevölkerung vorwiegend aus Neubürgern, selbst Flüchtlinge aus Kleinasien, vom Schwarzen Meer oder aus dem Umland und aus deren Kindern. Dieser Umstand mag erklären, warum in beiden Städten so leichtfertig historische Bauten abgerissen wurden. Es fehlt bei den meisten Bürgern der innige, historisch gewachsene Bezug zu ihrer Stadt. Und es mussten große Mengen von Flüchtlingen rasch untergebracht werden.

Typische Tracht einer Jüdin aus Thessaloniki, historische Postkarte (ELIA)

Soweit die Städter aus der griechischen Provinz stammen, haben sie meist ein enges Verhältnis zu ihrem Heimatdorf oder zum Dorf ihrer Eltern bewahrt. Ein Sohn kretischer Eltern, der in Athen geboren wurde, wird sich ohne Zögern als „Kreter“ bezeichnen. Meist gibt es noch ein Stück Land im Hintergrund, einige Olivenbäume, die zu ernten eine liebevoll gepflegte Sitte ist. Viele Athener sind auch noch in die

Wahllisten ihrer Heimat-Gemeinde eingetragen, ein Umstand, der bei jeder Wahl zu einer wahren Völkerwanderung führt.

Der Hintergrund für diese Anhänglichkeit an das heimische Wählerverzeichnis ist in dem Klientelsystem zu suchen, welches das politische Leben in Griechenland bestimmt. In den überschaubaren Verhältnissen der Heimatprovinz hat die eigene Wählerstimme, verstärkt durch die Stimmen der übrigen wahlberechtigten Familienmitglieder, einen ungleich höheren Tauschwert als in der unübersichtlichen Großstadt. Und der lokale Abgeordnete oder gar Minister, bei dem man diesen Tauschwert einlöst, residiert sowieso meist in Athen und unterhält dort sein „Politikó Grafío" (Abgeordneten-Büro). Das Osterfest wird meist im Heimatdorf oder auf der Heimatinsel verbracht und – wenn man es sich leisten kann – auch die Sommerferien. Vielfach übersiedeln die Frauen mit den Kindern gleich nach Beginn der Schulferien Mitte Juni aufs Land und kommen erst Anfang September zurück. Die Männer folgen dann an den Wochenenden. „Thá páo stó chorió" (ich fahr aufs Dorf) ist ein in der Großstadt häufig gehörter Satz, der keiner weiteren Erklärung bedarf. Hierin zeigt sich eine Landverbundenheit, die im übrigen Europa selten sein dürfte. Nicht wenige Athener planen ihren Lebensabend in ihrem Dorf, in guter Luft, bei gutem Wasser zu verbringen. Sie sind Städter auf Zeit, Dörfler, die durch die wirtschaftlichen Umstände gezwungen wurden, in die Betonwüsten zu ziehen.

Auch in der Großstadt und im Ausland bleiben die Griechen ihrer Heimat verbunden. Beispiel: Titel der Zeitung „Stimme von Milos". Untertitel der monatlich erscheinenden Zeitung: „Publikation für die Milier überall auf der Welt, welche auch dem Zusammenschluss der Milier in Athen, dem Verband der Milier in Piräus ‚Die Heilige Sofia' und dem Verein in Amerika ‚Afrodite' Ausdruck verleiht." (ELIA)

Griechische Nachnamen sind für ausländische Ohren und das Erinnerungsvermögen oft ein besonderes Problem. Meistens sind sie lang, bestehen aus wenig assoziationsträchtigen Silben und haben ähnliche Endungen. Sie geben jedoch oft einen deutlichen Hinweis auf die Herkunft ihrer Träger. Weil die Griechen auch nach mehreren Generationsfolgen in der Stadt oder im Ausland noch an ihrer Herkunft festhalten, treffen diese Hinweise in der Regel auch heute noch zu.

Die Endung -ópulos z. B., die lediglich eine Verkleinerung anzeigt, deutet auf die Herkunft von der Peloponnes hin. Der Name Papadópulos, der im Athener Telefonbuch 20 eng bedruckte DIN-A4-Seiten mit je vier Spalten einnimmt, signalisiert also, dass irgendein Vorfahre des Namensträgers Pope (Papás) war und seinen Sprengel auf der Peloponnes hatte. Die Probe aufs Exempel: der Putschist Geórgios Papadópulos stammt in der Tat von der Peloponnes. Eine weitere häufige Endung ist -óglu in Namen wie Beyóglu, Kaftantsóglu. Die Endung ist türkischer Herkunft und bedeutet dasselbe wie -ópulos, d. h. Sohn, Abkomme. Namen mit dieser Endung stammen in der Regel aus Kleinasien, vor allem unter den zahlreichen Griechen Istanbuls waren sie häufig. Überhaupt sind türkische Bestandteile nicht selten in griechischen Namen, so die spöttische Vorsilbe Déli in Namen wie Delijórjis, Delijánnis usw. quer durch die Liste der orthodoxen Heiligen. Déli bedeutet verrückt, Delijánnis also verrückter Johannes. Die heutigen Griechen tragen solch kolonialistische, von der alten osmanischen Verwaltung geprägte Namen mit Gelassenheit, wenn nicht sogar mit Stolz. Diese sowie weitere türkische Vorsilben wie Kará (schwarz) geben jedoch keinen genauen Hinweis auf die Herkunft. Allenfalls zeigen sie an, dass die Familie aus Gebieten stammt, die osmanisch besetzt waren, also z. B. nicht von den Ionischen Inseln. Dort ist hingegen häufig der venezianische Einfluss spürbar. Ein Kyrios Delapórtas stammt mit ziemlicher Gewissheit von den westlichen Inseln und hatte einen Signor de la Porta unter seinen Vorfahren.

Die charakteristische Endsilbe der Ionischen Inseln lautet auf -átos wie Laskarátos, Sacharátos, Antzulátos usw. Stellt sich also ein Grieche mit einem Namen auf „átos" vor, hat man mit ziemlicher Sicherheit einen Eftaníssios (von den Siebeninseln) vor sich. Vergleichbar ist das mit der Endsilbe -ákis oder -kakis in bezug auf Kreta. Ein Wassilakákis, Kasantsákis oder Prewelákis stammt mit ziemlicher Sicherheit von dort. Die Endung -ákos wie Manákos verweist auf Vorfahren aus Lakonien, insbesondere von der Halbinsel Máni. Die Endung -élis wie Gardhélis ist häufig auf Skýros und Lésbos, und die Endung -ídis wie Konstantinídis kommt oft bei Pontos-Griechen vor.

Keinen geographischen, dafür einen ethnischen Hinweis enthält der häufige Name Arwanítis oder Arwanitákis, was schlicht Albaner bedeutet. Aber auch in den nicht seltenen Fällen, dass ein Vorname im Nominativ, z. B. Michaíl, Lukás, oder in der Genitivform wie Dimitríu oder Ioánnu als Nachname fungiert, lässt auf albanische Abstammung schließen. Die zahlreichen Albaner, die sich als nomadisierende Hirten oder auch als Soldaten im Sold der Hohen Pforte in Griechenland niederließen, kannten keine Nachnamen. Als der neugriechische Staat Standesämter einführte, nahmen sie häufig den Vornamen als Familiennamen an. Einen ähnlichen Hinweis enthält der Name Wláchos, Wlachákis, Wlachópulos oder die Vorsilbe Wlácho- in zahlreichen Namen wie Wlachojánnis, Wlachojórgis usw. Wlachen oder Walachen werden seit byzantinischer Zeit latinisierte Griechen genannt. Sie sprechen eine eigene Sprache lateinischen Ursprungs, das Aromunische, das sich heute nur noch in wenigen Rückzugsgebieten des

Pindos erhalten hat. Andersartigkeit wird von der Mehrheit selten goutiert. So ist die Bezeichnung Wláchos ein Synonym für Bauer, Tölpel. Selbst eine der jüngsten Wortschöpfungen der Athener Intellektuellen, mit der sie den überladenen volkstümelnden Kitsch mancher neureichen Inneneinrichtung aufspießen, erfolgt auf dem Rücken dieser sprachlichen Minderheit: Wlachobaróck.

Griechenland ist – insbesondere im Vergleich zu anderen Balkanstaaten – ein ethnisch, sprachlich und religiös weitgehend homogenes Land. Es hat dafür einen hohen Preis gezahlt: Bevölkerungsaustausch, Vertreibung, unzählige Menschenleben. Das macht vielleicht die Empfindlichkeit im Umgang mit Minderheiten verständlich, die ansonsten im Europa der Europäischen Union nicht mehr üblich ist. Als offizielle und lediglich religiöse Minderheit werden überhaupt nur die ca. 120 000 Türkisch sprechenden Muslime in Westthrakien und einige Hundert auf der Insel Rhodos anerkannt, die im Lausanner Friedensvertrag von 1923 vom Bevölkerungsaustausch verschont blieben (s. S. 114) und heute die griechische Staatsangehörigkeit besitzen. Von sonstigen Minderheiten hört man nichts. Und doch gibt es noch heute Griechen, deren Muttersprache nicht Griechisch ist, obgleich sie Griechisch sprechen und sich als Griechen fühlen. Als 1834 die Hauptstadt des neu gegründeten griechischen Staates von Nauplia nach Athen umzog, stellten die bayerischen Berater des jungen Königs mit Erstaunen fest, dass ein großer Teil der Bevölkerung Attikas nicht Griechisch, sondern Albanisch sprach. Davon haben sich heute nur noch Restbestände erhalten. Die alten Männer in den Kafenía in Orten wie Kapandríti, 20 km von Athen entfernt, sprechen noch ein altertümliches Albanisch. Der griechische Staat hat mit seinen Schulen und Behörden eine rigorose Hellenisierung betrieben, obwohl viele Griechen albanischer Zunge sich wacker für die Befreiung vom osmanischen Joch geschlagen hatten. Gerade die für den Freiheitskampf so wichtigen Reeder und Matrosen von Hýdra und Spétses, die Miaúlis, Bótassis, Tsamadós, waren überwiegend albanischer Herkunft und dennoch griechische Freiheitskämpfer. Es gibt ein paar private Studiengesellschaften, die sich um die Bewahrung dieses kulturellen Erbes bemühen. Der Staat ignoriert es, und so wird es bald aussterben und bestenfalls in Büchern überleben. Ähnlich steht es um das Aromunische, eine Sprache, die kaum das Schriftstadium erreicht hat und schon verwelkt: ein Studienobjekt für Sprachforscher. Hinter dieser Politik stecken bittere Erfahrungen mit der langjährigen – allerdings vergeblichen – Propaganda Rumäniens, das die sprachliche Verwandtschaft für irredentistische Ambitionen nutzen wollte. Sogar der italienische Imperialismus hat abenteuerliche Versuche unternommen, an ein gemeinsames lateinisches Erbe anzuknüpfen. Doch diese Bestrebungen gehören der Vergangenheit an, was eigentlich ein entspannteres Verhältnis zu den Minderheiten rechtfertigen würde.

Noch empfindlicher sind die Behörden in Bezug auf Slawisch sprechende Minderheiten in Makedonien, die von sich behaupten, sie sprächen Makedonisch. Die Griechen sehen so den griechischen Charakter Makedoniens oder sogar der makedonischen Geschichte infrage gestellt. Wahr ist, dass vor allem die griechische Kommunistische Partei während der Besatzung und des Bürgerkriegs eine bedenkliche Bündnispolitik mit diesen Minderheiten betrieben hat. Für die überwiegende Mehrheit der Griechen lief dies auf eine Gefährdung des territorialen Status quo hinaus, der im „Makedonischen Kampf" mit viel Blut erstritten wurde. Hinzu kommt, dass gewisse Kreise im südlichsten Bundesstaat Jugoslawiens mit Namen Makedonien die Existenz dieser sprachlichen Minderheit in Griechenland

Die muslimische Minderheit auf Rhodos lebt ihren Glauben seit 1522/1808 in der Süleiman-Moschee

für eine chauvinistische Propaganda benutzen. Um den Begriff „makedonisch" herrscht Verwirrung. Für Griechen gibt es Makedonen nur als Nachfahren Philipps II. und Alexanders d. Großen, und die sprechen Griechisch. Dass im geografischen Raum Mazedonien lebende Südslawen, die eine sowohl vom Bulgarischen wie vom Serbischen unterschiedliche Sprache sprechen, diese als Makedonisch bezeichnen, ist in griechischen Augen schlicht eine Anmaßung. Man kann die Südslawen, die sich weder von den Bulgaren noch von den Serben vereinnahmen lassen wollen, nicht daran hindern, ihre Sprache nach dem Siedlungsraum zu benennen, in dem sie seit Jahrhunderten leben. Man muss sich nur darüber im Klaren sein, dass dieser Begriff nichts mit dem historischen Makedonien zu tun hat. Und territoriale Forderungen lassen sich in den Zeiten der Schlussakte von Helsinki nicht aus solchen historischen oder philologischen Ableitungen ableiten. Gleichwohl dauert der Streit um den Namen der aus der jugoslawischen Erbmasse entstandenen Republik Mazedonien an.

Die griechischen Makedonier pflegen auch im Ausland ihre besondere Identität: „Makedonian Society Pávlos Melás in Pasco, Florida" aus der Zeitschrift *Makedoniki Soi* (Makedonisches Leben), Januar 1955 (ELIA)

An den griechischen Empfindlichkeiten gegenüber sprachlichen, religiösen und ethnischen Minderheiten ist ein Südtiroler Privatgelehrter namens Jakob Philipp Fallmerayer (1790–1861) nicht ganz unschuldig. Dieser kam beim Studium zahlreicher slawischer Ortsbezeichnungen im Griechenland des Freiheitskampfes zu der überspitzten These, dass das Geschlecht der Hellenen in Europa ausgerottet sei und die Neugriechen sämtlich von slawischen, albanischen oder sonstigen Einwanderern abstammten. Diese just 1830 veröffentlichte These, als der unabhängige Staat Griechenland wiedergeboren wurde, sägte an den Fundamenten des Weltbildes der europäischen Philhellenen wie der griechischen Patrioten und konnte sich breitester Beachtung sicher sein. Fallmerayer wurde als „Misshellene", als Griechenhasser, kanonisiert und von Generationen von Schulbüchern verteufelt. Ins Griechische übersetzt wurde sein anstößiger Text erst 150 Jahre später. Seine apodiktische These hält wissenschaftlicher Überprüfung nicht stand. Genauso wenig wie das philhellenische Postulat, dass mit dem Freiheitskampf die Nachkommen des Perikles wieder die attische Demokratie einführen würden.

Dass Römer, Slawen, Albaner, Franken, Katalanen, Türken, Venezianer, um nur einige zu nennen, durch Griechenland gezogen sind und sich teilweise dort niedergelassen haben, ist eine geschichtliche Tatsache. Und dass es heute vermutlich keinen reinrassigen Dorer oder Ioner mehr gibt, ist eigentlich trivial und kann nur jene betrüben, die Geschichte mit den Kategorien eines Pferdezüchters betrachten. Entscheidend ist, dass sich die griechische Kultur und vor allem die griechische Sprache erhalten und durchgesetzt hat. Der Assimilierungskraft der griechischen Kultur sind auch die Nachkommen derjenigen bayerischen Soldaten und Beamten erlegen, die mit König Otto ins Land gekommen waren und geblieben sind. Heute kann man sie nur noch an den Namen erkennen, wie den früheren Athener Oberbürgermeister Evert, die Schauspieler Neeser und Horn sowie manche andere. Juden sind heute zahlenmäßig eine geringe Minderheit, und spielen in der griechischen Gesellschaft kaum eine Rolle. Die blühende jüdische Gemeinde von Thessaloníki, die Jahrhunderte lang ihre Sprache, das Ladino (ein altertümliches Spanisch) bewahrt hatte, wurde Opfer der nationalsozialistischen Besatzer. Das gleiche Schicksal erlitten die meisten der kosmopolitischen Juden der Ionischen Inseln.

Zigeunern geht es in Griechenland nicht sehr viel anders als in anderen Ländern. Sie sind der letzte heute noch nomadisierende Bevölkerungsteil. Sie ziehen, meist in japanischen Kleinlastwagen, durchs Land und schlagen, von den Behörden nur geduldet, ihre Wohnzelte an den Ortsrändern auf. Die Frauen kann man in ihren langen bunten Röcken auf vielen Märkten sehen, wie sie Teppiche zum Kauf anbieten, während ihre Männer dafür sorgen, dass Griechenland flächendeckend mit Monoblockstühlen aus Plastik überzogen wird.

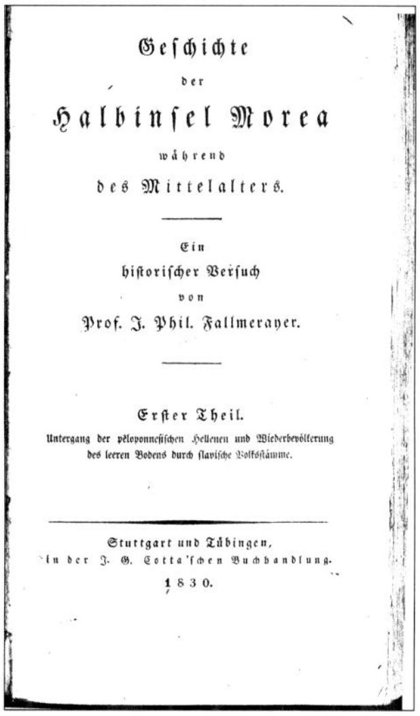
Geschichte
der
Halbinsel Morea
während
des Mittelalters.

Ein
historischer Versuch
von
Prof. J. Phil. Fallmerayer.

Erster Theil.
Untergang der peloponnesischen Hellenen und Wiederbevölkerung
des leeren Bodens durch slavische Volksstämme.

Stuttgart und Tübingen,
in der J. G. Cotta'schen Buchhandlung.
1830.

Umschlagseite des Buches *Geschichte der Halbinsel Morea während des Mittelalters*, 1830–1836, von Jakob Phillip Fallmerayer

Das heilige Bild der Ostkirche

Ikonen und ihre Verehrung

Novemberregen in Piräus, Mittwoch, der 4. des Monats; Tausende von Menschen drängen sich um das Hafenbecken. Den Offiziellen von Kirche und Staat aber sind es noch viel zu wenig Bürger, die sich für diesen hohen Besuch eingefunden haben. Am grauen Horizont erkennt man nur undeutlich den Schriftzug am Bug des einlaufenden Schiffes: „Aris". Ein stolzer Name für eines der modernsten griechischen Kriegsschiffe. Ares, Sohn des Göttervaters Zeus und der Hera, Gott des Krieges. Nun war „Aris" auserwählt, den „hohen Staatsgast" sicher in den Athener Hafen Piräus zu bringen.

Beim Einlaufen in den Hafen erklingen alle Kirchenglocken der Stadt, dazu das dumpfe Dröhnen der Schiffshörner und der helle Ton der Sirenen der im Hafen ankernden Schiffe.

Am Kai spielt eine Marinekapelle die griechische Nationalhymne. Ein roter Teppich ist ausgerollt. Ein Meer von Blumen wird für den Empfang auf das Schiff getragen. Die Limousine für den Gast fährt ganz dicht an den Teppich heran. Der Bischof von Piräus wartet in der ersten Reihe mit dem Kirchenvorstand und dem Bürgermeister, dahinter Priester, Mönche und Nonnen, kniende Frauen mit Kerzen in den Händen, auch Kinder ... doch nur wenige Männer stehen am Straßenrand. Alles geht dann so schnell, dass kaum jemand den Gast zu Gesicht bekommt, zumal der Regen stärker geworden ist und das Empfangskomitee eilig in das Auto flieht. Polizeiautos und Motorräder mit Blaulicht und Sirenen begleiten das Fahrzeug aus dem Hafen.

In Athen das gleiche Bild! Vom Lykabettos künden 28 Böllerschüsse die Ankunft des hohen „Staatsgastes" an. Wieder wird die griechische Nationalhymne gespielt. Vor der Mitrópolis warten Erzbischof Seraphim, Vertreter der Regierung und der Opposition sowie der Bürgermeister von Athen. Mehr als 10 000 Menschen drängen sich auf dem weiten Platz vor

Muttergottes Hodigitria-Eleusa von Tzanes, Mitte 17. Jh., Byzantinisches Museum Kerkyra/Korfu

der Bischofskirche und begehren Einlass zu dem Ehrengottesdienst, an dem auch Staatspräsident Chrístos Sartzetákis und Ministerpräsident Andréas Papandréou mit einigen seiner Minister sowie höchste Würdenträger von Kirche und Militär teilnehmen.

Dann die Ankunft. Es hat aufgehört zu regnen. Alles schart sich um das ankommende Auto. Die blumengeschmückte „Hoheit" wird herausgetragen. Erzbischof Seraphim geht zu „Ihr", kniet nieder und küsst den Goldbeschlag der „Áxion Estín" ... Es ist die wundertätige Ikone des Athos („Hágion, Óros"), des Heiligen Berges, Griechenlands wohl berühmteste Ikone!

1963 erlaubte die „Hierá Kinótis", die Heilige Gemeinschaft der Athos-Klöster, erstmals, die streng gehütete Ikone zur 1000-Jahr-Feier des Athos nach Athen zu bringen. Einer Legende zufolge stammt die kostbare Tafel aus dem 8. Jahrhundert. Das Marienbild vom Typus der „Gottesmutter der Barmherzigkeit" (Panajía Eleúsa), das Maria mit dem Christuskind zeigt,

Athos, der heilige Berg mit zahlreichen Klosteranlagen, zu denen nur Männer Zutritt haben

soll also älter sein als die Mönchsrepublik selbst. Ein zweites Mal durfte die Ikone den Heiligen Berg verlassen, um am 13. November 1987 am Empfang des Ökumenischen Patriarchen Dimítrios aus Konstantinopel in Athen teilzunehmen.

Das wahre Alter der Ikone ist unbekannt. Der jüngere Goldbeschlag macht eine genaue kunstgeschichtliche Beurteilung und Altersbestimmung unmöglich. Das „wundertätige" Bild stammt aus der Protáton Basilika von Karyés und soll sich dort der Legende nach seit dem 8. Jahrhundert befinden. Während des Bilderstreits, der mit einer Unterbrechung fast über ein Jahrhundert dauerte (726–780 und 815–843), zogen Soldaten von Kaiser Leon III. (717–741) durch das gesamte Oströmische Reich mit dem Auftrag, alle figurativen Darstellungen christlichen Inhalts zu vernichten. Gleich einem Lauffeuer zerstörte der Bildersturm nahezu alle Werke der frühchristlich-byzantinischen Kunst. Nur ein Wunder konnte die Marien-Ikone retten.

Wie die Legende berichtet, wollte ein Soldat die Ikone zerstören und durchstieß sie mit dem Schwert. Doch da floss Blut aus der Wange der Gottesmutter. Erschrocken und voller Furcht floh der Soldat; Reue trieb ihn zum Berg Athos. Er gab das Kriegshandwerk auf und blieb dort. Eines Tages sah er auf den Wellen des Meeres die von ihm verwundete Ikone treiben. Langsam wurde sie ans Land gespült. Noch immer blutete die Wunde, und das salzige Meerwasser färbte sich rot vom heiligen Blut. Tief betroffen nahm der Mönch die Ikone und trug sie in die Hauptkirche des Hágion' Oros (in die Protáton Basilika). Im Allerheiligsten hörte die Wunde zu bluten auf. Ehrfurchtsvoll dankten die Mönche des Klosters der Gottesmutter und sangen im Chor das Mariengebet: „Áxion Estín" (Es ist würdig und recht ...).

Von der Ikone der „Gottesmutter der Barmherzigkeit" sind heute nur noch das Gesicht Mariens und das sich an die Wange der Gottesmutter schmiegende Antlitz des Jesuskindes zu sehen. Die übrige Bildfläche wird schützend vom Gold verhüllt. Jesus hält in seiner Rechten als Zeichen seines Prophetenauftrags eine geöffnete Buchrolle mit den Worten: „Der Geist Gottes des Herrn ist auf mir, weil der Herr mich gesalbt hat. Er hat mich gesandt, den Elenden gute Botschaft zu bringen, die zerbrochenen Herzen zu verbinden, zu verkünden den Gefangenen die Freiheit, den Gebundenen, dass sie frei und ledig sein sollen ..." (*Jesaja* 61.1).

Bis zum Eintreffen des Patriarchen aus Konstantinopel werden 55 Messen in der Mitrópolis mit der „Áxion Estín" gelesen. Vor allem Frauen besuchen die Marienfeiern. Denn diese heiligste der heiligen Muttergottes-Ikonen wird auf dem Athos nur von Männern verehrt; Frauen ist der Zutritt zum Heiligen Berg der Mönche seit jeher untersagt. Und so ist es nur verständlich, dass besonders Frauen diese außergewöhnliche Gelegenheit nutzen und sich um die Muttergottes scharen, denn sie ist nach orthodoxem Glauben durch ihr Abbild auf der Ikone leibhaftig anwesend. Maria – auserwählt zur Gebärerin des Gottessohnes, jungfräuliche Mutter Christi, der durch sie Mensch wird – erfährt die höchste Verehrung vor allen Heiligen und Engeln. Nicht selten wandelt sich unter orthodoxen Gläubigen – besonders in den archaisch-bäuerlichen Landregionen – die Verehrung der Gottesmutter in Anbetung, die jedoch nach orthodoxer Lehre nur Gott allein gelten darf.

Maria wird von den orthodoxen Christen mit tiefer Hingabe als die Mit-Erlöserin und ständige Fürsprecherin der sündigen Menschheit verehrt, als gütige Mittlerin zwischen Gott und den Menschen. (Weiß sie doch als Mutter am besten die Bitten und Wünsche der Menschen ihrem Sohn mit besonderer Liebe stets einfühlsam und erfolgreich nahe zu bringen. Diese volkstümliche Vorstellung der Muttergottes entspricht exakt der Rolle der griechischen Mutter im patriarchalischen Griechenland: „Mutter wird's schon richten.") Maria ist die „Freude der Gläubigen" und der „Reinigungsort der ganzen Welt" ...

Ikonastássia in Nauplia

Das wirklichkeitsgetreue Urbild der Gottesmutter – das jeder Marien-Ikone inhaltlich und formal zugrunde liegt – soll der Apostel Lukas gemalt haben. Keine seiner legendären Marienikonen ist indes der Nachwelt erhalten geblieben. Häufig geht eine Bildtradition auch auf uralte, angeblich nicht von Menschenhand gefertigte Vorbilder (achiropíiti) zurück. Diese aus übernatürlicher Quelle offenbarten Vorbilder, die häufig – wie im Fall der Áxion Estín – vom Meer irgendwo angeschwemmt wurden, was dann meist zu einer Klostergründung führte, durften natürlich nicht von Menschen abgeändert, sondern nur getreu kopiert werden.

Überall in Griechenland – in kleinen Betsäulen (Ikonostássia) am Straßenrand, in winzigen zimmerähnlichen Kapellen, bei Heiligenfesten, an höchsten Kirchenfeiertagen, in Dörfern und Städten – sind stets die Ikonen Mittelpunkt der Verehrung. Dieser Verehrung entspricht die ständige Übung, die Ikonen ehrfurchtsvoll zu küssen. So wie kein gläubiger Katholik eine Kirche betritt oder verlässt, ohne sich mit geweihtem Wasser zu bekreuzigen, so pflegt ein orthodoxer Christ die wichtigsten Ikonen einer Kirche zu küssen.

Die auf den Ikonen (Mosaike und Fresken) dargestellten Heiligen nehmen in ihrer ganzen Lebendigkeit an allen Kirchenfesten teil. Sie sind also für den Gläubigen gegenwärtig. Bei hohen orthodoxen Festlichkeiten demonstrieren Kirche, Staat und Militär eine untrennbare Einheit: Zu Ostern findet in Athen gleichsam ein Aufmarsch der höchsten Kirchenfürsten, der wichtigsten Politiker aus Regierung und Opposition und der führenden Militärs statt. „Geeint" schreiten sie feierlich hinter den heiligen Ikonen durch die Straßen der Stadt.

Normannische Apsismosaike von Monreale, Meisterwerke ganz nach byzantinischer Tradition, Ende 12. Jh., Sizilien

Auch Menschen der westlichen Welt, die Griechenland oder andere orthodoxe Länder bereisen, werden von der Faszination der Ikone ergriffen. Sie sehen, dass die Ikone, anders als das Bild im Westen, unabhängig von ihrem Kunstwert einen hohen sakralen Rang einnimmt und einen religiösen Gehalt besitzt, der die rein menschliche Wirklichkeit übersteigt. Die Ikonen stellen Christus, Maria und die Heiligen dar. Die charismatischen Bilder vermitteln visuell die Geheimnisse des Glaubens und haben in der orthodoxen Kirche die gleiche Bedeutung wie die Heilige Schrift selbst. Das liturgische Bild (die Ikone) und das liturgische Wort (die Heilige Schrift) verschmelzen in der Ostkirche zu einer Einheit.

Schon früh gab es scharfe Auseinandersetzungen darüber, ob Gott überhaupt dargestellt werden dürfe. Ein glühender Verfechter des (Gottes-) Bildes war Johannes von Damaskos († ca. 750): „Gott, der weder Leib noch Form hat, wurde einst überhaupt nicht dargestellt. Doch nun, da er im Fleisch zu uns gekommen ist und unter den Menschen gewohnt hat, stellte sich die sichtbare Gestalt Gottes dar."

Ein Jahrhundert nach dem Tode von Johannes von Damaskos, bleibt es 843 einer Frau, Kaiserin Theodora (842–856), vorbehalten, die Ikone und damit ganz allgemein den Bilderkult wieder einzuführen. Gleichzeitig wird damit deutlich, dass die Staatsgewalt die Macht der Kirche in Byzanz nicht einschränken kann. Dieses kirchengeschichtlich bedeutende Ereignis der Orthodoxie wird noch heute alljährlich am ersten Sonntag der Fastenzeit vor Ostern mit dem „Fest der Orthodoxie“ gefeiert. Knapp drei Jahrzehnte nach Ende des Bildersturms, dem nahezu alle Kunstwerke der frühchristlichen Epoche zum Opfer fielen, wurde auf der Synode in Konstantinopel (869/70, nach römischer Chronologie war es das 8. Konzil) die Bedeutung der Ikone erstmals offiziell festgeschrieben: „Die Ikone hat zum Ziel, die wirkliche und nicht illusorische Inkarnation Gottes und des Wortes zu beweisen ... So ist es richtig, den Ikonen um ihrer Würde willen, da sie sich ja auf Vorbilder beziehen, gleichsam abgelichtete Ehre und Verehrung zu erweisen genau wie dem heiligen Buch der Evangelien und der Gestalt des kostbaren Kreuzes. Wer also die Ikone Christi des Heilands nicht verehrt, der soll auch nicht seine Gestalt schauen, wenn er in die väterliche Glorie wiederkehrt ... (Durch die Ikone) werden wir dazu veranlasst, uns die Fleischwerdung (Gottes) in Erinnerung zu rufen, sein Leiden, seinen Sühnetod und die dadurch bewirkte Erlösung der Welt.“

Fresko der Muttergottes mit den Passionswerkzeugen, 1192, Laghudherá, Zypern

Die Ikone, das heilige Bild der Ostkirche, erhielt durch diesen Synodal-Beschluss ihre endgültige Existenzberechtigung. Die Ikonenmaler, zumeist Priester oder Mönche, schufen und schaffen also Abbilder Gottes, Mariens und der Heiligen, wobei sie den strengen kanonischen Regeln in Komposition, Farbigkeit und Physiognomie folgten und folgen.

Und genau diese festgeschriebene Form der byzantinischen Malerei lässt uns Ikonen zunächst meist starr und fremdartig erscheinen. In der Frontalität vor opakem Grund und ohne Raumtiefe (also ohne Realität, die der Wirklichkeitserfahrung des Betrachters entspricht) erscheint der Heilige in seiner himmlischen Aura, er wird – in der Andacht des Gläubigen – im Geist vergegenwärtigt. Ein Heiliger im Profil würde nicht die vollkommene Präsenz und Intensität vermitteln, wie in harmonischer Frontalität auf den tragbaren Ikonen. Stets war und ist aber die Heiligkeit der Ikone, nicht ihr Kunstwert, des Malers tiefstes Anliegen.

Dennoch lässt sich über die verschiedenen Stilepochen eine Entwicklung der Ikonen- und

Freskomalerei erkennen, gleiches gilt aber auch für Mosaike. Die scheinbare Starre löst sich langsam auf. Westliche und östliche Maltraditionen verschmelzen, besonders seit der venezianischen Präsenz im griechischen Raum ab 1204. Die Kunst aus Byzanz öffnet sich in feinen Nuancen den kreativen Impulsen aus Venedig. Die Entwicklung der byzantinischen Malerei von der frühchristlichen bis zur nachbyzantinischen Zeit lässt sich an der Ikonographie der „Kreuzigung“ beispielhaft skizzieren:

Seit dem Ende des 6. Jahrhunderts kennen wir Kreuzigungsdarstellungen in zwei verschiedenen Grundtypen. Der eine zeigt eine Dreiergruppe (der Gekreuzigte, Maria und Johannes) mit den johannäischen Worten: „Siehe, das ist Deine Mutter“ und „Siehe, das ist Dein Sohn“ unter dem Kreuzbalken. Außerdem erscheinen symbolisch Sonne und Mond. Der zweite Typus zeigt den Gekreuzigten zwischen den beiden Schächern und eine mehr oder weniger reiche Zahl von Zeugen der Ereignisse, darunter gelegentlich die um das Gewand Christi würfelnden Soldaten. Man hat diesen Typus den „historischen“ genannt, er ist aber auch stark mit Symbolen beladen.

Der Drei-Figuren-Typus ändert sich bis in die nachbyzantinische Zeit nicht wesentlich (die Jesus-Worte können gelegentlich fehlen, weinende oder begrüßende Engel können hinzukommen). Der „historische“ Typus hingegen erfährt in der mittelbyzantinischen Zeit eine immer stärkere Erweiterung. Auf Kreta, Zypern und Euböa gerät er durch Venedig gelegentlich unter westlichen Einfluss. So wird zum Beispiel die „Ohnmacht der Gottesmutter“ in einer sehr gefühlserregenden Darstellungsweise hinzugefügt.

Ohnmacht der Gottesmutter, 1315/1316, Michaíl Archángelos Kirche, Assómatos/ Archánes, Kreta

In nachbyzantinischer Zeit ist der „historische“ Typus immer willkürlicher ausgestaltet. Er orientiert sich noch mehr an westlichen Vorbildern, die besonders durch Kupferstich- oder Holzschnittblätter in den Osten gelangen. Im Zeitalter des Barocks schließlich sind manche künstlerisch hoch entwickelten Werke so stark verwestlicht, dass sie mit der alten byzantinischen Tradition kaum mehr etwas zu tun haben.

Fremd steht der orthodoxe Christ solchen kunstgeschichtlichen Betrachtungen gegenüber. Ob alt, echt oder künstlerisch wertvoll, das ist für den gläubigen Griechen ganz unbe-

Das letzte Abendmahl, 16. Jh., Ikone von Michael Damaskinós, Ikonenmuseum Iráklion

deutend. Der Heilige ist dem Gläubigen durch die Ikone nahe. Diese Nähe ist als geistig erfahrbare zu verstehen; sie meint nicht körperliche Präsenz. Sie bildet so einen krassen Gegensatz zur westlichen Kunstauffassung – es ist eine andere Nähe des himmlischen Wesens als die des leibhaftigen Heiligen, der mit beiden Beinen im empirischen Raum eines Renaissance-Bildes steht.

Ikonen als Zeugnisse einer hoch entwickelten Bildkunst, als Träger ästhetischer Kategorien, als Spuren der eigenen Vergangenheit – das sind in Griechenland relativ neue Entdeckungen. Lange stand die byzantinische Kunst im Schatten der Hinterlassenschaften der Antike. Lange teilten die Griechen die gesamteuropäische Sicht, die in Griechenland nur die Antike suchte. Erst mehr als 50 Jahre nach der Staatsgründung wird 1884 in Athen die „Christliche Archäologische Gesellschaft“ gegründet, die u.a. den Grundstein für die Ikonensammlung im Byzantinischen Museum Athen legte. Es war, wie so oft, eine private Initiative, welcher der Staat keine Beachtung schenkte. 1891 klagt der Gründer der Gesellschaft, Geórgios Lambákis, dass man um kleinste Geldbeträge zur Rettung der Zeugnisse christlicher Vergangenheit betteln müsse, während Millionen zur Rettung von Aphrodites Fingernagel ausgegeben würden. Erst in den 1930er Jahren des 20. Jahrhunderts beginnt dann die griechische bildende Kunst in der Folge von Fótis Kóndoglu (s. Abb S. 170), sich aktiv mit dem byzantinischen Erbe auseinander zu setzen.

Dass die kontemplative Nähe auch wahrgenommen und gelebt wird, zeigen viele Einblicke in das tägliche Leben der Griechen. Auf dem Lande und selbst in den Städten gibt es kaum eine Wohnung, in der nicht inmitten vieler Familienfotografien das Bild einer Heiligen oder eines Heiligen verehrt wird. Oft sind es nur aufgezogene Fotografien, selten „echte“ Ikonen. Für den Griechen erfüllen beide Bildtypen den gleichen heiligen Dienst. Die Ikone in der Dorfkirche ist oft der kostbarste Besitz der Dorfgemeinschaft. Sie gilt es bei Gefahr zu retten. Bei der großen Vertreibung aus Kleinasien (1922/23) versuchten die Flüchtlinge wenigstens ihre Ikonen und damit einen Teil ihrer Identität zu retten.

Auch die zahlreichen weißgekalkten Betsäulen oder aus Blech geformten Miniaturkirchen (Ikonostássia) an den Straßenrändern mit ihren heiligen Ikonen sind charakteristisch für die griechische Landschaft. Ebenso gehören die in Kirchen vor den Ikonen auf Fäden aufgereihten silbernen Täfelchen, die „Taxímata" (abgeleitet von táximo = das Gelübde), zur traditionellen Verehrung der Heiligen. Es sind Geschenke und Bitten zugleich. Dargestellt auf ihnen sind menschliche Gliedmaßen, Kinder, Frauen, Männer, ganz einfach „Wünsche". Mit diesen Taxímata bittet der Gläubige, dass ihm der Partner des Lebens, die Geburt eines Kindes oder die Genesung von einer Krankheit durch göttliches Eingreifen geschenkt werde. Die Heiligen, die Ikonen, werden hier als Mittler angesprochen.

Selbst bei Bus- oder Taxifahrten kann man diese traditionelle Ikonenverehrung beobachten. Oft gleicht die Windschutzscheibe eines Taxis einem Ikonostás. Zahlreiche Heiligenbilder und Taxímata mögen vielleicht das Sichtfeld des Fahrers einschränken, schützen ihn jedoch unfehlbar vor den Gefahren der Straße. Votivtafeln dieser Art, aus gebranntem Ton oder Stein geformt, waren bereits bei den Minoern auf Kreta gebräuchlich. Man fand sie in vielen Kultgrotten der großen Insel, auch in den Palästen und Herrenhäusern.

Taxímata

Demutsvoll und mit Liebe werden die Ikonen von den orthodoxen Gläubigen auch heute verehrt. Die am Wegesrand stehenden Betsäulen werden mit frischen Blumen geschmückt, die Öllämpchen mit neuem Öl versorgt. Als „ewige" Lichter brennen sie Tag und Nacht.

Kirche und Staat

Griechisch-orthodoxe Religion

Im Jahre 1987 berichtete die europäische Presse häufig über einen scharfen Konflikt zwischen Kirche und Staat in Griechenland. Doch den wenigsten Lesern dürften die Dimensionen dieses »historischen Streites« und dessen Wurzeln in seinem historischen Kern vertraut gewesen sein.

Was war geschehen? Die sozialistische Regierung Griechenlands unter Ministerpräsident Andréas Papandréou hatte im Frühjahr 1987 ein Gesetz verabschiedet, dessen Ziel es war, unter dem Deckmantel einer Landreform das gesamte kirchliche Vermögen von etwa 130 000 ha Grundbesitz unter staatliche Kontrolle zu bringen. Staatlich ernannte Vertreter sollten die Mehrheit in allen Gremien der Kirchenvermögensverwaltung erhalten. Das war neu und unterschied sich von früheren Landreformen zulasten der Kirche. Seit der Gründung des griechischen Nationalstaates im Jahre 1830 war die griechisch-orthodoxe Kirche schon mehrfach zur Ader gelassen worden. Auch diesmal hatte sie keine prinzipiellen Einwände gegen die Enteignung ihres brachliegenden Landbesitzes. Doch auf die Versuche des Staates, Kontrolle über die Verwaltung des gesamten Kirchenvermögens zu erlangen, reagierte sie allergisch. Der Erzbischof von Athen und ganz Griechenland, Seraphim, drohte, seine Kirche werde sich mit all ihren Ländereien und Besitztümern wieder dem Ökumenischen Patriarchat in Konstantinopel (Istanbul) unterstellen, falls der griechische Staat an dem Gesetz festhalte. Zwar hat diese Drohung in der Auseinandersetzung eine eher symbolische Rolle gespielt, doch wirft sie ein bezeichnendes Licht auf das Selbstverständnis der Kirche. Ausschlaggebend für das Nachgeben der Regierung waren schließlich die großen Solidaritätsveranstaltungen kirchentreuer Bürger, die die politischen Kosten für die Regierung zu groß werden ließen. Als sich nämlich Hunderttausende braver Bürger, darunter ganze Familien aus allen Teilen des Landes, auf dem Syntagma-Platz vor dem Parlament versammelten, byzantinische Kirchenlieder anstimmten

Mönch vom Kloster Préweli, Kreta

und für den Erhalt ihrer Kirche beteten, gab Papandréu nach. Die Kirche behielt die Kontrolle über ihr Vermögen!

Aber was hat Konstantinopel mit der griechisch-orthodoxen Kirche zu tun, und weshalb tauchte dieses „Reizwort" im Streit zwischen Kirche und Staat überhaupt auf? Dem westeuropäischen Beobachter mag dies zunächst unverständlich erscheinen. Aber vielleicht erinnert sich der eine oder andere an frühere Pressemeldungen, die ebenso erstaunlich klangen: Am 5. Januar 1964 traf Papst Paul VI. auf dem Ölberg in Jerusalem den Ökumenischen Patriarchen von Konstantinopel, Athenágoras I. Beide hatten das Ziel, die Aussöhnung der beiden christlichen Kirchen nach mehr als 1000 Jahren einzuleiten. Das letzte Treffen zwischen den beiden Oberhäuptern der Ost- und Westkirche hatte immerhin 1439 stattgefunden und zudem unter sehr dramatischen Umständen. Knapp zwei Jahre später hob Paul VI. 1966 in Rom den Bannfluch von 1054 gegen Konstantinopel auf.

1968 besuchte Papst Paul VI. Patriarch Athenágoras I. in Istanbul (Konstantinopel), um den Dialog zwischen der orthodoxen und der römisch-katholischen Kirche weiter auszubauen. Tatsächlich gelang eine Annäherung: Auch Athenágoras I. hob nun formell den von Byzanz gegen Rom ausgesprochenen Kirchenbann und die damit verbundene Exkommunikation auf. In fanatisch-orthodoxen Kreisen gilt der Patriarch seither als Verräter. Für diese Kreise ist eine Einigung mit der Westkirche nur durch deren Unterwerfung unter den wahren (orthodoxen = rechtgläubigen) Glauben möglich. „Orthodoxía i thánatos" (Orthodoxie oder Tod) lautete die trotzige Losung, die daraufhin am Esfigménou-Kloster auf dem Berg Athos von den Zinnen flatterte.

Es ist bezeichnend, dass angesichts der zahlreichen weltumspannenden Reisen von Papst Johannes Paul II. ein Besuch in Griechenland erst im Mai 2001 zu Stande kam, und zwar nicht auf Einladung des Erzbischofs, sondern des griechischen Staatspräsidenten Kostís Stefanópoulos. Dieser hatte bei einer Audienz im Vatikan den Papst in seiner Eigenschaft als Oberhaupt des Vatikanstaates nach Griechenland eingeladen und dadurch die orthodoxe Kirche vor die Entscheidung gestellt, wie sie sich dem Gast gegenüber verhalten sollte. Das Dilemma wurde noch verschärft durch die Aussage des Papstes „von Rom", wie er in offiziellen Verlautbarungen der orthodoxen Kirche genannt wurde, sein Kommen von der Zustimmung der Heiligen Synode in Athen abhängig zu machen. Diese verweigerte ihre Zustimmung nicht mit dem Argument, dass sie nicht über die Staatsbesuche der griechischen Regierung zu befinden habe und es sich um einen rein protokollarischen Besuch handele. Erzbischof Christódoulos fand es nötig, im Vorfeld zu betonen, dass sich die Rolle der griechischen Kirche bei dem Besuch auf das protokollarisch absolut Notwendige beschränken werde. Weder gemeinsame Messen noch gemeinsame Gebete werde es geben. Der erste Besuch eines „römischen" Papstes in Griechenland seit 1300 Jahren fand dann unter enormen Sicherheitsvorkehrungen statt, nachdem sich orthodoxe Fundamentalisten gegen den Besuch ausgesprochen hatten und der Papst in dem Bekenneranruf einer Terrorgruppe als Hauptverantwortlicher für das Blutvergießen auf dem Balkan von Bosnien bis Kosovo bezeichnet worden war. Das Eis wurde gebrochen, als der Papst bei einer gemeinsamen Kundgebung auf dem Areopag, der Stätte, an der der Apostel Paulus versucht hatte, die skeptischen Athener zum Christentum zu bekehren, um Vergebung bat für „alle Ereignisse der Vergangenheit und der Gegenwart, mit denen Brüder und Schwestern der Katholischen Kirche – mit Taten oder Versäumnissen – gegen ihre orthodoxen Brüder und Schwestern gesündigt haben", wobei er sich ausdrücklich auch auf die Eroberung Konstantinopels (1204) während des Vierten Kreuzzugs bezog.

Der Papstbesuch in Griechenland ist von ebenso historischer Dimension wie die Begegnungen der beiden höchsten Vertreter der Ost- und Westkirche in Jerusalem und Istanbul, für die Gläubigen hingegen bislang von geringer Bedeutung.

Die Trennung der beiden Kirchen im Mittelalter hatte fürchterliche Folgen: Das Schisma von 1054 war mit ein Grund für den Vierten Kreuzzug im Jahre 1204, der zum Vorteil der venezianischen Handelsinteressen nicht Jerusalem, sondern Konstantinopel zum Ziel hatte. Das Byzantinische Reich wurde durch die Plünderung und jahrzehntelange Besetzung durch die „christlichen" Ritter unrettbar geschwächt. Von diesem Aderlass konnte sich das Oströmische Reich nie mehr erholen. Wirtschaftliche Interessen waren auch der Grund für die nur halbherzige Unterstützung der römischen Kirche und der Westeuropäer, als Konstantinopel 1453 im tödlichen Würgegriff der Osmanen lag. Der 29. Mai 1453 war der Schicksalstag für das tausendjährige Byzanz, es wurde abgelöst durch die aufbegehrenden Osmanen, die von Byzanz (Istanbul) aus ihr Weltreich aufbauten. Wie der Papstbesuch in Griechenland deutlich gezeigt hat, sind diese Ereignisse alles andere als vergessen.

Die Trennung der Ost- von der Westkirche schnitt bis zum 19./20. Jahrhundert die griechisch-orthodoxe Kirche von der Entwicklung im Westen ab. Mit ihrer Kultur, ihrem Brauchtum, ihren Traditionen und ihrer reichen Vergangenheit prägt sie jedoch noch immer das Gesellschaftsbild der orthodoxen Christen und die griechische Gegenwart. Die heutige griechische Kultur, das griechische Wesen sind nur verständlich, wenn man Grundzüge der orthodoxen Kirchengeschichte Griechenlands kennt, die teilweise bis in die frühchristliche Epoche zurückreichen.

In den ersten christlichen Jahrhunderten war gerade das Griechentum für die Übernahme und Verbreitung christlicher Werte und Inhalte geeignet. Die Voraussetzungen dafür sind bereits im Hellenismus angelegt. Mit der Ausbreitung des Alexanderreiches gab es von der kleinasiatischen Westküste über Palästina und Syrien bis hin nach Ägypten hellenisierte Städte und zahlreiche hellenistische Stadt-Neugründungen. Zu Tausenden drängten Griechen auf der Suche nach einer neuen Heimat aus dem überfüllten Mutterland in die kolonisierten Länder des Ostens und verbreiteten dort griechische Kultur und Sprache. Die Griechen schlugen kräftige Wurzeln, die selbst im Römischen Imperium Bestand hatten. Und schließlich fanden christliche Missionierungen im Osten in griechischer Sprache statt. Das Neue Testament wurde von seinen jüdischen Autoren gleich auf Griechisch, der Lingua franca des Ostreiches, verfasst! Im ganzen Imperium fand eine Gräzisierung statt, die Voraussetzung für die Christianisierung des Römischen Reiches war, sodass schließlich griechische Kultur, römisches Staatswesen und der christliche Glaube zu Fundamenten für Byzanz wurden.

Kirchenfest einer Dorfgemeinde auf Kreta, Dafní

Die Begriffe „Patriarch“ und „Papst“ gehen weit bis in die frühchristliche Epoche zurück. In der altchristlichen Zeit des 4./5. Jahrhunderts bildeten sich fünf Kirchenzentren heraus: Konstantinopel, Alexandria, Antiochia, Jerusalem und Rom, die alle gleichberechtigt nebeneinander ihre religiöse Funktion in „Stellvertretung Jesu Christi“ und in „Nachfolge des Apostels Petrus“ ausübten. Seit der 2. Hälfte des 4. Jahrhunderts werden die Oberhäupter dieser Kirchenzentren in Inschriften und Briefen inoffiziell „páppas“ (Vater) genannt. Bereits in der Mitte des 5. Jahrhunderts bildet sich für alle fünf Ämter offiziell der Titel „Pápas“ heraus. Kurze Zeit später (im 6. Jahrhundert?) scheinen dann alle fünf Kirchenführer den Titel Patriarch (Patriarchis = Ur-, Stammvater) erhalten zu haben.

Seit der Zeit Kaiser Konstantins d. Gr. (324–337) gab es zwischen Konstantinopel und Rom Streit darüber, welche Kirche Anspruch auf die wahre Nachfolge Petri habe. Das Vierte Konzil von Chalkedon (451) erkannte schließlich dem Patriarchat von Konstantinopel den Ehrenvorrang vor Rom zu. „Papst" Leo I. (440–461) protestierte zwar dagegen und ließ diesen Beschluss für ungültig erklären, was aber ohne Auswirkung blieb. Sodann gab er seinem Amt den Titel „Ökumenisches Patriarchat Rom", den jedoch niemand akzeptierte. Offiziell wird dieser Titel erst 1830 dem Patriarchat von Konstantinopel verliehen, und zwar im Zusammenhang mit der Gründung des griechischen Nationalstaates.

Im *Codex Justinianus* (529) werden die Patriarchate in der Rangfolge Rom, Konstantinopel, Alexandria, Antiochia und Jerusalem aufgeführt. In Rom hat sich für den Patriarchen der griechische Ehrentitel „Pápas" erhalten. Gregor VII. (1073–1085) legt schließlich fest, dass der Titel Pápas (Papst) allein für die lateinische Kirche in Rom Gültigkeit habe. Die Bezeichnung „Patriarch des Abendlandes" gehört allerdings noch heute zu den offiziellen Titeln des Papstes.

Die ganz besondere Machtkonstellation im 11. Jahrhundert – das schwache Kaisertum in Byzanz unter Konstantin IX. Monomachos (1042– 1055) einerseits und die absolutistischen wie selbstherrlichen Kirchenfürsten Leo IX. (1049–1054) in Rom und Michael Keroullários (1043– 1058) in Konstantinopel andererseits – verschärfte den Konflikt der Kirchen, bis er schließlich in unüberwindbaren dogmatischen und liturgischen Streitigkeiten gipfelte. Dabei spielte noch eine andere, nicht zu unterschätzende Macht eine wichtige Rolle: die Normannen, die später, 1091 für ein Jahrhundert ein Königreich auf Sizilien gründeten. Eine Einigung zwischen Rom und Konstantinopel stand ihren Plänen zur Reichsgründung im Wege, weshalb sie erfolgreich die Rivalität der beiden Kirchen schürten.

Diese Rivalität zwischen den Patriarchen von Konstantinopel und Rom führte 1054 schließlich zum Bruch (Schisma). Wie immer bei kirchlichen Machtfragen ging es vordergründig um einen dogmatischen Disput, in diesem Fall um das Filioque, d.h. ob der Heilige Geist vom Vater ausgehe (so die Ostkirche) oder von Vater und Sohn (so die Westkirche). Weiter wurde gestritten (bis heute) um den liturgischen Gebrauch von gesäuertem (Ostkirche) oder ungesäuertem (Westkirche) Brot sowie um die Priesterehe.

Am 16. Juli 1054 vollzog sich der entscheidende und bislang nicht überwundene Bruch der christlichen Kirchen: Kardinal Humbert und seine päpstlichen Legaten aus Rom legten auf den Altar der Hagia Sophia

Innenraum der Haghia Sofia (532–537). Auf dem Altar der Kirche legten am 16. Juli 1054 päpstliche Legaten eine Bannbulle nieder, mit der sie den Patriachen exkommunizierten

die Bannbulle, die den Patriarchen Michael Keroullários von Konstantinopel und seine Anhänger exkommunizierte. Doch die päpstlichen Legaten erhielten nicht die erhoffte Zustimmung des schwachen Kaisers von Byzanz. Konstantin IX. ließ sich von seinem Patriarchen überzeugen und unterzeichnete seinerseits eine Bannbulle gegen die päpstlichen Legaten und ihren Kardinal. Genau diese Akte wurden 1965 in Rom und 1968 in Istanbul von den beiden „Patriarchen" formell aufgehoben.

Dramatisch war die letzte Begegnung zwischen dem byzantinischen Kaiser, dem Patriarchen von Konstantinopel und dem Papst von Rom in den Jahren 1438/39 in Ferrara und Florenz. Diese Treffen war zugleich der letzte Versuch, beide Kirchen wieder zu einigen. An diese Synode hatte der byzantinische Kaiser die Hoffnung geknüpft, im christlichen Abendland

Patriarch Johannes VII. 1439 in Florenz, Detail aus dem Gemälde „Zug der Heiligen drei Könige“ von Benozzo Gozzolo, Palazzo Medici Ricordi, Florenz

Hilfe im Kampf gegen die drohende osmanische Gefahr für Byzanz und Europa zu finden. Am 6. Juli 1439 traten der byzantinische Kaiser Johannes VIII. (1425–1448), sein Patriarch Joseph III. (1416–1439) und mehrere griechische Metropoliten in Florenz sogar offiziell zum römischen Glauben über. Vom Untergang bedroht, haben sie an diesem Tage in einem hoffnungslosem Bittgang ihre tausendjährige byzantinische Tradition geopfert. Der Westen verweigerte letztendlich Byzanz jede Hilfe. Europa leidet noch heute an diesen Folgen. Der Balkankrieg und alle damit aufgebrochenen Probleme hängen kausal mit dieser historischen Entscheidung zusammen.

Kurz vor dem Zusammenbruch des Oströmischen Reiches verlor das Patriarchat aufgrund dieses ungeschickten politischen Manövers sein Ansehen innerhalb der Ostkirche. Die Anpassung an Rom erschien den Byzantinern als Verrat. Das Opfer hatte Byzanz obendrein nichts genützt. Denn die Verträge über die militärische Hilfe für Konstantinopel und die Verwirklichung der Kirchenunion blieben Makulatur. Dennoch waren die Ereignisse von Ferrara und Florenz von großer Tragweite. Erzürnt über den Verrat, machte sich die seit dem 10./11. Jahrhundert zu Konstantinopel gehörende russisch-orthodoxe Kirche selbstständig, sprach Byzanz die Führungsrolle der orthodoxen Kirche ab und beschloss, fortan ihre Metropoliten selbst zu wählen. Seit diesem Zerwürfnis versteht sich das russisch-orthodoxe Moskau als das „dritte Rom". Dass der ökumenische Patriarch von Konstantinopel aber auch in Russland als Repräsentant der internationalen orthodoxen Kirchengemeinde noch hohes Ansehen genießt, zeigte sich 1987 bei dem historischen Besuch von Patriarch Dimítrios in Russland. Die orthodoxen Gläubigen der Sowjetunion bereiteten ihm einen begeisterten Empfang und bewiesen augenfällig, dass das Adjektiv „ökumenisch" im Titel des Patriarchen mehr ist als nur ein Anspruch.

1453 folgte dann die Katastrophe. Mit Waffen des christlichen Westens eroberten die Osmanen das Zentrum der christlichen Welt. Knapp tausend Jahre nach dem Untergang des Weströmischen Reiches (476) ging auch das Oströmische Reich unter. Am 29. Mai zog Mehmed II. Fati (der Eroberer) in die Stadt ein. Vom 7. April an hatte er Konstantinopel mit Kanonen – der neuesten Erfindung der abendländischen Kriegskunst – belagern lassen. Den modernen Feuerwaffen der Osmanen hielt das in tausend Jahren nie erstürmte Festungswerk Konstantinopels nicht stand.

Dieses Schicksalsjahr ist für den neugriechischen Staat von eminenter Bedeutung, denn fortan lebte „das Griechentum" nur noch in der Institution der orthodoxen Kirche weiter. Die Ursachen der bis heute wirksamen Macht der griechisch-orthodoxen Kirche liegen vor allem in der osmanischen Haltung gegenüber der Kirche. Sie gründet in dem islamischen Gebot, allen Nichtmuslimen gegenüber tolerant zu sein und ihnen Religionsfreiheit zu gewähren. Nach islamischem Recht muss keine im Islam lebende Minderheit Vertreibung oder Zwangsbekehrung fürchten. In der Rechtspraxis ist den Minoritäten sogar ausdrücklich Schutz zugesichert. Die Gemeinschaften der Andersgläubigen hatte im Osmanischen Reich und haben auch heute noch im türkischen Staat als „Nationen" („millet" = die Nation) einen autonomen Status. Die im islamischen Glauben verankerte Toleranz den Millet-Gemeinschaften gegenüber zeigte und zeigt sich in der Realpolitik jedoch häufig nur als Lippenbekenntnis.

Fresken aus der Klosterkirche Philanthropenón, 1542–1560, auf der Ioánnina-Insel zur Zeit der türkischen Herrschaft

Dennoch konnten die Griechen auch nach der Eroberung des Byzantinischen Reiches ihre Existenz als organisierte Gemeinschaft im Schutz der orthodoxen Kirche im gesamten Osmanischen Reich einigermaßen bewahren. Oberhaupt der orthodoxen Gemeinde blieb der Patriarch von Konstantinopel, der die Griechen in allen Belangen bei den Türken vertrat. Er besaß sogar mehr Macht als zu Zeiten des byzantinischen Kaisers: Er war als Ethnarch Patriarch und zugleich Nachfolger des Kaisers und regierte unter osmanischer Oberherrschaft über einen „Staat im Staate", über ein „Volk ohne Staatsraum"!

Die griechisch-orthodoxen Christen waren für die osmanischen Herrscher ein großer Gewinn. Ihr Wissen, ihre Kontakte und ihr (im Ausland befindliches) Kapital für den Aufbau des osmanischen Staates zu nutzen, war das primäre Interesse der Sultane. Die Griechen befanden sich nach 1453 in einem großen Dilemma: Sie hatten die Wahl zwischen Flucht oder Unterwerfung. Einige gingen nach Kreta, das bis 1669 unter venezianischer Herrschaft stand, die meisten blieben. Mit Bitterkeit gedachten viele Griechen noch immer der Gräueltaten der lateinischen Kreuzfahrer, die 1204 Konstantinopel geplündert und gebrandschatzt hatten. Auch kamen aus den venezianisch besetzten Gebieten keine ermutigenden Nachrichten – man hörte von erdrückenden Steuerlasten, von blutig niedergeschlagenen Aufständen und davon, dass die Venezianer den Friedensvertrag („Pax Alexii Calergii", 1299) auf Kreta nicht eingehalten hätten. Aus Adrianopel (heute Edirne), das bereits 1361 von Murat I. erobert und 1368 zwischenzeitlich zur Hauptstadt der Osmanen gemacht worden war, kamen fast märchenhafte Berichte von Griechen, die unter osmanischer Herrschaft zu großem Wohlstand gelangt seien. Daher wählten in der 2. Hälfte des 15. Jahrhundert viele Griechen „lieber den Türkenturban als den Lateinerhut" und blieben in ihrer Heimat Konstantinopel und Kleinasien. Mit ausschlaggebend für diese Entscheidung war sicher auch der uralte Streit zwischen der orthodoxen und der lateinischen Kirche. Die Griechen wurden zwar dank der religiösen Toleranz der Türken nicht vernichtet, mussten sich aber – ohne ihren christlichen Glauben abzulegen – den Osmanen unterwerfen. Das bedeutete nicht selten tiefes Leid. Zu den grausamsten Tributverpflichtungen, die den Griechen auferlegt wurden, gehörte die „Knabenlese" („paidhomázoma"), die erst Ende des 17. Jahrhunderts abgeschafft wurde (die letzte offizielle Aushebung der sechs- oder siebenjährigen Christenkinder erfolgte 1676). Nur wenige Griechen konnten ihre Söhne von dieser Militär-Sklaverei freikaufen. Andere Familien sahen in der Zwangsrekrutierung ihre einzige Chance, aus ihrem oft armseligen sozialen Milieu herauszukommen, denn dieser „Staatsdienst" wurde gut bezahlt.

„Knabenlese" bedeutete, dass die Türken aus jeder Christenfamilie einen Sohn in eine islamisch-türkische Ausbildung zwang, um ihn in der

Ein Priester schreitet vorbei am Militär zur Mitrópolis von Kérkyra, Korfu

Elitetruppe der Janitscharen („neue Truppe“) oder im Staatsdienst einzusetzen. Nur wenige wurden für die Dienste am Hofe der Sultane ausgewählt. Als sich 1566 die Janitscharen durch eine Revolte das Recht zur Ehe erstritten, war der Dienst in dieser Einheit bei den Griechen teilweise sogar begehrt. Die Folge war, dass sich innerhalb des Osmanischen Reiches aus den Christenkindern der Knabenlese allmählich eine herrschende Schicht herausbildete, die der griechischen Bevölkerung im osmanisch-türkischen Staat großen Einfluss verschaffte. Das führte zu starken Spannungen zwischen Griechen und Türken. Die größte Macht innerhalb der griechischen Millet-Gemeinde lag jedoch in den Händen des Patriarchen. Der Gehorsam der Griechen soll indes von den Vertretern der Kirche häufig missbraucht worden sein. Noch heute werden in Griechenland Stimmen laut, die der Kirche ihr würdeloses Verhalten und ihr Profitstreben während der fast 400-jährigen Türkenherrschaft (1453–1821/30) vorwerfen.

Heftige Diskussionen über die Haltung der Kirche flammten erneut im Herbst 1965 auf. Damals setzten sich die Bischöfe der Heiligen Synode in Athen über geltendes Kirchen- und Staatsrecht hinweg und verteilten untereinander freigewordene, finanziell lukrative Bischofssitze. Erneut wurde Misstrauen gegen den Klerus laut. Es kam zu Protestmärschen. Vor dem Metropolitenpalast in Athen rief man im Sprechchor: „Wollt ihr Christus oder das Gold wie einst Judas?“

Nach orthodoxem Brauch gilt ein Bischof mit der Gemeinde verheiratet, in der er seine Weihe erhalten hat; er darf sich nicht von ihr trennen. Der Kampf zwischen Kirche und Staat erreichte eine neue Dimension. Der von den Kirchenfürsten zum Metropoliten von Piräus gewählte Bischof Chrysóstomos wurde am 19. Januar 1966 wegen „Amtsanmaßung“ vom Staatsanwalt angeklagt. Erstmals in der Geschichte des jungen Staates Griechenland stand ein Bischof vor Gericht und wurde zu zwei Monaten Gefängnis mit fünfjähriger Bewährung verurteilt. Auch diese Auseinandersetzung zwischen kirchlicher und weltlicher Macht ist historisch bedingt und hängt mit der Neuorganisation der orthodoxen Kirche Griechenlands in der Zeit von 1833 und 1850 zusammen.

Aus der Sonderstellung des Patriarchen unter osmanischer Herrschaft erklärt sich weiterhin, dass die orthodoxe Kirche nach dem Staat noch immer der zweitgrößte Grundbesitzer Griechenlands ist. Von den byzantinischen Kaisern oftmals wohlwollend mit Schenkungen beehrt, besaß die Kirche bereits 1453 großen Reichtum; sie durfte aufgrund ihres Sonderstatus auch während der Osmanenherrschaft alle Ländereien behalten. Die Griechen als Privatpersonen hingegen mussten Enteignungen und Verkäufe – meist unter dem Marktwert – akzeptieren. Damit ihr Grund und Boden nicht in die Hände der Türken falle, schenkten viele ihre Ländereien der Kirche. 1821/30 besaß die orthodoxe Kirche mehr als eine Million ha Ackerland, Wiese und Wald. Der größte Teil dieser Flächen wurde von Klosterbrüdern bewirtschaftet. Heute gibt es noch ca. 470 Klosteranlagen in Griechenland, die oft nur von zwei bis drei Mönchen bewohnt werden, die nicht in der Lage sind, ihre Felder selbst zu bestellen.

Bei aller Kritik an der Kirche, die heutzutage in Griechenland geäußert wird, bleibt festzuhalten, dass die Griechen ohne die Integrationskraft ihrer

Metéora, Felsenlandschaft mit Klosteranlagen

Kirche die Jahrhunderte währende Fremdherrschaft der Türken und der Venezianer als Volk mit eigener Sprache und eigenem Brauchtum kaum überlebt hätten. Die griechischen Klöster waren zu allen Zeiten und auch im Zweiten Weltkrieg Keimzellen des organisierten Widerstands gegen fremde Machthaber. Die Priester und Mönche griffen zu den Waffen, kämpften und starben für ihren Glauben und ihr Volk. Auch ohne Waffen galt ihr Kampf der christlichen Lehre und ihren orthodoxen Brüdern und Schwestern. Unter Lebensgefahr, geheim, in der Nacht, waren sie Hüter und Vermittler des griechischen Erbes, gaben den Kindern Elementarunterricht und hielten so Sprache und Kultur, den Geist der griechischen Nation mit ihrer großen Vergangenheit wach und lebendig.

Im Jahre 1821 war es bezeichnenderweise ein Vertreter des Klerus, der die Gunst der Stunde erkannte und die Griechen zu den Waffen rief. Bischof Germanós von Patras hisste am 25. März 1821 (einer Legende zufolge im Kloster Ajía Láwra ca. 40 km südöstlich von Patras) die „Fahne der Freiheit", das Signal für die Griechen im ganzen Land, sich gegen die Türken zu erheben.

Die Hohe Pforte in Istanbul reagierte auf den Widerstand mit Pogromen gegen die griechische Bevölkerung sowie mit der Ermordung des Patriarchen Gregor V. Er wurde an der Mittelpforte des Patriarchats erhängt, die bis auf den heutigen Tag nicht mehr geöffnet wird. Das griechisch-orthodoxe Patriarchat hat seit 1601 seinen Sitz im Fanár-Stadtteil Istanbuls.

Wachablösung am Grab des unbekannten Soldaten in Athen

Im befreiten Griechenland war man nach 1821 den neuen Patriarchen gegenüber skeptisch gewesen, da sie nur mit Zustimmung des Sultans eingesetzt werden durften. In der Vergangenheit hatten die Osmanen mit Vorliebe schwache Patriarchen ins Amt gehoben, auf die sie Einfluss nehmen konnten. Viele Griechen befürchteten, dass der neu ernannte Patriarch auf Weisung der Hohen Pforte die orthodoxen Griechen zum Niederlegen der Waffen aufrufen könnte. So erhoben sich unter Führung von Theófilos Farmakídhes immer mehr Stimmen, die eine autokephale Nationalkirche Griechenlands mit einem unabhängigen

Oberhaupt forderten. Schon Graf Jannis Kapodístrias (1776–1830) förderte während seiner Regentschaft (1827–1831) die Idee der Autokephalie, und unter König Otto wurde 1833 die Loslösung der nationalgriechischen Kirche vom Patriarchat in Konstantinopel verwirklicht. Und genau auf dieses Ereignis bezog sich 1987 die Drohung Erzbischofs Séraphims: die Wiedervereinigung mit dem Patriarchat, um sich damit dem Zugriff des griechischen Staates zu entziehen und die Enteignung von Kirchengrundbesitz zu verhindern!

Alle seinerzeit befreiten Gebiete Griechenlands sowie die später hinzugewonnenen – die Ionischen Inseln (1864), Thessalien (1881), Makedonien (1913) und Thrakien (1920) – gehören zur kirchlichen Jurisdiktion des Erzbischofs von Athen und ganz Griechenland. Lediglich Kreta, die Dodekanés-Inselgruppe mit Rhodos und der Heilige Berg Athos sind weiterhin dem Patriarchat von Konstantinopel direkt unterstellt. König Otto. konstituierte eine griechische Staatskirche, die ihn, den Katholiken, als Oberhaupt anerkannte. Er hatte das Recht, zu allen Sitzungen der Heiligen Synode einen „Prokuror" zu entsenden, der zwar kein Stimm-, wohl aber ein Vetorecht hatte. Erst 1923 wurde dieses Amt von der „Generaldirektion für Kirchenfragen" im Ministerium für Nationale Erziehung und Kultus abgeschafft.

Das Patriarchat von Konstantinopel akzeptierte schließlich den autokephalen Status der Nationalkirche Griechenlands und bestätigte diese Entscheidung im patriarchalen Tomos (Rechtsakt) vom 29. Juni 1850: „Wir haben die Synode als oberste kirchliche Autorität eingesetzt, dass sie die Kirche betreffende Fragen konform mit den göttlichen Kanones frei und ohne Hinderung durch Einmischung einer säkularen Instanz regele."

Dieser eindeutige Auftrag an die Autokephalie Athen, für die kirchliche Unabhängigkeit Sorge zu tragen, wird in einem Synodalakt vom 14. September 1928, durch den auch die Einbeziehung der durch Balkankriege und Ersten Weltkrieg dazu gewonnenen „neuen" Gebiete sanktioniert wurde, nochmals bekräftigt. Und genau an diesem Auftrag entzündet sich der Streit zwischen Staat und Kirche stets von neuem. Die griechische Staatskirche ist kraft des Gesetzes in all ihren Angelegenheiten unabhängig von der staatlichen Gesetzgebung. Allein die Heilige Synode hat das Recht, Bischöfe zu wählen und in ihrem Amt zu bestätigen sowie festzulegen, welche Schriften als antireligiöse Literatur zu betrachten sind.

Die rechtliche Unabhängigkeit der orthodoxen Kirche wurde mit Bezug auf Tomos und Synodalakt auch in der Verfassung Griechenlands

Frühchristliches Apsismosaik der Osios David Kirche in Thessaloniki, spätes 5. Jh.

vom 9. Juni 1975 verankert. In Artikel 3.1 heißt es: „Vorherrschende Religion in Griechenland ist die der Östlich-Orthodoxen Kirche Christi. Indem sie als Haupt unseren Herrn Jesus Christus anerkennt, bleibt die Orthodoxe Kirche Griechenlands in ihrem Dogma mit der Großen Kirche in Konstantinopel und jeder anderen Kirche Christi des gleichen Bekenntnisses unzertrennlich verbunden und bewahrt wie jene unerschütterlich die heiligen apostolischen und die von den Konzilen aufgestellten Kanones sowie die heiligen Überlieferungen. Sie ist autokephal und wird geleitet von der Heiligen Synode der sich im Amte befindlichen Prälaten und der aus deren Mitte hervorgehenden dauernden Heiligen Synode, die sich nach den Bestimmungen der Grundordnung der Kirche zusammensetzt unter Beachtung der Vorschriften des Patriarchalischen Tomos von 1850 und des Synodalaktes von 1928."

Die Verfassung ist also in religiösen Angelegenheiten nicht neutral. Die orthodoxe Religion wird als vorherrschende bezeichnet, und von diesem Normalfall geht auch die einfache Gesetzgebung aus, die auf religiöse Minderheiten keine Rücksicht nimmt. So werden zum Beispiel bis zum heutigen Tage Mitglieder der katholischen Minderheit auf einigen Ägäis-Inseln (Syros, Tínos, Náxos) nicht als Lehrer an öffentlichen Schulen eingestellt. Auch die Auseinandersetzung mit Geistlichen anderer Glaubensrichtungen, die versuchen, in Griechenland Fuß zu fassen (etwa Mormonen, Zeugen Jehovas), wird auf Betreiben der Kirche mit Mitteln des Strafrechts geführt. Eine mittelalterlich anmutende Strafgesetzgebung gegen Proselytismus aus der Zeit der Metaxás-Diktatur kann noch heute Prediger, die nicht der „vorherrschenden Religion" angehören, in Schwierigkeiten bringen. Diese Regelungen stehen in einem merkwürdigen Spannungsverhältnis zur prinzipiell garantierten Religionsfreiheit und zu den entsprechenden Garantien der Europäischen Menschenrechtskonvention, die auch in Griechenland gilt. Die öffentliche Meinung nimmt an diesen Widersprüchen jedoch wenig Anstoß.

In der Regel versucht sich die Kirche mit der Staatsgewalt zu arrangieren. Unter osmanischer Herrschaft war dies ein Gebot des Überlebens. Bei

Patriarch Batholomäos I. in Griechenland (2. von rechts)

Ausbruch der griechischen Erhebung im Frühjahr 1821 war der Patriarch sogar gezwungen, die Aufständischen zu exkommunizieren, um die griechische Bevölkerung Istanbuls vor einem größeren Blutbad zu bewahren. Im griechischen Nationalstaat war das Verhältnis zwischen Staat und Kirche nicht immer ungetrübt. Es begann gleich nach der Staatsgründung 1833 mit der Auflösung von mehr als 400 Klöstern und der Verteilung des Landbesitzes. In finanziellen Dingen bestand Trennung, und die staatliche Alimentierung des Klerus wurde erst während der Junta (s. S. 124ff.) eingeführt.

Unter Führung des von der Militärregierung (1967–1974) eingesetzten Erzbischofs Ierónymos beschloss die Heilige Synode, der neuen Regierung vier Fünftel ihres Kirchengrundbesitzes (ca. 700 000 ha) zu überschreiben und sprachen ihr ferner 55 % ihrer Einkünfte zu. Als Gegenleistung sicherte die Junta den Priestern für alle Zukunft zu, sie wie Beamte zu besolden. Weitere Verpflichtungen dem Klerus gegenüber hat der Staat nicht. Eine vom Staat einbehaltene Kirchensteuer existiert nicht. Die Gemeinden müssen sich selbst finanzieren. Wenn man sieht, wie viele neue Kirchen errichtet werden, scheint das kein Problem zu sein. Auch wurden während der Obristenzeit 25 Bischofstühle neu besetzt. Am 12. Januar 1974, kurz vor dem Sturz der Junta, trat Erzbischof Seraphim sein Amt an. Insgesamt elf der damals neu berufenen Bischöfe wurden nach 1974 bei der „Säuberung“ der Kirche suspendiert. Knapp 20 Jahre später kann sich Seraphim erfolgreich gegen die Verstaatlichungspläne Papandreous wehren. Noch immer bleiben der Kirche ca. 200 000 ha Grundbesitz. Allein 135 000 ha davon gehören den etwa 470 Klöstern (hinzu kommt noch der Kirchenbesitz der Bistümer Kreta, Dodekanés und Athos, der zum Patriarchat von Konstantinopel gehört und so dem Zugriff Athens entzogen ist).

Das neue Scheidungsrecht und die gesetzliche Regelung der Abtreibung konnten 1972 zwar gegen den Willen der orthodoxen Kirche durchgesetzt werden. Doch dass die Zivilehe erst so spät und nur fakultativ, nicht obligatorisch, eingeführt wurde, spricht ebenfalls für den sehr starken Einfluss der Kirche in Griechenland. Die Zivilehe ist keine staatliche Ver-

Orthodoxe Trauung in einer Kirche auf Kreta

pflichtung, jeder Grieche kann frei zwischen der staatlichen und einer kirchlichen Eheschließung wählen: 2003, gut 30 Jahre nach dem neuen Gesetz werden nicht mehr als 5 % aller Ehen zusätzlich auch vor den Bürgermeistern geschlossen. Auch Bevölkerungskreise, die der Kirche nicht sehr nahe stehen (über 10 % der Griechen wählen kommunistisch), lassen sich nach dem byzantinischen Ritual trauen. Taufe, Hochzeit, Beerdigung und das Osterfest finden eben in und mit der Kirche statt, auch wenn man sie ansonsten meidet. Die orthodoxe Religion mit ihren altehrwürdigen Riten ist ein elementarer Betstandteil des Griechentums. Es muss schon jemand betont antikirchlich oder laizistisch eingestellt sein, um in einer nüchternen griechischen Amtsstube zu heiraten. In einem Land, dem jede laizistische Tradition fehlt und in dem 98 % der Bevölkerung „éllines orthódhoxi“ sind, ist dies eben eine verschwindende Minderheit.

Eine 1999/2000 von der Kirche eröffnete Machtprobe mit der Regierung endete jedoch zu Ungunsten der Kirche. In diesem Fall ging es um die Frage, ob die neu einzuführenden Personalausweise einen Hinweis auf die Religionszugehörigkeit enthalten sollten. Der Regierungsentwurf für das Gesetz enthielt eine solche Regelung nicht. Die orthodoxe Kirche unter Leitung des streitbaren und telegenen Erzbischofs von Athen und ganz Griechenland Christódoulos sah hierin einen Verstoß gegen die Verfassung und die griechisch-orthodoxe Tradition. Trotz massiver Mobilisierung der Gläubigen ließ sich die Regierung von Ministerpräsident Simítis nicht in die Knie zwingen, sondern beharrte auf ihrem Standpunkt, dem sich die Kirche schließlich grollend fügte. Man kann hierin zu Recht einen Wandel in der Machtkonstellation Kirche – Staat sehen.

Das Katharinen-Kloster auf dem Berg Sinai, Ausschnitt aus dem Gemälde von El Greco, um 1570, Historisches Museum Iráklion

Ansonsten tangiert die Kirche den Durchschnittsgriechen wenig. Sie mischt sich nicht ein in das Intimleben ihrer Gemeindemitglieder und enthält sich auch sonst moralischer Appelle. Es muss schon ein Angriff auf die Kirche selbst erfolgen (wie das PASOK-Gesetz) oder auf ihre heiligen Dinge, wie die Darstellung Jesu in der Verfilmung von Níkos Kasantsákis-Roman *Die letzte Versuchung*, damit sie ihre Gläubigen mobilisiert.

Die Kirche ist in erster Linie eine Angelegenheit des Klerus und der Klöster. Die Laien spielen eine passive Rolle. Deshalb gibt es auch nur wenige orthodoxe Sekten oder Laienorganisationen. Die zahlenmäßig größte Sekte bilden die so genannten Altkalendarier, eine Gruppe besonders eifriger, ca. 200 000 Seelen zählender orthodoxer Christen. Sie lehnen die 1923 vom Ökumenischen Patriarchen vollzogene Umstellung vom Justianischen zum Gregorianischen Kalender kategorisch ab und bezeichnen sich als besonders traditionsbewusst.

Erst in jüngster Zeit beginnt die Kirche, auch soziale Aufgaben zu übernehmen. Die Klöster leben auf sich selbst bezogen in asketischer Abgeschlossenheit, wie es am deutlichsten auf dem Berg Athos zum Ausdruck kommt. Aber sie wirken durch ihr Beispiel. Die Zahl der griechischen Pilger zu nah oder fern gelegenen Klosteranlagen und zum Athos ist in den letzten Jahren stark gestiegen. Desgleichen die Zahl der Novizen. Während vor 30 Jahren die Mönche auszusterben schienen, sind die Klöster heute von neuem Leben erfüllt. Für die Pilger aus allen Schichten des Volkes öffnet sich der Blick auf ein völlig anderes Leben in den Klöstern, fern ihrer üblichen Sorgen um Familie und Konsumgüter. Gleichzeitig schauen sie in eine Welt, in der die Zeit stehen geblieben zu sein scheint, in der Byzanz weiterlebt. In vielen Kloster-Schenkungen und -Stiftungen byzantinischer Kaiser leben die Mönche wie vor Hunderten von Jahren. Für sie ist die osmanische Besatzung nur eine Episode gewesen.

Deutsche und Griechen

Eine vielschichtige Beziehung

Klassizismus

Es fing mit einer romantischen Beziehung an. Die Griechen der Antike galten seit Johann Joachim Winckelmann (1717–1786) als Vorbild, als unerreichte Künstler, als Erfinder der Philosophie, des Theaters, der Literatur. Von deren Nachfahren, die im fernen Osmanischen Reich lebten, wusste man nicht viel und wollte man auch nichts wissen. Winckelmann, Begründer der Klassik-Begeisterung und Entdecker der griechischen Kunst, kannte diese nur von Gipsabgüssen und römischen Kopien. Mit seiner Schrift *Gedanken über die Nachahmung der griechischen Wercke in der Malerey und Bildhauer-Kunst* (1755) erschloss er deutschen Künstlern und Bildungsbürgern eine neue Welt. Als sich ihm allerdings die Gelegenheit bot, nach Griechenland zu reisen, lehnte er ab. Ähnlich reagierte Johann Wolfgang von Goethe, der Autor von *Iphigenie auf Tauris* (1779), während seines Italien-Aufenthalts. Goethes Iphigenie verdanken wir die unvermeidliche Zeile „Das Land der Griechen mit der Seele suchend", die Generationen von Gymnasiasten zum Motto wurde. Während diese Haltung für Iphigenie, eine Griechin, die sich in ihre Heimat zurücksehnt, verständlich ist, ist sie für die Griechenland-Schwärmerei der deutschen Klassik enthüllend. Mit der Seele wird das idealisierte Land gesucht, nicht mit den Augen. Winckelmann rühmte die „edle Einfalt und stille Größe" der griechischen Kunst von seiner Studierstube aus, nicht zu Füßen des Parthenons sitzend.

Der junge König Otto in griechischer Nationaltracht. Im Hintergrund sind Athen und die Akropolis angedeutet. Kolorierte Lithographie von G. Bodmer nach Dietrich Monten, um 1835, Otto-König-von-Griechenland-Museum der Gemeinde Ottobrunn

Philhellenen

Gleichwohl blieb die Griechenland-Schwärmerei nicht ohne praktische Konsequenzen. Denn als die Nachfahren der Griechen Anfang des 19. Jahrhunderts anfingen, sich gegen die Jahrhunderte lange Fremdherrschaft aufzulehnen, flossen ihnen die Sympathien der fernen Nord- und Westeuropäer entgegen, wurden philhellenische Vereine zur Unterstützung der unterdrückten Griechen gegründet, vor allem in Deutschland. Es ist fast in Vergessenheit geraten, in wie vielen deutschen Städten damals Geld gesammelt, wie in der Presse für den griechischen Freiheitskampf geworben wurde, wie viele Stipendien man an junge Griechen vergab. Es gab sogar junge Männer, die sich als Freiwillige am Freiheitskampf der Griechen beteiligten. Ihr militärischer Einsatz war nicht kriegsentscheidend, aber die Wirkung auf die öffentliche Meinung kann kaum überschätzt werden. Eugène Delacroixs Bilder, Lord Byrons Gedichte und sein Tod im belagerten Messolonghi lösten Solidaritätswellen in ganz Europa aus.

Im Deutschland des Biedermeier gab es noch ein zweites Motiv für diese Begeisterung: die politische Misere zu Zeiten der Heiligen Allianz (1815) und der Karlsbader Beschlüsse zur Unterdrückung der nationalen und liberalen Bewegungen im Deutschen Bund (1819). Das Engagement für die Freiheit im fernen Griechenland wurde eher geduldet als „demokratische Umtriebe“ im eigenen Land, auch wenn die Auflehnung der griechischen Untertanen gegen ihren „rechtmäßigen Herrscher“, den Sultan, gegen die Prinzipien der Heiligen Allianz verstieß. Das philhellenische Engagement war zum Teil auch politische Ersatzhandlung.

Am aktivsten waren die Bayern. Das hing zum großen Teil mit der Antikenliebe des bayerischen Kronprinzen Ludwig zusammen, der als König nicht nur München zum Isar-Athen umwandelte, sondern auch seinen minderjährigen Sohn Otto zur Verfügung stellte, als die Großmächte Frankreich, Großbritannien und Russland, die über das Schicksal Griechenlands entschieden, einen europäischen Monarchen als König für den jungen Staat suchten. Damit begann ein wichtiges, bis heute nachwirkendes Kapitel: Bayern in Griechenland (s. auch Kapitel Geschichte).

Vavarokratía – die Bayernherrschaft

Am 30. Januar 1833 betrat ein 17-jähriger, wohl erzogener Jüngling unter dem Jubel der Bevölkerung in Nauplia das Land, dessen König er werden sollte. Der deutsche Maler Peter von Hess (1792–1871) hat den Moment in dem großformatigen Gemälde „Einzug König Ottos in Nauplia“ (1835) festgehalten, in das man sich in Münchens Neuer Pinakothek vertiefen kann. Begleitet wurde Otto von einem dreiköpfigen Regentschaftsrat, zahlreichen bayerischen Beamten und Offizieren sowie einer Truppe von 3000 Mann, die sein Vater ihm zur Verfügung stellte, um in dem vom Freiheitskampf und Bürgerkrieg verwüsteten Land für Ordnung zu sorgen.

König Otto von Griechenland, Portrait von Friedrich Dürck, 1833, nach Joseph Stieler, 1832, Otto-König-von-Griechenland-Museum der Gemeinde Ottobrunn

Die Situation hatte surreale Züge: Von einem Tag auf den anderen wurde das gerade unabhängig gewordene Land von drei aufgeklärten bayerischen Beamten verwaltet, dem Regentschaftsrat, der bis zur Volljährigkeit Ottos an seiner Stelle regierte. Präsident des Regentschaftsrates war ein früherer bayerischer Finanzminister, Josef Ludwig Graf von Armannsperg. Neben ihm wirkten ein junger hoch gebildeter Juraprofessor, Ludwig von Maurer, und Generalmajor Carl Wilhelm von Heideck, der Einzige, der Griechenland schon kannte. Im Auftrag Ludwig I. hatte er von 1826 bis 1828 den aufständischen Griechen als Militärberater zur Seite gestanden. Die bayerischen Bürokraten und Militärs gingen mit Eifer und deutscher Regelungswut an die Aufgabe.

Das Regierungs- und Gesetzblatt erschien in den ersten Jahren zweisprachig, griechisch und deutsch. Die Gesetze wurden in Ottos Namen „von Gottes Gnaden König von Griechenland“ erlassen. Diese Formel entsprach der Forderung des konservativen königlichen Vaters in München, war für die freiheitsliebenden Griechen aber, die während des Freiheitskampfes drei fortschrittliche, dem Geist der Französischen Revolution verpflichtete Verfassungen erarbeitet hatten, schwer erträglich. Die Forderung nach einer Verfassung ließ nicht nach und wurde dem König schließlich am 3. September 1843 durch einen unblutigen Putsch abgerungen.

Eine weitere Belastung für das neue Regime war die Religion des jungen Königs. Angesichts der Rolle der orthodoxen Kirche während der langen osmanischen Besetzung und der starken Identität zwischen Griechentum und Orthodoxie war es für die griechischen Untertanen nur schwer

ΠΡΟΓΡΑΜΜΑ

Η Α. Μ. Ο ΒΑΣΙΛΕΥΣ

PROGRAMM

S. M. DES KŒNIGS.

PROGRAMME

DES CÉRÉMONIES DU 1er JUIN

SA MAJESTÉ LE ROI.

Programm der Feierlichkeiten zur Erhebung der Volljährigkeit König Ottos am 1. Juni 1835 in Griechisch, Deutsch und Französisch, Otto-König-von-Griechenland-Museum der Gemeinde Ottobrunn

verständlich, dass ihr König der in ihren Augen schismatischen katholischen Kirche angehörte und nicht ihre religiösen Riten teilte. Er wurde bei seiner Thronbesteigung daher auch nicht von der Heiligen Synode zum König gesalbt. Als sich die „ungläubigen“ bayerischen Beamten daran machten, eine überfällige Reform des Kirchenbesitzes durchzuführen und Klöster zu säkularisieren, boten sie der Propaganda des Klerus Angriffsflächen und förderten die Unbeliebtheit der Bayernherrschaft.

Mit der Thronbesteigung Ottos am 20. Mai 1835 endete auch schon die hohe Zeit der Bayernherrschaft. Der Regentschaftsrat wurde aufgelöst, die meisten bayerischen Beamten verließen das Land. Die bayerischen Truppen waren, soweit sie nicht in griechischer Erde ruhten, schon vorher in die Heimat zurückgekehrt, wo man sie fortan „Griechenländer“ nannte. Die Toten waren weniger Opfer kriegerischer Auseinandersetzungen als des ungewohnten Klimas und der mangelnden ärztlichen Versorgung. Graf Armannsperg blieb allerdings zunächst Kanzler. Als er 1837 auf Betreiben König Ludwigs abgelöst wurde, hofften die Griechen endlich auf einen Kanzler aus ihren Reihen. König Otto, der sich neun Monate lang auf Brautschau außer Landes befunden hatte, brachte nicht nur Königin Amalia mit, die hübsche Tochter des Großherzogs von Oldenburg, sondern auch einen neuen Kanzler: Ignaz von Rudhardt, ein bayerischer Parlamentarier und Verwaltungsbeamter, zuletzt Regierungspräsident des Unterdonaukreises mit Sitz in Passau. Er scheiterte nach weniger als einem Jahr und war der letzte Bayer in seinem Amt. Nach der „Revolution“ von 1843 wurden auch die letzten verbliebenen Deutschen in griechischen Staatsdiensten entlassen. 1863 musste auch Otto das Land verlassen.

Geblieben von der bayerischen Episode in der langen griechischen Geschichte sind vor allem die grundlegenden administrativen und rechtsetzenden Leistungen der jungen hoch begabten „Entwicklungshelfer“. Die Aufteilung des Landes in Nomoi (Regierungsbezirke) ist bis heute beibehalten, das Zivilprozessrecht beruht immer noch auf der ersten von Ludwig von Maurer entworfenen Zivilprozessordnung, die Athener Universität und das Polytechnikum gehen auf bayerische Gründungen zurück. Die Beziehungen der griechischen Juristen zu Deutschland sind bis heute besonders eng. Für manche Jurastudenten ist eine Dissertation an einer deut-

Einzug des Königs mit seiner Gemahlin Amalia in Athen am 15. Februar 1837, kolorierte Lithografie von Franz Wolff, Otto-König-von-Griechenland-Museum der Gemeinde Ottobrunn

schen Universität der krönende Abschluss des Studiums und nicht wenige griechische Juristen leben und arbeiten in Deutschland. Der bekannteste von ihnen ist der Giessener Professor und erste Datenschutzbeauftragte in Deutschland, Spíros Simítis, Bruder des ebenfalls in Deutschland ausgebildeten Konstantínos Simítis, seit 1996 Ministerpräsident von Griechenland.

Auch die Archäologen beider Länder unterhalten seit damals enge und kooperative Beziehungen. Bereits 1834 ernannte Otto den schottisch-holsteinischen Ludwig Roß zum ersten Oberkonservator von Athen. Als Autodidakt – eine entsprechende Ausbildung gab es damals nicht – arbeitete er sich rasch in die Archäologie ein. Vier Jahre später gründen Deutsche in Athen die „Archäologische Gesellschaft". Ein Jahr zuvor hatten sich bereits Griechen in der Gesellschaft „Archaiologikí Etería" zusammengeschlossen. Das „Deutsche Archäologische Institut Athen" (DAI Athen) wurde erst nach der Reichsgründung, 1874, eröffnet, in dem Jahr, in dem Heinrich Schliemann, der Financier des Institutsgebäudes, seine Grabungen in Mykene aufnahm. Die seit der Mitte des 19. Jahrhunderts einsetzenden archäologischen Arbeiten deutscher Forscher wurden in Deutschland von Lehrstuhlgründungen für das Fach „Klassische Archäologie" an vielen deutschen Universitäten begleitet: In Göttingen erhielt 1842 Friedrich Wieseler den ersten „Lehrstuhl für Archäologie und Numismatik", den von 1856 bis

Hitlers Propagandaminister Goebbels besucht am 26. September 1936 den Diktator Joánnis Metaxás (ELIA)

1868 dann Ernst Curtius inne hat. Seit 1844 gibt es einen Lehrstuhl für Archäologie in Berlin, seit 1853 in Leipzig. Generationen griechischer Archäologen haben in Deutschland studiert und pflegten stets einen intensiven wissenschaftlichen Austausch mit ihren deutschen Kollegen. Zumindest passive Deutschkenntnisse sind für ein Archäologiestudium in Griechenland noch immer erforderlich.

Geblieben sind eine Reihe von Bayern, deren Nachfahren man heute nur noch an so wenig griechisch klingenden Namen wie Chan (Hahn), Chorn (Horn), Kun (Kuhn), Neeser oder – wie ein bekannter Politiker der Néa Dimokratía – Ewert erkennen kann. Meist sprechen sie kein Deutsch mehr und sind seit Generationen assimiliert. Ein Überbleibsel ist auch der Verein Philadelphia, der älteste Verein Griechenlands, eine Gründung bayerischer Beamter und Wissenschaftler, der noch heute als deutsch-griechischer Verein eine gewisse Rolle im kulturellen Leben Athens spielt. Iráklion, die frühere Siedlung zahlreicher Bayern nördlich der Athener Innenstadt, heute eine Station auf der U-Bahnstrecke nach Kifissiá, zeigt hingegen kaum noch Spuren ihrer Gründer.

Geblieben ist auch die „Münchner Schule" der griechischen Malerei. Es lag nahe, dass junge Talente, die ausgehungert waren nach abendländischer Malerei, sich in die Stadt begaben, aus der ihr König kam. Die Münchner Kunstakademie wurde zum Mekka griechischer Maler und Bildhauer. Der dortige akademische Stil beeinflusste die griechische Malerei des 19. Jahrhunderts. Maler wie Gýsis und Lýtras malten bayerische Genreszenen, die es bis in die Neue Pinakothek in München geschafft haben. Meistens stellen ihre Bilder jedoch griechische Szenen dar und bieten einen Einblick in den griechischen Alltag des 19. Jahrhunderts. Gegen Endes des Jahrhunderts übernahm dann Paris die Rolle Münchens.

Die „Bayernzeit" hatte eine Reihe von Veröffentlichungen zur Folge, darunter neben Memoiren so grundlegende Abhandlungen wie das 1835 in Heidelberg erschienene dreibändige Werk Georg Ludwig von Maurers *Das griechische Volk in öffentlicher, kirchlicher und privatrechtlicher Beziehung vor und nach dem Freiheitskampfe bis zum 31. Juli 1834.* Danach ebbte das Interesse in Deutschland ab. Der Tourismus war noch sehr beschwerlich. Auf der Insel Psyttália, auf der heute die Abwässer Athens (s. Kapitel Umwelt) gereinigt werden, stand im 19. Jahrhundert eine Quarantäne-Station, wo die meist mit der Dampfschifffahrtsgesellschaft Österreichischer Lloyd aus Triest anreisenden Gäste zunächst einige Tage ausharren mussten, bevor sie sich der Akropolis nähern durften. Das Reisen im Land war ebenso beschwerlich wie gefährlich. Es gab kaum Infrastruktur, dafür jedoch zahlreiche Räuber.

Das 20. Jahrhundert begann für Griechenland stürmisch: Balkankriege, Erster Weltkrieg, Kleinasienfeldzug und die Massenflucht von Griechen aus Kleinasien begünstigten nicht gerade den kulturellen Austausch. Weiterhin besuchten jedoch griechische Studenten deutsche Hochschulen, wurden zahlreiche deutsche Bücher ins Griechische übersetzt. Der Austausch blieb allerdings einseitig. Ein Teil der Athener Intelligenz galt als germanophil, daran änderte auch der Erste Weltkrieg nichts wesentlich, obwohl sich die Mittelmächte und Griechenland, das sich unter Venisélos' Führung den Alliierten angeschlossen hatte, an der Balkanfront feindlich gegenüberstanden.

Wehrmacht in Griechenland

Der Zweite Weltkrieg war jedoch für das griechisch-deutsche Verhältnis ein traumatischer Einschnitt. Für die Wehrmacht war Griechenland nicht primäres Kriegsziel, sie überließ es zunächst den italienischen und bulgarischen Verbündeten und beschränkte sich im Wesentlichen auf die Kontrolle Athens, Thessalonikis, einiger Inseln und der Hauptverbindungsstraßen.

Für die NS-Propaganda waren die alten Griechen Urgermanen. Die Nazis betrieben eine wirre Antikenverehrung, insbesondere Sparta und dessen Kriegertum betrachteten sie als Vorbild. Das hinderte die Besatzungsmacht nicht, das Land im ersten Besatzungswinter 1941/42 auszuhungern. Da die knappen Nahrungsmittel den Besatzungsarmeen vorbehalten waren, starben in den Städten Hunderttausende. Die blühende jüdische Gemeinde Thessalonikis wurde nach Auschwitz deportiert und ermordet. Sie war im 16. Jahrhundert von spanischen Juden gegründet worden, die Zuflucht vor der Inquisition suchten und diese im Osmanischen Reich fanden.

Die Trauer, Dístomo 1945, Foto, Vula Papaioánnou

Schon bei der deutschen Eroberung Kretas, wohin sich die griechische Regierung zunächst zurückgezogen hatte, stießen die deutschen Luftlandetruppen auf aktiven Widerstand nicht nur der Soldaten, sondern auch der Zivilbevölkerung. Ab Sommer 1942 begann der bewaffnete Widerstand. Tausende von jungen Männern flüchteten vor Hunger, Unterdrückung und Zwangsrekrutierung für Arbeitseinsätze im Deutschen Reich in die Berge. Die Besatzungstruppen antworteten mit Repressalien. Der Schießstand von Kessarianí, ein Vorort von Athen, erlangte traurige Berühmtheit. Hier erschoss die Wehrmacht Geiseln, d.h. wahllos verhaftete Griechen, die zu Hunderten zur Vergeltung für Angriffe auf Besatzungssoldaten umgebracht wurden. In der „Odós (Strasse) Merlin", nahe des Parlaments, richtete die Gestapo ihr Hauptquartier und ihre Folterkeller ein. Die Worte „Achtung" und „verboten" hielten Einzug in die griechische Sprache. Als im Sommer 1943 die italienischen Verbündeten, die den größten Teil Griechenlands besetzt hielten, sich aus dem Krieg verabschiedeten, mussten die knappen deutschen Truppen das gesamte Land besetzen. Ihre Unsicherheit und Furcht vor dem drohenden Ende schlug in maßlose Aggressivität gegen die ehemaligen Verbündeten und den griechischen Widerstand um. Hunderte von Dörfern gingen in Flammen auf. Einige Namen gruben sich besonders tief in das Gedächtnis der Griechen ein: Kalávrita auf der Peloponnes, eine Kleinstadt, deren Name mit dem Aufstand gegen die Türken verbunden ist, bekam eine schreckliche neue Bedeutung. Partisanen hatten in der Nähe der Stadt einige deutsche Soldaten gefangen genommen und getötet. Zur Vergeltung erschossen Wehrmachtstruppen sämtliche männlichen Bewohner der Stadt, insgesamt 1200 Menschen, von 17-jährigen Knaben bis zu Greisen. Zurück blieben nur Witwen und Kinder. Ähnlich schreckliche Bedeutung erlangte der Name Dístomo, ein größeres Dorf nahe der Straße nach Delphi. Hier war es die Waffen-SS, die wegen Partisanenaktivität in der Gegend über das Dorf herfiel und ein Blutbad anrichtete, bei dem weder schwangere Frauen noch Kinder geschont wurden.

Es gab zahlreiche solcher Orte. Ins deutsche Bewusstsein sind sie kaum gedrungen. Herrmann Frank Meyer hat den auch in Griechenland kaum bekannten Fall des Dorfes Komméno in der Nähe von Arta näher untersucht. Es hat in diesem und einigen anderen Fällen in den 1950er Jahren Bemühungen gegeben, strafrechtliche Verfahren gegen die Verantwortlichen des Massakers zu eröffnen. Kein einziges dieser Verfahren hat zu einer Klageeröffnung geführt. Sie wurden bereits im Stadium des staatsanwaltlichen Ermittlungsverfahrens eingestellt.

Erst Bundespräsident Richard von Weizsäcker hat im Rahmen seines Staatsbesuches im Jahre 1987 das Thema der Besatzungsgräuel angesprochen, die Hinrichtungsstätte Kessarianí bei Athen besucht und die Opfer geehrt. Die griechische Öffentlichkeit hat diese Geste sehr gewürdigt. Bei seinem Staatsbesuch im Jahre 2001 hat Bundespräsident Rau zusammen mit Präsident Stephanópulos Kalávrita besucht, einen Kranz an der Gedenkstätte niedergelegt und seiner „tiefen Trauer und Scham" über das Geschehen Ausdruck verliehen.

Zunächst jedoch breitete sich der Mantel des Schweigens über dieses düstere Kapitel der deutsch-griechischen Beziehungen. Die Wehrmacht zog sich im September 1944 aus Griechenland zurück. Der Jubel über die Befreiung währte aber nur kurz, denn gegen die griechische Exilregierung, die im Schutz britischer Truppen im Oktober 1944 in Piräus gelandet war, erhoben sich im Dezember die kommunistischen Partisanen. Der bereits während der deutschen Besatzung ausgebrochene Bürgerkrieg ging in die nächste Runde und dauerte mit Unterbrechungen bis August 1949 an. Zehntausende gingen am Ende des Bürgerkriegs ins Exil in die sozialistischen Staaten, vor allem in die UdSSR. Ein Teil von ihnen landete später, als sich nach dem Prager Frühling die griechische KP spaltete, in der DDR (s. S. 122).

Die dramatischen und traumatischen Ereignisse des Bürgerkriegs überlagerten in gewisser Weise die Schrecken der Besatzungszeit. In der Folge des Ost-West-Gegensatzes fanden sich Griechenland und die Bundesrepublik Deutschland nach dem Krieg in einem gemeinsamen Militärbündnis wieder. Die Frage von Kriegsentschädigungen wurde durch das von beiden Staaten ratifizierte Londoner Abkommen vom 27.02.1953 über die deutschen Auslandsschulden zurückgestellt. Beide Länder konzentrierten sich auf den Wiederaufbau. 1962 zahlte die Bundesrepublik Deutschland 110 Millionen DM zur Entschädigung für nationalsozialistisches Unrecht an die griechische Regierung. In den 1950er Jahren begann allmählich die Wiederaufnahme kultureller Beziehungen seitens der Bundesrepublik Deutschland. Das Deutsche Archäologische Institut (DAI) war die erste deutsche Institution, die 1954, noch vor dem Abschluss eines Kulturabkommens (1956), wieder offiziell ihre Arbeit aufnehmen konnte. Bereits 1952 wurde die erste Auslandsdozentur des 1951 gegründeten Goethe Instituts in Athen eröffnet, wobei bis 1956 der Verein Philadelphia als Träger auftrat. Im gleichen Jahr folgte die Deutsche Schule; beide waren zunächst in Provisorien untergebracht. Alle drei Institutionen bemühten sich, die durch die deutsche Besetzung aufgerissenen Gräben zu überbrücken, die auch bei traditionell „germanophilen" Griechen gerissenen Wunden zu heilen. Sie vermittelten mit wachsendem Erfolg das Bild eines anderen, demokratischen Deutschlands.

Jannis Psychopáidis, Gastarbeiter, 1978, Nationalhistorisches Museum Athen

Ende der 1950er Jahre begann sich Griechenland langsam von den verheerenden Folgen der Besatzung und des Bürgerkriegs zu erholen, die Bundesrepublik Deutschland befand sich in der ersten Euphorie des Wirtschaftswunders und brauchte Arbeitskräfte. Damit begann ein bis heute anhaltendes friedliches Kapitel zwischen beiden Völkern.

Gastarbeiter

Im Jahre 1960 wurden die ersten 21 500 griechischen Gastarbeiter angeworben und nach Deutschland geschickt. Der Hellas-Express zwischen Athen und Deutschland brachte in den folgenden Jahren bis zum Anwerbestop im Jahre 1973 Hunderttausende Arbeitssuchende vor allem aus den verarmten ländlichen Gebieten Nordgriechenlands in die deutschen Industriezentren. Auch danach kamen im Rahmen der Familienzusammenführung noch Zehntausende nach. 1972 erreichte die Zahl der griechischen Erwerbstätigen mit 270 000 – zu denen noch Familienangehörige zu addieren sind – den Scheitelpunkt. Die volle Nieder-

Griechische Taverne in München

lassungsfreiheit für Bürger des EG-Mitgliedstaates Griechenlands im Jahre 1988 hat zu keinem nennenswerten Anschwellen griechischer Immigration in Deutschland geführt. Seit Jahren ist die Zahl der Griechen in Deutschland bei ca. 250 000 konstant.

Für viele Griechen war es eine schmerzhafte Konfrontation mit einer unbekannten, grauen, mechanisierten Arbeitswelt. Unzählig sind die Lieder, in denen das harte Schicksal der „Xenitеméni" (in der Fremde Lebende) in den „fábrikes tis Jermanías" (deutschen Fabriken) besungen wird. Die Reise nach Deutschland hatte gegenüber Zielen wie Australien, Kanada oder Neuseeland jedoch den Vorteil, dass man einmal im Jahr nach Hause fahren konnte, dass der Abschied nicht endgültig war, dass man davon träumte, den Lohn der Mühen später in ein eigenes Kaffeníon (Café) oder Hotel zu investieren. Mittlerweile lebt bereits die dritte Generation von Griechen in Deutschland. Die Enkel sprechen meist besser Deutsch als Griechisch und sind in der Regel sozial aufgestiegen. Sie sind keine Gastarbeiter mehr, sondern europäische Bürger, die von ihrem Recht auf Niederlassungsfreiheit Gebrauch machen. Sie haben sich weitgehend in die deutsche Gesellschaft integriert und dem Leben angepasst. Viele sind bereits dort geboren. Sie haben Deutschland unter anderem mit einem flächendeckenden Netz von griechischen Tavernen überzogen und die deutsche Sprache mit Begriffen wie „Retsína", „Oúzo", „Tsatsíki" und „Gýros" (Jíros) bereichert. Mittlerweile gibt es eine Vielzahl Deutscher griechischer oder deutsch-griechischer Abstammung. Manche von ihnen versuchen die Kultur ihrer Eltern oder Großeltern besser kennen zu lernen, studieren an den wenigen Hochschulinstituten, die sich der Neogräzistik widmen, und sind gleichsam die geborenen Mittler zwischen den beiden Kulturen geworden. Nicht wenige Übersetzungen aus dem Griechischen sind ihnen zu verdanken.

Insgesamt haben seit Ende der 1950er Jahre über 1,5 Millionen Griechen mehr oder weniger lange in Deutschland gelebt, das entspricht etwa 15 % der griechischen Bevölkerung und ist prozentual die höchste Wanderungsbewegung zwischen zwei europäischen Völkern nach dem Zweiten Weltkrieg.

Die griechische Regierung hat sich lange bemüht, dieser Integration durch Förderung griechischer Schulen entgegenzuwirken. Dabei tat sich vor allem die PASOK-Regierung unter Papandréou hervor. Sie wollte die Einrichtung eigener Schulen für griechische Kinder in Deutschland durchsetzen. Die SPD-Länder lehnten dies mit dem Argument ab, es führe zu einem in Deutschland nicht anerkanntem Abschluss und behindere die Integration in das deutsche Berufsleben. Die CDU geführten Länder unterstützten das griechische Anliegen getreu ihrem damaligen Credo, dass Deutschland kein Einwanderungsland sei und die Reintegration der Gastarbeiterkinder in die Herkunftsländer der Eltern gefördert werden müsse. Mittlerweile ist Griechenland selbst Einwanderungsland und hat Verständnis für die Perspektive der Aufnahmestaaten. Es besteht jetzt Einigkeit über das Ziel: Integration in das deutsche Schulsystem bei Erhalt der eigenen kulturellen Identität sowie der Rückkehrfähigkeit, sprich integrierter fünfstündiger muttersprachlicher Zusatzunterricht plus zwei Stunden orthodoxer Religionsunterricht in griechischer Sprache.

Deutsche Welle

Der deutsche Wiederaufbau nach dem Krieg, die industrielle Leistung, die letztlich auch Hunderttausenden von Griechen zu einem Einkommen verhalf, fordert Griechen Achtung ab. Es gibt nach wie vor unter ihnen eine gewisse Bewunderung für als typisch deutsch klassifizierte Eigenschaften wie Pünktlichkeit, Arbeitseifer, Gründlichkeit. Bei den griechischen Intellektuellen waren es traditionell konservativere Geister, die sich für deutsche Kultur interessierten, häufig aus den Fächern Jura, Archäologie, Philosophie und Naturwissenschaften. Schriftsteller, bildende Künstler und sich fortschrittlich verstehende Intellektuelle wandten sich mehrheitlich im

20. Jahrhundert eher Frankreich zu. Doch haben auch zahlreiche griechische Sozialwissenschaftler ihr geistiges Rüstzeug in Deutschland erworben.

Erst während der Militärregierung von 1967 bis 1974 in Griechenland trat eine Veränderung des deutschen Image ein. Zahlreiche politisch Verfolgte fanden in Deutschland Asyl und im dortigen griechischen Milieu eine Ersatzheimat. Die Sendungen der Deutschen Welle (Dóitse Vélle) in griechischer Sprache trugen aktuelle und zuverlässige Nachrichten in das unter den Glassturz der Zensur gestellte Land. Die Deutsche Welle wurde zum Symbol für objektive Information, aber auch für geistigen Widerstand gegen die Diktatur. In Deutschland hingen Abend für Abend Hunderttausende Gastarbeiter und Studenten an den Rundfunkgeräten und lauschten der griechischen Sendung des Bayerischen Rundfunks, die ihnen Nachrichten und Musik aus der geknechteten Heimat brachte. Der Rundfunkjournalist Pávlos Bakojánnis wurde mit seinen Kommentaren zur Stimme des freien Griechenlands in Deutschland. Das Athener Goethe Institut bot auch zu Junta-Zeiten ein relativ freies Diskussionsforum, in dem Schriftsteller wie Günter Grass vor einem begeisterten Publikum ihren Abscheu über das vor den Toren des Instituts herrschende Regime zum Ausdruck brachten.

Sirtáki-Ouzáki-Kamáki

Anfang der 1960er Jahre setzte eine Massenbewegung in umgekehrter Richtung ein: die Touristen, allen voran solche aus deutschsprachigen Ländern zogen zu Tausenden nach Griechenland. Zunächst waren es die klassischen Bildungsreisenden, die an die „Küsten des Lichts" pilgerten, um sich die „Wiege der europäischen Zivilisation" anzuschauen. Nach dem Siegeszug des Filmes *Aléxis Sorbás* 1965 folgten Scharen junger Menschen auf der Suche nach dem unverdorbenen urwüchsigen Griechenland, wo man am Strand Sirtáki tanzt und den Frust über das allzu geordnete nordeuropäische Leben mit Oúzo oder Retsína runterspült. Das lockere Hippie-Völkchen, das sich oft monatelang auf abgelegenen Inseln in Dörfern mit strengem Sittenkodex niederließ, veränderte oft das soziale Leben und die Wirtschaftsstruktur. Viele junge Griechen, vom ungewohnten Angebot junger abenteuerlustiger Nordeuropäerinnen überwältigt, entwickelten sich zu „kamákia" (wörtlich: Harpunen), d. h. zu „Greek lovers", die den Sommer damit verbrachten, den Miniröcken der Touristinnen nachzustellen. Unberührte Inseldörfer entwickelten sich in kürzester Zeit zu lärmenden

Rooms for rent. Maria, in Chariá auf Kreta

Disco-Zentren, die ihren traditionellen Lebensstil auf die Bedürfnisse der Touristenfluten umstellten.

Danach kam die Industrialisierung des Tourismus. Mit massiven Investitionen, gefördert aus den schier unerschöpflichen EU-Töpfen, wurden Hotelanlagen, Häfen, Straßen und Flugplätze für Millionen von Kunden gebaut. Heutzutage ist der Tourismus eine der großen Einkommensquellen Griechenlands, ein Industriezweig von nationaler Bedeutung, der 8 % des Bruttoinlandproduktes und 10 % der Beschäftigung erzeugt. Über 14 Millionen Touristen besuchten im Jahre 2001 das Land, anderthalbmal so viel wie die griechische Bevölkerung. 2,5 Millionen davon waren Deutsche.

Deutsche in Griechenland

Es sind jedoch nicht nur Touristen, die Griechenland aufsuchen. Tausende von deutschen Frauen begleiten ihre griechischen Männer bei der Remigration oder nach Abschluss von Berufsausbildung oder Studium. Das 1974 gegründete Deutsche Kontakt- und Informationszentrum Athen, eine aktive Selbsthilfeorganisation deutscher und deutschsprachiger Frauen, leistet praktische Hilfe bei der Orientierung in der neuen kulturellen Umgebung. Seit die Niederlassungsfreiheit gilt (1988), mehren sich die Fälle von Deutschen, die in Griechenland auf der Suche nach Sonne und heiler Natur leben und arbeiten wollen. Ihre Anzahl wird heute auf ca. 45 000 geschätzt. Sie machen bisweilen die Erfahrung, dass die viel beschworene griechische Philoxenía (Gastfreundschaft) an ihre Grenzen stößt, wenn die Ausländer als Konkurrenten in der Wirtschaft oder auf dem Arbeitsmarkt auftreten. Mittlerweile gibt es eine ganze Anzahl deutscher Handwerker, Ärzte und Geschäftsleute, die sich davon nicht haben abschrecken lassen und sich in Griechenland eine Existenz aufgebaut haben. Sie sind – ebenso wie die griechischen Geschäftsleute in Deutschland – Pioniere eines vereinten Europas.

Die Beziehungen zwischen Griechenland und Deutschland sind zu Beginn des 21. Jahrhunderts in jeder Hinsicht eng und positiv. Deutschland ist seit Jahrzehnten Griechenlands wichtigster Wirtschaftspartner. Der deutsche Anteil am griechischen Außenhandel beträgt etwa ein Viertel. Ungefähr 150 deutsche Firmen sind in Griechenland tätig, sie haben über eine Milliarde Euro investiert und beschäftigen über 12 000 Arbeitnehmer. Die politischen Beziehungen sind frei von grundsätzlichen Problemen. Die kulturellen Beziehungen werden immer enger. Im Jahre 2001 etwa war Griechenland Schwerpunktland auf der Frankfurter Buchmesse und hat mit einer eindrucksvollen Präsentation dem deutschen und internationalen Publikum gezeigt, dass es über eine reiche differenzierte attraktive Buchkultur verfügt, die es zu entdecken gilt. Aus diesem Anlass sind etwa 40 griechische Bücher in deutscher Übersetzung erschienen. Seit einigen Jahren existiert ein deutsch-griechischer Übersetzerpreis, der jedes Jahr abwechselnd eine Übersetzung in Deutsche und ins Griechische auszeichnet. Seit 1995 unterhält die „Griechische Kulturstiftung" eine sehr aktive Zweigstelle in Berlin, die neben Sprachkursen Veranstaltungen in ganz Deutschland durchführt. Aus Anlass der Frankfurter Buchmesse 2001 wurden z.B. zahlreiche Lesereisen griechischer Autoren quer durch die Republik organisiert. Mit dem Nationalen Griechischen Buchzentrum (EKEVI), gegründet 1994, und dem Europäischen Übersetzerzentrum für Literatur und Humanwissenschaften (EKEMEL) in Athen (seit 2001) stehen dafür kompetente Partner zur Verfügung.

In Deutschland widmen sich 37 Vereine und Gesellschaften samt einer Dachorganisation (Vereinigung der Deutsch-Griechischen Gesellschaften in der Bundesrepublik Deutschland e.V.) dem deutsch-griechischen Austausch. In Griechenland ist der Vereinsgedanke weniger stark ausgeprägt. Dort gibt es eine Reihe von Vereinen ehemaliger Studenten deutscher Hochschulen sowie eine rührige Vereinigung der Ehemaligen der Deutschen Schule Athen.

Goethe und Schliemann als Geisel?

Als die griechische und deutsche Presse im Sommer 2001 berichtete, dass wegen Schadensersatzforderungen aus der Zeit der deutschen Besatzung in Griechenland gegen die Bundesrepublik Deutschland die Versteigerung des Goethe Instituts und des Deutschen Archäologischen Instituts in Athen drohe, kam dies für die deutsche Öffentlichkeit überraschend. Soweit die Jüngeren überhaupt wussten, dass Griechenland mal von der Wehrmacht besetzt war, war ihnen nicht bewusst, dass es noch offene Rechnungen gäbe. Deutsche Touristen stoßen in Griechenland auf keinerlei Ressentiments. Auch viele Griechen waren überrascht. Gewiss, die Zeit der deutschen Besatzung ist in Griechenland nicht vergessen. Weiterhin erscheinen Bücher, die in Form von Memoiren, Romanen, Novellen, Gedichten und Dokumentationen davon berichten. Es ist jedoch bald 60 Jahre nach dem Ende der deutschen Besatzung in der Regel ein Thema der Vergangenheit, wenn auch einer schmerzlichen.

Es war eine private griechische Initiative, die das Thema deutscher Kriegsgräuel im Jahre 2000 an die breite Öffentlichkeit brachte. Nachkommen und Erben der von der SS 1944 in Dístomo Ermordeten hatten 1995 die Bundesrepublik vor dem örtlichen Gericht in Livadiá auf Ersatz des von deutschen Truppen angerichteten Schadens verklagt. Im Vertrauen auf den anerkannten völkerrechtlichen Grundsatz der Staatenimmunität, nach dem eine Klage gegen einen ausländischen Staat vor einem nationalen Gericht nicht zulässig ist, hat sich die Bundesregierung auf die Klage nicht eingelassen. 1997 erging ein Versäumnisurteil des Provinzgerichts, das die nicht erschienene Beklagte zu Schadensersatz in Höhe von ca. 55 Millionen DM verurteilte. Hiergegen legte die Bundesregierung unter Hinweis auf den Grundsatz der Staatenimmunität Revision beim Obersten Gericht, dem Areopag, ein. Dieser wies die Revision im Mai 2000 mit der Begründung zurück, Deutschland könne sich wegen solcher Verbrechen nicht auf die Staatenimmunität berufen. So die Mehrheitsmeinung des Gerichts, eine Minderheit der Richter, unter ihnen der Vorsitzende, hielt diese Auffassung allerdings für völkerrechtlich unzutreffend. Daraufhin betrieb der Anwalt der Kläger die Zwangsvollstreckung, obgleich die für eine Vollstreckung in das Vermögen ausländischer Staaten erforderliche Zustimmung des Justizministers nicht vorlag. Im Juli 2000 erschien eine Gerichtsvollzieherin im Goethe Institut Athen und im Deutschen Archäologischen Institut, um eine Bestandsaufnahme zur Vorbereitung der Zwangsvollstreckung durchzuführen. Ein Pfändungsvermerk wurde im Grundbuch eingetragen. In Ermangelung anderen Vermögens der Bundesrepublik Deutschland in Griechenland sollten damit ausgerechnet die Gebäude zweier Institutionen versteigert werden, die sich seit Jahrzehnten für die deutsch-griechischen Kulturbeziehungen engagierten. Dieser Umstand stieß auch auf die Kritik mancher Griechen, die das Verfahren nicht ohne Sympathie verfolgt hatten.

Zur Pfändung ist es nicht gekommen, die Prozessvertreter der Bundesregierung konnten die Zwangsvollstreckung im weiteren Verfahren abwenden. Dies ist von nicht geringer Bedeutung, da in der Folge des Dístomo-Verfahrens einige tausend Klagen wegen Besatzungsschäden anhängig gemacht wurden. Die Bundesregierung vertritt die Auffassung, dass die Frage der Entschädigung für Kriegsschäden mehr als 55 Jahre nach Kriegsende obsolet ist und nicht vor den nationalen Gerichten der betroffenen Staaten verhandelt werden kann. Das Gerichtsverfahren, das sich die griechische Regierung nicht zu eigen gemacht hat, hat die bilateralen Beziehungen letztlich nicht getrübt. Es zeigt aber, dass Wunden der Vergangenheit, die nicht verheilt sind, auch nach vielen Jahren noch virulent werden können.

2000 Jahre Umweltprobleme

Von Platon bis Psittália[1]

Griechenland umfasst ein Staatsgebiet von nur 132 000 qkm, die griechischen Küsten jedoch haben eine Länge von ca. 16 000 km. Dies liegt an den zahlreichen Inseln, Halbinseln und Buchten. Aber auch vertikal ist das Land durch Gebirge und Gebirgszüge reich gegliedert. 70 % des Landschaftsraumes ist gebirgig, 42 Gebirge ragen über 2000 Meter hinaus. Das auffällige Relief und eine Nordsüderstreckung (vom Prespásee bis nach Kreta) von über 1000 km bedingen eine Vielfalt von Klimazonen, die vom trockenen Halbwüstenklima im Südosten Kretas bis zum feuchtkalten Kontinentalklima im Rodopengebirge an der bulgarischen Grenze reicht. Auch der geologische Untergrund und die Gesteinsformationen weisen große Vielgestaltigkeit auf. All dies, die Kleinräumigkeit der Landschaft, ihre reiche Gliederung in unterschiedliche Biotope, verschiedene Klimazonen auf kleinem Raum, haben zu einer enormen Artenvielfalt bei Fauna und Flora geführt.

Die auf der Balkanhalbinsel weitgehend von Nord nach Süd verlaufenden Gebirge haben während der Eiszeiten das Einwandern mittel und nordeuropäischer Arten erlaubt. In Europa weist nur die – sehr viel größere – Iberische Halbinsel eine größere Biodiversität auf. Etwa 900 verschiedene Tier- und ca. 5500 Pflanzenarten kommen in Griechenland vor, und manche nur dort. Im Durchschnitt ist die Artenvielfalt viermal so groß wie in Deutschland. Weil diese Arten oft an besondere Standortansprüche angepasst sind und die Standorte sehr sensibel auf künstliche Eingriffe reagieren, ist auch die Zahl der gefährdeten Arten hoch. In der Regel handelt es sich um Pflanzen, die in anderen EU-Staaten schon lange nicht mehr vorkommen.

Blick vom Kastell in Réthimnon zu den Weißen Bergen von Kreta

1 Unter teilweiser Verwendung eines Textes von Eckhard Willing

Sie sind, wie in vielen Ländern, durch menschliche Aktivitäten wie Ackerbau, Tierweide, Tourismus und Bergbau sowie mangelnde Planung und fehlendes Ressourcenmanagement bedroht. Die Belastung der natürlichen Umwelt hat durch die Industrialisierung und den Massentourismus, beides Phänomene der letzten 50 Jahre, zugenommen, ist aber nicht neu. Auch beim Thema Umweltzerstörung lässt sich – wie bei so vielen griechischen Themen – eine Entwicklungslinie bis in die Antike zurückverfolgen.

Voraussetzung für wirkungsvollen Umweltschutz ist die Unterstützung durch die Bevölkerung, d. h. die Einstellung jedes Einzelnen. In diesem Punkt scheint es noch einen enormen Nachholbedarf in Griechenland zu geben. Nachteilig wirkt sich dabei aus, dass ein Gemeinschaftsgefühl, das über den Familien- oder Dorfverband hinausgeht, schwach entwickelt ist. Die bäuerliche Herkunft der meisten Griechen lässt sie Pflanzen und Tiere mehr unter ihrem unmittelbaren Nutzwert sehen, denn als Teil eines auch sie selbst umfassenden Ökosystems. Aber in den letzten Jahren hat sich einiges entwickelt. Bürgerinitiativen sind entstanden, und eine ökologische Bewegung hat sogar ein Abgeordnetenmandat im griechischen Parlament erobert.

Auf dem Land fallen einem die zahlreichen streunenden Hunde auf, die sich verängstigt trollen, sobald man sich bückt. Sie wissen, dass auf diese Bewegung meist ein harter Stein folgt. In den Städten tummeln sich Scharen herrenloser Katzen, die als Bittsteller an Tavernentischen im Freien oder als Plünderer des in Plastiktüten verpackten Hausmülls ein prekäres Leben führen. Die „natürliche" Begrenzung dieser Katzenscharen bleibt dem Straßenverkehr vorbehalten, dem allein in Athen täglich Hunderte zum Opfer fallen. Ein Raubbau an der Natur ist die Jagd auf alles, was fliegt und läuft. Dabei geht es, wie in anderen Mittelmeerländern, weniger um Beute als um Jagd- und Schießlust. Das freie Jagdrecht für jedermann, zur Osmanenzeit den Türken vorbehalten, wird als demokratische Errungenschaft betrachtet, als willkommene Gelegenheit zu Männerpartien, die unweigerlich in der Taverne enden. Dass dabei die Fauna bedroht wird, erregt bislang nur zaghaften Protest.

Der Kampf um die Laichplätze der Unechten Karettaschildkröte (Caretta caretta, eine Meeresschildkröte) auf der Insel Zákynthos, der auch durch die deutsche Presse ging, zeigt ein neues Bewusstsein. Am schönsten Sandstrand der Insel, an der Laganás-Bucht, liegt einer der letzten Laichplätze der gepanzerten Meeresbewohner im Mittelmeer. Seit Urzeiten kommen die weiblichen Meeresschildkröten an diesen Strand, um ihre Eier in den weißen Sand zu legen. Wochen später schlüpfen winzige Schildkröten und krabbeln in einem tödlichen Wettlauf mit räuberischen Möwen zum schützenden Meer. Beide Vorgänge vertragen keine Störung durch den Menschen. Der abgelegene Strand wurde bis zum Einsetzen des Tourismus auch wenig frequentiert. Auf einmal lockte die malerische Bucht Tavernen und Hotels an. Es war abzusehen, dass die Schildkröten bei diesem Wettlauf den Kürzeren ziehen würden. Der Staat erließ zwar Verordnungen über Schutzzonen sowie das Verbot, den Strand nachts zu betreten, doch

Brücke über den Fluss Woïdhomátis in der Nähe von Kípi/Wíkos – Aóos Nationalpark

Neues Leben sprießt aus einem abgebrannten Olivenbaum

nützen solche Verbote in abgelegenen Gegenden erfahrungsgemäß wenig. Eine Überlebenschance haben die Schildkröten erst, seit private Tier- und Naturschützer sich ihrer angenommen haben. Menschen, die bereit sind, ihre Sommerferien für die Bewachung der Gelege zu opfern, Städter, welche die nationale und internationale Presse alarmieren und Druck auf die Behörden ausüben.

Zehn Nationalparks mit einer Gesamtfläche von 366 qkm sind in Griechenland ausgewiesen. Darunter sind so berühmte Gebiete wie der Hohe Olymp, der Parnass, die Samaría-Schlucht auf Kreta, die Wíkos-Schlucht in Épiros und der Préspa-See. Wie im übrigen Europa sind besonders die Feuchtgebiete gefährdet: küstennahe, vom Meerwasser beeinflusste Sümpfe, Flussauen, Lagunen, Flussdeltas, Feuchtbiotope aller Art im Hügel- und Bergland. Dreiviertel davon sind bereits zerstört. Sozusagen in letzter Minute sind seit kurzem elf Feuchtgebiete als Schutzzonen ausgewiesen. Sie haben trotz der Bedrohung durch menschliche Aktivitäten ihre ursprüngliche Zusammensetzung in hohem Maße erhalten.

Ansonsten ist die Landschaft seit Jahrtausenden vom menschlichen Wirken geprägt. Im Küstenbereich befinden sich mehr oder weniger intakte Kiefernhaine, landeinwärts schattige, wiesenreiche Ölbaumwälder oder in Reih und Glied gepflanzte Ölbaumplantagen, weiter hügelan ausgedehnte Hartlaubbuschwälder oder Büsche. Es sind fast ausschließlich vom Menschen geschaffene Waldformen und künstliche Anpflanzungen. Die Landschaftsveränderung von der Naturlandschaft zur Nutzlandschaft hat hier schon vor Jahrhunderten stattgefunden, sodass wir heute eine Veränderung etwa der Ölbaumwälder als Eingriff in die Natur empfänden. Weiter landein- und hangaufwärts trifft man auf steile, aber waldfreie Bergflanken, wo lediglich niederes Hartlaubgebüsch oder Zwergsträucher den trockenen Boden bedecken. Nur einzelne hohe Eichen oder Tannen geben einen Hinweis, dass die Berge einstmals bis weit in die Täler und weit über die heutige Waldgrenze hinaus bewaldet waren.

Die niedrigen Hügel von Ájios Nikólaos südlich von Pylos im Südwesten der Peloponnes haben nach Angaben aus dem vorletzten Jahrhundert hohe Wälder oder Restbestände davon getragen. Heute werden die grauweißen Kalkrippen nur noch im Frühjahr von vielfarbigen Frühlingsblumen und aromatischen Kräutern bedeckt. Auf der Touristenstrecke von Ioánnina nach Kalambáka blickt man kurz hinter Métsowo über die Hochtalmulden der Aóos-Quellen auf weite, entwaldete Hügelketten, die bei entsprechendem Lichteinfall ein faszinierendes Farbenspiel der Böden zeigen. Mawrowúni heißt der Berg laut Karte: schwarzer Berg. Man muss ihn umfahren um zu erkennen, was seinen Namen rechtfertigt. Der Mawrowúni ist auf der Rückseite mit dunklen Buchen und Tannen bewachsen.

Diese wenigen Beispiele illustrieren das Schicksal von insgesamt 49 000 qkm, d. h. 37 % der gesamten griechischen Landfläche, die nach ihrer völligen Entwaldung von der Erosion bedroht und beschädigt sind. Es handelt sich um das Ergebnis eines mehr als 2500 Jahre dauernden Prozesses, nicht erst der industriellen Ausbeutung der letzten hundert Jahre.

Platon lässt in seinem Werk *Kritias* (Platon III,111 A) die Umgebung des klassischen Athen vor unseren Augen entstehen. Sie hat damals schon nicht sehr viel anders ausgesehen als heute:

„*Damals aber, als es (das Athener Land) noch unversehrt war, waren seine Berge hoch und mit Erde bedeckt, und ebenso waren seine Ebenen, welche jetzt als Steinböden bezeichnet werden, voll fetter Erde; auch trug es viel Gehölz auf den Bergen, von welchem es auch jetzt noch deutliche Spuren gibt. Von den Bergen bieten einige jetzt nur noch den Bienen Nahrung dar; es ist aber noch nicht lange her, als noch Dächer, welche aus den Bäumen verfertigt waren, die man dort als Sparrenholz für die größten Gebäude fällte, unversehrt dastanden. Es gab auch noch viele andere hohe Bäume, und zwar Fruchtbäume, und für die Herden brachte das Land unglaublich reiche Weide hervor. Ferner genoss es jährliche Bewässerung von Zeus und verlor diese auch nicht wieder wie jetzt, wo sie von dem dünnen Fruchtboden ins Meer abfließt, sondern wie es diesen damals reichlich besaß, so sog es auch den Regen in ihn ein und bewahrte ihn in einer Umschließung von Tonerde auf, indem es das eingesogene Wasser von den Höhen in die Tiefe hinabfließen ließ; und bereitete so an allen Orten reichhaltige Quellen und Flüsse ...*“.

Warnung vor Waldbränden

Das Wissen um die Folgen der Entwaldung ist, wie man sieht, schon alt. Was sind die Ursachen des langjährigen Raubbaus an der Natur? Zahlreiche Wälder sind von den alten Griechen, andere von den Byzantinern und Venezianern für den Schiffsbau abgeholzt worden. Für die seefahrenden Venezianer waren die Landstriche entlang des Ionischen Meeres wegen der ausgedehnten Wälder besonders interessant. Heute findet man hier nur mehr Ölbaumwälder, Hartlaubgebüsche und Sekundärmacchia. Schon immer wurden die Wälder für das Schlagen von Brennholz genutzt. Schließlich war Holz bis zur Entdeckung der Kohle im 18. Jahrhundert der Hauptenergieträger. Die großindustriellen Anlagen zum Erzschmelzen in Láwrion müssen ganze Wälder verschlungen haben. Das Gleiche gilt für die zahlreichen öffentlichen und privaten Thermen und die verschiedenen Flottenbauprogramme der griechischen Stadtstaaten. Das Schiffsbauholz faulte schnell und musste häufig ersetzt werden. Heute wird zwar fast ausschließlich mit Gas gekocht und geheizt, dennoch wird immer noch viel Holz für Grillkohle geschlagen, eine gewinnträchtige Produktion, der in manchen Gegenden sogar Eichenwälder zum Opfer fallen. Auf der Athos-Halbinsel oder im Pilion-Gebirge kann man ermessen, welchen Einfluss intakte Wälder auf Fauna und Flora sowie das Klima haben. Dort rauschen auch im Hochsommer Bäche von den Bergen und spenden hohe Bäume kühlen Schatten.

Neue Probleme erwachsen – wie in anderen Ländern – aus dem verständlichen Ehrgeiz abgelegener Gebirgsgemeinden, den Wintertourismus zu fördern. So werden in manchen Gebirgsmassiven Schneisen in den Restwald geschlagen, um wenige Wochen oder Monate im Jahr Sessel- und Schlepplifte für die kleine, aber schnell wachsende Schar der griechischen Skifahrer zu betreiben.

Durch Waldbrände geschaffene „Kunst“, ein verkohlter Olivenbaum

Weitere Schäden erleiden die Wälder, insbesondere die Kiefernwälder, durch Waldbrände. Allein 1985 wurden 727 Einzelbrände registriert und 37 500 ha Wald sowie 3400 ha Farmland und naturbelassene Landschaft eingeäschert. Dies ist in den regenlosen Sommermonaten im gesamten Mittelmeerraum ein Problem. Zundertrockene Wälder und starke Winde können aus einem Funken im Nu eine Feuerwalze entstehen lassen. Verglichen mit anderen Mittelmeeranrainern sind die Brandflächen sogar relativ klein. Allzu oft wird der Verdacht der Brandstiftung zwecks Bodenspekulation, der „heißen“ Gewinnung von Bauland, laut. Angesichts der Leichtfertigkeit im Umgang mit Feuer, der lässig aus offenem Wagenfenster geworfenen Zigarettenkippen, der vor sich hin qualmenden Müllhaufen, der Möglichkeiten der Selbstentzündung durch weggeworfene Flaschen wundert es eher, dass es nicht häufiger brennt.

Die Behörden versuchen mit Brandschneisen, Feuerwachen und einer Flotte von 35 Löschflugzeugen, 15 Löschhubschraubern, 615 Löschzügen und mit fast 2500 Feuerwehrmännern die Brände zu bekämpfen. Gemäß griechischer Gesetzgebung müssen durch Feuer zerstörte Waldflächen wieder aufgeforstet werden. Doch zwischen der Theorie des Gesetzestextes und der harten Realität der Verwaltungspraxis klafft eine deutliche Lücke. Zwischen 1965 und 1975, d.h. in zehn Jahren, wurden 40 000 ha aufgeforstet, etwa so viel, wie allein im Jahr 1985 abbrannten. Ein Forstkataster existiert bislang nicht, ein landesweites Kataster – bereits ein Plan der bayerischen Verwaltungsbeamten König Ottos – ist erst seit kurzem im Aufbau.

Wenn nicht wieder aufgeforstet wird, treten nach dem Abholzen oder Abbrennen Dauerschäden ein. Die Mehrzahl der freigelegten Flächen werden, wenn sie nicht bebaut werden, für die Schaf- und Ziegenbeweidung genutzt. Im Mai kann man an den Wochenenden ganze Kolonnen von Lastwagen mit Anhängern, jeweils auf zwei Etagen mit Schafen vollgepfercht, vom Flachland in die Berge fahren sehen. Es ist erstaunlich, wie viele Herden dann auf relativ kleine Weideflächen losgelassen werden. Manche Bergdörfer versteigern ihre Weidegründe meistbietend für die Saison. Je höher die Preise, desto größer der Zwang möglichst intensiver Nutzung. Damit ist der Verlust der Gras-, Kraut- und Strauchschicht vorprogrammiert. Der Boden trocknet in der glühenden Sommersonne aus, und der Wind trägt die feinen Bodenbestandteile weg. Sommergewitter wie Herbstregen besorgen den Rest. Nach jedem Regen färbt die Erde Bäche und Flüsse braun, auf den Hängen bleibt der nackte Fels zurück. Den Bergbewohnern kann man schwerlich einen Vorwurf machen. Die Forstwirtschaft liegt danieder, und die Landwirtschaft lohnt sich auf kargen Böden und steilen Hängen nicht. Handel und Handwerk konzentrieren sich in den Städten, und Tourismus spielt nur in wenigen Bergregionen eine kurze Rolle im Jahr. Solange die Bergbewohner keine alternativen Erwerbsmöglichkeiten erhalten, werden Entwaldung und Erosion vermutlich fortschreiten. Inzwischen ist die Wüstenbildung ein reales Problem. Griechenland ist sogar dem Übereinkommen der Vereinten Nationen zur

Die archaischen Agrarstrukturen sterben aus. Frauen mit einem Dreschschlitten bei der Arbeit auf Kreta

Bekämpfung der Wüstenbildung beigetreten und hat eine nationales Komitee gebildet.

Flussregulierungen, Entwässerungsmaßnahmen und Dammbauten sind keineswegs Errungenschaften der Neuzeit. In Griechenland sind solche Eingriffe in die natürliche Umwelt weit zurück, bis in die minoische Zeit zu verfolgen. Damals kam es vor allem darauf an, landwirtschaftliche Nutzflächen vor saisonalen Überschwemmungen zu schützen und abflusslose Talbecken zu entwässern, um den Boden urbar, nutzbar zu machen. Beispiele dafür sind der Stymphalische See in Arkadien, der Tákka-See südlich von Trípolis und der Kopaís-See in Böotien. Heute werden bei solchen Baumaßnahmen ganze Landschaften verändert. Die offiziellen Nomós-(Bezirks-)Karten von 1972 zeigen für viele Regionen ganz andere Landschaftsformen, als man heute vorfindet. Wo die Karte riesige Sumpfgebiete ausweist, erstrecken sich ausgedehnte Getreide- und Maisfelder, Zitrus- und Ölbaumkulturen. Wo man nach der Karte zerklüftete Hügel-

und Berglandschaften erwartet, schimmern kilometerlange Stauseen. Hinzu kommen völlig neue Straßensysteme, die sich abseits historischer Routen wie Wunden durch unberührte Berghänge ziehen. Diese Landschafts- und Umweltveränderungen dienen natürlich volkswirtschaftlichen und regionalpolitischen Zwecken, vor allem der Energieversorgung und Bewässerung für die Landwirtschaft. Bei einzelnen Maßnahmen ist es fraglich, ob die Auswirkungen auf die Umwelt ausreichend geprüft und berücksichtigt worden sind.

Da ist das Beispiel des Stauseeprogramms im Bezirk Árta. Der Fluss Árachthos nordöstlich von Árta wurde aufgestaut, um Energie für Wasserkraftwerke zu liefern. Im Flussoberlauf füllte sich ein weitverzweigter See, was die Anlegung neuer Straßennetze notwendig machte. Vor dem Bau der Staumauer war das Flussdelta des Árachthos durch regelmäßige, bis über 2 m tiefe Gräben entwässert worden. Ehemalige Sumpfflächen wurden zu florierenden, großflächigen Zitruskulturen. Nach Errichtung der Staumauer im Jahre 1983 konnte man in diesen Kulturen erschrecken-

Das unbekannte Griechenland: Das winterliche Píndus Gebirge, Wasserquelle für die Gebirgsflüsse und Stauseen

de Trockenschäden beobachten. Man hatte offensichtlich übersehen, dass der Staudamm den Grundwasserspiegel im Delta absenken würde. Konsequenz: mit erheblichen öffentlichen Mitteln mussten Pumpensysteme installiert werden, um das Grundwasser für die Bewässerung der Orangen- und Zitronenhaine anzuheben.

Für Griechenland, dessen Landwirtschaft stark von künstlicher Bewässerung abhängt und in dem die Wasserführung der Flüsse jahreszeitlich stark schwankt, ist die Reinhaltung der Flüsse und Seen lebensnotwendig. Fast die gesamte Trinkwasserversorgung des Großraums Athen wird durch

Der Fluss Thiámis (Kalamás) in Épirus

zwei Stauseen sichergestellt, also durch Oberflächenwasser. Da ist zum einen der Marathon-Stausee oberhalb der geschichtsträchtigen Marathon-Ebene, zum anderen der riesige Mórnos-Stausee in Zentralgriechenland, östlich von Delphi. Über einen 186 km langen, teilweise offenen Kanal wird dieses Wasser im Rhythmus von 23 m^3/sec der durstigen Hauptstadt zugeführt. Auch dies reicht nicht aus. Ein 124 m hoher Damm staut das Wasser des nahe gelegenen Flusses Evinos auf und führt dem Mórnos-Stausee durch einen 30 km langen Verbindungstunnel weitere 220 Millionen qm Wasser pro Jahr zu.

Wegen der teilweise recht dünnen Besiedlung des Landes gibt es immer noch naturbelassene Gewässer, wie man sie in Deutschland nur noch aus nostalgischen Erzählungen der Älteren kennt. Dennoch nehmen kritische Verschmutzungen zu, vor allem im Umfeld der größeren Städte und Industrieansiedlungen. Die schlechtesten Werte werden für den Fluss Pínios bei Lárissa, für die idyllischen Seen von Ioánnina und Kastoría, aber auch für den Wegorítis-See gemeldet. Die Flüsse im Athener Stadtgebiet werden dabei gar nicht genannt. Zu Recht, denn bei dem von antiken Dichtern besungenen Kifissós handelt es sich längst um einen Abwasserkanal, der seine stinkende Fracht, eingezwängt zwischen zwei Spuren der Stadtautobahn, dem Meer zuführt.

Die griechische Regierung ist sich der Probleme durchaus bewusst. Aber Lösungen sind nicht einfach zu finden. Dabei muss seit kurzem mit einem neuen Faktor gerechnet werden: mit dem wachsenden Umweltbewusstsein der Bürger und ihrem Misstrauen gegenüber öffentlichen Verlautbarungen. Dramatisch manifestierte sich dieses neue Bewusstsein im September 1988, als sich die Stadt Igumenítsa aus Protest gegen eine geplante Kläranlage wochenlang von der Umwelt abschloss. Der wichtige Anlaufhafen für Touristenfähren aus Italien ging geschlossen in den Generalstreik. Bauern versperrten mit ihren Traktoren alle Ausfallstraßen und Kais, dutzende von Touristen saßen mit ihren Autos in der Falle. Fast die gesamte Bevölkerung der Stadt hat die Aktion trotz erheblicher Einnahmeverluste unterstützt. Die Zusammenhänge sind komplex: Um den See von Ioánnina vor dem Umkippen zu retten, wurde der Bau einer Kläranlage geplant, welche die Abwässer der aufstrebenden Universitätsstadt reinigen sollte. Die vorgereinigten Abwässer sollen dann nicht mehr in den See, sondern in das Flüsschen Kalamás geleitet werden, das bei Igumenítsa ins Ionische Meer fließt. Bislang tummelten sich Forellen in dem klaren Wasser des weitgehend unberührten Flusses. Die Einwohner von Igu-

Aristoteles-Platz in Thessaloniki

menítsa fürchteten, dass es damit vorbei sei, wenn das Klärwerk an den Fluss angeschlossen würde. Die Bauern, die ihre Felder mit Flusswasser bewässern, vertrauten den Reinigungskünsten der Klärwerksingenieure nicht. Ähnlich ging es den Händlern und Hoteliers in Igumenítsa, die befürchteten, dass sich die tief eingeschnittene Meeresbucht mit Abwässern füllt. Der Protest schwappte sogar über ins gegenüberliegende Korfu, wo man annahm, dass die vorherrschende Meeresströmung die schmutzige

Fracht bis an die berühmten Touristenstrände treiben würde – mit katastrophalen Auswirkungen. Die Athener Regierung sah sich nicht in der Lage, den Protest einer ganzen Stadt mit Gewalt zu brechen, und sagte schließlich zu, die Einleitung in den Fluss erst aufzunehmen, wenn alle Zweifel behoben seien.

Gemessen an der Verschmutzung mancher Küstenregionen ist die Situation der Binnengewässer jedoch harmlos. Der Saronische, der Thermaische, der Pagassitische und der Patraische Golf, jeweils den Städten Athen, Thessaloníki, Wólos und Pátras vorgelagert, haben im Verschmutzungsgrad längst mitteleuropäisches Niveau erreicht. Der Saronische Golf, das lichtschimmernde Becken zwischen Peloponnes und Attika, ist teilweise zur Kloake von Groß-Athen verkommen. Die gesamten Abwässer der Viermillionen-Agglomeration, die unglaubliche Menge von 16 m^3/sec, wurden bis in die 1990er Jahre ungeklärt in die Bucht von Salamis geleitet, in der Hoffnung auf günstige Strömungen, welche die Fracht verteilen. Einen gewissen Fortschritt brachte zunächst eine Ringkanalisation längs der attischen Südküste sowie der Bau einer Kläranlage auf dem Inselchen Psyttália zwischen Salamis und Piräus. Beides hat die Wasserqualität im Saronischen Golf deutlich verbessert. Allerdings handelt es sich zur Zeit lediglich um die mechanische Abwasserreinigung. Geplant ist die biologische Reinigung, die bis 2020 in Betrieb gehen wird. Auf der kleinen Felseninsel ist seit 1983 ein gewaltiges Bauprojekt im Gange, eine der größten Kläranlagen Europas entsteht dort zu Gesamtkosten von ca. 250 Millionen Euro, zum großen Teil finanziert von der EU. In der Endstufe sollen eine Million Kubikmeter Abwässer pro Tag so gereinigt werden, dass man sie ohne schädliche Auswirkung auf die Umwelt in den Saronischen Golf leiten kann. Dann wird man hoffentlich auch wieder an der Athener Südküste baden können, wo vor 40 Jahren noch Badeanstalt neben Badeanstalt ihre Sonnenschirme aufspannte.

„Die Spuren des Tourismus an den Küsten des Lichts"

In Thessaloníki ist die Situation ähnlich. Hier sind es nicht die Vorstädte, sondern es ist das Zentrum selbst, das ans Meer angrenzt. Die elegante Hufeisenform des Aristoteles-Platzes, des Herzens der Stadt, öffnet sich auf den

Der Silberbergbau hat bereits in der Antike die Landschaft Attikas verändert

Thermaischen Golf, über dem bei klarem Wetter majestätisch der Olymp thront. Seit den 1960er Jahren wurde bei ungünstiger Wetterlage jedoch, vor allem im Sommer, der Ausblick durch einen pestilenzartigen Gestank beeinträchtigt, der aus dem Wasser aufstieg. Die halbgeschlossene Bucht war zur Kloake der Halbmillionen-Stadt geworden. Auch hier hat der Bau von Kläranlagen in den letzten Jahren die Situation verbessert.

Etwa die Hälfte der griechischen Bevölkerung lebt allein in den Großräumen Athen und Thessaloníki. Viele Inseln und weite Küstenstriche sind fast unbewohnt, entsprechend ist dort die Wasserqualität. An diesen Küsten droht eine weitere, wenn auch weniger gefährliche Art der Strandverschmutzung, die nicht vom Land, sondern vom Meer kommt: die Verschmutzung durch Öl aus Schiffen und durch Schiffsabfälle. Um zu vermeiden, dass Schiffe Altöl auf offener See ablassen, sind in verschiedenen Häfen Rücknahmestellen für Altöl eingerichtet worden. Wie viel Öl gleichwohl noch ins offene Meer geleitet wird, ist nur schwer zu kontrollieren. Große internationale Schifffahrtswege führen an den griechischen Küsten entlang und mitten durch die Ägäis. Eine ständige Luftüberwachung würde Griechenland sicher überfordern. Hier hilft nur internationale Zusammenarbeit. Ansätze dazu existieren. Die Mittelmeerländer treffen sich periodisch zu Umweltschutzkonferenzen. Aber wie im Falle der Nordsee ist die Feststellung der Missstände und Gefahren leichter als ein verbindlicher Beschluss über konkrete und meist kostenintensive Maßnahmen zur Verhütung und Abwendung derselben.

Abfälle aus Siedlungen und Städten kann man in Griechenland bis zu den ältesten Kulturen zurückverfolgen. Doch bestanden kommunale Abfälle im Altertum – zum Leidwesen der Forscher – überwiegend aus vergänglichen Materialien. Dennoch sind z. B. die Abfallgruben in Olympia, die am Rande der großen Zeltstädte für die Besucher installiert wurden, eine reiche Fundgrube der Archäologen: Hinterlassenschaften aus nicht verrotteten Stoffen geben uns heute ein ungefähres Bild vom Alltagsleben unserer Vorfahren. Außerdem hat man schon damals intensive Abfallverwertung betrieben. Alle Produkte aus Metall und edleren Gesteinen wurden nach Benutzung wieder verwertet, auch wertvolle Denkmäler und Kunstschätze.

In der Neuzeit haben veränderte Lebensgewohnheiten bekanntlich zu stark anwachsenden Abfallmengen geführt, insbesondere durch Verpackungen. Auch in Griechenland dürfte etwa die Hälfte des Abfallvolumens aus Verpackungen bestehen, die nicht im hauseigenen Ofen verbrannt werden können oder sollten, die nicht oder nur schwer verrotten. Was mit den Abfällen geschieht, war bis vor kurzem kein Thema, das die Öffentlichkeit sehr zu bewegen schien. Noch immer werden Abfälle weggeworfen, wo immer man die Produkte benutzt hat: am Strand, im Park, entlang der Straßen und der Flüsse. Auch Städte oder Verwaltungsbezirke lösen ihr Müllproblem, indem sie ihre Abfälle über die Landschaft verteilen. Besonders beliebt sind tief eingeschnittene Flusstäler, in der Hoffnung, dass die periodisch auftretenden Sturzfluten ihren Teil zur Abfallbeseitigung beitragen.

Das Ida-Gebirge auf Kreta ist noch nahezu unberührt von Straßen der Neuzeit

Wáthia auf der Halbinsel Máni ist ein gutes Beispiel für eine natürliche Landschaft mit traditionellen architektonischen Räumen

Gerade in der Provinz wird ein Abfallproblem oft erst durch den Tourismus erzeugt. Die Gemeinden, die keine Erfahrung haben im Umgang mit der ungewohnten Flut von prallgefüllten schwarzen Plastiksäcken, reagieren verständlicherweise hilflos. Ein Beispiel von vielen: Auf der idyllischen Ionischen Insel Paxí abseits der Schifffahrtsrouten war bis vor 20 Jahren das Phänomen Müll unbekannt. Die Fischer- und Bauernhaushalte der drei kleinen Siedlungen sowie der vielen verstreut liegenden Gehöfte erzeugen keinen Müll. Essensreste werden durch Katzen, Hühner oder Komposthaufen verwertet. Andere Abfälle fallen kaum an. Notfalls hilft der Herd oder ein kleines Feuer. Wasser ist knapp, wird in Zisternen gesammelt und sparsam verbraucht. So gibt es weder Müllabfuhr noch Kanalisation. Als die Touristenwelle mit ihrem Drang nach „unverbrauchter" Landschaft über das Eiland schwappte, ließ sie auch hier die übliche Müllspur zurück. Die Einwohner griffen auf ihren spärlichen Erfahrungsschatz zurück: Müll, der sich anders nicht beseitigen lässt, muss verbrannt werden. Also erhebt sich pünktlich zu Saisonanfang an der Einfahrt zum Hafen von Gájos, an einer der schönsten Hafeneinfahrten des Mittelmeeres, eine übelriechende Rauchsäule aus Bergen von schwelenden schwarzen Plastiksäcken. Grotesk, aber wohin sonst mit dem Müll? Bliebe nur, ihn per Fährschiff aufs Festland zu befördern. So macht es die Insel Ägina im Saronischen Golf. Deren Müll wandert auf Athener Müllkippen.

Die Gewinnung und Aufbereitung von Bodenschätzen führen fast überall zu Umweltbeeinträchtigungen. Schon der Silberbergbau von Láwrion (s.S. 93ff.) in Attika hat die Landschaft seit dem 16. Jahrhundert vor Christus verändert. Auch heute spielt der Bergbau eine wichtige Rolle zur Gewinnung fossiler Brennstoffe und exportfähiger Metalle. An zwei Beispielen soll die Umweltproblematik dieses Industriezweiges erläutert werden: am Braunkohleabbau bei Kosáni und am Bauxitabbau von Fókis. Beide Vorhaben schaffen Arbeitsplätze, verringern die Importabhängigkeit und tragen deutlich zum Bruttosozialprodukt bei. Beide schaffen aber auch enorme Umweltprobleme.

Fährt man von der Stadt Kosáni in Nordgriechenland nach Ptolemaís, schweift der Blick über eine flache, landwirtschaftlich genutzte Ebene bis zu den kahlen Westhängen des Wermión und wandert im Süden an den Steilabstürzen des Skópos und seiner Nachbarhügel entlang. Im Prinzip. Denn meist hängt ein beängstigend gelblicher Nebel über der Landschaft, der die Sicht nimmt und übelriechend in die Nase dringt, auch wenn wenige Kilometer davor, in der Hügellandschaft von Grevená und Néapolis noch strahlender Sonnenschein war. Verursacher des Nebels sind mehrere über die Ebene verteilte Braunkohlekraftwerke, überwiegend von deutschen Firmen errichtet. Einrichtungen zur Abluftreinigung sind offenbar nicht mitgeliefert worden. Fährt man in die Ebene hinein, was nur bei klarer Wetterlage zu empfehlen ist, stößt man bald auf kilometerlange Tagebaue, auf umgewühlte Landschaft, verschobene Dörfer, kurz auf gewaltige Landschafts- und Umweltveränderungen. Am schlimmsten aber sind die Unmengen an ungereinigter, schwefelhaltiger Abluft, die zu massiven Gesundheitsschäden der Bewohner führen. Kein Wunder also, dass sich in Kosáni eine ernst zu nehmende Bürgerinitiative gegen die Kraftwerke gebildet hat.

Monemwassía im Süden der Peloponnes ist ein Musterbeispiel für die Rettung traditioneller Architektur

Im Nomós Fókis, in den Bergmassiven des Parnass und der Gióna, sieht man schon von weitem, wie die Bergflanken durch zahlreiche unbefestigte Straßen zerschnitten, wie ganze Berghänge verwundet sind. Hier sollte eine Aluminiumhütte bei Itéa am Korinthischen Golf errichtet werden. Die vorherrschende Windrichtung hätte die aggressiven Emissionen an eine der bedeutendsten Kulturstätten des Abendlandes, nach Delphi, getragen. Der Nabel der griechischen Welt mit seinen unvergleichlichen Bauwerken und Kunstschätzen wäre im Dreck erstickt. Eine internationale Kampagne konnte in letzter Minute die Realisierung dieser Pläne verhindern. Der neue Standort der Hütte verschont Delphi, bringt dafür Unheil für andere, kulturhistorisch weniger bedeutsame Gebiete.

Fossile Brennstoffe sind bislang – bis auf die Braunkohle – nicht in nennenswertem Umfang gefunden worden. Was es aufgrund des mediterranen Klimas jedoch reichlich gibt, sind Sonne und Wind. Seit Jahrtausenden wurden die verlässlichen Etesienwinde der Ägäis genutzt, um Schiffe und Mühlen anzutreiben. Erst in den letzten zehn Jahren wurde massiv in die Stromerzeugung aus „äolischer Energie" investiert. Einige Inseln – wie zum Beispiel die Südspitze Euböas – weisen eine Dichte von Windgeneratoren auf wie an der Nordseeküste. Seit 2001 ist der Markt für elektrische Energie liberalisiert.

Die Umwelt ist Thema der Politik geworden: Frühling in Monólithos auf Rhodos

Es gibt noch verschiedene Bereiche, in denen Störungen und Gefährdungen der natürlichen Umwelt des Menschen zu verzeichnen sind. Dazu gehört z. B. die alltägliche Geräuschkulisse in den Städten. Zwar existiert ein entsprechender Ausdruck „ichorípanssi" (Geräuschverschmutzung), aber Maßnahmen zur Eindämmung des Straßenlärms wie Lärmschutzbauten oder Geräuschkontrolle von Mopeds und Motorrädern sind weitgehend unbekannt. Ein weiteres Kapitel ist die Belästigung von Nichtrauchern durch Zigarettenqualm. Griechenland hält einen traurigen Weltrekord beim Zigarettenkonsum. Nichtraucherzonen in öffentlichen Gebäuden, auf Flughäfen, in Flugzeugen etc. wurden bislang souverän missachtet. Seit Oktober 2002 müssen in allen öffentlichen Gebäuden, selbst in Restaurants, Nichtraucherzonen eingerichtet werden. Griechen lassen sich jedoch durch staatliche Regeln nur ungern in ihren privaten Gewohnheiten einschränken. Wie weit sich die neuen Regeln durchsetzen lassen, bleibt abzuwarten.

Die Umgangsformen in den Städten, vor allem im Großraum Athen-Piräus, scheinen ebenfalls ein Opfer des Umweltstresses zu sein. Der tägliche Lebenskampf in der schlecht funktionierenden Stadt hat aus liebenswürdigen Landbewohnern voll menschlicher Wärme und Anteilnahme grantige Großstädter gemacht. Der Kontrast zwischen der Freundlichkeit, Aufgeschlossenheit und Herzlichkeit etwa der Inselbewohner und der mürrischen Indolenz der Stadtbewohner könnte kaum größer sein. Es fehlt bislang ein sozialer Kodex für urbanes Verhalten. Die Masse der Städter, zum größten Teil desorientierte ehemalige Landbewohner, reagieren an ihren Mitmenschen ihre Frustration über die unnatürliche Umwelt ab.

Noch folgenträchtiger ist jedoch die Zerstörung natürlicher Landschaften und traditioneller architektonischer Räume durch eine ebenso ungehemmte wie unkontrollierte Bauwut. Welche Wirtschaftskrisen auch immer das Land schütteln mögen, die Bauindustrie floriert. Ähnlich wie die Bundesrepublik Deutschland in der Nachkriegszeit ist das Land von einer Bauwut ergriffen, dem bereits viele Landstriche und historisch gewachsene Ensembles in den Ortschaften zum Opfer gefallen sind. Diese Art von Umweltzerstörung hat Athen und Attika bereits weitgehend erfasst. Athen hatte bis in die 1950er Jahre einen homogenen, neoklassizistischen Stadtkern. Restbestände davon werden heute mit viel Aufwand restauriert. Doch die Ensemblewirkung ist dahin. Massen von plumpen Zweckbauten aus Beton, deren Grundprinzip die Schuhschachtel zu sein scheint, prägen heute das Stadtbild. Ähnlich ist es Attika ergangen, einer der klassischen Landschaften der Welt. Die beschaulichen Weindörfer hinter dem Hymettos sind zu Vorstädten der Großstadt degeneriert, in denen die Architektur jeden Unterschied zwischen Stadt und Land nivelliert hat. Die Küsten sind das Opfer von Spekulanten und entgegen allen Bauvorschriften durch Wochenendidyllen parzelliert worden, in denen gestresste Athener mehr oder weniger die Stressfaktoren reproduzieren, vor denen sie jeden Freitagmittag in zähen Autoschlangen fliehen. Zu den architektonischen Opfern des Tourismus zählt auch die kretische Nordküste von Iráklion bis Ájios Nikólaos. Diese älteste Kulturlandschaft Europas ist Opfer der Tourismusindustrie geworden. Wo sich vor 30 Jahren noch einsame Buchten mit kleinen Fischerdörfern abwechselten, erstreckt sich heute eine lückenlose Hügelkette aus Beton, die periodisch von Touristen bewohnt wird.

Dass es auch anders geht, wird an einigen Orten bewiesen, so in Monemwassía, auf Hydra, in den Bergdörfern des Pílion. Das Bewusstsein für den Wert traditioneller Bauweise gerade auch des 19. Jahrhunderts wächst. Während früher nur antike griechische Bausubstanz, allenfalls byzantinisches Erbe, als erhaltenswert galten und venezianische, fränkische, türkische und neoklassizistische Zeugnisse einer chauvinistisch und historisch verengten Optik zum Opfer fielen, macht sich seit einigen Jahren ein erheblicher Wandel bemerkbar. Orte, welche in den 1960er und 1970er Jahren das Glück hatten, im Schatten der wirtschaftlichen Entwicklung zu liegen, auf Kreta etwa Chaniá im Vergleich zu Iráklion, werden nun sorgfältig restauriert. Neue Bauten unterliegen strengen Regeln und müssen sich dem historisch gewachsenen Ensemble unterordnen. Mittlerweile muss für jeden Neubau eine Umweltstudie erstellt werden, ohne die eine Baugenehmigung nicht erteilt wird.

Landschaft auf der Chalkidhikí

Der beschriebene Bewusstseinswandel ist nicht von selbst erfolgt. Er wäre ohne den Einsatz zahlreicher Organisationen und Bürgerinitiativen nicht möglich gewesen. Das bedeutet nicht wenig in einem Land, in dem organisierte Bürgerproteste selten sind, in dem die Lösung anstehender Probleme in der Regel von einem Staat erwartet wird, von dessen Leistungsfähigkeit man alles andere als überzeugt ist. Die erste und bekannteste Umweltschutz-Organisation ist das 1979 gegründete, private Panhellenische Zentrum für Umweltforschung (PAKOE), das eigene Messstationen unterhält und die staatliche Umweltschutzbehörde das Fürchten lehrt. Das Zentrum gibt eine eigene Zeitschrift heraus, führt Umweltuntersuchungen im Auftrage privater Personen durch und gibt seine Messergebnisse an die Presse weiter. Das Umweltministerium veröffentlicht auf seiner Website täglich die Werte für Ozon, Stickstoff- und Schwefeldioxyd sowie für Kohlenmonoxyd unter Angabe der zulässigen Höchstwerte. Im Dezember 2000 wurde das Nationale Zentrum für Umwelt und nachhaltige Entwicklung (EKPAA) gegründet, das Informationen zur Umwelt und Entwicklung sammelt, bearbeitet und verbreitet, die staatliche Umweltpolitik auf nationaler, EU- und internationaler Ebene wissenschaftlich begleitet und berät sowie Schulungskurse für Öffentlichkeit und Verwaltung anbietet.

Bei den Wahlen am 5. November 1989 gelang es erstmalig einer Umweltorganisation, in die verkrustete Parteienlandschaft einzubrechen und auf Anhieb einen Parlamentssitz zu erobern. Dabei handelte es sich nicht einmal um eine richtige Partei, sondern um ein Bündnis von 61 verschiedenen Gruppierungen, um den »Bund ökologischer und alternativer Organisationen«. Die Ökologen/Alternativen, wie sie kurz genannt werden – die Farbe Grün ist in Griechenland von der PASOK okkupiert –, errangen auf Anhieb über 38 000 Stimmen, d.h. 0,58 % der Wähler, und damit einen Parlamentssitz. Angefangen hat die Umweltschutzbewegung 1977 im Kampf zur Verhinderung eines Kernkraftwerks in Káristos auf Euböa. Auf zwei Treffen im Mai 1985 und im Januar 1987 wurde ein Zusammenschluss der zahlreichen und unübersichtlichen Gruppierungen vereinbart, der aber erst im September 1989 vollzogen wurde. Die Wahlplattform nannte einen bunten Strauß von zehn Forderungen wie Fahrverbot in der Innenstadt von Athen, Wiedereinführung der Straßenbahn, Verzicht auf die Olympia-Bewerbung Athens, Reduzierung der Wehrpflicht, Anerkennung des Rechts auf Wehrdienstverweigerung usw. Als einzige griechische politische Organisation hat der Bund eine Quotenregelung von 35 % zu Gunsten der Frauen. Der so überraschend errungene Parlamentssitz wurde konsequenterweise von einer Frau besetzt, der 37-jährigen Versicherungsangestellten Marína Dhísi.

Die Wahl blieb allerdings Episode, zur Gründung einer ökologischen Partei ist es bislang nicht gekommen. Gleichwohl ist das Umweltbewusstsein der Bevölkerung und auch der Parteien gestiegen. Die Forderung einer weitgehend autofreien Innenstadt ist im Kernbereich Athens verwirklicht. Die Ausrichtung der Olympiade im Jahre 2004 verspricht für die Umwelt mehr Vor- als Nachteile zu bringen, da die freigesetzten Finanzen zahlreiche Projekte ermöglichen, die der Umwelt zugute kommen.

FYROM
(»MAKEDONIEN«)
MAKEDONIE
ALBANIEN
Ohrid
Bitola
Dráma
Sérres
Kawála
Péllа
Amfípolis
Amfipolis
Psarádhes
Flórina
Edéssa
Fier
Vlorë
Vergina
Thessaloniki
Stájira
Kastoria
Vergina
Hlerisós
Chalkidhikí
Uranópolis
Vijosë
Neápoli
Kozáni
Kateríni
N. Marmarás
Kassándra
Sithoniá
Sarande
Monodéndri
Kípi
Métsowon
THESSALIEN
Paläokastrítsa
Kérkyra
Ioánnina
Metéora
EPIRUS
Dholianá
Kalambáka
Lárissa
Ighumenítsa
Korfu
Kriniá
Tríkala
Piji
Pili
Dodona
Kardítsa
Fársala
Vólos
Mykrothíwes
Alónnisos
Paxí
Arta
Sofádes
IONISCHE INSELN
GRIECHENLAND
Almirós
Skiátos
Skópelos
Préveza
Stilída
Lamía
Lefkás
Lefkás
Amfilochía
MITTEL-GRIECHENLAND
Lutra Edipsu
Achelóos
Arkitsa
Delphi
Liwádia
Chalkis
Euböa
Itháki
Kefallinía
Messolóngi
Andírrio
ATTIKA
Amphiáreion
Moni Ósios Lúkas
Thíva (Theben)
Argostoli
Rio
Patras
Marathón
Kalávrita
Kiáton
Piräus
Athen
Moni Ajios Láwra
Korinth
Päania
Zákinthos
Zákinthos
Nemea
Mykene
Mykene
Láwrion
Pirgos
Olympia
Olympia
Tiryns
Tiryns
Sunion
Nauplia
Epidauros
Assine
Megalópolis
Lerna
PELOPONNES
Kiparissía
Filiatrá
Mistrá
Spárti (Sparta)
Paralía
Messini
Kalámata
Ionisches Meer
Pýlos
Skála
Gythión
Monemwassía
Wáthia
Pórto Kájo
Kíthira
Mittelmeer
Höhle
archäologische Stätte
Kloster
Chan
Kstélli
Kambos
KRET
Paláochora
Chóra Sfáki
0 20 40 60 80 100 km

Bulgarien
Türkei
Schwarzes Meer
anéstio
Thrakien
Xánthi
Komotiní
Uzunköprü
Suflion
Silivri
Istanbul
Kípi
Keşan
Alexandrupolis
Marmara-Meer
Thássos
hássos
Samothráki
Dardanellen
Bursa
Kilitbahir
Imroz
Çanakkale
Troja
Mýrina
Límnos
Balikesir
Edremit
Skála Sikaminiás
Ajios Efstrótios
Míthimna
A. Paraskewí
Sígri
Moria
Lesbos
Ajiasos
Mitilíni
Bergama
Ägäis
Akhisar
Plomári
Usak
kíros
Psará
Türkei
Wolissós
Kardhámila
Izmir
Salihli
Wrondádhos
N. Moni
Chíos
Mestá
Pyrjí
Denizli
Ándros
Ägäische Inseln
Sámos
Sámos
Söke
Jiáros
Tínos
Ikaría
Siros
Mykonos
nnos
Pátmos
Mugla
Kykladen
érifos
Léros
Páros
Náxos
Kálimnos
ífnos
Kos
Amorgós
Síkinos
Sými
Mílos
Nísiros
Astipálea
Rhodos
Oía
Tílos
Kámiros
Santorin
Kastéllos
Ialyssós
Thirassía
Firá
Anáfi
Kritinía
Rhodos
Akrotíri
Kamári
Dodekanes
Lärma
Líndos
M. Thári
Kretisches Meer
Kárpathos
Ólympos
Dhiafáni
Apéri
Kárpathos
Kássos
N
S
thimnon
Iráklion
Ajios Nikólaos
Anójia
Knossós
Kreta
Idaion Antron
Sitía
Górtys
a Ghalíni
Festós
Ierápetra

Bibliografische Information **Der Deutschen Bibliothek**
Die Deutsche Bibliothek verzeichnet diese Publikation in der Deutschen Nationalbibliografie; detaillierte bibliografische Daten sind im Internet über http://dnb.ddb.de abrufbar

Lektorat: bookpartner, Susanne Rebscher, Obernburg
Umschlaggestaltung: Magdalene Krumbeck, Wuppertal
Satz und Gestaltung: Magdalene Krumbeck, Wuppertal
Druck und Bindung: Druckerei Uhl, Radolfzell
ISBN 3-8062-1714-9

Besuchen Sie uns im Internet: www.theiss.de

Bildnachweis

Alle Fotografien und Abbildungen stammen, soweit nicht anders angegeben, von Klaus Gallas, München.

Weitere Bildgeber:
Staatliche Antikensammlung, Glyptothek, München: S. 20
National Geographic Society, Washington: S. 33
Deutsches Archäologisches Institut, Athen: S. 37 (Rekonstruktion B. u. W.-D. Niemeyer); S. 64 links (Foto: H. Kienast); S. 67 (Foto: W.-D. Niemeyer) S. 139 (Planzeichnung Alfred Mallwitz)
Troja-Projekt am Institut für Vor- u. Frühgeschichte der Universität Tübingen: S. 50, 52
Canaccale Müzesi, T.C. Kulturministerium: S. 53 (Foto: M. Gülbiz)
Pushkin State Museum of Fine Arts, Moskau: S. 55, 56
Bayerisches Nationalmuseum München: S. 73 (Foto: Walter Haberland u. Karl-Michael Vetters)
Kunstakademiets Bibliotek, Samlingen af Arkitekturtegninger, Kopenhagen: S. 74
Staatliche Graphische Sammlung, München: S. 78
Münchner Stadtmuseum, München: S. 79
Bildarchiv Preußischer Kulturbesitz: S. 99 (Staatliche Münzsammlung, Berlin); S. 150 (Antikensammlung, Berlin-Charlottenburg, Foto: Johannes Laurentius)
Bayerische Staatsgemäldesammlungen München, Neue Pinakothek, (Wittelsbacher Ausgleichsfond), München: S. 102 (Foto: Artothek, München/Joachim Blauel)
Musée du Louvre, Paris: S. 105 (Foto: Artothek, München/Peter Willi)
Hirmer-Verlag, München: S. 138
Niedersächsische Staats- und Universitätsbibliothek, Göttingen: S. 247
Scala-Archives, Florenz: S. 265 (Palazzo Medici Ricardi, Florenz)
Literarisches und Historisches Archiv Griechenland (ELIA), Athen: S. 112-118, 123-128, 167, 183-190, 239-242, 246, 282
Otto-König-von-Griechenland-Museum der Gemeinde Ottobrunn, München: S. 82, 85, 107, 109, 276, 279-281

Leider war es nicht in allen Fällen möglich, die Inhaber der Abbildungsrechte eindeutig zu ermitteln. Berechtigte Ansprüche werden selbstverständlich im Rahmen der üblichen Vereinbarungen abgegolten.

Danksagung

Die Autoren danken dem Präsidenten des Griechischen Literarischen und Historischen Archivs (ELIA), Herrn Manos Haritatos, Frau Andrea Schellinger, Frau Anna Houliara, alle Athen, für die Unterstützung bei der schwierigen Bildbeschaffung in Athen. Ebenso danken wir Herrn Professor Dr. Jan Murken, Direktor des „Otto-König-von-Griechenland-Museums“ der Gemeinde Ottobrunn, für die großzügige Überlassung von Abdruckgenehmigungen auch für bisher unveröffentlichtes historisches Material.